第一编 绪 论

学校管理科学化是一项伟大的工程。这项工程的重要理论支柱之一是学校管理心理学。因为，没有对学校管理过程中人的心理活动的分析与把握，就不可能有对学校成员的深刻理解与合理激励，最大限度地发挥他们（包括学校领导者、教师、职工与学生等）的聪明才智，使学校兴旺发达。正因为如此，一切有远见的学校管理者，都把学习、研究学校管理心理学作为提高自身修养的重要方面，以期由理论上的博览精通，达实践上的左右逢源。

第一章 学校管理心理学概述

【案例导入】

古怪的数字

在美国,铁路的标准宽度(铁轨之间的距离)是 4 英尺又 8.5 英寸。这是个古怪的数字。为什么会使用这个尺寸呢?原因是英国铁路的尺寸是这么大,而英国移民在美国建立了第一条美国铁路。

是这样!那为什么英国要建那种尺寸的铁路呢?因为在修建铁路之前修建了电车轨道,而同样一群人修建了第一条铁路线,那时所用的尺寸就是如此。

为何修建电车轨道的人采用那种尺寸呢?因为,他们所用的工具与建造马车所用的工具是一样的。马车轮子间的距离(宽度)为 4 英尺又 8.5 英寸。

是这样!那为什么马车采用这样特殊的轮子间隔呢?如果马车制造者试图用其他间隔,那马车在英国的某些道路行驶会使轮子损坏,因为道路上的车辙的距离就是这个间隔。

既然如此,谁修建了那种车辙呢?最初在英国和欧洲其他地方的道路是罗马帝国为其军队修建的,自那以后,很多相同的道路就修建了。

那么,又是什么原因导致了这种车辙呢?是罗马战车首先造成了最初的车辙。为了避免其他的马车与马车轮子不致受到损坏,其他的马车就不得不与最初形成的车辙相匹配。而这种由战车造成的车轮间距在整个罗马帝国都是相同的。

这样就可得出下面的对最初问题的最后答案。美国铁路标准尺寸 4 英尺又 8.5 英寸,来源于罗马帝国战车的最初规格。而罗马帝国战车设计的宽度又正好可以容纳下两匹马的屁股。

该案例告诉我们,世界上的诸多事物是互相关联的。当我们轻轻启开学校管理心理学的大门的时候,我们会看到一幅怎样的"关联图"呢?

第一节 学校管理心理学的产生和发展

在管理心理学的"家族"里,学校管理心理学也许是最年轻的一员。它的面世,与其"家族"的兴盛唇齿相依。因此在说明学校管理心理学的产生之前,有必要追溯其"家史"。

一、管理心理学的产生和发展

（一）工业心理学开先河

19世纪末20世纪初,资本主义完成了从自由竞争向垄断的过渡,从而加剧了劳资矛盾。为了缓和阶级矛盾,提高工作效率,不少资本家邀请心理学家从事工业活动中的人际关系、群体组织与领导行为等方面的研究,这些方面的研究及其成果被称为工业心理学(Industrial Psychology)。被誉为"工业心理学之父"的闵斯特伯格(H. Münsterberg)是较早引人注目的心理学家之一。他生于德国,后移居美国,受聘于哈佛大学。在哈佛,他建立了心理学实验室,对工业心理进行实证性研究。他的研究要点是要弄清楚人们的心理素质,并据此将工人安排在最适当的工作岗位上。同时,还要研究营造何种心理氛围,方可从每个工人处得到最大的、最令人满意的产量,以及如何使工人的情绪最积极地影响他们自己的工作。有关这方面的研究于1912年汇编成书出版,名为《心理学与工业效率》。

尽管闵斯特伯格在工业心理学领域里作出了不可磨灭的贡献,开辟了早期管理心理学研究的方向和道路,但他的研究涉及面不甚广阔,思路比较狭窄,甚至缺乏相对充分的论据,因而其成果未能引起更为广泛的注意。

（二）人际关系学奠基础

人际关系学(Theory of Human Relation,即人际关系理论)的创立者是梅奥(G. E. Mayo)。梅氏系澳大利亚人,1898年取得阿德雷得大学逻辑学和哲学的硕士学位,并在澳大利亚昆士兰大学任教。由于得到洛克菲勒基金会的资助,他得以移居美国。1926年梅奥作为一名工业心理学副教授进入哈佛大学工作。在哈佛工作期间,梅奥主持了一系列科研项目,其中最著名的是在芝加哥的西方电气公司霍桑工厂进行的为期5年的调研(史称霍桑实验)。

根据实验所得的材料,梅奥创立了著名的"人际关系理论",其要点有:其一,人们的工作积极性不仅受物质的、生理的因素影响,而且受心理的、社会的因素影响。传统科学管理把人当作"经济人"看待,认为只有金钱才是刺激积极性的唯一手段。而霍桑实验证明,人不只是"经济人",更主要的是"社会人"。工作条件和生活条件不是影响人的积极性的唯一因素,物质因素、心理因素、社会因素综合影响人的积极性。因为在工作中,人不但有物质需要,还有被同事接纳、受到社会尊重与重视、人与人融洽相处等精神需要。其二,生产效率的上升或下降,主要取决于职工的工作情绪,即职工的"士气"。而士气又取决于两个要素:职工在家庭生活和社会生活中所形成的态度和企业内部的人际关系。传统科学管理理论强调以"事"为中心,认为生产效率单纯受工作方法和工作条件的制约,因此在管理中只强调工作方法的科学化,劳动组织的专业化,作业程序的标准化。与此相反,人际关系理论坚持以"人"为中心的管理,并相应地提出了新型的领导艺术,这就是领导要善于倾听工人的意见,尊重和依靠工人,让工人参与管理;要巧妙地利用非正式组织的作用,融洽管理者与被管理者的关系,使工人增强认同感。其三,正式组织中存在着非正式组织,管理者要充分利用非正式组织的作用。霍桑实验证明,非正式组织是企业成员在生产和生活过程中,在共同的兴趣、爱好、情感等的作用下形成的,它有自然形成的规范或惯例以及领袖人物,能在一定程度上支配成员的行动。因此,不能忽视非正式组织的作用。而传统管理只注重组织机构、职权划分、规章制度等"正式组织"的作用,因而难以使组织内的人际关系和谐起来。

人际关系理论的创立，在一定意义上开拓了现代管理的新层面，但它也不是完美无缺的。如它过多地强调非正式组织的作用，而忽视群体动力学中的其他因素，对人的心理并未作全面、深入的分析，相对片面地强调职工的满意感等。尽管如此，它的问世，进一步开阔了管理心理学研究的视野，丰富了有关的研究内容，为相对成熟的管理心理学的降生注入了催产素。

(三) 群体动力学促发展

在奠定管理心理学基础并促进其发展方面，群体动力学同样功不可没。群体动力学又叫团体动力学，是美国心理学家和行为科学家勒温创立的。他借用物理学中的"场"的概念，从社会心理的角度来研究人的行为。认为人是生活在"心理场"中的。"心理场"有内在"心理场"和外在"心理场"之分。内在的"心理场"是人的"个性"，外在的"心理场"是"环境"。人的行为就是内外"心理场"相互作用的结果。用公式表示，即 $B = f(P, E)$。此处 B 为行为，P 是个性特征，E 是环境。人的行为是环境在人的心理中内化的结果，也是人的心理在环境中外化的结果。要理解人的行为，必须理解人的个性和人所处的环境，要改变人的行为，就必须改变人的个性所赖以形成的环境。在此基础上，勒温又把"场"的理论扩大到群体行为的研究，并于1944年首先用"团体动力"这个术语来指团体中人与人相互接触、相互影响所形成的社会程序。

勒温的团体动力学的主要观点有七。第一，群体动力学研究的"群体"是指非正式组织。同组织一样，非正式组织有三个要素，即活动、相互影响、情绪。群体中各个成员的活动、相互影响和情绪的综合，就构成了群体行为。第二，群体是处于均衡状态的各种力中的一种"力场"，又叫做"生活场所"。各种力总是处于不断的相互适应的过程中，要稳定或者改变群体必须考虑"各种力"。第三，群体有自己的不同于组织的目标。目标有益于维持群体，并使群体持续发挥作用。第四，群体有自身的结构。它包含正常成员、非正常成员、领导成员和孤立者。群体中不同的成员对群体影响是不同的。第五，群体中有专制、民主和自由放任三种不同的领导方式。第六，影响群体成员参与程度的主要因素有：群体规模的大小、领导方式、成员的地位等。参与可分建设性参与和非建设性参与。第七，群体的规模影响到成员间的相互作用。

可见，群体动力学较深入地研究了非正式群体的特点，讨论了非正式群体中的人与环境的关系，开拓了管理心理学的新的研究领域。

(四) 管理心理学成学科

管理心理学(Managerial Psychology)以学科的面貌出现大约是在20世纪50年代。1958年，美国斯坦福大学教授黎维特(H. J. Leavitt)出版了一本名为《管理心理学》的专著，意味着管理心理学作为学科开始登上历史舞台。管理心理学之所以在这一时期正式出现，与当时蓬勃发展的管理心理研究密切相关。如前所述，人际关系理论的创立，使不少科学家尝到了运用人际关系理论探讨人类行为规律的甜头。二次大战后，许多企业、机关和学校也开始从社会学、心理学的角度探讨人的行为及其激励问题。这种繁荣的研究景象，使人们隐约感到有些问题需要探讨，以便形成比较统一的学术提法。于是，1949年在美国芝加哥大学召开了一次由自然科学家和社会科学家参加的跨学科会议，会议决定用"行为科学"这一名称取代"人际关系理论"。所谓"行为科学"，美国管理百科全书给出的定义是运用研究自然科学那样的实验和观察方法,来研究在一定物质和社会环境中人的行为和动物的行为的科学。而行为科学涵盖的问题,有相当一部分是管理心理学的内容。诚如诺贝尔奖金获得者西蒙(H. Simon)所说:"在管理心理学与组织行为学之间,可能别人认为不同,我没看到真正的差别。"[1]人们似乎可以说,行为科学兴盛之时,便是管理心理学自立门户之日。当然人们也不应该忘记,在人际关系理论迅速发展的同时,"社会测量学"、"需要层次理论"等都在争奇斗艳,同样为管理心理学的诞生作出了重要贡献。

（五）近几十年来大发展

管理心理学作为学科出现以来,西方关于管理心理的研究十分活跃。目前,研究范围已由工厂、企业扩大到政府机关、军队、学校、医院和政治团体。研究方法亦趋于多样化,实验研究、现场研究、调查、数理统计分析,不一而足。研究课题主要围绕治理社会弊病、缓解劳资矛盾等基本问题,如参与管理、目标管理、动机激励等。与此同时,相继出现了人性假设理论、激励理论、挫伤理论等重要的理论流派(这些理论将在后面陆续予以介绍)。这里仅以人性假设理论的变迁为例,说明管理心理学研究的活跃景象。

1. 麦格雷戈的人性假设理论

美国心理学家麦格雷戈(D. Mcgregor),于1960年出版了名著《管理理论X或Y的抉择——企业的人性面》。他在书中提出,每一个管理决策或每一项管理措施的背后,都必有某些关于人性本质及人性行为的假定。因此,在分析一定历史时期的管理政策与实践之后,麦格雷戈认为隐藏其中的人性假设可概括为"X理论"与"Y理论"。

（1）"X理论" 该理论的人性假定是:①一般人对工作具有天生的厌恶,故只要可能,便会逃避工作。②一般人都宁愿被人监督,性喜规避责任,胸无大志,但求生活安宁。③要使一般人为实现组织目标出力,必须予以强制、监督、威胁。

（2）"Y理论" 该理论的人性假定是:①一般人并非天生厌恶工作,因为工作毕竟是一种满足的来源。人在工作中消耗体力和智力,乃是极其自然的事,就像游戏和休息一样的自然。②促使人朝向组织的目标努力,外力的控制及惩罚的威胁并非唯一的方法,人为了达成其本身已经承诺的目标,必将"自我监督"和"自我控制"。③人之所以对目标有所承诺,是因为达到目标后可获得报酬,报酬中最有意义的是自我需要及自我实现需要的满足。④只要情况适当,一般人不但能学会承担责任,而且能学会争取责任,常见的规避责任、缺乏志向等现象,乃是后天习得的结果,而非先天的本性。⑤以丰富的想象和较强的创造性解决组织的问题,乃是大多数人拥有的而非少数人独有的能力。⑥在现代产业条件下,一般人的智慧潜能,仅仅被利用了一部分。

2. 摩尔斯等的人性假设理论

摩尔斯(J. J. Morse)与洛斯奇(J. W. Lorsch)提出了人性假设的"超Y理论",认为:①人们带着各式各样的需要和动机来到工作单位,但主要的需要是取得胜任感。胜任感是指组织成员成功地把握了周围的世界(包括面对的任务)而积累起来的满意感。②取得胜任感的需要

---

① 杨锡山著:《西方组织心理学》,中国展望出版社1986年版,第13—14页。

尽管人人都有,但不同的人可以用不同的方式实现,到底用什么方式来实现,取决于这种需要同一个人的其他需要,诸如权力、独立、成就、交往的相互作用。③如果任务与组织目标相适应,胜任感的需要极可能得到满足。④即使胜任感已经获得,但它仍然发挥激励作用。也就是说,人们一旦达到目标,一个新的、更高的目标便会树立起来。

3. 雪恩的人性假设理论

雪恩(E. H. Schein)是当今著名的管理心理学家,哈佛大学心理学博士,麻省理工学院斯隆管理学院的组织研究会主席,管理与组织心理学教授。1965 年,他在名著《组织心理学》(Organizational Psychology)一书中,提出了四种人性假设理论:

(1) 经济人假设　经济人又名唯利人(Rational Economic Man)。这种假设起源于享乐主义哲学和亚当·斯密(Adam Smith)关于劳动交换的经济理论,认为人的行为动机源于经济诱因,在于追求自身的最大利益。当然,雪恩所概括的经济人特征对此有所超越,具体来说:①职工们基本上都是受经济性刺激物激励的,不管什么事,只要能向他们提供最大的经济收益,他们就会去干。②因为经济性刺激物是在组织的控制之下,所以职工总是受组织的左右。③感情是非理性的,必须加以防范,以免影响人们对自己利害的理性的权衡。④组织要能预计并控制人的那些偶发的消极行为,按照能控制人的感情的方式设计控制网络。

(2) 社会人假设　社会人(Social Man)假设的主要内容有:①社交需要是人类行为的基本激励因素。②工业机械化使工作丧失了许多内在意义,这些丧失的意义必须通过工作中的社交关系补偿。③跟管理部门采取的奖酬和控制的反应比较起来,职工们更易于对同事群体的社交因素做出反应。④职工们对管理部门的反应可能达到什么程度,视主管者满足下级的归属需要等的程度而定。

(3) 自动人假设　自动人(又叫自我实现人,Self-Actualizing Man)假设的主要内容有:①人的需要从低级向高级发展,低级需要满足后,便追求更高级的需要,自我实现是人的最高级需要。②人们因工作而变得成熟,有独立、自主的倾向。③人有自动自发的能力,又能自制。外界的控制可能构成威胁,但不利于行为。④个人的目标与组织的目标没有根本的冲突,有机会的话,他会自动地把个人目标与组织目标统一起来。

(4) 复杂人(Complex Man)假设　主要内容有:①人的需要很复杂,它与人所处的组织环境有关系,在不同的组织环境里,人们有不同的需要。②人的需要与动机的变化是其原始需要与他的组织经历相互作用的结果。③人是否愿意为组织目标作出贡献,决定于他自身需求状况以及他与组织之间的相互关系。④人可以依自己的需求、能力对不同的管理方式作出不同的反应,没有一套适合于任何人、任何时代的管理方法。

关于人性的假设,丰富多彩。麦格雷戈的"X 理论"与"Y 理论",是基本对立的两种人性假设。前者是传统科学管理信奉和遵循的,后者乃麦格雷戈构建并期望见之于实际的。其后摩尔斯等经过研究,发现"X 理论"并非一无是处,"Y 理论"也不是普遍适用,应针对不同情况,将任务、组织、人员作最佳搭配,以激励工作人员取得好的成绩。于是他们将这种以转变思想为基础的"超 Y 理论"公之于世,以补麦格雷戈"X 理论"与"Y 理论"之不足。将诸种学说统一起来的是雪恩。他所谓的"经济人"假设与麦格雷戈的"X 理论"一脉相承;"社会人"假设与梅奥的人际关系理论的见解有共同"血统";"自动人"假设与麦格雷戈的"Y理论"保持认同;"复杂人"假设对"超Y理论"略有变通。可见,在人性假设上,他们各有千秋。麦格雷戈等潜心钻研,独树一帜,而雪恩则采撷百家,博采众长。

西方管理心理学发展已晓大致,遂移视东方。

俄国十月革命后,"心理技术学"在前苏联曾一度流行,建立了许多心理技术学实验室,主要从事职业选择和职工咨询工作。但1936年联共中央发布了取缔心理技术学及儿童学的决议。从此前苏联关于工业心理学的研究停顿了20多年。到了60年代,前苏联才恢复工业心理学研究,70年代正式开始有管理心理学名义的研究。1971年,前苏联国家科委国民经济管理研究所首先设立了管理社会学和管理心理学教研室。随后有关部门相继成立了研究机构。1974年,前苏联内务部科学院成立了管理心理学教研室和实验室。此后其他一些从事社会学和心理学的研究单位,也开展了管理心理学的研究。1979年,出版了内务部科学研究员季托夫所著的《管理心理学》一书。这是前苏联出版的第一本管理心理学教科书。可见,尽管前苏联的管理心理学研究起步较晚,但发展速度较快。其发展特点主要有四:一是紧密联系经济发展实际,大部分课题都与生产劳动过程中人的主动性、积极性、集体主义精神、责任感和主体的智力结构等有关。二是重视对集体心理的研究,强调社会心理环境对主体的影响。三是重视系统论、信息论和控制论在管理心理研究中的运用,力图把具体课题的研究成果综合成一般模式或模型。四是加强干部、职工培训心理研究。诸如探讨各类工作人员的考核标准和培训中各种心理问题以及管理人员工作效率的评价等。

我国的管理心理学研究亦不甘落后。开我国研究管理心理学之先河者可能要推肖孝嵘。他于1944年出版了《人事心理学》(管理心理学的一个分支)。新中国成立后,管理心理学研究一度中断,直至70年代末80年代初,才在我国重新起步,不少理论工作者开始介绍行为科学。80年代以来,我国许多高校成立了管理系和有关的研究组织,开设"行为科学"、"管理心理学"等课程,培养有关研究人才,开展研究工作。经过多年的发展,我国目前已有一支初具规模的管理心理学的教学和科研队伍,取得了一定的科研成果。这些成果主要集中在发掘和整理我国古代管理心理学思想;引进和介绍国外管理心理学研究成就,进行去粗取精的加工,将其合理部分纳入我国管理心理学体系;密切联系我国改革开放后的管理实际,坚持科学方法论,探讨有利于加速我国建设的管理心理学理论、技术与策略。

二、学校管理心理学的产生和发展

学校管理心理学的萌芽可以追溯到闵斯特伯格。他在研究工业心理学的同时,非常注意学校管理心理问题,并把发展教师有效的教育技术作为心理技术学(Psychotechnik)的主要内容之一。他认为心理技术学应该运用于教育领域,其目的不仅在于使教师能有效地影响儿童,也在于使教师能够自省进而采取适当的教育方式。[1] 可见,闵斯特伯格为早期学校管理心理学的发展作出了一定的贡献。

---

[1] H. Münsterberg, *Gundzüge der Psychotechnik*, 1920, S. 600.

不过,闵氏所处的时代还不是孕育学校管理心理学的时代。只有到了 20 世纪七八十年代,教育实践,尤其是学校管理实践才孕育了学校管理心理学。

第二次世界大战后,随着科学技术的快速发展,国际间政治、经济、技术等的竞争日益加剧。而要在这些竞争中取胜,就必须通过发展教育积蓄竞争实力,所以,近几十年来各国教育改革如火如荼。向教育管理要教育质量的观念逐步深入人心,通过研究学校管理心理并借助其成果提高学校管理与教育管理质量的行为普遍出现。20 世纪 70—80 年代,一些发达国家相继出版了有关著作,如美国欧文斯(R. Owens)的《学校组织行为学》(再版时更名为《教育组织行为学》),琼斯(N. Jones)等的《学校管理和心理》,前苏联沙库罗夫的《学校管理的社会心理学问题》,等等。

我国是率先使用"学校管理心理学"这一学科名称的国家。现在我国不少师范院校开设了这门课程或类似课程。在学科建设方面,对学校管理心理学的研究对象、体系等的研究正在取得进展。除了从事教学工作外,许多学者还就学校品牌与特色激励、学校人际关系、学校组织文化等方面的心理现象展开了深入的研究。

第二节　学校管理心理学的体系

一、学校管理心理学的研究对象

确定研究对象就是划定"疆土(论域)",以便建造理论大厦。在业已流行的学校管理心理学教材中,在"研究对象"的描述上值得进一步推敲的地方大体有三:一是把"研究对象"与"学科性质、功能"等同起来。如"学校管理心理学是研究学校组织中的心理现象及其规律,为有效管理学校,充分发挥学校组织效率的一门应用科学"[1]。二是罗列具体内容,缺乏必要的抽象。例如"学校管理心理学的研究对象是学校领导者实施管理职能,协调学校成员之间的人际关系,调动人的积极性,实现预定目标过程中的心理现象及其发展变化的客观规律"。[2] 三是范围过于狭窄。例如"学校管理心理学要研究学校管理中'人的因素',以人的工作行为和科学的行为激励为中心,具体分析学生、教职工和学校领导者在学校工作中的心理行为规律……"[3]很明显,学校管理心理学仅仅研究"工作行为"和"学校工作中的心理行为规律"是不够的,还必须研究学校非正式群体的非工作范畴的心理现象等。

有鉴于此,笔者以为学校管理心理学是从研究学校管理心理现象入手,揭示学校管理心理规律的科学。简而言之,学校管理心理学的研究对象是学校管理心理现象与规律,它与相关学科的研究对象是有区别的。具体来说,有三个"侧重"。

(一)侧重"心理"研究

侧重"心理"研究,是指研究学校管理的"心理"现象与规律,而不研究"学校管理"本身,从而划清了与学校管理学的界限。学校管理心理学与学校管理学有密切的联系。因为它注视和

---

① 张燮等著:《学校管理心理学》,云南人民出版社 1984 年版,第 8 页。
② 《学校管理心理学》编写组编:《学校管理心理学》,山东教育出版社 1985 年版,第 2 页。
③ 吴秀娟著:《学校管理心理学教程》,济南出版社 1991 年版,第 18 页。

思考着发生在学校管理中的心理现象。然而,它又必须保持自己的疆界,而不至于与学校管理学争夺领土。举例来说,学校管理学要研究学校管理战略与战术、环节与方面、原理与方法等,而学校管理心理学则研究制定学校管理战略与战术,展开学校管理的各个环节与方面的心态,以及蕴含在学校管理原理与方法中的心理因素等。

(二)侧重"管理"研究

侧重"管理"研究,是指研究学校"管理"的心理现象与规律,而不研究学校中"一般的"和"教育的"心理现象和规律,从而划清了与普通心理学、教育心理学等的界限。从本质上说,学校管理心理的发生机制与普通心理学揭示的人的心理发生机制是一致的。但学校管理心理学肩负着与普通心理学不同的使命,它不像普通心理学那样研究人的"普遍的"、"一般的"心理现象和规律,而是研究"特殊的"即学校管理状态下的人的心理现象与规律。具体来说它主要研究学校管理个体心理、学校管理群体心理、学校管理组织心理。再看它与教育心理学的关系。教育心理学的主要兴趣在于学校德、智、体各育中教学的心理现象和规律,诸如教学概念、原理、技能等的心理现象和规律,这就为学校管理心理学研究提供了重要参照。因为学校管理的重要方面之一是教学管理,所以学校管理心理学必须关注教学心理问题。但它又不能越俎代庖,夺教育心理学"口中之食",而应安居本土、乐守家业。

(三)侧重"学校"研究

侧重"学校"研究,是指研究"学校"管理心理现象与规律,而不研究"普通"管理心理问题,从而划清了与普通管理心理学(或管理心理学)的界限。由于人类的管理活动源于经济管理活动,所以管理心理学主要研究工业、经济等领域(近些年管理心理学的研究领域正在向全部社会活动领域扩展)管理中的心理问题。由于学校管理与普通管理既有共同的一面,又有不同的一面,因此,管理心理学为学校管理心理学提供具有普遍性的概念和原理,学校管理心理学在借鉴和运用这些概念和原理分析与解决学校管理心理问题的过程中,创造了自己的理论体系,为管理心理学提供了具体材料与观点。

二、学校管理心理学的基本问题

(一)基本问题的特征

这里所谓的基本问题,与普通心理学的基本问题即"人的心理的实质"和哲学的基本问题即"物质与精神、存在与意识"的关系问题是等值的。它的主要特征是:

1. 根本性

它反映着学校管理心理的基本矛盾,是核心问题,其他矛盾或问题都是由它衍生的,它的解决可使其他问题迎刃而解。

2. 稳定性

它是学校管理活动中自始至终存在的心理学问题。从起源上看,它是原发性问题。从价值上看,它是本质性问题。因此,它不随人们的主观愿望而改变。也就是说,无论人们认识它还是不认识它,它都是客观存在的。

3. 纲领性

它是学科中概括性最强、抽象程度最高的问题,具有在逻辑上统摄其他问题的能力。

总之,学科基本问题就是学科中根本的稳定的具有纲领性质的问题。

(二)研究学校管理心理学基本问题的意义

首先,在学科建设上,有利于抓住学科的核心,构建合乎逻辑的学科体系。这是因为仅仅明确学科研究对象,只给人们指明了大体研究范围,以便人们选择研究课题。而要构建合乎逻辑的学科体系,必须在明确研究对象的基础上,弄清楚活跃在研究对象范围内的各个问题的主次重轻,以便有序排列。可见,基本问题之于学科,犹如中心思想之于文章。抓住中心思想,并围绕其谋篇布局,方可写出严谨之作。同理,知晓了基本问题,并缘之而行,逐步演绎,遂可形成学科体系之树。

其次,在思维方式上,有利于归纳与演绎的统一,不仅对锻造学科逻辑体系甚有作用,而且对发展学生思维能力大有裨益。从全局上看,我国现行的大多数学校管理心理学教材在说明问题时,大多采用归纳的方法,从诸多具体事实和现象中抽象概括出一般意义的内容,但不大重视从一个基本点出发,层层推演。这在某种意义上说,没有完成从抽象到具体化的过程。认识停留在具体到抽象的阶段上。这就难免出现两大障碍:一是学科内在联系不紧,以至人们甚难看出各章节之间的联系。有的章节就位置而言,似乎前置也可,后置也行;就价值而言,好像保留也可,删去也行。二是不利于学生逻辑思维能力的和谐发展。学科建设的基本着眼点之一是学生(包括其他读者)的发展。一般来说,通过对学科教材的研读,学生不仅要学得知识、技能等,还要得到思维能力等方面的锻炼。当然重视归纳的思维方式本身不坏,但同时重视演绎的思维方式,似乎更佳,因为将归纳与演绎统一起来,更有助于学生学会对事物进行由具体到抽象,再由抽象到具体的加工制作。当然,并不是说现有的学校管理心理学教材绝对没有运用演绎的方式,只是比较薄弱罢了。

(三)学校管理心理学的基本问题是激励与挫伤的关系问题

1. 激励与挫伤的关系问题是学校管理活动中根本的心理问题

激励是一种引起需要、激发动机、指导行为以有效实现目标的心理过程。与此相反,挫伤(又称挫折)一般是指人们在从事有目的的活动过程中遇到自感无法克服的障碍而产生的消极情绪,同时,还指因管理不善引起的压抑、伤害学校成员积极性的心理现象与过程。从定义可见,激励与挫伤相互对立,相互依存。激励是调动积极性,而挫伤是压抑和伤害积极性。没有激励就无所谓挫伤,反之,没有挫伤也无所谓激励。激励与挫伤在一定条件下转化。激励的途径、手段、情境等不适当就有可能使激励变为挫伤。现实生活中不负责任的评优活动往往起不到鼓劲作用反而让人泄气的事实就是一个佐证。相反,挫伤达到一定程度,也可能由于逆反心态或理智的作用,使不满情绪变为图强精神,出现"哀兵必胜"般的兴奋情景。如有些遭人歧视者,经过一段苦恼之后,会卧薪尝胆、矢志拼搏。

说激励与挫伤是学校管理活动中根本的心理问题,有以下两个原因:

第一,它是学校管理活动中个体积极性涨落的根本原因之一。一般来说,学校成员不辞辛劳,勤恳工作,对学校活动持肯定的态度,通常是因为他们觉得工作有奔头,可以从中满足工作需要并获得成就感。换言之，他们受到了激励。相反，如果工作和学习的动机没有激发到适当的水平，工作和学习的结果又难以满足他们的成就需要，那学校成员就可能表现为工作疲惫，意志消沉，甚至对学校活动持否定态度。因为他们的积极性被挫伤了。由此可见，激励与挫伤是学校管理活动中影响人们心态的根本原因之一。应当说明的是，无论是激励还是挫伤，都不是纯粹的外因，而是也包含着内因，是内外因的结合体。因为激励含有自我激励的成分，挫伤包括自我挫伤的因素。

第二，追求激励、避免挫伤是学校管理活动中基本的群体心态。学校群体包括正式群体和非正式群体。正式群体是否结构优化、活动适宜，以及非正式群体的形成与发展等都直接反映出群体追求激励与避免挫伤的心理倾向。人们知道，正式群体中出现非正式群体，基本原因之一是正式群体不能满足群体成员的某些需要。为了避免挫伤，有些成员自发形成志同道合的群体（非正式群体）以满足某种需要（追求激励）。学校中各种心理冲突也无不与激励和挫伤相关。例如物质利益引起的心理冲突，表面上看是因分配不公所致，实际上是挫伤与激励的矛盾反映，即人们往往不是计较物质本身，而是不愿对挫伤性行为逆来顺受，要讨回公道，求得对自身价值的肯定，这实际上是向往和追求激励。因此，就贤明的学校领导者而言，尽量增强激励减少挫伤不仅是他们的心愿，而且是他们必须采取的管理举措。

2. 激励与挫伤是学校管理心理学最高层次的范畴

这主要因为它可以演绎出学校管理心理学一切其他的概念和范畴。首先，从学校管理个体心理方面看，由激励与挫伤可以演绎出个体需要、动机、感情、态度等。也就是说，在学校管理心理学领域里，人们是在激励与挫伤的范围内研究需要、动机、感情与态度等问题，主要回答怎样诱发、引导、调节需要与动机，形成合理的感情与态度，更好地发挥学校成员的积极性，怎样把挫伤限制在最小范围内。其次，从学校管理群体心理方面看，激励与挫伤可以演绎出正式群体的一致性、凝聚力，进而演绎出模仿、从众、认同等，因为这些都是激励群体前进的重要心理因素。这些内容的反面，则往往构成挫伤的内容。积极引导非正式群体并合理发挥其正面作用转化其消极作用是激励与挫伤的又一具体领域。群体的形成与发展都牵涉人际关系，而人际关系的和谐与紧张直接影响群体生存与活动效率。这一切，本质上是激励与挫伤的问题。

学校是一种特殊的社会组织，有其特殊功能，它的每一功能的发挥都有赖于学校成员主人翁精神的弘扬。而对怎样"弘扬"的思考，必然回到激励与挫伤这个问题上来。

3. 激励与挫伤是稳定地存在于学校管理历史长河中的心理现象

自从学校管理产生以来，特别是现代学校管理出现后，激励与挫伤的问题在学校管理中日益突出。早在20世纪初期，美国的博比特（F. Bobbitt）由于受泰罗（F. W. Taylor）和韦伯（M. Weber）的影响，在学校中推行以提高工作效率为宗旨的科学管理。到30年代前后，博比特的作法遭到人们的批评，认为忽视了"人员"的因素（即挫伤）。于是福莱特（M. P. Follett）提出"教育领导"的概念，认为要关心学校管理过程中的人际关系。因为良好的人际关系及相应的文化才是提高效率的主要因素（追求激励）。到40年代，巴纳德（C. A. Barnard）提出均衡理论，既重视组织，又重视人的价值、态度、动机和需要等，主张以行为科学的立论作为理论框架,视学校管理的作用在于协调组织和个人两个方面。从此以后,激励学校中人的积极性的心理研究经久不衰。这说明,激励与挫伤是学校管理中不以人们意志为转移的普遍存在的心理问题,解决好这一问题,才可能把学校管理好。

三、学校管理心理学的大致体系

要从激励与挫伤的关系出发设计学校管理心理学的体系。首先,有必要从理论上深入探讨激励与挫伤,因此这两方面的理论成为学校管理心理学的基础理论。其次,沿着怎样激励学校成员,尽可能减少挫伤的线索思考,直接进入学校管理个体心理范畴,即论述学校成员的需要、动机、感情、态度等。当然,这里所谓的个体心理并不是某个具体人的心理,而是一般意义上的个体心理,是与群体心理相对的概念。再次,进入学校管理群体心理。群体心理可分两支:一是以群体的规范程度为标准,分述正式群体与非正式群体的心理。二是以群体的成员为标准,分述领导群体心理、教师群体心理、学生群体心理。当然,群体心理状况与人际关系状况有直接联系。因此,要优化群体心理,调动群体积极性,就要研究人际关系的改善。最后,研究学校管理组织心理。学校组织的变革与发展,对学校成员的积极性有直接影响。在这方面,重要的是良好的学校心理环境的形成。

第三节　学校管理心理学研究

像其他科学研究一样,学校管理心理学研究的基本过程包括准备(确定课题、提出假设、设计研究方案等)、实施(运用特定研究方法收集论据、验证假说等)、成果表达(统计数据、分析资料、撰写研究报告等)、成果鉴定等阶段。在这个过程中,有两个方面要特别注意,即方法论与具体方法。

一、学校管理心理学方法论

方法论即关于方法的理论,[1]它从宏观上指导人们的研究。学校管理心理学的方法论主要包括:

(一) 哲学的有关原理

其内容有四:即"存在决定意识"、"事物运动发展变化"、"事物普遍联系"、"理论与实践相结合"原理。

"存在决定意识"的原理指导学校管理心理学研究者:要揭示学校管理过程中人的心理规律,就必须研究当今社会主义市场经济条件下人的社会关系,学校已有物质、精神条件以及学校管理现实等对人们心理的综合影响。这些"存在"怎样决定学校成员的感情、态度、人生观等。同时,人们的感情、态度等又怎样反作用于这些"存在",特别是学校管理现实。管理者应怎样领导学校成员创造新环境,同时改造自己的"意识",使校园中始终生机盎然。

---

① (苏)Л. B. 柯普宁著,王天厚等译:《科学的认识论基础和逻辑基础》,华东师范大学出版社 1989 年版,第 475 页。

"事物运动发展变化"的原理指导研究者:学校中的任何一员,其内心都是充满着新与旧、正确与错误等矛盾斗争的,是发展变化的。在对其心理作出描述时,切忌静止地进行。

"事物普遍联系"的原理告诉研究者:要从整体上把握人的心理特征。如把影响需要、动机、期望、抱负水平、人际关系等方面的因素联系起来,进行综合考察,避免把一些复杂的心理现象肢解开来,片面理解。

"理论与实践相结合"的原理启迪研究者:科学的学科管理心理学只能来源于学校管理的实践。因此,应注意总结在管理实践中获得的有关人的心理的感性经验,并对其进行理论的概括。更为重要的是进行科学实验,探索学校管理心理中的深层次问题。同时有意识地创设良好的心理情境,以便学校成员心情舒畅。

这里应强调的是,辩证唯物主义和历史唯物主义是科学世界观和总的方法论。在运用它的具体观点、原理作指导时,应注意这些具体观点与原理之间的内在联系。

(二) 系统科学的有关原理

首先是系统原理。它把客观世界和主观世界都看成是由若干要素组成的不同层次的动态系统。每一个相对独立的系统,都有其组成的要素、结构和功能。而系统之间又按一定的层次,连成更大的系统。其次是信息原理。该原理认为,在系统之间和系统内部都存在着信息的交流过程。在此过程中,信息由信源发出,借助信道传递,最后抵达信宿。无论是信息的发出还是接收,人们都要对信息进行特殊的加工制作,有一定规律。信息运动影响着系统的存在、功能以及系统的控制。最后是控制原理。它认为通过反馈、调控等可对系统及信息进行控制。

按照系统科学指引的道路研究学校管理心理,就应该把学校管理中发生的一切心理现象,都置于特定系统中加以考察。如研究学校成员的需要,就要看到其社会制约性以及学校整体条件的限定性等。而不应把它与社会和学校条件等分离开来,作孤立的分析。同时应看到,处于学校管理系统中的人们,他们心理上的沟通实际上就是信息交流。信息的准确性、广泛性等都直接影响信息交流质量,从而影响学校成员之间的理解与信任。因而要研究学校管理过程中人们加工信息、交流信息的特殊方式与规律,从而引导学校成员有效地组织和控制各种信息交流活动。

应该说明,学校管理心理学的方法论内容非常丰富,远不限于以上所述。但考虑到篇幅,只能择要作些介绍。

二、学校管理心理学的研究方法

适用于学校管理心理学的具体研究方法很多,这里介绍几种常用方法。

(一) 观察法

研究者在自然条件下有目的、有计划、有重点地观察和研究他人的行为,并把结果按时间次序作系统记录、分析和整理,写出报告的研究方法。

这种研究方法主要适用于研究目的是描述对象在自然条件下的具体状态,或者需要对正在进行的某些过程作出描述,如研究学生群体内的人际关系,考察校园心理氛围等。此外,也适用于需要获得研究对象或事态变化过程的第一手资料时,如要获得学生群体形成过程的第一手资料等。

观察法因其设计和实施方法的不同,可分为若干形式。一般把观察法分为无结构的观察与有结构的观察。无结构的观察又可分为非参与观察和参与观察两种,即"局外"观察和"局内"观察。

观察法的基本要求是:有明确的研究目的或假说,有系统的设计,采用适当的观察步骤,有系统的记录,并通过客观公正地分析资料得出结论。

观察法如果运用得当,观察者可在实地及时观察到现象的发生,能够得到其他研究方法难以得到的资料。因为通过特殊的设计,观察者可不为观察对象所注意,观察者与被观察者互不干扰。不过,运用观察法只能了解一般现象和表面现象。

(二) 调查法

通过参观、访问、个别谈话、座谈、问卷等方式收集研究对象的心理现象的第一手资料,然后分析、整理、得出结论的研究方法。调查法的常见方式有书面调查和口头调查。

1. 书面调查

它通常采用问卷形式。问卷是研究者收集资料的一种工具。采用问卷调查时,研究者先将问卷分发给调查对象,请调查对象回答问卷上的问题。然后,调查对象将问卷交还研究者。研究者再对各份问卷上的答案作统计、分析,并得出结论,写出调查报告。

问卷可分为有结构的问卷、半结构问卷以及无结构问卷。前两种又称为封闭式问卷,后者称开放式问卷。在学校管理心理学研究中,这两种结构的问卷往往结合使用。

问卷通常由指导语、问题和结束语三部分组成。其中"问题"是主体。

2. 口头调查

口头调查通常采用谈话、开座谈会等方式。这里主要介绍谈话方式。

按提问和反应的不同结构,谈话可分为三种不同类型:一是结构性谈话或标准化谈话,即指导性的、正式的、事先决定了问题项目和反应(回答)可能性的谈话。二是非结构性谈话,指非指导性的、非正式的、自由提问和作出回答的谈话,是研究者和调查对象就某些问题所作的自由交谈。三是半结构性谈话,指问题是规定的而回答是自由式或讨论式的,或按有结构的方式回答无结构的问题项目。

在研究过程中,采用何种谈话形式,要依据研究目的、研究者与调查对象的熟悉程度,以及调查对象的能力和人格等确定。

调查法是学校管理心理学中普遍采用的方法。就书面调查而言,它比较客观、效率较高,可以团体方式进行,结果便于数量化。不记名的书面调查可收集比较真实的信息,其不足是它不够灵活,而且只适合于有一定文化程度的人,此外问卷的回收也难完全保证。相比之下,口头调查比较灵活,有利于"捕捉"信息;适用面广,可用于不同的问题和不同的人;能够比较有效地收集调查对象的态度、动机、个性等综合资料。它的不足,主要是谈话结果的处理和分析比较复杂,调查对象的答话可能受研究者的兴趣、态度,以及其他因素的影响而失去一定的客观性或真实性,需要较多的时间和精力。

(三) 实验法

根据研究目的,运用人为的手段,主动干预或控制研究对象的发生、发展过程,并通过把干预情况下获得的事实与没有干预情况下同类对象变化的事实进行比较,确认事物间因果关系的研究方法。实验可分为自然实验与实验室实验。

在学校管理心理学研究中,人们较多地采用自然实验法。自然实验法的大体步骤是:首先,进行实验设计,主要包括明确研究目的(或假设),确定研究对象,并将其分为实验班(组)和控制班(组),拟定实验程序。其次,进行实验,主要观察和收集由自变量引发的心理现象(因变量)等方面的数据。再次,对从实验班(组)和控制班(组)获得的有关数据进行统计分析,得出结论,写出实验报告。最后,请有关专家对成果作出鉴定。

比较起来,实验法是通过改变研究对象的性质或状态来进行研究的方法,它要求对研究过程中涉及的各种变量作出分析与控制,没有控制就没有实验。而观察法与调查法是以不干预研究对象的原有状态为前提的,它不要求人为地控制研究过程中的有关变量。同时,实验法是用来揭示变量间因果关系的有效方法。如前所述,运用观察法和调查法,人们可以看出事物间存在着众多的联系,但是难以正确判断它们的因果关系。而实验法由于对变量作了控制,就有可能使事物间的因果关系以可观察的形态显现出来。另外,实验法就是验证假设的方法,有严格的操作规则,精确的测量手段和数据处理,以保证研究结果的客观性、准确性和可重复性。这些在观察法与调查法中是难以做到的。

(四) 测验法

采用标准化的心理测验量表或精密的测量仪器测量被试者有关心理品质的研究方法。

运用测验法需要用标准化的测验工具。用文字、图形等表达内容的测验工具称"量表"。量表的内容和形式都要适合研究对象和目的。在学校管理心理学研究中,用于测验能力的量表主要有斯坦福—比纳智力量表(Stamford – Binet Intelligence Scale)和韦克斯勒智力量表(Wechsler Intelligence Scale)。用于测验性格的量表主要有明尼苏达多相个性问卷(Minnesota Multiphasic Personality Inventory)、加州心理问卷(California Psychology Inventory)、卡特尔16种个性因素问卷(Sixteen Personality, Factor Questionnaire)、艾森克个性问卷(Eysenck Personality Questionnaire)等。用于测验个人兴趣、爱好的量表主要有爱德华个人爱好量表(Edward's Personal Perference Schedule)、斯特朗职业兴趣量表(Strong Vocational Interest Blanks)、库德兴趣量表(Kuder Interest Inventory)。

测验法在时间上和经费上都比较经济,并且由于测验存在常模,故可用它探求个体心理和群体心理的关系。不过,测验的编制和使用都十分严格。许多国家还明确规定,用于人员选拔的测验量表,其信度系数必须达到和超过0.8,效度系数必须达到或超过0.6。

(五) 个案法

综合运用多种合适的研究方法,对特定个体、群体、组织进行研究,广泛收集资料,以全面了解其历史、现状及未来趋势的研究方法。

个案法在学校管理心理学研究中有重要地位。因为它有利于对一个班级、整个学校等作全面分析、了解,因而在研究学校群体、人际关系、校风等方面有一定优势。例如要研究某校教师队伍稳定、教师道德水平高的心理原因,研究者可深入该校,长时间体验生活,同时通过查阅有关文献,与师生员工交谈,调查情况等,探明其真实的心理原因,最后整理出详细材料。

采用个案法的不足之处在于它不够准确,受主观因素影响较大。

上述各种研究方法都有一定的应用价值,也有某些局限性。因此,在运用的过程中,应集其所长,兼而用之。

本章小结

学校管理心理学的面世,与管理心理学家族的兴盛密切相关。19世纪末20世纪初,工业心理学开管理心理学研究之先河,代表了管理心理学早期的研究方向。

由梅奥创立的人际关系理论企图将以"事"为中心的管理变为以"人"为中心的管理,为相对成熟的管理心理学的降生注入了催产素。在人际关系理论的基础上,勒温创立了"群体动力学",进一步研究了非正式群体的特点、非正式群体中人与环境的关系,开拓了管理心理学的新的研究领域。

管理心理学以学科的面貌出现大约是在20世纪五六十年代。1958年,美国斯坦福大学教授黎维特出版以《管理心理学》为名的专著,意味着管理心理学作为学科登上历史舞台。近几十年来,管理心理学有长足的发展。

学校管理心理学是管理心理学的一个分支。它诞生于20世纪七八十年代。美国欧文斯的《学校组织行为学》的出版是学校管理心理学成为独立学科的标志之一。

学校管理心理学的研究对象是学校管理心理现象与规律。换言之,它研究学校管理中的"心理"现象和规律,而不研究"学校管理"本身;研究学校"管理"心理现象与规律,而不研究学校中的"一般的"和"教育的"心理现象和规律;研究"学校"管理心理现象与规律,而不研究"普通"管理心理问题。

研究对象的确定,给人们提供了学校管理心理学的"版图"。但要构建学科体系,必须明确学校管理心理学的基本问题。学校管理心理学的基本问题是激励与挫伤的关系问题。

学校管理心理学的基本问题是学校管理心理学的核心。由此出发演绎该学科的体系,便出现了学校管理个体心理、学校管理群体心理、学校管理组织心理三大篇章。每一篇章都紧紧围绕激励还是挫伤学校成员的积极性展开。

学校管理心理学研究一是要注意方法论,二是要综合运用研究方法。在方法论上,辩证唯物主义与历史唯物主义理论,系统科学理论等尤有裨益。在具体方法上,观察法、调查法、实验法、测验法、个案法各有所长。如能根据情况,综合用之,研究的效度与信度自会提高。

本章拓展

1. 问题思考

(1) 简述学校管理心理学的产生与发展。

(2) 学校管理心理学的研究对象是什么?

(3) 试论学校管理心理学的基本问题。

（4）学校管理心理学研究之方法论。

（5）比较学校管理心理学各种研究方法并说明其长处和不足。

2. 情境分析

荷米公司[①]

20世纪20年代中期，年轻的德普瑞从他的继父荷米手中借了一笔钱，买下了星光家具公司。为了表达对继父荷米的感激之情，德普瑞将公司改名为荷米公司。

德普瑞早期经营和控制企业的方式，与那个时代的其他人没有什么不同。例如，他把企业中的工人看做是没有个性、没有姓名的机器，每个工人都很容易被另一个工人替代等。

20世纪30年代中期的一天，一个叫米莱特的工人在工作时意外死亡，年仅42岁。为此，德普瑞便去看望、安慰一下米莱特的妻子。在拜访过程中，米莱特的妻子给他读了一些诗歌。德普瑞被这些优美的诗句深深打动了。当他得知这些诗歌是米莱特所写时，他第一次意识到，他的雇员们不是牛马，而是有着感情、理智和才能的有血有肉的人。他当场决定，改变自己的管理思想和管理方式，下决心去了解他的每一位雇员的潜能和才干。他还宣称，管理层不是一个特殊阶层，管理是企业内部的每一个人都应参与的职能。因此，荷米公司成为世界上第一批采用雇员分红激励计划的公司之一。这种方式激发了员工参与管理的积极性。

在荷米公司中，人始终处于中心位置。例如，对于新雇员的评价标准是基于雇员的个人特质和与他人合作的倾向，而不是他们的技术熟练程度和资历。公司的每个员工都对如何处理公司存在的问题有发言权，但在大多数领域中，管理人员有最终的决定权。然而，荷米公司的管理者能在权威和民主间找到一条最佳的均衡线：他们鼓励员工参与，也会在需要的时候作出果断的决策。例如：有一个工人向德普瑞先生反映，有两名员工被不公正地解雇了。德普瑞听后调查，最后确认是发生了不公正解雇。德普瑞不但召回了被错误解雇的员工，而且还要求那位作出解雇决定的董事辞职。

在20世纪80年代计算机业降到最低谷时荷米公司也经历了销售大滑坡。但是，荷米公司并没有因此而裁减雇员，公司管理层也没有失去"以人为本"的文化。90年代初期，荷米公司从困境中解脱出来后，显得比以往更强大了。

案例中的德普瑞在管理荷米公司的过程中，其管理策略发生了很大的变化。请提炼出德普瑞在不同时期的管理策略并分析其背后的人性理论。

3. 活动设计

请运用个案法对您所在社区的一所学校的"校训"进行研究，并借用对校训的研究告诉人们：这所学校的历史、现在与未来。

---

① 卢盛忠编：《管理心理学实用案例集粹》，浙江教育出版社2003年版，第1—2页，有删减。

第二章　学校管理心理学的基础理论

【案例导入】

鱼 就 是 鱼

　　有一条鱼,它很想了解陆地上发生的事,却因为只能在水中呼吸而无法实现。它知道小蝌蚪可以帮助它,便和一个小蝌蚪交上了朋友。小蝌蚪长成青蛙之后,就跳上了陆地。一段时间后,青蛙回到了池塘,向鱼报告它所看到的景象。青蛙描述了它在陆地上看到的许多东西,比如:鸟、牛和人。青蛙描述完了后,鱼儿将这些内容画了出来。在鱼儿的画作里,每一样东西都带有鱼的形状。即人被画成了用尾巴走路的鱼;奶牛是长着乳房的鱼;鸟是长着翅膀的鱼。

　　在这里,鱼是按照自己的经验或"视界"来解读客观对象的,无论它画多少次,画多长时间,它都无法画出超越自己"视界"的对象来。因为,鱼就是鱼。

　　同样,学校管理中也有许多这样的"鱼"。他们管理经验丰富,他们总是用自己的经验来诠释管理实践中的现象,似乎也能收到一定的效果。然而,经验的局限性也往往使他们感到困惑。因此,作为学校管理心理学的研修者而言,一方面要重视并吸收他们的管理经验,另一方面又要强化理论意识,将管理理论与管理实践结合起来。本章将围绕学校管理心理学的基本问题即"激励与挫伤"问题阐述学校管理心理学的基础理论。

第一节　激 励 理 论

　　随着激励在管理活动中的作用的增强,自 20 世纪 20 年代以来,人们不仅注重在管理实践中锻造各种各样的激励工具,而且呕心沥血,在科学领域里探索其真谛,形成了不同的理论派别。这里介绍的是影响较大的几家。

一、当代西方激励理论流派

(一) 强化理论(Theory of Reinforcement)

1. 理论来源

强化理论是新行为主义者斯金纳(B. F. Skinner)的操作条件反射理论在激励上的应用。操作条件反射理论认为,人类的许多行为具有操作性和工具性。人往往由于某种需要引起探索(自发的或自觉的)。在探索的过程中,由于偶发的反应成为达到目的的工具,因此人们就利用这种反应去操纵环境,达到目的。久而久之,便形成了条件反射。因为这种条件反射是产生某种结果、达到目的的工具,因此被命名为工具性条件反射(又叫操作性条件反射)。这种反射只有在强化的条件下习得,而强化取决于反应,不取决于对刺激的感知。习得的反应会因强化的增强而增加,也会因强化的减弱而消退。

2. 基本观点

当行为的结果有利于个人并得到强化时,行为就会重复出现,否则,就会削弱和消失。利用正、负强化,可以对行为进行有效控制,可能将其引导到预期的状态。在适应的范围内,正强化有积极的增力作用。同样,合理运用负强化,也有激励作用。

3. 评价

强化理论的积极意义主要在于突出了强化的激励作用,从理论上探讨了正负强化激励行为的机制,为人们运用奖励与惩罚等手段提供了理论依据。

其不足之处主要在于这种理论源于动物实验,对人的复杂性以及激励人的因素的复杂性认识不够,因而在激励手段上持比较狭隘的观点,即没有看到强化之外的其他激励形式与手段。

(二) 双因素理论(The Two-Dimensional Theory)

这一理论由美国心理学家赫茨伯格(F. Herzberg)创立,全称为激励因素与保健因素理论(The Theory of Motivation Factors and Hygienic Factors)。

1. 理论来源

20世纪50年代后期,赫茨伯格与匹兹堡心理所的同事们一道,对该地区11个工商业机构中的200位工程师和会计师进行调查,要求他们回答工作过程中何时感到心情舒畅(满意)和导致这种心情的事件(原因)及其作用大小(排序)。同时,要求他们像回答满意的问题一样回答在工作中何时感到"不满意"及其原因,以及各种原因的相对地位。

由于"满意"和"不满意"是这项研究的关键概念,因此,赫茨伯格对它们进行了说明。他认为,传统的满意与不满意对立的观点,即满意的对立面是不满意的观点是不正确的,"满意"的对立面应该是"没有满意"、"不满意"的对立面应该是"没有不满意"。循此调查,结果表明,导致工作中"满意"与"不满意"的事件是截然不同的。

导致满意的主要因素有:[1]

(1) 成就 即是否成功地完成了工作,是否解决了问题,是否明白自己工作的结果。

(2) 认可 主要包括其他人(监工或管理者、职员、伙伴、同事)以赞扬或指责形式所作的评价,资方的个别认定,与完成任务直接相关的奖励或惩罚。

(3) 工作本身 即工作本身是常规的还是变化的,是创造性的还是重复性的,是有趣的还是讨厌的,是困难的还是容易的。

---

[1] P. Silver, *Educational Administration*, *Theoretical Perspectives on Practice and Research*, 1983, pp. 299—300.

（4）责任　即在完成工作过程中有没有自主性，是增强还是减弱了对别人的权威感，以及完成工作的责任。

（5）提升　即由于取得了成绩，个人在组织内的状况发生了实质性改变，升迁或降级。

（6）发展的可能性　即工作情境变化的可能性，提升的可能性，增加或减少学习机会的可能性。

导致不满意的主要因素有：

（1）企业政策与行政管理　主要包括以下方面：上下级沟通是否顺畅，任务、资源分配是否合理，人事政策是否恰当等。

（2）监督　即上司是否称职，监督是否公平，是否有效率。

（3）工资　如工资增长期望不足或过高，工资调整或早或迟，报酬是否合理。

（4）与上级的人际关系　即与那些和任务完成有关或无关的上司交往是否愉快。

（5）与部属的人际关系　即与那些处于组织较低层次的人交往是否愉快。

（6）与伙伴的人际关系　即与处于同一组织层次的合作者交往是否愉快。

（7）工作条件　即工作的物质条件如设备有用率、温度、光线、空间、工具等是否如人意。

在取得初步研究成果的基础上，赫茨伯格又对 1600 多名分布于不同地区，从属于不同企业和组织的雇员进行了几项不同的调查，得出的结论是：对工作满意起主要作用的因素是成长与发展，而对工作不满意起主要作用的因素是环境。

由于有经验的支持，赫茨伯格认为人类有两类基本的需要：一是避免痛苦的需要，二是心理发展的需要。前者是保持身体舒适的需要，后者是促进自我实现的需要。人们在各种情境中寻找满足这两类需要的条件，包括工作情境。能够满足心理发展需要的工作因素如果存在并且充分，会引起人们的满意情感，这种工作因素叫激励因素。可见，激励因素也就是上述导致满意的那些因素。而那些满足职工避免痛苦需要的工作因素一旦缺乏或不足，就会引起人们不满意的情感，这些工作因素称为保健因素。可见，保健因素的缺乏就是导致上述不满意的原因。

2. 基本观点

（1）当激励因素存在，并且在工作情境中处于肯定状态时，职工会获得满意感；当激励因素缺失或处于否定状态时，职工不会获得满意感。

（2）当保健因素缺乏、不足，或在工作情境中处于否定状态时，职工会获得不满意感；当保健因素存在、充分，并处于肯定状态时，职工不会获得不满意感。

（3）缺乏激励因素或否定的激励因素不会导致职工的不满意感。同样，充分的保健因素或肯定的保健因素不会导致职工的满意感。

（4）存在并处于肯定状态的激励因素会使职工更加努力，而充分并处于肯定状态的保健因素不会使职工更加努力。

（5）缺乏激励因素或处于否定状态的激励因素会导致职工"减少"努力，而不充分的或处于否定状态的保健因素不会导致职工"减少"努力。

概括起来，这些基本观点的精髓也许可用图 2-1 表示。

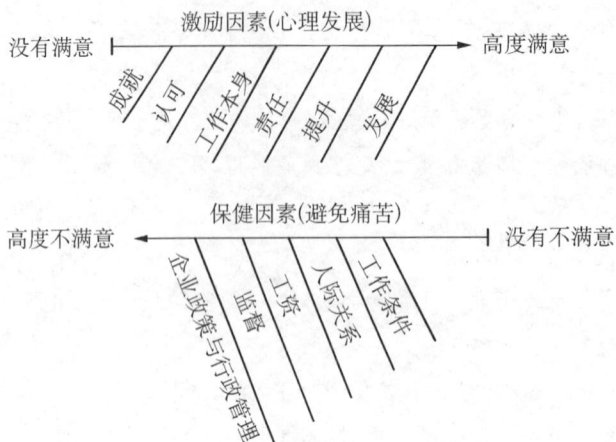

图2-1　激励因素与保健因素示意图

3. 评价

双因素理论研究职工情感的方法的新颖性以及它在工作设计、管理实践和研究等方面的意义，使它受到许多人的欢迎。具体来说，它有如下积极意义：

一是甄别并发现了成就、认可、工作本身的魅力、发展可能性等富有激励作用的因素，为人们选择激励手段、制订激励策略等提供了参照。特别是肯定了工作的挑战性、丰富性等蕴涵在工作中的内在激励价值，为人们构建"激励为工作，用工作激励"的新的激励模式提供了思路。二是肯定了保健因素在维持人们积极性方面的基础作用，使人们懂得了要调动人的积极性，首先要注意保健因素的道理。三是在肯定物质因素对保护人们积极性具有重要意义的同时，突出了精神因素的激励作用，对于正确处理物质激励与精神激励的关系有一定借鉴意义。

这种理论及其方法论的主要不足之处有：一是主观性甚强。西方许多学者对此进行了批评①，认为要求调查对象先回想对自己工作感到特别好（或坏）的时间，然后描述与那种情感有关的事件，这就使调查对象有了思想准备，把自己的感情归结为有关事件。同时这种研究方法中存在着"重构逻辑"，即跟在结论之后而非走在结论之前的推理模型。也就是说，情感可能是要回忆事件的原因，而非事件是情感的原因。此外，人们回忆过去事件时总是带有高度的主观性，而且倾向于以自我防卫的方式解释自己的经验。因此，调查对象可能倾向于把好的情感归结为自己的成就，而把坏的情感强加于非自己控制的环境。二是对两种因素的划分具有绝对的性质，似乎没有看到两种因素在不同条件下发挥不同作用的可能性以及两种因素功能的相互转化。例如，作为激励因素之一的工作本身，也许工作有一定难度，对一些能力较强富有挑战精神的人来说是激励因素；而对那些能力不强、风险意识弱的人来说，则可能是保健因素了。此外，赫茨伯格等似乎忽略了"没有满意"至"高度满意"与"高度不满意"至"没有不满意"具有内在的统一性。如果把"没有满意"和"没有不满意"连接起来，作为"高度满意"至"高度不满意"的临界点，那么激励因素与保健因素就处于一个连续统一体中，它们之间的相互转化关系

---

① P. Silver, *Educational Administration*, *Theoretical Perspectives on Practice and Research*, 1983, p. 303.

就明显了(如图 2-2)。

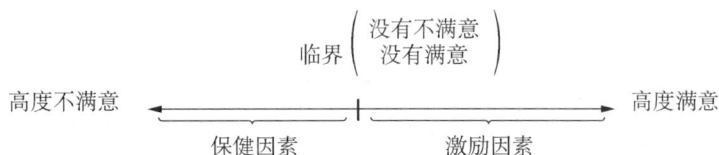

图 2-2 保健因素与激励因素关系图

(三) 期望理论(The Expectancy Theory)

这一理论由美国心理学家弗鲁姆(V. Vroom)于 1964 年创立。弗鲁姆在他著的《工作与激励》一书中对它作了全面论述。

1. 理论框架

弗鲁姆在研究马斯洛和赫茨伯格等人理论的基础上,认识到人们在采取某种行动时,总是希望取得一定的结果,而且用不同价值观评价结果,因而产生了行为上的差异。例如,甲乙两位教师都希望从备课中获得同样的结果。但他们可能"赋予"这一同样结果不同的价值。教师甲评价备课结果的价值可能比教师乙评价备课结果的价值高得多,因此他会花更多的时间备课,使备课的行为紧张有力。同时,弗鲁姆还想到与此有关的一个问题,即如果两位教师同样评价备课的结果,他们会不会在修改已备的课上花同样的功夫? 这要作具体分析。也许教师甲认为再花些时间,可能把已备的课修改得更好,因此他进一步下功夫。而教师乙认为已经尽了最大努力,再花时间也无法改进已备的课,因而就此止步。

在有了这样一些看法之后,弗鲁姆形成了激励的构想,即激励是人们对行动将取得的结果的期望与想象到的那种结果的效价的结合。转化成公式,则为:

$$M = \sum V \times E$$

在这个公式里,M(Motivation)为激励或激励力量;E(Expectancy)为期望或期望值,是关于特定行动将产生特定结果的可能性的信念;V(Valence)为效价,是主体感受到的客体对自己的吸引或排斥的程度。也可以说,效价是人们对客体的情感定向,即人们对客体的情感或态度。对个体有很强吸引力的或个体非常期待的事物有高度肯定的效价。个体反应冷淡的事物则没有或有较小效价(甚至零效价)。个体感到讨厌或强烈不满的事物,有高度否定的效价。

人们在考虑行动结果的效价时,往往涉及行动结果所带来的后果。这就使问题复杂起来。因为一个行动不仅会有直接结果,而且会有间接结果。对于它们之间的关系,可用图 2-3表示:

图 2-3 行动与结果关系图

图中的直接结果亦称第一层次结果或成绩,是行动直接指向的结果。间接结果又称第二层次结果,是与行动相隔较远的结果,也就是可感受到的直接结果的后果。例如备课的直接结果是一堂好课,它的后果(备课这一行动的间接结果)可能是激发学生的学习热情,教师赢得了学生的尊敬等。直接结果是否令人满意,取决于它与人们感受到的那些是否令人满意的间接结果的相关程度。

图中的工具性(instrumentality),简言之,是直接结果的效用或有用性,它反映直接结果与间接结果的关系。直接结果是特定行动的目的,但也可能是实现其他目的的手段(工具)。

人们在采取某种行动时,所期望的结果通常包括直接结果和间接结果,而直接结果往往是间接结果的手段,间接结果则是目的。因此,人们不得不把直接结果的"工具性"纳入到期望理论模式中,于是出现了期望理论的 VIE 模式(图 2-4)。

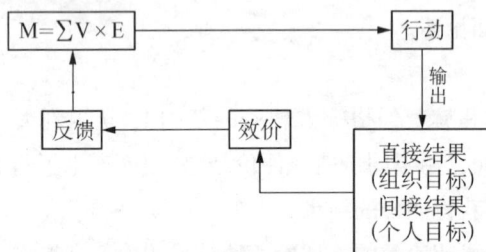

图 2-4　期望理论的 VIE 模式

图中表明,人们的行动通常可以达到两种水平的"输出"。第一种水平的输出即行动的直接结果,实现的是组织目标;第二种水平的输出是行动的间接结果(依靠直接结果的工具性实现),实现的是个人目标。

2. 基本命题

(1) 直接结果的效价是间接结果的效价与工具性的积的总和

转化成公式:

$$Vdir = f\sum (Vind \times I)$$

在公式中,Vdir 为直接结果的效价,Vind 为间接结果的效价,I 为工具性,工具性的取值范围为 -1.00 至 +1.00。

假设教师甲上了一堂好课(行动的直接结果),已知这堂好课的间接结果的效价、工具性如表 2-1,那么根据命题(1)可求出教师甲上一堂好课的直接结果的效价(见表 2-1):

表 2-1　对行动直接结果的效价的估计

感受到的一堂好课的间接结果	效价		工具性	总产品
个人满意	+7.0	×	0.85	= +5.95
酬赏学生	+6.5	×	0.60	= +3.90
自我发展	+5.0	×	0.30	= +1.50
学生学习	+4.0	×	0.50	= +2.00
更高的学生期待	-5.6	×	0.95	= -5.32

$$\sum vind \times I = +8.03$$

（2）行动驱力是直接结果的效价与对直接结果的期望的积的总和

用公式表示：

$$Fact = f\sum (Vdir \times E)$$

在公式中，Fact 代表行动的驱力，E 为期望值。可见，这个公式与前述 $M = \sum V \times E$ 的公式是一致的。这里，之所以用两个命题将激励理论具体化，目的在于使人们进一步明确行动结果及其效价的复杂性。

3. 评价

期望理论的积极意义主要在于：一是揭示了人们采取行动时普遍存在的心态，即期望的激励作用，并把它与目标激励联系起来，从而扩大了人们的激励视野。二是注重行动结果的层次分析，并提出"工具性"概念，使组织的目标与个人的目标在激励中共同发挥作用。三是把效价与期望值统一起来分析，有利于克服片面追求效价的行为。

这种理论的不足之处主要表现在：一是效价与期望值都是人们的主观体验，与人们的知识经验和价值观等紧密相连，如果仅仅根据个人认定的效价与期望值决定是否采取行动，那很有可能导致与组织要求大相径庭的"不应为而为，应为而不为"的现象。二是在强调期望值上有一定的片面性。在期望理论看来，效价恒定时，期望值越大激励力量越大。但在现实生活中，这种情况也许只适应于部分人。对那些像赫茨伯格描述的喜欢从事有一定挑战性工作的人来说，他们对期望值太大（挑战性相对小）的事情是不感兴趣的。三是期望理论倡导的是追求最高激励水平，而实际上，要求较高的工作效率，必须使激励水平与工作复杂程度保持适当的关系。心理学家叶尔克斯和多德森（Yerkes and Dodson）研究发现，操作效率和激励水平之间关系的曲线，随着任务的复杂性变化而变化（图 2-5）。解决复杂的代数问题时，最佳的效果处于较低的激励水平；运用基本的技能解决问题时，操作效率的高峰处于中间的激励水平；用简单反应解决问题时，操作效率的高峰处于较高的激励水平。

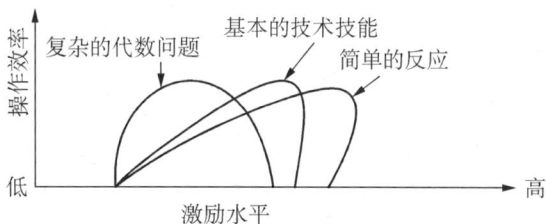

图 2-5　叶尔克斯—多德森定律

（四）公平理论（The Equity Theory）

任教于北卡罗莱纳大学的美国心理学家亚当斯（J. S. Adams）于 20 世纪 60 年代先后发表了《对于公平的理解》、《在社会交换中的不公平》，从而创立了公平理论。

1. 主要观点

（1）公平感　人们通常要将自己的投入和所得报酬的比值与一个和自己条件大体相当的人的投入和所得报酬的比值进行比较，如果两者相等，则有公平感；如果不相等，则有不公平感。用公式表示分别为：

公平状态：$\dfrac{Op}{Ip} = \dfrac{Oa}{Ia}$ Op 表示对自己所得报酬的感受。

Ip 表示对自己投入的感受。

Oa 表示对他人所得报酬的感受。

Ia 表示对他人投入的感受。

不公平状态：$\dfrac{Op}{Ip} \neq \dfrac{Oa}{Ia}$

进一步分析，不公平有两种情形：

（对自己有利）利己不公平：$\dfrac{Op}{Ip} > \dfrac{Oa}{Ia}$

（对自己不利）损己不公平：$\dfrac{Op}{Ip} < \dfrac{Oa}{Ia}$

从上述内容还可分析推导出：

A. 人们对报酬是否满足在较大程度上受社会比较过程的影响。也就是说，不仅受报酬绝对值的影响，而且受报酬相对值的影响（与别人作横向比较，与自己的过去作纵向比较）。

B. 公平通常令人心情舒畅，焕发工作热情；不公平往往使人产生消极情绪，形成人际矛盾，影响工作积极性。

（2）消除不公平感 当一个人发现自己受到不公平（利己或损己）待遇时，他往往采取一些方法消除心理上的不公平感。

消除不公平感的方法：

A. 力求改变自己的报酬。阿伦（J. Allen）和布鲁斯（K. Bruce）做过一个处于不公平状态下的人怎样改变自己报酬的实验。实验是让大学生被试每两人一组解数学题，一人为解题者，一人为验算者，并告诉他们按解题的速度和正确的程度付报酬，报酬付给两人后，再由他们两人自己分配。在实际解题过程中，解题者和验算者投入的时间量相等，因此公平分配方法是将报酬平分。实验分两次进行。第一次由解题者掌握报酬分配权，第二次由验算者掌握报酬分配权。无论哪一次，没有分配权的人有权对分配者的决定作出 5 美分的修正。在第一次实验中，绝大多数解题者提出的是公平的分配（平分），故验算者无异议。在第二次实验中，实验者操纵验算者使分配发生变化，即将得到的 1 美元 40 美分分别按 85.7%（1 美元 20 美分）、67.9%（95 美分）、50%（70 美分）、32.1%（45 美分）、14.3%（20 美分）、3.6%（5 美分）、1.4%（2 美分）分配给解题者。结果是，得到 85.7% 和 67.9% 报酬的解题者，提出要将自己的报酬减少 5 美分，而所得报酬不足 50% 的，提出要把自己的报酬增加 5 美分。只有恰好获得 50% 报酬的，才没有异议。这说明，解题者不仅在损己不公平（所得报酬不足50%）时，而且在利己不公平（所得报酬超过50%）时，都想通过改变自己的报酬以减少不公平感。

B. 要求改变他人的报酬。这点在上面的实验中也得到了证明。当报酬总额恒定时，要求改变自己的报酬实际上就是要求改变他人的报酬。

C. 设法改变自己的投入。雅各布森（P. R. Jacbson）等人做过处于利己不公平状态下的人的实验。实验是让哥伦比亚大学的学生（被试）参加印刷品校对工作。事先告诉被试校对一页给30美分。实验之前，先检测被试的校对能力，再随机分为3个实验组（3组成员的校对能力实际上大致相等，没有统计学意义上的差别）。实验开始前，实验者告诉第一组被试："测验证明，你们的校对能力并不强。但由于我们要赶任务，所以还是聘请你们。报酬还是事先商定的，即每页30美分。"然后对第二组说："测验证明，你们的校对能力不大强。因此不能按事先商定的支付报酬，只能每页给20美分。"最后告诉第三组："测验证明你们的校对能力很强。因此按事先所说每页30美分付钱，这种报酬与有资格从事这项工作的其他人所得的报酬相同。"实验结果证明：第一组觉得自己报酬过多而要改变不公平，于是比其他两组更努力地工作，矫正校样的错误最多。其他两组都觉得自己的投入与报酬相当，没有不公平感，因而在投入上也比较正常。这是利己不公平实验。至于因损己不公平而减少投入的，实际生活中屡见不鲜。

D. 要求改变他人的投入。处于不公平待遇状态下的人，不仅能通过改变自己的投入和报酬，而且能通过改变他人的投入和报酬消除不公平。因为改变他人的投入，也就改变了他人的投入与报酬之比值，就有可能使其比值与自己的投入与报酬比值接近。

上述消除不公平感的方式都是围绕不公平公式 $\left(\dfrac{Op}{Ip} \neq \dfrac{Oa}{Ia}\right)$ 作文章的，即适当增加或减少"不等式"中相应的分子或分母的值，使"不等式"变为"等式"。但是要消除不公平感并不是轻而易举的，有时没有现实的消除手段，或即使有现实手段，使用起来也是非常困难的。于是人们又提出了下面的消除不公平感的方法。

E. 自我消除不公平感。具体的办法是改变比较对象或知觉方式。前者如换一个投入与报酬比值低于自己的人和自己作比较。后者如重新分析自己的投入，使自己的投入和报酬之比接近比较对象。

在实际生活中，人们到底采用什么样的方法消除不公平感呢？要具体情况具体分析，一般来说，人们根据"彻底"与"少投入"原则作选择。即选择能彻底消除不公平感的方法和用较少投入却能较大程度消除不公平感的方法。

2. 评价

公平理论揭示了人们公平心态的激励功能，把一个客观存在却不大为人们注意的问题纳入了科学研究领域。但是这种理论还有待深入研究，这主要因为：其一，公平可以消除人们的不满，但它似乎难以激励人们。因为公平感本身是一种心理平衡感，平衡而无冲突，就失去了动力。这在上述一些实验中可找到证明。其二，公平的主观色彩甚浓，因此实际上很难操作，也就难以利用。其三,有利于自己的不公平感也是激励人们的力量。这点也可从上述实验中看出。实际生活中的"倾斜政策"等能调动积极性的原因也在于此。因此公平的激励价值也许存在于尽量减少人们损己的不公平感而扩大人们利己的不公平感的策略之中。

(五) 归因理论(The Theory of Attribution)

1. 理论流派介绍

归因是分析和推断行为原因的过程。它是洞察人的心理规律的视角,也是激励人的途径。在这方面第一个进行系统研究的是海登(F. Heider),他提出了从人的内部因素(个人倾向)和外部因素(情境倾向)两方面对人的行为进行归因的见解。他的见解后经琼斯(E. E. Jones)、戴维斯(K. E. Davies)和凯利(H. H. Kelldy)等人发展,形成了更具体的理论模型。

(1) 一致性推理(correspondent inference) 一致性推理的归因理论是琼斯和戴维斯创立的。其基本思想是根据人的行动结果可以推断人行动的原因。具体步骤是由行动结果推出行动意图,再推出行动者的特性。[①] 其中至关重要的是"结果"、"意图"、"特性"三者之间的一致性(或对应性)。这受下列因素影响:一是非共同效应(noncommon effects)因素。所谓非共同效应因素即独特因素。例如一个学生站起来关上窗户并穿上毛衣,关窗户的原因可能是怕冷,也可能是避免噪音等。可见关窗户不是非共同效应因素(而是共同效应因素)。而穿毛衣只能是防寒,是非共同效应因素,故可以推断原因。二是社会意愿(social desirability),符合社会规范的并伴随很多利益的事情,因为谁都愿干,所以难以推断行为者的独特原因。相反,违背社会意愿并伴随损失的事情,某人干了,就可以推断此人的独特个性。三是选择的自由(freedom of choice),即作为自由选择结果的行为有利于形成一致性推断,否则相反。这得到了琼斯等人的实验证明。他们将被试分为两组,一组可选择自己的行为,另一组不能,都阅读有关的演讲辞。处于选择条件下的被试可以选择阅读演讲辞中他们自己同意为之辩解的观点,而非选择条件下的被试被指定阅读以备辩护的观点。随后他们要被试判断写演讲辞的人的真实信念,结果处于自由选择条件下的被试更能判断出演讲辞所反映的作者的真实态度。

(2) 协变原理(The covariation principle) 协变归因原理是由凯利创立的。[②] 凯利认为,人们是根据人、情景、刺激物三个变量的一贯性、普遍性和差异性及稳定和可控状况来决定行为的归因的:一贯性,指三个变量在不同场合下同时出现,前后一贯,都产生相同的结果,即不具有偶然性;普遍性,指刺激物或情境在其他人身上是否引起相同的反应,即该人的行为表现是否与其他人一致;差异性,即对其他刺激物或情境是否以同样方式作出反应。举例来说,某学生数学成绩差,是历来如此,还是突然下降,若是前者,可以肯定其成绩差,并进行归因。这就是一贯性。进一步分析各科成绩,如果仅仅是数学差,这是差异性表现。如果进而得知该生与其他同学数学成绩都差,这是普遍性。明白了这"三性",再综合分析,可使归因有更多的事实、材料依据。

---

① S. Penrod, *Social Psychology*, 1983, p. 186.

② H. H. Kelley etal., *Attribution Theory and Research*, 1980.

（3）成功与失败的归因（Attributions of Success and Failure）　这是由韦纳（B. Weiner）等人创立的归因理论，又称情感与动机归因理论。其主要观点有：

第一，归因是对一个既成事件多阶段的反应过程。先确认既成事件的成败；然后，找出成功或失败的原因（归因）；再由归因引起个人情绪上的反应，并形成对今后的期待。情绪反应和期待结合起来便决定今后的成就定向和行为。

第二，原因维度。韦纳等认为，研究人的成功或失败的原因，不仅要分析已知的原因，还应研究潜在原因。他们用"原因维度"这个概念表达自己的思想，并将潜在原因划分为三个维度。第一个维度是内部—外部维度，即有些原因是内部的，有些是外部的。第二个维度是稳定—不稳定的维度，例如人的能力是稳定的，运气则是不稳定的。第三个维度是可控—不可控的维度，如努力、注意力等原因是可控的，而健康原因等是难以控制的。在划分原因维度的同时，韦纳等研究了归因中的情绪反应，认为成功和失败的情绪有三个来源：一为结果是成功还是失败，决定由此而产生的情绪基本上是积极的还是消极的。二是存在着由不同原因决定的特定情绪反应。如惊奇因运气而生，信心来自能力归因等。三是原因的内部向度对与自尊有关的情感起调节作用。当作出内部归因时，个人就会产生胜任、自豪或羞愧的反应（表2-2）。

表2-2　"原因维度"与"情绪反应"关系表

行为结果 产生的影响 归因倾向			成　功	失　败
原因源	内部 — 外部	内在因素 能力、努力、品质、人格等	使人感到满意和自尊	使人感到内疚或无助
		外在因素 任务难度、机遇、环境等	使人产生惊奇和感激心情	使人产生气愤或敌意
	稳定 — 不稳定	稳定因素 能力、任务、要求、法律规定等	有助于提高今后的工作积极性	会降低今后的工作积极性
		非稳定因素 努力、机遇、多变条件影响等	以后工作的积极性可能提高或降低	可能会提高以后的工作积极性
	可控 — 不可控	可控因素 努力、注意力等	有助于积极的情感	归罪于客观任务，内疚、羞愧
		不可控因素 运气、健康等	引起惊奇的心情	感到遗憾

第三，期望原理。韦纳等认为：原因的稳定性将决定期望的转换，高稳定性与高期望是相互联系的，并由此作了三方面推理：其一，如果一个事件被归于一个稳定的原因，那么可以相信或期望未来也会产生与事件类似的结果；其二，如果事件的出现被归为一个不稳定的原因，那就不能相信或期望未来也出现与事件类似的结果；其三，坚信归因的结果会再次出现。这种对成就的期待往往影响人的行动意向，因为成就期待实际上是一个自我实现的预言。一般来说，那些期待继续取得高成就的人会继续保持高期望，那些期待水平低的人往往不管他们的实际成绩怎样，都继续维持原有水平的期待（见表2-3）。

表 2-3 成就期待的自我实现预言

最初期待	成就水平	原　　因	最后期待
高	高	能力或其他稳定性内部原因	更高
高	低	运气不好,缺乏努力或其他不稳定因素	高
低	高	好运气,特别努力或其他不稳定因素	低
低	低	缺少能力或其他稳定性内部因素	更低

2. 评价

归因理论的积极方面主要在于:重视归因中的情绪反应,更加明确了情绪因素在激励中的作用。比较全面地分析归因的维度,启发人们多维度分析激励的因素。揭示了事后分析成败原因、总结经验教训与期待、自我实现的预言之间的关系,使归因的激励机制得到了比较充分的展示。总之,归因理论说明可以通过使用和修正各种归因模型,来激励人们的工作和学习。

但这种理论面临的主要挑战是每个人成功或失败的标准是很不同的。即使给人们提供相同水平的客观标准,个人对它也有不同的评价。研究还证明,不管成就怎样和归因于什么,许多学生似乎都对未来充满信心,认为自己会成功。而且不同归因引起的行为反应异常复杂,很难归结为简单的几种模式。

(六) 综合激励理论(The Theory of Synthetic Motivation)

综合激励理论是指有综合特性的激励理论。勒温(K. Lewin)的场动力论、豪斯(R. House)的综合激励模型、波特(L. Porter)和劳勒(E. Lawler)的综合激励模型都属于此列。

1. 理论流派

(1) 勒温的场动力论　勒温的场动力论是用以下的函数关系来表述的:

$$B = f(P \cdot E)$$

其中 B 为个人行为的方向和向量,P 为个人的内部动力,E 为环境刺激。公式表明,个人行为的方向和向量取决于环境刺激和个人内部动力的乘积。

勒温把外界环境比喻为导火线,而人的需要是一种内部驱动力。人的行为决定于内部系统需要的张力与外界引线之间的相互关系。如果内部需要不强烈,那么再"强烈"的引线也没有多大意义。反之,内部需要很强烈,那微弱的导火线也会引起强烈的反响。

(2) 豪斯的综合激励模型　豪斯把前述若干种激励理论综合起来,使内、外激励集于一身。其公式是:

$$M = Vit + Eia(Via + EejVej)$$

在公式中,M 表示激励水平;Vit 表示活动本身提供的内酬效价,它给予的内部激励不受任务完成与否及结果如何的影响,因而与期望值大小无关;Eia 表示活动能否完成任务的期望值;Via 表示完成任务的效价;EejVej 表示一系列双变量的总和,其中 Eej 表示任务完成能否获得某项外酬的期望值,Vej 表示该项外酬的效价。公式中下标的意思分别是:i 为内在的,e 为外在的,t 为任务本身的,a 为完成。

运用乘法分配律,可将此公式变为:

$$M = Vit + EiaVia + EiaEejVej$$

在公式中,EiaVia 表示内激励;EiaEejVej 表示各种外激励之和。

(3) 波特和劳勒的综合激励模型 波特与劳勒认为,激励是外部刺激、个体内部条件、行为表现、行为结果相互作用的过程。具体地说,他们将激励分为内外两个部分。内激励的内容包括劳动报酬、工作条件、企业政策等。外激励包括社会、心理等因素,如认可、人际关系等。据此,他们构建了以下激励模型(图 2-6):

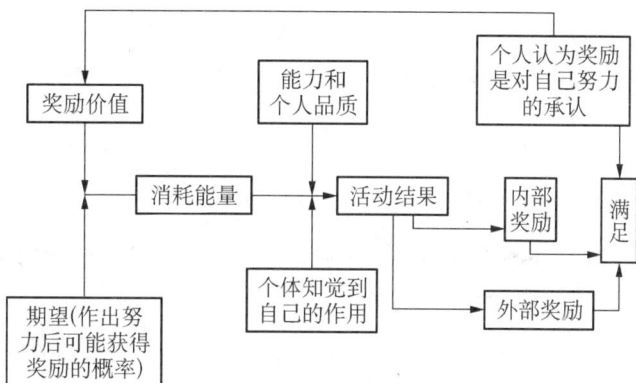

图 2-6 波特和劳勒的综合激励模型

这个模型中有三个重要的变量:一是努力程度。模型中"消耗能量"是指人们在完成工作过程中所消耗的能量大小。这是由人们完成工作时所获得的激励价值和个人预感到完成工作后可能获得奖励的概率决定的。一般来说,工作对个体的激励价值越大,以及个体获得奖励的期望值越大,那么他消耗在工作上的能量也就越大。二是工作绩效。这个模型告诉人们,工作绩效既依赖于努力程度(消耗能量),又依赖于个体的能力和个体品质以及个体对自己工作意义的知觉。这说明在努力程度相同的情况下,由于各人能力、知识和对自己工作意义的知觉不同,工作绩效也会有所差别。对自己工作意义的知觉也可以说是个人在工作中的"角色知觉",即个体接受了一定的工作任务,并明确了自己的努力方向和水平,从而规定自己投入多大的力量。三是满足。模型显示了个人对工作的满足与活动结果的相互关系。满足依赖于获得的激励与期望获得的结果之间的一致性。如果前项等同或大于后项,那么,个体便会感到满足。此外,满足还取决于个体本身的想法和意见,比如他认为怎样的激励是可信的,并可获得结果。

2. 评价

综合激励理论以它的广泛涉猎、兼容并包见长。具体来说,勒温的场动力论高度抽象,将内外因素全面涵盖。豪斯与波特、劳勒的模型相对具体,但也容纳了内外激励的要素。

这样一来,也出现了过于抽象或复杂而难于操作的一面。例如,人们很难从场动力论中懂得激励应从何入手,以及什么是比较有效的手段。又如波特、劳勒模型,应用起来也是格外繁琐的。当然更值得注意的是模型内涵的合理性。例如豪斯的模型中激励(M)等于任务本身的内酬效价(Via)"加上"期望值等,将弗鲁姆期望理论中效价与期望值的积的关系变为和的关系,似乎降低了期望值在激励中的作用。也就是说激励直接依赖内酬效价与外酬效价之和,这可能与实际情况有一定距离。

二、国内关于激励问题的研究

近些年来,我国心理学工作者在批判地吸收西方激励理论的基础上,结合我国国情研究激励问题,形成了一些理论或见解。

(一) 同步激励理论(Synchronization motivation theory,简称 S 理论)

该理论由华东师范大学心理学教授俞文钊创立。其基本思想是,在我国社会主义初级阶段的条件下,只有将物质与精神激励有机综合、同步实施,才能取得最大的激励效果。用公式表示,则为:

$$激励力量 = \sum f(物质激励 \cdot 精神激励)$$

这一公式表明,只有当物质与精神两种激励都处于高值时才有较大的激励力量。其中任何一种激励处于低值时,都不能获得较大的激励力量。

同步激励理论既否定了单纯使用一种管理理论或方法(用 x 或 y 理论,精神或物质激励措施)的行为,也否定了简单地交替使用 x 或 y 理论的做法。

同步激励理论是在大量调查研究基础上提出来的。在调查研究中,研究者采用了三个量表。第一个量表旨在反映不同社会成员对用 x 或 y 理论管理的态度。其结果是倾向于用 x 理论管理的占 44.84%,倾向于用 y 理论管理的占 55.16%。尽管倾向 y 理论的人超过半数,但倾向 x 理论的人数仍然很高。这表明,在管理方式上不能拘泥于某一种,而应同步使用 x、y 理论。第二个量表主要研究不同单位职工的需要结构,结果"企业单位"职工的首要需要是金钱,事业单位的职工自我实现的需要居于首位,但金钱需要的等级地位也不低。这表明,对金钱需要突出的职工搞物质激励固然有效,但也不能忽视满足他们精神需要的一面。对自我实现需要强烈的职工搞精神激励固然有效,但也不能忽视他们比较强烈的金钱需要一面。第三个量表主要是了解不同单位职工对"六种满足感"的看法(排列等级)。研究者把六种满足感中的"实惠感"、"舒适感"作为物质追求的指标,把"温暖感"、"信任感"、"成就感"、"方向感"作为精神追求的指标。调查结果如表 2-4。

表 2-4 不同单位职工"六感"的评价结果

单位 \ 等级	一	二	三	四	五	六
上海某元件厂	实惠感	舒适感	温暖感	方向感	信任感	成就感
某出版社车间	方向感	舒适感	实惠感	温暖感	信任感	成就感
上海某仪器厂	方向感	舒适感	信任感	温暖感	实惠感	成就感

从表 2-4 说明,我国职工的物质需要与精神需要几乎处于同等重要的位置。此外研究者

还采用个案研究方式对一些工厂的管理经验进行了总结,得出的结论与上述调查一致。

应该说,同步激励理论肯定物质与精神激励的协调性,不无道理,且有较强的现实意义,是富有启发性的理论。但正如研究者自己指出的,"本理论的提出是一个开端,尚需在今后的实践中进一步充实、完善①"。事实上,至少有这样两个问题急需研究者回答:一是物质与精神激励"怎样"同步的问题;二是除了物质、精神激励之外,还有没有适合我国情况的其他激励手段与途径。

(二) C 型激励理论

C 型激励理论是我国行为科学研究者冬青吸收马斯洛的需要层次论,结合我国的意识形态,总结我国的激励经验提出的一种探索性的激励理论。其基本观点是:一方面是领导、组织对职工的关心,尽量满足职工的五种基本需要;另一方面是通过教育、启发、引导职工的思想和行为,加速最高层次需要的形成。两者的结合就是职工积极性充分发挥的较佳模型(如图 2 - 7)。

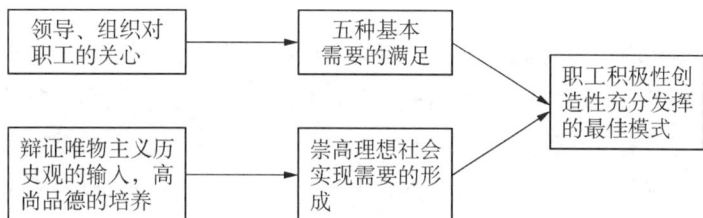

图 2-7　C 型激励理论模型

C 型激励理论不仅强调满足职工的"五种基本需要",而且强调培养职工的高尚品德,确有一定道理。但是有人认为这种理论把"理想社会(共产主义)的实现作为最高的统一的需要层次",似乎与现实不甚相符。因为现实中追求理想社会实现的主要是少数先进分子,不是大多数人觉悟水准的表征。②

三、"全面激励"理论探索③

该理论是在吸收国内外有关激励理论长处的基础上,由华东师范大学熊川武教授所创立。全面激励理论由全"员"激励、全"程"激励和全"素"激励所组成。下面述之。

(一) 全员激励

所谓全员激励即动员全体师生员工参与激励,形成他励(他人激励)、自励(自我激励)、互励(相互激励)统一的格局,取代以往上"励"下"受",单向而行,管理者"一元"激励的局面。

从最终意义上说,激励是人对人的作用,人是激励的主体与客体。通常,激励主体通过特定手段作用于激励客体,而激励客体以接受、领会或反对其作用等表示应答。根据不同主客体关系,可以分出不同的激励形态。

---

① 俞文钊编著:《管理心理学》,甘肃人民出版社 1989 年版,第 242 页。
② 孙绵涛等著:《行为科学新论》,华南理工大学出版社 1992 年版,第 99 页。
③ 熊川武:《论教育管理的"全面激励"策略》,《高等师范教育研究》1995 年第 4 期。

1. 他励

由不同学校成员承担主客体的激励形态(这里主要讲以学校等组织领导为激励主体的他励行为)。其基本特征是：①激励客体为非激励主体本身。②通过社会评价确定激励客体(如评比出的先进等)，激励行为一般是公开的，并接受公众舆论的监督。③激励手段具有丰富多样性。④引导人们的行为取向。⑤激励行为能否引起预期效应即调动积极性，取决于激励客体与其他学校成员的认同，特别是公正感的形成。客观公正地奖励一个人，往往可以收到"拨亮一盏灯，照亮一大片"的效果。与此相反，如果教职工觉得激励行为不公平，则往往采取抵制等行为，其结果是适得其反。

学校进行他励的目的除了直接调动工作、学习的积极性外，还在于引发自励。换言之，就是将他励转化为自励。这不仅要求他励有客观公正性，而且要求其激励点、度等的选择都能恰到好处，使师生员工不断地自己激励自己，充分发挥主观能动性，对工作和生活充满积极向上的热情。

2. 自励

由同一学校成员承担激励主体与客体的激励形态，即自己激励自己。学校师生员工有清醒的主体意识，能通过教学、科研及其他活动确证自己的主体地位，因而有好的自励基础。主体意识在个体行为上的重要作用之一是加速自励的形成。它促使人们对自己的行为保持经常的实事求是的反审与评价，适时萌发新的需要，不断追求新的目标，以对实现目标的价值的期待来鼓舞自己。当然，自励不仅涉及认识问题，同时与情感、意志等有关。与师生员工自励密切相关的三种情感是：①认同感，即将自己与认识或交往对象(此处指学校)视为同一的并难以分离的情感，它使教职工心甘情愿地与学校同兴衰、共荣辱，并不懈地为之奋斗。②义务感，即将积极工作等看成是自己应尽职责的情感，它使人坚定意志，排除困难，勇往直前。③良心感，即自觉坚持对的并抵制错的，使行为无愧于人的情感。一般来说，学校教职工的职业道德水准高，良心感也强。以这些情感和主体意识(两者有内在联系)为基础，自励便有了分外鲜明的特征：①内隐性，自励是发生在内心深处的活动，不易被人察觉，也不涉及公平问题。②精神性，自励一般不运用物质等其他激励手段。③随意性，自励可随时发生，不过主要发生在人们面临困难或确定新目标的时候。

3. 互励

学校成员互为激励主体与客体的激励形态。严格地说，互励也是他励，但这是一种普遍发生的双向互惠的他励，同由组织进行的他励有别，故而单列。互励既是学校里客观存在的，也是需要进一步倡导的激励形态。这主要因为：一是学校成员确实有比较迫切的更加广泛的互励需要。像其他人一样，教职工都生活在特定社会关系、尤其是具体的人际关系中，总希望得到别人的认可、赞赏、支持。二是相对独立的教学和科研领域与封闭性强的日常生活，以及"文人相轻"的旧风气影响，使部分教职工之间或多或少存在"各人自扫门前雪，休管他人瓦上霜"的现象，人际交往少，互相激励、支持不够，浪费了大量的激励资源。而将这种资源充分利用起来的主要途径之一就是互励。互励的主要特征有：①作用的双向性。激励主体作用于激励客体，激励客体(作为主体)反作用于激励主体(作为客体)，当然这也许是继时的。②激励渠道的网络性。当每个人都既充当激励主体又充当激励客体并尽可能多地作用于不同客体时,就形成了管理者与被管理者之间、管理者与管理者之间、被管理者与被管理者之间重叠的多向的激励网络。

他励的导向性、自励的主体性、互励的网络性等构成了生动活泼的学校激励图景。其美妙之处在于教职工主体精神的弘扬,人际关系的融洽,激励主体资源的充分利用,不仅有利于矫正少数学校成员远离激励,旁观、曲解正当激励行为,讽刺挖苦激励对象,平均分享激励物品等现象,而且会促使他们参与激励,努力确证主体地位,当好学校的主人。

(二) 全程激励

所谓全程激励即激励活动按照激励本身的心理过程和管理活动过程进行,形成相对完整的周期,使激励过程真正成为工作过程的伴侣。具体来说:

1. 以引起需要始,以满足需要终

需要是由未满足的欲望、要求或由剥夺引起的内部紧张状态,也是一种心理张力。心理张力出现,会打破原有的心理平衡。在条件允许的情况下(如有满足需要的可能性等),主体会萌生消除心理不平衡的要求,即满足需要的愿望与力量,这便是动机(有的心理学家视动机为需要的动态形式)。动机达到一定强度,就推动人们去行动,实现目标。目标实现,需要(相对)满足,心理出现新的平衡,激励抵达相对终点。由此可见,相对完整的激励周期不是从激活动机开始,而是从引起需要开始的。

引起需要有三方面的含义:其一,帮助形成新的需要。从现实看,有两种学校成员特别需要激励:一是由于"满意"而安于现状,与世无争,工作、生活等方面没有明显的新需求,心理上保持着持久的平衡。二是由于"不满"而"消极应付"。"不满"是心理不平衡的表现,将"消极应付"作为对"不满"的补偿,便使心理恢复了平衡。调动这些人的积极性重要的是帮助他们形成新的需要,使其心理张力加剧。当然具体方法有所不同,后者需要了解其不满原因,进行有针对性的化解。其二,帮助学校成员把潜在的需要转化为现实的需要。所谓潜在需要是指由于种种原因,主体将其压抑起来,暂时失去活力的需要。现实需要是活跃的正在推动主体活动的需要。在学校中,师生员工的需要是形形色色的。有时由于缺乏满足需要的条件,主体不得不将一些需要(即使是合理的)搁置起来。面对这样的情况,管理者要帮助他们分析,使那些合理的通过创造条件可以满足的需要(如改善教学、科研条件的需要等)重新活跃起来,成为现实的推动人们前进的力量。其三,要在引起工作需要的同时,注意引起生活需要。在现实中,有些人把工作需要与生活需要对立起来、割裂开来,重视前者而忽视后者。其实这两者是互相联系、彼此促进的。对美好生活的追求和不断增长的、丰富的生活需要,是人们积极工作的力量源泉之一。

相对完整的激励周期的终点是满足需要。这意味着:第一,激励过程结束,必须尽可能地满足师生员工的需要。从原则上说,激励过程是与工作过程同步的,激励过程结束意味着工作目标实现,而工作目标实现必然给师生员工带来物质报酬和精神奖赏等,使推动他们努力工作学习的那种需要得到满足。但在现实生活中,这样的情况又是经常存在的,即某一特定工作完结,师生员工很难清楚地意识到从中得到了什么。因此,管理者既要引导师生员工体验工作给他们带来的乐趣与利益,又要适当开展可感性强的满足需要的活动,如表彰先进等。第二,在相对意义上,需要得到满足意味着相应的需要不复存在,心理张力消失,激励自然终止。这里须认清两个问题:一是作为激励周期终点的"需要满足"是一种主动的满足,它强化的是师生员工追求实现工作目标的行为。而有些需要的满足是被动的满足,如师生员工合理的具备满足条件的需要长期得不到满足而酿成不满情绪时,管理者再去满足,这时强化的是不满情绪,难以收到或较少能收到激励效果。可见满足需要应把握时机。二是引起需要与满足需要在激励上有不同价值。引起需要客观上使主体心理张力加剧,并进入追求满足需要的过程,其动力具有内发的性质。而满足需要(尽管是主动满足)客观上是释放心理张力的过程,虽然人们由于需要得以满足而产生舒服感,并形成对学校以及社会的回报心态等,但如果不再形成有关新的需要,那么这种回报心态可能难以持久。这里应该说明,满足师生员工合理的具备条件的需要不仅是应该的,而且是必须的。当然,这并不意味着不管什么需要,一概有求必应。就合理的具备满足条件的需要而言,一般来说,生存、安全方面的需要尽可能即时满足,而精神方面的需要如社会地位、荣誉等应适时(在恰当的时候)满足。在这一点上,人们不应忘记有需要才有追求与动力的道理。

应该指出的是,激励过程的环节与方面并不是机械不变的。当师生员工有了一定的需要时,激励工作就可直接从激发动机或引导行为开始,不必重复引起需要的活动。这意味着既要注意激励的完整性,又要注意灵活性。

2. 在管理工作的各个环节上下功夫

先说计划环节。在制订计划的过程中,应充分考虑计划的激励价值。这主要从计划所包含的目标上反映出来。目标是人们预期的工作结果。合适的目标由于与需要相联系,成为人们期待的对象。如前面的期望理论所述,目标的激励力量＝效价×期望值。这启示人们,只有当目标的效价和期望值都比较大时,目标才真正起到鼓舞人心的作用。因此管理者在制订目标时,既不可不切实际地求"大",也不可谨小慎微,拘泥于"小"。一般来说,大目标效价大,但实现周期长,困难多(相对而言期望值较小)。小目标虽然实现周期短、难度小(相对而言期望值较大),但效价也小。可见,只有从实际出发,将大目标与小目标,长远目标与近期目标统一起来考虑,才能确立有效性与可行性都较强、激励力量较大的目标。

再说实行环节。实行是采取实际步骤将计划变为现实的过程,是学校工作的关键。这个环节激励的重点有二:一是管理者要深入实际帮助解决师生员工遇到的自身难以解决的问题,以防师生员工产生挫伤感,抵消或部分抵消目标的激励作用。二是分层次安排工作的挑战性。工作所要求的创造性越强,则挑战性也越强。学校师生员工,特别是教学、科研人员视创造为天职,因此,在力所能及的范围内,越有挑战性的工作,便越能激发他们的积极性。但如果力所不及,那么非但不是什么挑战性,反而成了自身无法克服的困难。可见,要区分师生员工的能力层级,分别安排对各自有挑战意义的工作。

最后谈评价环节(主要包括检查与总结)。如何把评价本身变成激励手段,有许多文章可做。这里无法全面述及,仅就怎样引导师生员工合理归因谈些看法。无论是形成性评价还是终结性评价,都会产生一个结果。如前所述,推导结果产生的原因叫归因。在一般意义上,把成功归因于内部的、稳定的、可控的因素,会更加激发人们的积极性;反之,则会引起惊异的心态,积极性可能提高也可能降低。可想而知,如果把失败归因于内部的、稳定的、可控的因素,那会使人沮丧,从而降低积极性。而把失败归因于外部的、非稳定的、不可控的因素,除了令人遗憾外,有可能提高人的积极性。不过,除了这些之外,还有一个影响归因的重要变量,即个人的成就需要。研究表明,成就需要高的人,会把成功归因于个人能力,并获得良好的情感体验,从而更积极地行动。这些人往往把失败归因于自己努力不够,因而不屈不挠地进取。可见,在管理的评价环节,一方面要充分肯定师生员工的工作、学习绩效,使他们都能获得不同程度的成功感,充满信心走向未来;另一方面要在引起他们成就需要的基础上实事求是地反馈工作、学习中尚存的问题与不足,鼓舞他们树立持久努力的信心。

概括起来,激励始于诱发人的需要,止于满足人的需要。相对而言,被动地满足需要的激励作用远不如主动地引起并满足需要的激励作用。因此应有意识地让激励贯穿于计划、实行、评价等阶段和环节,使之不间断地发挥作用。

(三) 全素激励

所谓全素激励是指利用一切可以利用的激励手段鼓舞师生员工。在继续坚持物质、精神激励的前提下,不断谋求新的激励手段,如活动激励等。活动激励既包含物质又包含精神,但它既不是物质也不是精神,有独特的激励意义。

1. 要进行名副其实的物质激励

应引导教职工适当提高物质需求,以维持健康的体魄和旺盛的工作精力。物质激励包括两个方面:一方面奖励给激励客体某种能够解决实际问题的物质(包括金钱),使其满足某种物质需要,解决生活、工作中的具体困难;另一方面,引起物质需要。由于传统文化中"恬淡为雅、繁富则俗"和"安贫乐道"等观念的影响,加之社会分配的某些不公平压抑了广大教职工的物质需求,有些人长期节衣缩食,不摄取维持艰巨脑力劳动必需的营养,以致未老先衰,抱病操劳,甚至英年早逝。以此为鉴,管理者应认识到疲惫羸弱的教职工队伍,不仅难以调动积极性,即使调动起来,也可能上演"出师未捷身先死"的悲剧。所以,要充分发挥教育战线,尤其是高校的科技优势,大胆开发,不断丰富激励的物质条件,鼓励教职工丰衣足食。当然,这些都是立足合理范围而言的。

2. 要把精神激励的显性因素与隐性因素统一起来发挥作用

显性因素是指正式的可感的精神激励行为,如公开表彰、个别抚慰等。隐性因素指潜移默化地影响教职工积极性的因素,如团结向上的校风,良好的教学科研设备,丰富齐全的图书资料,蕴含于工作本身的激励因素等。在物质需要得到一定程度的满足后,精神激励便成为激励的主导因素之一。在这些方面多花气力,大有可为。

3. 要充分认识活动的特殊激励价值

管理者可通过巧妙安排师生员工活动,使之热情奔放。这里所谓的活动主要包括社会劳动、学习、娱乐和交往等。比较起来,它们主要满足人们的活动需要,与满足物质需要的物质激励和满足精神需要的精神激励有不同的价值。教职工的社会劳动主要是教书育人,科学探索,它不仅能实现个人的社会价值,而且在充实生活、愉悦精神、活络筋骨、强健体魄等方面具有重要作用。因此,失去社会劳动往往使一些离退休教职工感到颇不舒服,总希望失而复得,即使不计劳动报酬。学习活动(包括脱产与不脱产进修等)是直接丰富教师的知识,提高各方面修养的途径,更是广大教师迫切要求的活动形式。文体类活动也有较强的增力作用。在这类活动中,人们往往不甘落后,努力扮演自己的角色。这种由特定活动培植的不甘落后的心态如果与理性的思考联系,就可成为持久的激励人们工作、学习的力量。交往活动是人们形成一定人际关系的重要途径,它不仅满足人们的包容需要、支配需要以及其他情感方面的需要,而且有利于人们结群行动、调节身心。因此,学校管理者要工于设计,精心安排各种活动,如以开设新课、承担新项目等为重点的劳动性活动,以教学研究为中心的业务学习活动,以运动会、舞会等为主体的文体类活动,以谈心互访等为侧重的交往性活动。

　　总的说来,教育激励像一盘棋,最关键的一着是人,着眼于人的主体性充分发挥的激励具有战略意义。同时每一着棋都有特定的作用,缺一着也不行。因此,学校工作的各个环节都应充满激励的气氛,要在计划、实行、评价等环节实施富有成效的激励举措。当然,任何激励活动都离不开激励手段。物质、精神、活动等激励手段各有特点和作用,不可偏废。不过,当前尤应注意开发活动激励,使这种新的激励手段放射出更耀眼的光芒。

第二节　挫伤理论

一、当代流行的几种挫伤理论

(一) 精神分析学派挫伤理论(Psychoanalytic Theory of Frustration)

　　精神分析学派的创始人弗洛伊德(S. Freud)及其追随者在创立精神分析理论的过程中,多次论及挫伤问题,遂成富有价值的挫伤理论。

　　弗洛伊德认为,人的一切行为都是以心理性欲(Libido,又译力必多)为动力的。如果心理性欲的发展不能顺利进行,那就意味着挫伤。其机理在于人格结构、意识结构中的冲突。弗洛伊德把人的意识分为无意识、前意识和意识三部分,把人格分为"本我、自我、超我"三个层次。本我和超我在无意识领域中的矛盾冲突是不可调和的,而且这种冲突通常诱发一种弥漫性的恐惧感,即焦虑。焦虑的产生反过来又使得各种心理防卫机制发生作用。这里的心理防卫机制是指人自发的心理调节机能。在一定程度上,它能使人遭受挫伤后的内心矛盾冲突得以缓和,烦恼和不安得以减轻或消除,使人的心理活动恢复及保持某种稳定状态。防卫机制由多种防卫方式组成,最主要的防卫方式是压抑。它可以使本我与超我之间的矛盾冲突几乎完全隐蔽起来而不让人知晓。

　　弗洛伊德的学生阿德勒(A. Adlor)不赞成弗洛伊德过分强调"性"和情绪的作用的观点。他认为人的一切动机都是指向追求征服、追求优越的。如果这种驱力受阻,就形成挫伤。挫伤使人产生自卑感。自卑感包括两方面:一方面愧不如人,另一方面为掩饰自己的缺陷而装腔作势,企图高出于人。个体对挫伤的反抗,叫做补偿作用。补偿作用是推动一个人去追求优越目标的基本动力,既能产生积极作用,也能产生消极作用。

　　荣格(C. G. Jung)是弗洛伊德的另一个学生。他也不同意弗洛伊德的一些观点,认为当一个人的自我实现不能满足时,就会产生挫伤感。而他所谓的自我实现是指人们为未来的目标奋斗不息直至人格各方面的完善。

虽然弗洛伊德从性欲发展的角度来说明挫伤难以为人们接受,但是他关于挫伤的防卫机制,以及阿德勒的补偿作用和荣格的自我实现挫伤观都给人们以重要的启示。

(二)"挫伤—侵犯"理论(Frustration and Aggression Theory)

这一理论是由美国心理学家多拉德(J. Dollard)等人创立的。其主要观点为侵犯(或攻击)行为是挫伤的一种后果。这包含两个方面的意思:一方面侵犯行为的发生总是以挫伤的存在为先决条件;另一方面挫伤的产生必然导致某种形式的侵犯。

这种观点一经面世,便引起诸多诘难。因为人们似乎凭日常经验都可以判断出在挫伤与侵犯之间不存在必然的因果联系。因此,多拉德等人后来对自己的观点作了一定的修正,提出挫伤可以导致侵犯,也可以导致其他行为,并提出了影响侵犯行为产生的四种因素:遭受挫伤的驱力的强弱;遭受挫伤的驱力的范围;以前遭受挫伤的频率;侵犯反应可能受到惩罚的程度。此外,多拉德等还谈到侵犯的对象和形式,即由挫伤引起的攻击,主要指向下列三个方面:一是直接制造挫伤的人。二是与挫伤的形成没有直接关系的人。所谓迁怒于人、乱发脾气便是如此。三是受挫者本人。这多发生在前两种侵犯行为被有效制止的情况下。自杀便是这种情况的极端表现形式。

这些年来,人们设计了许多实验,研究挫伤与侵犯行为的关系。古利克(Kulik)与布朗(Brown)设计的是人们在通向目标的过程中遭受挫伤的实验,以验证挫伤对侵犯行为的影响。开始,主试告诉被试,如果他们打电话请求许诺者向慈善事业捐款,那么他们自己可以挣到一些钱。然后主试把被试分成两组,并告诉第一组被试,以前打电话的人在争取捐款方面非常成功,却对另一组说以前打电话的人不大成功。实验开始后,被试打电话给那些许诺者。实际上许诺者都是实验者的伙伴。实验者要求他们回答无款可捐。实验结果表明,那些对成功抱有较高期望的被试比那些期望值较低的被试更多地"呼"的一声放下话筒,并说一些脏话。此外,当挫伤被看成是不合情理时(如许诺者回话慈善事业是浪费钱),被试表现出更多的侵犯行为。[①]

伍彻尔(Worchel)做了一个三种类型挫伤的实验:随机挫伤、期望落空挫伤、行为自由受限制挫伤。实验者首先要被试评价三种东西的魅力:一瓶香水、现金和参加实验的学分,并告诉被试,他们都可得到这三种东西中的一种。然后将被试分组。实验者告诉第一组,实验结束时,主试将给他们每人一种东西(没具体讲是什么)。实验者许诺第二组,他们会得到一种他们自己评价为最有魅力的东西。实验者通知第三组,他们可以选择自己想要的东西。完成实验后,另一个实验者不管被试喜欢不喜欢和对东西魅力的评价,武断地给每个被试发一种东西。伍彻尔断定,这样对待被试,可能使他们分别感受到上述三种类型的挫伤:得到一种没有魅力的东西的被试,尽管他们没有任何期望,也会产生随机挫伤;没有得到他们评价最有魅力的东西的被试会产生期望落空的挫伤;没有被允许选择自己期望的东西的被试会产生行为自由被限制的挫伤。结果发现,当被试获得了通过填写有关评价那个武断的实验者工作情况的问卷

① S. Penrod, *Social Psychology*, 1983. p. 411.

对他进行攻击的机会时,三种被试都有攻击行为,但经受第三种挫伤的被试攻击性行为更明显[①]。这些实验说明,受挫者是否出现侵犯反应,确实受上述多种因素的影响。

"挫伤—侵犯"理论后经不断修正,其观点逐步趋于合理,但仍有简单化、绝对化的弱点。

(三) 攻击线索理论(The Theory of Aggressive Hint)

这是由美国心理学家伯科威茨(L. Berkowitz)创立的。其基本思想是,攻击的前提条件有二:一是攻击性行为的准备;二是激发攻击行为的外部线索。影响攻击性行为的准备因素有挫伤、来自他人的攻击和已经获得的攻击习惯等。不过,在有些情况下,受挫者即使有了准备也不一定进行攻击。只有当环境中存在适当的引起攻击的刺激时攻击才会发生。这种刺激是同以前的攻击相联系的,故叫攻击线索(外部线索)。这种情况下引起攻击的可能性取决于:攻击线索价值,即现实的刺激同以前的攻击联系的强度;攻击准备的程度。攻击准备的程度非常高时,即使没有攻击线索,有时也会出现攻击行为(图2-8)。

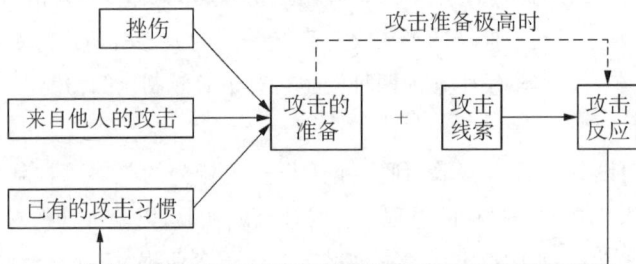

图2-8 伯科威茨攻击线索理论示意图

伯科威茨为了验证自己的假说,设计了一些以手枪等武器和其他材料如球拍等为"攻击线索"的实验,证实了他的假说。所以有人说他的假说的必然结果之一是"武器效应(Weapons effect)"[②],即"勾扳机的是人的手指,但引诱手指的是扳机"。

伯科威茨的理论实际上强调了认知在侵犯行为发生过程中的作用。因为攻击线索对人的侵犯情绪有认知唤醒作用,换言之,如果人们不认识攻击的线索价值,并确认其有价值,攻击行为就难以发生。在这一点上,伯科威茨似比多拉德高出一筹。但这种理论仍是简单化的,忽略了很多可能产生作用的因素。

(四) ABC理论

这是由美国心理学家艾里斯(A. Ellis)创立的。其基本观点是,挫伤是否引起人的情绪恶化,不在于挫伤本身,而在于人对挫伤的不合理认识。这种理论中的"A"特指诱发性事件,即挫伤本身,"B"指人对挫伤产生的认识和信念,即他对这一事件的想法、解释和评价。"C"指在特定情境中,个体的情绪反应及行为。通常人们认为情绪及行为反应是直接由诱发性事件引起,即A引起C。但ABC理论认为,诱发性事件(A)只是引起情绪及行为反应(C)的间接原因,人们对诱发性事件的看法、解释等(B)才是引起人的情绪及行为反应(C)的

---

① S. Penrod, *Social Psychology*, 1983. p. 411.

② S. Penrod, *Social Psychology*, 1983. p. 413.

更直接原因。在艾里斯看来,人既是理性的,又是非理性的,人对挫伤不适当的反应,来源于自身不合逻辑或不合理性的思考,即不合理的信念。如果人们坚持某些不合理的信念,长期处于不良情绪状态中,最终会导致情绪障碍的发生。反之,便可以减少或消除不当的挫伤反应。

ABC 理论突出了认知对挫伤反应的重要影响,是有积极意义的。但它似乎也有"取其一点,不计其余"的毛病。

二、学校挫伤现象研究

(一) 挫伤的意义

挫伤有名词和动词两种含义。在一般心理学教科书中,挫伤是指人们在从事有目的的活动过程中遇到自感无法克服的障碍而产生的情绪。实际上,它也是人们在需要不能满足时产生的一种内心体验。这是名词意义上的挫伤。作为动词使用的挫伤,主要是指妨碍人的需要的满足,造成心理创伤的过程。

这两种含义有内在联系。也就是说没有作为"过程"的挫伤,就往往没有作为内心"体验"的挫伤。作为内心体验的挫伤是作为过程的挫伤的结果或表现形式。但也应看到,作为内心体验的挫伤与作为过程的挫伤有时是分离的,缺乏对应关系。这表现在两种截然不同的情形上:挫伤行为发生,而其作用对象没有意识到,毫无挫伤感。相反,没有发生挫伤行为,却有人莫名其妙地产生了挫伤体验(由于猜疑等的作用)。

在调动学校成员的积极性上,挫伤的消极意义是显而易见的。但也不能否认在一定情况下,挫伤会逼人奋起,还可磨练人的意志和性格等。当然,任何理智的人都懂得,挫伤在学校管理中的积极作用无法与消极作用抗衡。因而人们总是尽可能减少挫伤,调动和保护学校成员的积极性,而不会通过挫伤去逼人奋起,调动学校成员的积极性。因为挫伤能逼人奋起的概率不大,代价太高。

(二) 学校挫伤的主要类型

学校中的挫伤现象形形色色。要比较清晰地认识它们,必须对其进行分类。

1. 物致挫伤与人为挫伤

以"原因"为标准,挫伤可以分为物致挫伤与人为挫伤。物致挫伤即由自然环境、物质条件等引起的挫伤,包括人的生、老、病、死等自然现象给人们带来的痛苦。学校中普遍存在的物致挫伤是由生活、教学、科研物质条件差等引起的学校成员的情绪低落,心境灰暗等。人为挫伤即人通过造谣惑众,搬弄是非等方式伤害他人的感情而造成的挫伤。物致挫伤与人为挫伤的划分是相对的。因为在现实学校生活中,物致挫伤往往含有人为的因素,例如住房条件差挫伤了教师的积极性,表面上是物致挫伤,实际上有的地方的"住房条件差"包含着管理者"可为而不为"的因素。可以说,在正常的学校生活中,人为挫伤比物致挫伤更具有普遍性。

2. 有意挫伤和无意挫伤

以"意识"为标准,挫伤可以分为有意挫伤和无意挫伤。有意挫伤是有明确目的的挫伤,它是人们在特定动机作用下的行为。无意挫伤是不知不觉形成的挫伤,其具体形态大致有二:一是不自觉地运用了挫伤手段,以致无意中伤害了别人。二是并没有使用挫伤手段(甚至相反,运用的是激励手段)却造成了挫伤。有意挫伤和无意挫伤的社会意义有较大区别,有意挫伤容易引起人们的愤慨,特别容易使挫伤对象采取反挫伤行动。而无意挫伤往往可以得到人们的谅解。

3. 显性挫伤和隐性挫伤

以"可感性"为标准,挫伤可分为显性挫伤和隐性挫伤。显性挫伤是外部特征明显、可感性强的挫伤。隐性挫伤是暗中进行的,挫伤对象虽可感受而其他人却难以察觉的挫伤。在一定意义上,隐性挫伤比显性挫伤的危害性更大。

4. 自我挫伤和他人挫伤

以"自主性"为标准,挫伤可分为自我挫伤和他人挫伤。自我挫伤是人们无意或有意对自己实施伤害的行为,如过度的自我抱怨、诅咒等。极端的自我挫伤是自杀。他人挫伤是人们作用于自身以外的人的挫伤。相对来说,他人挫伤在学校现实生活中占有更大的比重。

5. 事业挫伤、人缘挫伤和环境挫伤

以"需要"为标准,挫伤可分为事业挫伤、人缘挫伤和环境挫伤等。事业挫伤主要是由事业上的坎坷等造成的挫伤,往往使人们的成就需要等无法满足。人缘挫伤主要是由人际矛盾等造成的挫伤,通常使人的交往需要、自尊需要等难以满足。环境挫伤主要是由物质条件、文化氛围等引起,往往使人的安全需要、物质需要以及成就需要等难以满足。这里应该强调一下,由于需要是无限丰富的,因此由不能满足需要而引起的挫伤也是多种多样的。

应该指出,按不同标准对挫伤进行分类,目的在于从不同侧面揭示其特征。正因为如此,任何一种特征都不能表征一个完整的挫伤事实。也就是说现实的挫伤总是多种特征的综合。

(三) 学校人为挫伤机制

在学校管理活动中,人们虽然不能忽视物致挫伤,但要把更多的注意力集中于人为挫伤。因为如前所述,比较起来,在学校里,人为挫伤比物致挫伤有更大的比例,更需要矫正。而在关注人为挫伤时,又要侧重于有意挫伤,这不仅因为它危害大,而且因为它处于人的意识范围内,如果提高了有意挫伤者的觉悟,就可以有效地加以避免。有鉴于此,这里主要从有意挫伤的角度研究学校中的人为挫伤机制。

1. 挫伤要素

学校人为挫伤的主要因素有挫伤主体、挫伤客体、挫伤手段。挫伤主体是指采取挫伤行动的人。它既可能是学校领导者,也可能是学校的普通成员。挫伤客体即挫伤主体的作用对象,是挫伤行为的目标,与挫伤主体有对象性关系。学校的每个成员都有可能是挫伤客体。挫伤手段主要指挫伤主体作用于挫伤客体的途径与方式,既有显性的,也有隐性的。

2. 挫伤机制

挫伤各要素之间的相互作用便形成挫伤的机制(见图2-9)。

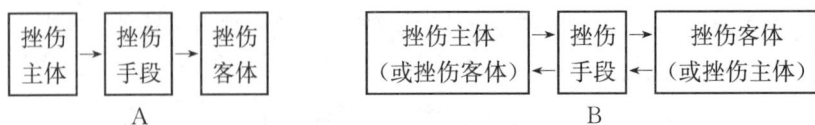

图 2-9　人为挫伤机制图

图 2-9 表明,人为挫伤有单向(A)和双向(B)两种机制。就单向机制而言,当挫伤主体由于某种原因决定对挫伤客体采取挫伤行动时,他就会选择自以为适当的手段,并捕捉挫伤时机,以便有效地挫伤特定对象。而挫伤客体对挫伤主体的行为可能意识到,也可能没有意识到。有的人虽意识到了,却采取宽容态度,不予计较。在这样的情况下,当挫伤行为的作用到达挫伤客体时,一个相对完整的单向挫伤过程就结束了。如果挫伤主体感到不足以泄愤解恨,进行再次挫伤,那就形成了另一次单向挫伤。与单向挫伤机制不同,双向挫伤的机制是,当挫伤主体行为的作用到达挫伤客体并被其清楚感知时,挫伤客体也采取挫伤行动(反挫伤)。此时,原来的挫伤客体转变为现实的挫伤主体,而原来的挫伤主体则转变为现实的挫伤客体,使挫伤的主体与客体在双向机制下互为主客体。

(四) 学校人为挫伤的原因分析

人为挫伤大多是由主观原因引起的。

1. 挫伤主体的主观原因

对此可以着重从两方面分析:一是认识能力不强。主体不能全面地、深刻地、正确地认识周围的事物,特别是他人的行为,由误解诱发挫伤行为。举例来说,教师给学校领导提意见,学校领导误以为教师故意拆台,因而采取挫伤行动。反过来,学校领导批评教师对工作不负责任,而教师误以为领导是吹毛求疵,有意为难,于是攻击领导。认识能力不强尤其容易造成无意挫伤。因为无意挫伤的发生,意味着主体在采取某种行为时没有对可能产生的挫伤进行必要的分析和估计,以致挫伤出乎意料地发生了。二是不良个性品质作祟。大凡心胸狭窄、宽容性差、遇事优柔寡断者都容易引起挫伤行动。例如看到别人努力工作、学习,受到组织和他人的激励而自己心理不平衡,或是故意为难,公开嘲讽;或散布流言,背后中伤,使之陷入困境。又如管理者嫉贤妒能,不按能级原则办事,给那些有才华的人安排非常简单的工作,致使其能力无法表现,不对自己的地位等构成威胁。遇事优柔寡断也容易形成心理冲突,而心理冲突达到一定程度时便形成自我挫伤。

应该指出,挫伤主体之所以采取某种挫伤行动,其主观原因是多方面的。除上述以外,情感因素亦不可忽视(详见第五章)。

2. 挫伤客体的主观原因

当一种挫伤行为发生时,有的人能够感受到挫伤,有的人不会感受到挫伤或者虽然感受到了却不把它当一回事,心理上没有创伤等。这说明作为挫伤客体的人是有差异的。这些差异是挫伤客体的主观原因造成的:

一是认识判断。对一种挫伤行为,如果挫伤客体认为无所谓时,便不会形成挫伤感;反之会有挫伤感。一般来说,生活道路顺畅的人,遇事容易作出乐观判断,少有挫伤感。而经历坎坷的人,则易从悲观、消极或不利的方向去判断,容易有挫伤感。不过这还要看坎坷经历对人的忍受力的磨练情况。有些经历了过多磨难的人,倒不容易形成挫伤感。挫伤感的形成还与挫伤客体对挫伤行为严重性的判断有关。影响挫伤客体对挫伤行为严重性判断的主要因素有目标的重要性和自己的责任感。一般来说,个人认为重要的目标受挫时,挫伤感重,否则挫伤感较轻或没有挫伤感。不过,这还要联系个人责任感分析,对同一目标受挫的反应,因责任感不同而不同。责任感强的人会有较大的挫伤感，而责任感弱的人则可能有较小的挫伤感。

二是抱负水平。面对同样标的的工作结果，对于抱负水平高的人来说，可能大为不满，深感不足，而对于抱负水平低者而言，也许大喜过望，心满意足。显然，前者会有挫伤感而后者不然。

三是挫伤忍受力（frustration tolerance），即个人经得起挫伤的能力。挫伤忍受力弱的人，受到轻微的打击便会出现强烈的挫伤反应。挫伤忍受力有明显的个人差异与情境差异。例如有的人能容忍工作受挫，而不能容忍自尊心受挫。这种差异还反映在生理条件、生活态度、意志品质和挫伤经历上。强壮的人比虚弱的人，胸襟开阔的人比胸怀狭窄的人，意志坚强的人比意志薄弱的人，历尽艰辛的人比一帆风顺的人，都要易于忍受挫伤。此外，同一个人对同一种挫伤，此时此地能忍受，彼时彼地则未必能忍受。

（五）挫伤反应

挫伤反应是指挫伤客体在感受挫伤行为的作用后作出的应答。就性质而言，挫伤反应可分为积极反应与消极反应。

1. 主要的积极反应

（1）理喻（rationalization）　这是一种援引合理的理由和事实解释所遭挫伤以减轻或消除焦虑的反应方式。这种方式主要有两种表现：一谓"援理"，如工作失败，则借"失败乃成功之母"的理由宽慰自己。二谓举实，即列举别人失败或成效不如自己等事实，说明自己虽败犹荣。这种方式不仅能减轻痛苦，而且有激励人们屡败屡战的作用。

（2）替代（displacement）　这是一种以新的行动目标替代受挫目标的反应方式。这里的"新的行动目标"含有质与量两个方面的意义。从质的方面看，它意味着确立一个完全不同于受挫目标的具有新质的目标。如教师在提高教学水平方面受挫，改为努力锻炼科研能力。从量的方面看，它意味着提高或降低受挫目标的水平，从而使受挫目标变为新目标。这种提高目标水平的做法通常又叫"升华（sublimation）"。

（3）斗争（struggling）　这是一种千方百计排除障碍，使受挫目标最终得以实现的反应方式。在遭受挫伤后，挫伤客体能冷静分析原因，总结教训，努力创造实现目标的各种条件，于是把挫伤变成了动力。

2. 基本的消极反应

（1）攻击（aggression）　即受挫者由愤怒等激发的情绪性行为。攻击有直接与转向之分。直接攻击的对象是挫伤主体。转向攻击主要在两种条件下出现：挫伤客体觉得挫伤主体不能直接攻击时；挫伤主体或挫伤原因不明，没有明确的直接攻击对象时。在这两种情形下，挫伤客体都有可能把愤怒转向发泄到其他人或其他物品上。攻击方式有可能是身体的，也有可能是口头的或面部表情的。

（2）退缩（regression）　这是挫伤客体以反成熟的倒退形式作出的反应。其主要特征是挫伤客体行为特征倒退到孩提时代，以极其幼稚而简单的方式解决受挫问题，如大哭大闹，在地上打滚等；另外，挫伤客体极易受别人的暗示，盲目追随别人；还有的人凡事畏缩不前，缺乏自信心，对客观环境缺乏判断力、创造力与适应力。在学校中，管理者的退缩行为通常有：不敢授权,遇事敏感,易接受师生的奉承,无力辨别部属行为的是与非。普通师生员工的退缩行为通常有:不承担责任、盲目服从、恶作剧、常告病假、易听信谣言、无理由的不安、盲目服从别人、情绪易失控等。

（3）固着（fixation）　这是挫伤客体在紧张情绪的困扰下始终重复同一种非建设性的刻板行为的反应方式。其具体表现是,顽固地坚持某种不合理的意见或态度,盲目地重复某种无效的动作,不能像在常态下那样正确合理地作出判断,采取合理的行动。即使环境改变,已有的刻板反应方式仍盲目出现,不肯接受新观念,一味地反抗他人的约束或纠正。这种情况较多地表现在胸襟狭窄、意志薄弱者的身上。

（4）屈从（resignation）　这是挫伤客体长期受挫后采取的自暴自弃的反应方式。其主要表现是悲观失望,遇事不闻不问,任其自然,最后陷入被动的境地。这种人表情冷漠,凡事得过且过,不求上进,久而久之,丧失生气,反应呆滞。

（5）否定（negativism）　这是挫伤客体长期受挫失掉信心后采取的故意唱反调的反应方式。它与屈从都是长期受挫的反应。所不同的是,否定是消极地反对,而屈从是消极地顺从。这种否定是为反对而反对,毫无理由地妨碍行动。

（6）压抑（repression）　挫伤客体通过意志的努力将受挫体验深藏心底或遗忘（亦称动机性遗忘）的反应方式。事实上,受挫体验往往难以遗忘,只能被压抑而处于潜意识状态（unconsciousness）。压抑的知觉特性是高度的警觉与防卫。警觉可以增加人的敏锐性,而防卫则拒绝承认客观的不利因素的存在。

（7）退却（withdrawal）　退却又称逃避,是挫伤客体在心理上或实际上逃避现实的反应方式。如工作受挫便沉湎于其他无关活动和嗜好,或者沉湎于"成功的幻想（又叫白日梦）",等等。不过退却在缓解挫伤上有一定的积极意义,有助于提高人们对未来的希望,培养挫折忍受力。这里之所以将之列为消极反应,是就它一味逃避,不愿回到现实问题上来而言的。

（8）投射（projection）　投射又称转嫁,即将自己的失误转嫁他人以自慰的反应方式。

（六）挫伤防治策略

人为挫伤是一种极大的内耗,是极不利于管理的现象,因此要采取强有力的措施避免这种现象的发生。同时要对已经形成的挫伤有效地调治。

1. 预防策略

在学校管理中,有效地预防挫伤行为的价值与激励的价值是同等重要的。因此要坚持预防胜于治疗的策略。具体来说要提高所有学校成员（包括管理者）的思想觉悟和认识能力,逐步把有意挫伤降低到最低程度,直至彻底消除。在这方面管理者自觉地提高思想觉悟与道德水准,不以任何形式打击报复群众（管理者的有意挫伤主要源于打击报复的心理）是至关重要的。

至于群众之间的有意挫伤的预防,除了提高思想觉悟和认识能力外,形成良好的人际关系氛围也是非常重要的。人际关系不良,小误会成大误会,相互拆台,彼此挫伤。反之,人际关系好,相互补台,彼此关照,大误会变小误会,小误会化没误会。在人际关系紧张的地方,如果化解工作难以奏效的话,与其强扭在一块继续挫伤、内耗,不如将矛盾至深者调离,让每个人都有各得其宜的人际环境。总之,要尽力消除挫伤源,防患于未然。

2. 调治策略

可以预言,任何一个学校要绝对避免挫伤是不可能的,尤其是无意挫伤。因此,挫伤发生后,怎样调理、医治受创的心灵,使之迅速康复是管理者必须掌握的基本功。调治的主要策略有:

(1) 情绪发泄　情绪发泄就是给挫伤客体以发泄情绪的机会,让其内心的闷气与痛苦得以充分倾吐,使其挫伤的感觉无形消失。挫伤往往使人产生消极情绪,甚至使人丧失或部分丧失理智,行为失控。而采用情感发泄,可使挫伤客体返回理性的自我,恢复正常行为。因此,管理者和非挫伤客体的师生员工都要懂得挫伤客体是值得同情的人,他们在发泄中有些过头的言行是可以理解的,应该得到宽容。至于情绪发泄的具体作法,通常有:其一,创设一种特殊情境,其中有挫伤客体痛恨的人和物的模拟形态,让挫伤客体自由攻击,以舒发其闷气。其二,组织群体活动,让一些轻度挫伤的人在一起自由交谈,发牢骚。由于同病相怜的原因,他们彼此更容易说出心理的痛楚。其三,挫伤主体直接接受挫伤客体的情绪发泄,如直接听取他们的抱怨等。

(2) 角色扮演　角色扮演(role - playing)为美国心理学家莫里诺(I. L. Moreno)所创。具体做法是编制一心理短剧,影射受挫问题实质,让挫伤客体扮演其中角色,将自己的态度与情绪充分地表达出来。它可使扮演者有机会充分了解或体验他人的立场、观点、态度与情感,进而养成遇事有设身处地的胸襟。当然,角色扮演也是给挫伤客体提供情绪发泄的机会,他们可以借题发挥,舒畅身心。

(3) 积极劝诫　在学校生活中,挫伤的发生多始于误会。不甚严重的挫伤,常常随时而逝。而严重的挫伤必须设法缓解或消除,否则容易造成严重后果。管理人员在处理师生员工之间的挫伤行为时,除了予以宽容外,还须提出积极的建议,使员工了解问题所在并自行修正。尤其对已造成严重后果的挫伤行为,可劝说挫伤主体主动向挫伤客体赔礼道歉,一方面争取宽容,另一方面利于挫伤客体消除愤懑。

(4) 善用赏罚　在处理挫伤行为时,亦可适当运用"论功行赏,以过行罚"的办法。不过,运用赏罚时,要考虑是否会伤害赏罚对象的自尊心和其他人员的热情,形成更大的挫伤。尤其是惩罚,只是管理的一种手段,而不是管理目的,因此只能恰到好处地运用而不能滥用。

本章小结

当代西方激励理论旗帜林立。强化理论、双因素理论、公平理论、归因理论各朝一方阐发激励现象,把启示与疑惑同留人间。

西方百花齐放式的激励理论,大有启迪作用。但各家之说,长中有短,不可囫囵吞之。

我国也有激励学说降生。如同步激励理论和C型激励理论。当前,"全面激励"理论似乎有更加广阔的前景,它倡导全员激励、全程激励与全素激励的局面,重视学校成员自我激励的价值,正在探索一条新的学校激励之路。

与激励理论对立而又统一的挫伤理论正在崛起。当代流行的几种主要挫伤理论是:精神分析学派挫伤理论、"挫伤—侵犯"理论、ABC理论。

学校挫伤现象是一个亟待研究的新领域。学校挫伤有多种多样的类型。但特别值得重视的是有意的人为挫伤。

学校挫伤原因比较复杂,但学校成员的主观原因是导致挫伤的主要因素之一。就挫伤主体而言,其两大主观原因是:认识能力不强,不良个性品质作祟。就挫伤客体而言,其三大主观原因是:认识判断、抱负水平、挫伤忍受力。

挫伤反应有积极与消极之分。主要的积极反应有:理喻、替代、斗争。基本的消极反应有:攻击、退缩、固着、屈从、否定、压抑、退却、投射。

防治挫伤有许多文章可做,基本内容是预防与调治。预防的策略主要是要提高学校所有成员的思想觉悟和认识能力,逐步把有意挫伤降低到最低限度,直至彻底消除。主要的调治策略包括情绪发泄、角色扮演、积极劝诫、善用赏罚等。

本章拓展

1. 问题思考

(1) 简要述评西方激励理论。

(2) 简述"全面激励"理论在学校管理实践中的运用价值。

(3) 研究学校人为挫伤现象有何意义?

(4) 影响学校人为挫伤的主要因素是什么?

(5) 学校人为挫伤的防治策略主要有哪些?

2. 情境分析

心灵先到达那个地方①

美国西部的一个乡村,有一位清贫的少年,每当有了闲暇,他总要拿出祖父在他八岁那年送给他的生日礼物——那幅已被卷了边的世界地图看。

15岁那年,这位少年写下了他的《一生的志愿》:"要到尼罗河、亚马逊河和刚果河探险;要登上珠穆朗玛峰、乞力马扎罗山和麦金俐峰;驾驭大象、骆驼、鸵鸟和野马;探访马可·波罗和亚历山大一世去过的道路,主演一部《人猿泰山》那样的电影;驾驶飞行器起飞降落;读完莎士比亚、柏拉图和亚里士多德的著作;谱一部乐曲;写一本书;拥有一项发明专利;给非洲的孩子筹集100万美元的捐款……"他一口气列举了127项人生的宏伟志愿。毫无疑问,那是一场壮丽的人生跋涉。44年后,他终于实现了《一生的志愿》中的106个志愿。

他就是上个世纪著名的探险家约翰·戈达德。

---

① 马玉慧:《福建日报》2005年2月20日。

当有人惊讶地追问他是凭借怎样的力量，让他把那么多注定的"不可能"都踩在了脚下，他微笑着如此回答："很简单，我只是让心灵先到达那个地方。随后，周身就有了一股神奇的力量。接下来，就只需沿着心灵的召唤前进好了。"

请运用激励理论分析约翰·戈达德成功的原因，并对本案例的标题进行修改，使其更贴切。

3. 活动设计[①]

景素奇(北京腾驹达猎头公司董事长、中央电视台"绝对挑战"点评专家、北京大学社会学系客座教授)在《变惩罚为激励的艺术》一文中，讲述了下面这个发生在他们公司的案例。

在公司里，有一位业绩一直第一的员工，认为一项具体的工作流程应该改进，她也和主管包括部门经理提出过，但没有受到重视，领导反而认为她多管闲事。一天，她私自违反工作流程。主管发现了，就带着情绪批评了她。她不但不改，反而认为主管有私心，于是就和主管吵翻了，并退出了工作岗位。主管反映到部门经理那里，经理也带着情绪严肃地批评了她，她置若罔闻。于是，经理和主管就决定严惩，认为开除她的有之，扣三个月奖金的也有之。但这位员工拒不接受。于是，部门经理就把问题上报到我这里来了。

接到报告后，我就把这位早有耳闻的业务尖子叫到办公室谈话。

……

该案例省略了谈话过程。请您创设问题情境，运用角色扮演的方式，呈现董事长利用谈话解决问题的过程，并用激励理论诠释该过程。

---

① 景素奇：《变惩罚为激励的艺术》，《企业管理》2006年，第6期。

第二编 学校管理个体心理

在学校中工作与学习的广大成员,文化水平参差,心理能力不同,为人风格迥异,志向抱负殊样。他们的行为方式虽有许多相同的地方,但内心世界却各有特点。从需要、动机、感情、态度四个方面分析他们富有个性意义的心理特点,是本编的使命。

第三章　学校成员的需要

【案例导入】

林校长的困惑①

　　S校是一所县属高中,论设备、论师资还算不错,可学校办学质量总是居中游,不好也不坏。林校长调到S校不到一年,便看出其中症结:教师积极性没有充分调动。这一问题不解决,S校工作要再上一个台阶,难!林校长曾尝试过不少调动教师积极性的手段,比如为教师提供免费午餐、逢年过节发水果副食,鼓励教师外出进修等等,可效果总是不明显。林校长一直为此而苦恼。

　　今年林校长到省城参加了一个校长培训班,学了不少教师管理理论,颇有茅塞顿开之感。林校长想,以往S校调动教师积极性总搞大呼隆,效果自然很一般。现在看来调动教师积极性得运用激励理论,特别是马斯洛的需要层次论。于是,林校长一回到学校便召集校领导班子开会,研究如何分析S校教师的不同需要层次,然后分别采取针对的措施来一一调动教师们的积极性。经过半个月的紧张工作,S校各位教师的需要层次被大致排了出来。S校领导班子又经过几周的研究讨论,基本上为每位教师设计好了进一步发展的目标。林校长想,这下调动教师积极性可有了抓手。可是真正与教师一接触,却发现许多教师的需要并不按马斯洛的需要层次来发展。例如青年教师小于曾为结婚无房而苦恼万分:分房不够工龄,买房又没实力。后来学校想尽办法为他腾出间房来,还免费为他装修了一下。当时小于真是感激不尽,表示一定以努力工作来回报学校,工作热情也曾比较高。林校长认为,小于当前生理的和安全的需要已不突出了,应考虑他的社会需要和受尊重的需要了。于是,林校长打算安排小于去读硕士课程班。不料和小于一谈,小于对读书一点都不感兴趣。小于坦率地说他当前最大的需要还是房子,他想要一套像模像样的单元房。为筹资买房,他们夫妇正利用业余时间为一家公司打工。读硕士课程班还真是没时间。又如,数学教师老胡是S校屈指可数的几位高级教师之一,家庭经济情况不错,三室一厅的住房也早已解决。县一中曾想挖他走,可老胡说S校的氛围不错,不愿意走。林校长认为,老胡的当前需要应当是"自我实现"。要调动老胡的积极性,一定得为他提供向高层次发展的条件。经研究,林校长打算让老胡领衔搞数学教改课题,还设想请老胡搞个高中数学尖子班,争取在数学竞赛方面有所突破。谁知与老胡一谈,老胡直摇脑袋。老

---

① 吴志宏等主编:《新编教育管理学》,华东师范大学出版社2008年版,第219页。

胡说他职称、房子啥都有了,还有 8 年要退休了,也就啥都不想了。当初不去县一中,就是担心一中竞争太激烈,留在 S 校,就是为了图个清闲。类似小于、老胡这样的教师林校长还遇到了几位。对此林校长深感困惑:激励理论一到咱 S 校咋就不灵了呢?

林校长的困惑表面上是在质疑激励理论,实际上却反映了林校长对教师需要和激励理论的"误读"。因为,不管是激励理论还是马斯洛的需要层次理论并不是唯一的、固定不变的;生活中的问题也是复杂多变的。让我们带着林校长的疑问来探究需要的本质吧。

第一节　需要概述

一、需要的实质

"需要"主要有三方面含义:(1)人对生理的或社会的要求的反映。主要表明人的一种状态。(2)个体在生理或心理上由于某种不足或过剩而失去了均衡后追求这种均衡的状态。表现出个体对具体生活的依赖。(3)有机体为了自己的存在和发展而对环境和社会的要求的反映。由此可知,人们在使用需要这一概念时,因着眼点不同而用意有别:有的强调其动力意义(dynamic meaning),因此视之为力(force)或紧张(tension)。有的重视其非动力意义(non-dynamic meaning),因此视之为个体在某一方面的不足或缺乏(lack)。这种不足或缺乏可以是生理方面的(如体内缺乏水分),也可以是心理方面的(如对尊重的渴望)。当然,需要的这两方面意义是密切相关的。因此,大多数心理学文献给出的需要定义是,由未满足的欲望、要求或由剥夺引起的人的内部紧张状态。从这个定义可以推导出需要的基本特征:

(一) 对象性

由于需要是因未满足的欲望、要求或剥夺引起的,因此需要总是指向那些未满足的东西,并驱使主体获得这些东西,以求缓解不平衡,恢复生理和心理的平衡。可以说,没有对象的莫名其妙的需要几乎是没有的。

(二) 历史性

由于人的需要是一定时空,即一定历史条件下未满足的欲望,因此人的需要留有历史的印记。换言之,需要是随历史发展而发展,随需要的对象范围、满足方式等的改变而发展的。在早期人类社会,人的需要比较简单,大都集中在生理和安全上。随着历史的发展,人的需要变得复杂起来。这些复杂的需要通过动机成为人们从事复杂的对象性活动的力量,使人们创造出多种多样物质与精神的财富以满足自己的需要。可见,人的需要决定于社会历史条件。尽管表面看来人的需要似乎是个人的事情,取决于他个人的生活条件,但它归根结底是受社会关系和个人在社会关系中所处的地位制约的。

(三) 动力性

需要是人身心的欲求状态,是人的心理活动的意向方面。它不仅反映事物本身的某些特点,而且反映人与事物之间的关系。人们越是对某种事物有趋近或排斥的迫切性,心理的紧张程度就越大,就越有可能诱发动机,采取实际行动。因而可以说需要是活动的内在原因,是人的积极性的源泉。

需要的这些特征是需要的实质在不同方面的表现,因此它们实际上是紧密联系在一起的。可以说,由于缺失的张力推动(需要的动力性),人们趋近或远离某一事物(需要的对象性),而趋近或远离的方式以及到底趋避何种事物,都受到当时社会条件的制约(需要的历史性)。这就是需要的各种特征之间关系的线索。

二、需要的种类

由于人类需要的无限丰富性以及人们审视需要的角度的差异,所以,迄今为止的需要分类呈百花齐放之势。前苏联心理学家大多采用比较抽象的分类方法,即以抽象意义作标准的分类方法进行分类。例如,一种是将需要分为物质需要、精神需要和社会需要。物质需要是指衣、食、住的需要;精神需要是指认识和审美的需要;社会需要包括前两者的成分,但又不能归结为物质需要或精神需要。另一种是根据需要的产生和发展,把需要分为生理性需要和社会性需要。前者是人脑对生理需要的反映,是保护和维持有机体生存和种族延续所必需的,如进食、饮水、运动、休息、排泄和性等的需要;后者是人脑对社会要求的反映,是社会存在和发展的必要条件,如劳动、交往、求知、成就和奉献的需要等。这些抽象分类的优势是划分全面,不容易遗漏某种需要。但不足之处是不具体,可感性较差。

西方学者在需要分类上有所不同,这里作简要介绍:

(一)勒温的需要分类

勒温把需要分为两种:需要和准需要。他认为,需要是指客观的生理需要;准需要是指在特定心理环境中对心理事件起实际影响的需要。勒温所阐述的需要一般是指准需要。

(二)默里的需要分类

美国心理学家默里(H. A. Murray)认为,尽管对人类的需要可以进行多种分类,但从方便的意义上看,可以分为两类:一是基本(身体能量)需要;二是次级(心理能量)需要。基本需要涉及生理的满足,如空气需要、水的需要、食物需要、性的需要等。次级需要涉及精神或情绪的满足,如获得需要、保存需要、成就需要、交往需要等。默里认为每一个人都有一个需要层次,不同的需要处于重要性不同的层次上。基本需要最为重要,因为它直接与生存相关。各种需要将根据它对个体的重要性依次地得到满足。如果出现需要冲突,则首先满足需要层次上处于较高位置和较强的需要。

(三)马斯洛的需要分类

美国心理学家马斯洛(A. H. Maslow)把人的需要分为两类。一类是基本需要,包括:生理需要,如对食物、性、水的需要;安全需要,如希望和平、安定,盼望幸运、健康,没有暴力事件等;爱与归属的需要,如给别人的爱和接受别人的爱、搞好人际关系等;尊重需要,如希望自己有稳定、巩固的地位,得到别人的高度评价,它既包括希望别人尊重自己,也包括自尊自重;自我实现需要,包括心理健康、自主性、创造性等,总的来说,自我实现的需要是希望自己越来越成为所期待的人物,完成与自己能力相称的一切事情。另一类是元需要(metaneeds),这是一类处于比较抽象层次的需要。诸如简明(simplicity)、独特(uniqueness)、真理(truth)、美丽(beauty)、秩序(order)、完美(perfection)、理解(understanding)、公平(justice)等。马斯洛认为基本需要是相互联系、相互依赖和彼此重叠的,是一个按层次组织起来的系统(如图3-1)。只有低级需要基本满足后,才会出现高一级的需要,只有所有的需要相继得到基本满足后才会出现自我实现的需要。但这种秩序不是完全固定的,有种种例外情况。同一时期内,可能同时存在几种需要,因为人的行为是受多种需要支配的。但每一时期内总有一种需要是占支配地位的。任何一种需要并不因为其他需要的发展而消失,各层次的需要相互依赖与重叠,高层次的需要发展后,低层次的需要仍然存在。元需要对行为的影响具有普遍的性质,故不列入任何基本需要层次。①

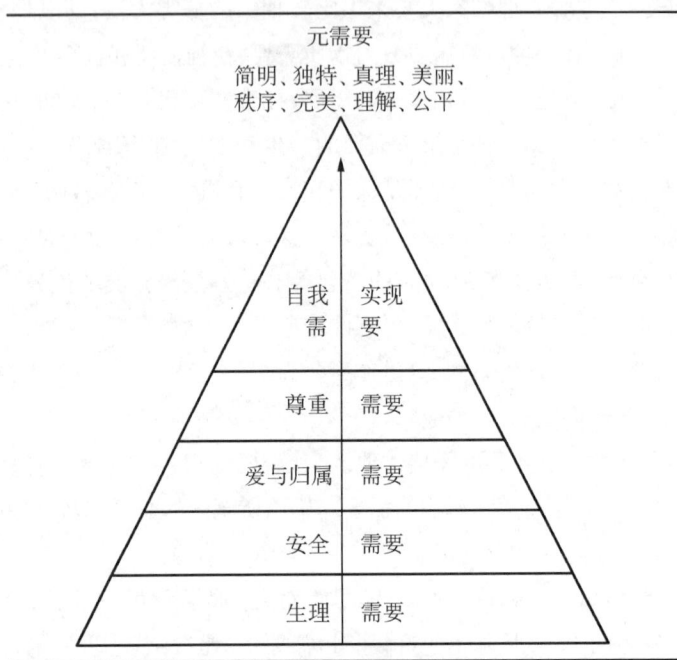

图3-1　马斯洛需要层次图

(四) 阿尔德弗的需要分类

阿尔德弗(Alderfer)认为人的需要主要有三种,即生存(exsistence)需要、关系(relatedness)需要、成长(growth)需要,简称 ERG 需要。

生存需要指人在衣、食、住、行等方面的物质需要。这些需要只有通过金钱才能满足。

关系需要是人际关系和谐的需要,相当于马斯洛所说的爱与归属的需要。阿尔德弗认为,对一个工人来说,如果基本生存需要满足之后,他就希望与上级和同级的关系更好一些。如果对工资都不满时,那他对关系的需求就小些。

成长需要是个人在事业上、前途方面发展的需要。当人的关系需要满足后,这种需要就会产生。

阿尔德弗认为,各个层次的需要获得满足越小,则人们满足这种需要的愿望越强烈。例

---

① L. N. Jewell, *Psychology and Effective Behavior*, 1989, p. 108.

如,缺乏食物的人,渴望获得更多的食物。低层需要的满足,会使人们增强对高层需要的追求。高层需要无法满足,则会使人转向追求低层需要。

（五）麦克莱兰的需要分类

美国心理学家麦克莱兰(D. C. McClelland)认为具有较高抱负水平的人主要有三种需要:成就需要(need for achievement)、权力需要(need for power)、合群需要(need for gregariousness)。

成就需要是追求成就的欲望。这种需要强烈的人往往喜欢独当一面,独立自主地解决问题。他们期望自己的事业能超过前人或同辈,因而喜欢富有挑战性的工作,敢于冒风险,且不存侥幸心理。

权力需要是一种影响和控制他人的欲望。揽权用权,强人顺从,追求成就的形式与影响,不大关心成就的实际内容与效果,是这种需要强烈的人的行为方式。

合群需要是追求人际关系和谐的欲望。这种需要强烈的人,往往喜欢合作环境,对人际矛盾和冲突采取折衷调和的办法。

（六）弗洛姆的需要分类①

弗洛姆认为人的需要除了具有生理需要之外,还有另外一些高层次的需要。其内容主要包括以下几个方面:

1. 定向和献身的需要

他认为,具有自我意识能力的人需要把这个世界构造成一种具有内在连贯性的总的图景,人可以从这个图景中轻而易举地找到自己的位置,这就是定向的需要,但这还不够,人还需要有一系列献身对象,这个对象把他的各种能力朝一个方向汇聚起来,从而使人振奋,并赋予生活以意义。

2. 寻根的需要

人的需要虽脱离了自然的襁褓,可是他仍然力求与自然的合一。这点先反应在人生之初与母亲的紧密相连;之后是对食物、大地的依恋;再后,是对友情的需要。

3. 爱的需要

人渴望与他人的结合,实现这种愿望的最重要的途径就是爱。因为它既能满足人与世界成为一体的需要,同时又不会使个人失去她的完整和独立意识。使人能够找到一种感情的依赖和幸福感,更有利于全身心地投入到工作中去。

4. 超越性和创造性的需要

人们并不满足处于一种偶然性、变动性的状态,他要做一个"创造者"。所以,创造性是人的一种需要,使人真正感觉到超越了生物界,也是我们一直追求的人生价值和社会认可的体现。

5. 统一性的需要

统一的需要是指人有在自身和自然界以及人的世界之间确立一种统一性的感觉的需要,表现形式也多种多样。比如,有的人借毒品、斋戒、舞蹈等多种仪式诱导出神或狂喜的状态来

---

① 王学兵、孙秉文:《人,多层次需要的凝结体——评现代西方学者关于人的需要的学说》,《西北师范大学学报(社会科学版)》2001年,第2期。

麻痹自己的意识，从而使人和动物同一，以重新修复丧失了的和谐。体现人的统一性需要的正确途径不是通过根除、麻痹理性，而应是通过全面理性、爱和创造性的力量使人达到统一性。表现在组织中的个体就是需要有共同的话题、兴趣才能更好地与他人和谐交往。

有效性的需要。如果人能够满足其有效性的需要，则会有一种身份感。也就是说，人竭力获得能够做某事，使某人感动，造成影响的感觉，即他必须感到自己是有效的，有效的人是具有做、实现、完成某事的能力的人。

兴奋和刺激的需要。人有"被训练"的需要。只有具备了兴奋和刺激，人才能有爱、创造性、有效性的需要。对日常生活的观察表明，人的有机体和动物有机体需要某种低限度的兴奋和刺激，就如同人们需要最低限度的休息一样。

弗洛姆的需要分类更多地体现一种从人性的角度去看待人的需要，追求一种人与自然的和谐与统一，向往普遍的和平和大统的环境。他虽然从人本身的感受出发，把需要做了细致的描述和归类，但却没有系统地分析这些需要之间的关系。

以上西方国家学者的需要分类，尽管各有特色，但大多数人倾向于采用"具体"分类法，即举出一些相对具体的可感性强的需要。这给人的感觉是容易理解和把握。不过也容易犯以偏概全的毛病，因为越是列举具体的需要，就越有可能遗漏其余。

相对而言，也许将抽象与具体的分类方法结合起来，既保证需要分类的全面性，又列举一些相对具体的需要，是值得尝试的需要分类法（如图3-2）：

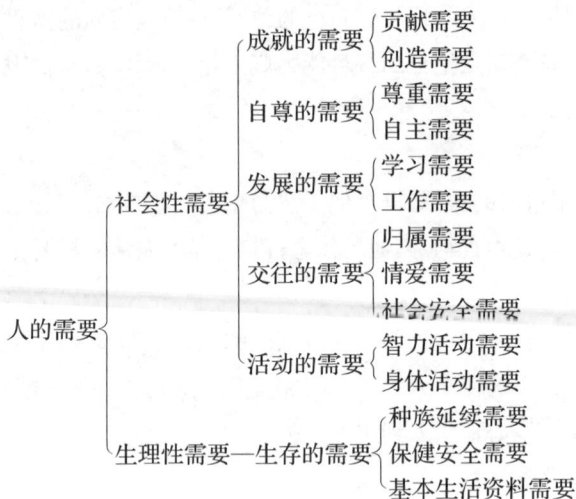

图3-2 人的需要结构

应该指出，由于人的需要非常复杂，尤其有些需要兼有生理性与社会性，因此要从绝对意义上划分清楚是不可能的。这里的尝试性划分，仅为后面的论述提供参照。

第二节　学校成员需要的静态分析

我国学者对学校成员的需要从静态的角度进行了诸多研究，其研究成果主要集中在学校成员需要的结构和特点两方面。

一、学生需要的静态分析

不同学段的学生有不同的需要。了解其需要的构成要素与特点是进行教育的前提。故下文拟对不同学段的学生的需要进行分析。

(一) 小学生的需要

1. 小学生的需要结构

小学生的需要虽然值得研究,但对其研究的学者并不多,根据笔者查阅的资料,可将小学生的需要状况列表如下。

表 3 - 1　我国小学生心理需要状况①

需要种类	包 含 内 容	不同年代的选择比例
生理和物质需要	衣食、居住、娱乐及性	1997 年:8.5%
		2001 年:0.7%
安全需要	健康、生命安全、家庭生活稳定及金钱	1997 年:7.4%
		2001 年:6.3%
归属和爱的需要	友谊、爱情以及隶属关系和被社会、父母、教师及同伴爱	1997 年:15.5%
		2001 年:4.3%
尊重需要	自身价值认可、情感认可、人格尊重、学习知识、探索、创造及兴趣爱好	1997 年:45.3%
		2001 年:28.2%
自我实现需要	信念、道德、荣誉、才智、职业、地位及财富	1997 年:23.3%
		2001 年:60.5%

上述研究是以马斯洛的需要层次理论为基础,并将各类需要进行细化后展开的。尽管如此,对于小学生来说,要通过调查充分地反映他们的需要并不是一件很容易的事情。因此,对于上述材料的分析,我们可以持谨慎的态度。

2. 小学生的需要特点

综合有关学者的研究成果,我们可以概括出小学生需要的基本特点:

(1) 小学生年龄尚小,但对尊重和自我实现的需要较强烈。如瞿正万等人的调查发现,约有 2/3 的小学生选择了自尊和自我实现的需要;并且这些需要的选择率(尤其在荣誉和才智方面)还有增高趋势(见表 3 - 1)。这说明小学生也渴望得到尊重,渴望获得成就。这可能与社会的发展、社会环境、家庭经济状况得到改善有关。

(2) 小学生的需要存在性别和年龄的差异。从性别上来说,小学同龄组女生的自我实现的需要(荣誉和才智等)明显强于男生。这可能与小学阶段女生的成绩好于男生,容易得到教师的赞扬,更有利于她们增强学习动机和满足心理需要有关。从年龄上来说,小学中年级的学生对荣誉才智、关爱、物质、认可等方面的需要显著高于小学高年级学生。这可能与小学中年级的学生在心理上处于更为迅速的发展阶段有关。

---

① 瞿正万、傅伟忠等:《浦东新区小学生心理需要发展趋势研究》,《中国学校卫生》2005 年,第 5 期。

（3）小学生的需要内容与层次与小学生的学习成绩、智商、性格及行为问题等均有关系，并会随着社会的发展而变化。有研究表明①，心理需要层次较低的小学生多有行为和性格问题，这主要是因为当一个人没有归属、尊重等高层次需要时，他便失去了与人交往、追求进步的动力，长此以往，就可能使其产生自卑情绪和不健全的性格，进而在行为上出现异常。

（二）中学生的需要

1. 中学生的需要结构

中学生的需要结构也不外乎生理性需要和社会性需要两大板块。其基本情况见表 3－2 和表 3－3。

表 3－2　初中生需要状况表②

需要类型			具体需要内容	选择比例（百分比）
生理性需要		1. 维持生存的需要	1. 想吃饱、穿暖，有房子住等	4.0
		2. 物质享受的需要	2. 吃穿好，有零花钱，生活条件好，有电脑等	98.0
		3. 活动的需要	3. 希望参加各种课外活动，出去旅游等	45.7
社会性需要	安全需要	4. 减轻学习压力的需要	4. 希望减少作业量，缩短上课时间，少考试等	58.9
		5. 安全与秩序的需要	5. 希望世界和平，生活安定，一切有条不紊等	19.2
		6. 躲避伤害的需要	6. 希望避开痛苦、身体的伤害、疾病和死亡等	12.7
	爱与归属需要	7. 友情的需要	7. 希望获得友谊，同学间团结友爱，想得到异性的关注等	35.5
		8. 救援的需要	8. 渴望得到朋友、家长或他人的帮助、原谅等	18.5
		9. 关爱的需要	9. 希望老师公正、慈爱，得到父母的关心与照顾等	42.4
	尊重需要	10. 自尊自立的需要	10. 希望被人理解、信任，对自己的事有发言权、隐私权等	52.9
		11. 成就的需要	11. 希望成绩好，胜过他人，考上好学校等	30.4
		12. 权力的需要	12. 想控制周围人，使他们接受自己的建议、命令等	14.6

表 3－3　高中生需要状况表③

需要类型		具体需要名称	总体人数	
			选择人数	等级
生理性需要	物质需要	学习环境良好，学习设备现代化，有自己的手机和电脑，能上网，金钱满足	1982	11
	生活需要	睡眠充足，休息适当，饮食充裕，服饰得体	2690	9
	求知需要	渴望获得新知识，能学到应用性技术知识，有对新知识领域的探索欲望	4695	1
	成就需要	获得成功和荣誉，有所创造，迫切希望实现个人的愿望、理想，实现自身价值	4268	2

① 傅伟忠、瞿正万等：《浦东新区小学生心理需要状况调查分析》，《中国学校卫生》2000 年，第 5 期。

② 邱香、牛勇：《西安市初中生需要结构特点的调查与研究》，《中国健康心理学杂志》2004 年，第 6 期。

③ 杨秋、刘志宏：《城市高中生需要状况的调查与思考》，《辽宁教育学院学报》2002 年，第 3 期。

需要类型		具体需要名称	总体人数	
			选择人数	等级
社会性需要	理解需要	得到家长、老师、同学的尊重、信任、支持、帮助、谅解、安慰,自尊心得到满足	4060	3
	奉献需要	为父母做家务,为班集体做好事,为祖国、为人类社会的进步贡献自己的一切	3303	4
	活动需要	健全体魄,开展各种体育活动;改善课外娱乐生活,在审美上、艺术欣赏上得到提高	3297	5
	社交需要	开展积极广泛的社会交往活动	3159	6
	道德需要	关心集体,乐于助人,提高自己的精神境界和品德修养	3010	7
	情感需要	有真挚友谊,男女同学正常交往,同学间团结友爱,家庭温暖幸福,渴望得到异性的爱慕	2930	8
	自控需要	有良好的自我管理能力,能按中学生行为规范约束自己	2124	10
	权力需要	有政治信念,想控制别人,能自主选择老师和必修课程	1862	12

上述两个表格中的信息非常直观地显示了初中和高中两个阶段的学生的需要状况,尽管学生的需要有一定的地域性,但其共性还是不言而喻的。

2. 中学生需要的特点

从上述材料中,我们可以分析当代中学生需要的基本特点:

从生理性需要来说,中学生年龄一般在12—18岁左右,是身体发育迅速、心理剧变的"青春期"。他们食欲旺盛,并且对饮食质量的要求较高;对衣着的要求是舒适和时髦;要求家庭物质条件较好,能给自己提供较好的学习生活条件。此外,他们对电脑等数码产品也有一定的偏好,追求一种时尚。同时,他们要求有生理和生活上的指导,以便健康成长。当然,初中生和高中在生理性需要上还是有所差别的,初中生更关注物质性需要,其物质享受的需要达到98%,而高中生在这方面的需要有所降低,处于需要等级的末位。

从社会性需要来说,初中生和高中生的需要在很多方面有着相似之处,但同时也存在一定的差异:对于初中生来说,与小学相对宽松自由的学习环境相比,初中的学习生活比较紧凑规范,再加上应试教育的影响以及升高中的压力,初中生在安全方面的威胁主要来自学习压力,有58.9%的学生希望减轻学习压力,远远高于19.2%的安全与秩序的需要以及12.7%的躲避伤害的需要。在爱与归属的需要方面,初中生更关注来自同学和朋友的友爱、关心,以及老师、父母的关爱与照顾。他们的自主性较强,希望有自己独立的观点和解决问题的办法,较少求助于他人。在自尊需要方面,他们更希望得到别人的理解信任,并渴望对周围的事情有一定的参与决策权,他们同时也渴望有自己独立自主的空间。对于成就的需要比较狭隘,仅限于学习方面,权利欲望较低。在自我实现方面,对知识以外的能力更为看重,希望自己能更优秀。他们对奉献很少考虑,更关注自己的得失。

对于高中生来说,他们对知识的需要超过了对物质的需要,跃居高中生需要的第一位,取代了初中阶段处于第一位的物质条件的需要。他们对成就的需要也不仅仅限于学习,范围已扩展到学习生活的各方面乃至人生的目标,他们迫切希望用成功来证明自己,实现自己的所有目标。高中生延续初中阶段对理解的高要求,仍然期望周围人的支持、肯定和关爱,不过,他们对同性和异性的朋友有了一定差别的需求,他们更希望得到异性的爱慕。相较于初中生的以自我为中心,高中生的目光更加开阔,他们乐于助人,愿意投入集体中,希望能为自己的家庭、集体乃至国家做出自己的贡献。对活动的需要也不仅仅局限于初中时代的游玩,他们希望有更加丰富的活动以提高自己各方面的能力,进而"开展积极广泛的社会交往活动"。同时,他们在学习生活中也有了一定的自我管理和自我约束的能力,但是对权力的需要依旧不是很强烈,仍处于需要等级排名的后位。

(三) 大学生的需要

1. 大学生的需要结构

自 20 世纪 80 年代开始,我国学者就开始了对大学生需要的研究。根据其研究,我国大学生的需要状况如表 3-4 所示。

表 3-4　我国大学生需要种类和内容的时代变化①

20 世纪 80 年代大学生的需要(黄希庭的研究)			当代大学生的需要(沈静的研究)		
种类		内　容	种类		内　容
生理	维持生存	吃饱、穿暖	生活质量		吃好、穿好、睡眠好、享受娱乐休闲
	物质享受	吃好、穿好、生活环境好			
	性	想过性生活			
安全	秩序	有条理、和平安定,民主	安全	环境安全	有条理、民主、经济来源稳定
	躲避伤害	避开肉体上的伤害、疾病、死亡		心理安全	避免生病、羞辱、失败、紧张
	躲避羞辱	避开使自己陷于羞辱或失败的困境			
交往	友情	获得友谊、团结友爱,获得爱情	交往	友爱交际	需要朋友和良好的人际关系
	求援	得到他人的支持、帮助、指引		求援	得到他人的支持、帮助、指引
	归属	得到他人的接纳、参加团体或组织		师生交流	和老师沟通交流
尊重	成就	胜过周围的人,获得成功,取得成绩	尊重	获得尊重	得到他人的尊重、有自尊心
	自尊自立	得到他人的尊重,有发言权和决定权		权力	控制他人,使他人服从自己
	权力	控制周围的人,使他人接受自己的建议			

---

① 沈静:《当代大学生的需要研究》,《安徽师范大学硕士论文》2007 年。

学校管理心理学(第二版)

20 世纪 80 年代大学生的需要（黄希庭的研究）			当代大学生的需要（沈静的研究）		
种类		内　容	种类		内　容
发展	求知	获得知识、具有发现、分析、解决问题的能力	发展与自我实现	自我成长	获得成长性经验，发展潜力
	求美	改善文娱生活，提高精神境界和品德修养		自我完善	渴望完善自己的外在和内在
	发展体力	体魄健全，创造优良的体育成绩		发展条件	为自身发展对环境提出的要求
贡献	助人	乐意帮助他人，为他人做好事		心理健康	良好的心理素质、完善的性格
	建树	渴望有所创造、有所建树，显示自己的存在		取得成就	取得现实性成就，如奖学金等
	奉献	渴望为祖国、社会进步贡献一切		贡献助人	帮助他人、贡献自己的力量

2. 大学生需要的特点

综合我国学者的相关研究，可大致勾勒我国大学生的需要特点。首先，大学生的需要是多样的，它主要包括成才需要（need for talent）即专业学习、追求真理、荣誉与自尊、道德修养等；成长需要（need for growth）即充裕物质、艺术欣赏和娱乐、爱情、锻炼身体、友谊等；服从需要（need for obey）即遵守纪律、劳动与卫生、师生情感等[1]。其次，大学生的需要状态是有差异的。其主导需要依次是：维持生存的需要、友情的需要、自尊的需要、求知的需要。非主导需要依次是：性需要、权力的需要、助人的需要、发展体力的需要。再有，大学生的需要结构具有跨时代的稳定性，其需要结构基本是积极的、符合时代精神和社会发展要求的[2]。

二、教师的需要结构

除学生外，学校成员主要是教职员工。鉴于教职员工的需要非常复杂，又缺少必要的研究材料，因此这里主要分析教师的需要。与其他行业成员的需要结构相比，教师的需要结构有共同的一面，即它是由生理性需要、社会性需要等组成的；也有不同的一面，即教师需要有自己独特的风格。概括起来，教师需要结构的主要特点有：

（一）物质需要的朴实性

这里本应该论述教师的生理性需要。但由于其内容丰富，无法全面述及，故取其一部，即物质需要论之。当然物质需要不仅是生理性需要，也是社会性需要，这里主要立足生理性需要予以说明。

教师的物质需要大致可分为生活物质需要与工作物质需要。前者如工资待遇、住房条件、

---

① 沈静：《当代大学生的需要研究》，《安徽师范大学硕士论文》2007 年。
② 同上注。

饮食条件等。后者如教具、教材等。无论对前者还是后者,教师都以"简朴、实惠"等衡量之。就生活而言,大多数教师对"食果腹、衣蔽体、家中并不余钱米"的现象习以为常。就工作而言,因陋就简,自制教具,很少人奢望豪华的办公、教学条件。这种需要水准的确定,一是因为不少教师受传统文化崇尚节俭等观念的影响,养成了清贫生活的习惯。并且,由于对社会的理解与热爱使他们宁愿清贫也不愿给社会增添麻烦。二是由于社会分配中尚存在一些需要改善的方面与环节,以及教育投入不足,使得他们对此无能为力,不过他们多少有些遗憾。当然随着改革的深入和其他社会成员生活水平的提高,教师的物质需要也在"水涨船高",对于一些"高档"生活用品也有了一定的要求。尤其是工作上的物质需要受到了比较大的刺激,要求改善实验设备、丰富现代化教学手段的呼声较高。

(二) 发展需要的稳定性

相对其他社会部门的劳动者而言,教师的发展需要似乎更加突出,而且具有稳定的性质。这里的稳定性是指这种需要不断满足而又不断产生。这是因为:其一,职业准备使教师具有了较强的发展意识和需要。早在接受师范训练时期,教师就已认识到自己将来的责任就是发展学生。而要发展学生,就必须首先并且不断发展自己。"为人师表"就意味着教师必须在自己施教的领域里保持一定的优势。教学活动是师生互相展示才华的过程,如果教师不能不断发展自己,就无法成为迅速发展的学生之师。其二,教育实践不断强化教师的发展需要。这主要表现在:不断更新的教学内容,迫使教师经常学习,扩大自己的知识范围。教学活动中随机应变的要求刺激教师不断丰富教学经验,锻炼教育、教学的技巧与能力。其三,教师有得天独厚的发展条件,也就是教师的发展需要有不断满足的可能。因为教师的工作主要是备课、上课等,工作过程也就是他们不断地吸收人类历史文化成果的过程,这种通过工作本身获得长足发展的条件是许多社会部门望尘莫及的。

(三) 自尊需要的迫切性

教师自尊需要大致指向两个方面:一方面教师本人自感其职业地位在社会生活中十分重要。另一方面教师的社会行为能得到他人认可。这两方面又集中表现在教师要求社会对自己的权利、业绩、形象给予尊重。所谓权利尊重主要是专业权利、工作自主权利、参与管理权利等要受到保护。就工作自主权利而言,教师在服从学校工作安排的前提下,探讨更有效的工作方式以及单独钻研业务等,都属于他的合理的自主工作范围,如果横加干涉,就会损伤教师的自尊心。所谓业绩尊重就是要正确评价教师的工作结果。教师对各种评价都比较重视。公正的肯定性评价有利于强化他们的自尊心,不公正的否定性评价最容易伤害他们的自尊心。所谓形象尊重即人格尊重,包括维护其声誉、肯定其正当言行等。

教师重视自尊是有社会基础的。千百年来的尊师传统,现实中学生、家长和社会对教师的尊重,以及社会对教师为人师表的要求,教师特有的培养人才的本领,都是诱发教师自尊需要的客观条件。当然,教师的自尊是以尊重他人为前提的。而且,其分寸也是把握得比较好的。

(四) 成就需要的强烈性

教师的成就需要通常不表现为追求惊天动地的业绩,而在于获得日常工作中的愿望实现感、任务完成感、专业成果感和探讨新事物的创造感。这首先表现为对工作任劳任怨,尽责尽力。其次表现为对教育成果的追求。他们用自己的心血培养年轻一代使之为祖国为人民有所建树。因此,在教育与教学的途径、方法等的设计与选择上,他们大多倾注智慧,力求创新和取得良好的效果。同时,留意总结自身的教育、教学经验,在自己专攻的学科领域内,著书立说,以满足更广泛更久远的成就需要。

教师强烈的成就需要的形成与教师的工作性质和社会责任有密切关系。在传播文明的工作中,他们深受历史上和现实中无数有成就的人物及其创造成果的鼓舞。同时,培养社会所需要的优秀人才的责任也驱使他们呕心沥血,精益求精。

(五) 社会交往需要的突出性[①]

多项研究调查表明教师对于社会交往的需要已经跃至前列甚至首位,或者与生存需要同等重要。这主要是因为伴随着新课改的全面实施,我国中小学教师面临很大的工作压力,产生了很强的职业危机感,为了化解工作压力和职业危机感,很多教师希望得到"学生的理解和配合"以及"学生发自内心的信任和爱戴",希望得到家长的认可和配合、领导的支持以及社会的肯定。而这就需要教师多与学生、家长、同事和领导沟通交往。这样一来,社会交往的需要就成为当前中小学教师的主导需要,甚至超过了薪酬待遇、自我实现等需要。值得提出的是尽管有研究表明男性教师在社会交往方面的需要低于女性教师,但这种差异并没有显著性。

以上就教师具有一定特殊意义的需要进行了论述。这些需要是教师的社会化程度在不同方面的表现,因而相互之间有密切关联。物质需要的朴实性,是受发展需要的稳定性、自尊需要的迫切性、成就需要的强烈性、社会交往需要的突出性制约的。也就是说,教师之所以物质生活俭朴而不豪华,除了客观条件外,主观上讲是因为他们把更多精力投放到了其他需要的满足上,对物质生活颇有些"忽略不计"。另外,他们不希望物质生活上的过分优裕,而影响发展、自尊、成就、社会交往需要的满足。反过来,物质需要的朴实性也影响着发展需要的稳定性、自尊需要的迫切性、成就需要的强烈性、社会交往需要的突出性。这不仅表现在没有一定的物质需要其他需要根本不可能满足,而且表现在物质需要的朴实性在一定程度上影响了教师满足发展、自尊、成就、社会交往需要的进程。至于发展、自尊、成就、社会交往需要之间,也是彼此渗透,相互包容的。

第三节　学校成员需要的动态考察

一、需要结构的变化

(一) 生理性需要的变化

在从小学生到老年教师这个长达几十年的人生历程中,生理性需要的路碑是非常醒目的。如前所述,小学生的生理需要主要集中在饮食、衣着等上,是生长发育的客观反应,有些甚至不为小学生自己清楚意识,而由其父母主动满足。例如对各种营养成分的需要,小学生往往

---

① 陈虎强、杨思:《我国中小学教师需要结构的特点及其激励策略》,《教育测量与评价(理论版)》2008 年,第 11 期,第 13—17 页。

不得而知。又如衣着要求，绝大多数小学生并不介意其款式、价值等。这些说明小学生生理性需要中意识性和社会性成分较少，是一种相对纯粹的生理性需要。中学生就大不一样了。尽管他们生理性需要的对象物仍主要还是满足他们身体发育的，但其中包含的社会意义逐步丰富起来。他们有的人已不满足"温饱"，而开始讲时髦，图舒适。尤其明显的是他们已步入青春期，需要教师、家长的生活指导。大学生的生理性需要是中学生的延续，所不同的是有了过性生活、结婚成家的要求。

青年教师的生理性需要主要与婚恋有关。他们经济收入的绝大部分要用作交际应酬时的开销，新婚用品的支出，生儿育女的费用。中年教师生理性需要主要与养家糊口有关，如维持日常生活的需要，保证孩子求学、就业等方面的支出以及赡养老人的费用需要等。老年教师的生理性需要主要与保健益寿有关。由于职业的和机体退化的原因，老年教师病痛较多，求医抓药开销较大，购买保健用品支出不小。

在学校成员生理性需要的变化图景上，青年教师的生理性需要有格外引人注目之处。这主要因为它更突出地反映着学校成员生理性需要的时代特征。仅就生活物质需要而言，青年教师一方面继承着"朴实"的传统，另一方面又不断理解和接受新的消费观念，在有限的力所能及的范围内提高消费的层次。例如改变饮食结构，增加营养成分等。这是青年人在消费方面紧跟时代步伐的表现，是无可非议的。

(二) 社会性需要的变化

首先，在安全需要方面，小学生由于年纪太小，自我防卫和主动回避等能力较差，对外来的打击承受力小，因此社会安全需要比较强烈。中学生与大学生的社会安全需要与保健安全需要相对平衡。青年、中年教师的安全需要在其需要结构中的地位相对下降。但对老年教师而言，其安全需要又凸现出来，这是因为他们的身心渐弱，不堪打击。

其次，在交往需要方面，小学生交往范围比较狭窄，主要通过游戏等集体活动满足交往需要，而且交往需要的内涵相对单一。中学生的交往需要逐渐复杂起来。从对象上看，他们喜欢与兴趣爱好相同的同学交往。从信任程度看，他们往往把同学作为倾吐心里话的对象，并且期望人与人之间的交往是平等的，尤其要求教师对学生一视同仁。从范围上看，中学生的交往范围大大超过小学生，异性之间交往逐步增多，不过其交往范围还没有大规模地向社会扩展。总之，中小学生的交往需要是以扩大认识和增进情谊为基调的。大学生的交往需要介于中小学生与成人的交往需要之间，有明显的承上启下作用。一方面，它保留着以与同学交往为主，重在建立情谊的风格；另一方面大学生的交往范围扩大到了其他社会部门和成员，交往需要与物质需要、工作需要等混合起来，使一些大学生的交往不仅为了友谊也同时为了其他利益。青年教师的交往需要尤为强烈。这主要表现在交往范围广、辐射力强、频度高、新对象多等方面。因为青年教师走向社会不久，急于建立比较广泛的社会联系，加之他们的精力充沛。另外，青年教师交往需要的功利含义远比学生强。中年教师的交往活动基本稳定在学术、工作和一些社会活动上，交往对象相对稳定，交往面开始出现收缩现象，而且交往的功利性质比较明显，"无事不登三宝殿"是其写照。相比之下，老年教师的交往需要略有淡化。由于身心的原因，他们趋向清静，避免嘈杂，乐于安定，加上大多不愿给组织和社会添麻烦，所以免去许多交往应酬之事。

最后,在发展需要、尊重需要、成就需要等其他社会性需要方面,小学生对这些需要的强度相对低一些,特别是成就需要。中学生的这些需要逐渐升温,尊重需要尤其突出。大学生和各个年龄阶段教师的这些需要大体趋于成熟,并具有一定的优越性。就大学生和青年教师而言,发展需要居于这些需要的首位。例如青年教师,他们要求攻读高学位、进修提高或出国留学等的要求很强烈。这是因为:第一,青年教师刚踏上工作岗位,学生时代形成的学习动机和学习习惯仍在发挥推动作用。第二,青年教师正处于工作适应期或刚过工作适应期,对自己文化科学技术知识结构的缺陷体验较深,急于补救。第三,青年教师家庭负担较轻,身体强壮,仍处于学习的黄金时期。第四,青年教师职业选择范围比较大,他们想通过进一步发展以获得更多的择业机遇。中年教师的成就需要在这几种需要中比较突出。因为:第一,中年教师比青年教师社会阅历广,教学经验丰富,是多出成果出大成果的时期。第二,中年教师比青年教师更有时不我待的紧迫感。第三,中年教师比青年教师的发展更为成熟。第四,中年教师家庭生活比较安定,兴趣相对集中,在创造性活动方面可以有较大投入。老年教师与青、中年教师不同,尊重需要处于显要位置。这是因为:第一,老年教师辛勤劳动了一辈子,大部分人桃李满天下,赢得了人们的尊敬与爱戴,这客观上强化了他们的尊重需要。第二,老年教师大多即将离开工作岗位,重担将卸,工作张力正在消失,心理上有了"失落感",因此他们非常注意别人对自己的态度,对轻视自己的言行尤其敏感。第三,由于长期的职业熏染,老年教师很注意尊重别人,因而希望得到应有的回报。

二、需要之间的冲突

学校成员需要的冲突有多种多样的表现,这里主要从三个方面分析:

(一) 从内容上看,有物质需要与精神需要、生理性需要与社会性需要等冲突

这类冲突的基本表现:一是物质需要、生理性需要与精神需要、社会性需要难以兼顾,即一种需要的满足在某种程度上妨碍另一种需要的满足。最典型的说法是"家庭与事业难两全"。当这种冲突达到相当严重的程度时,有些教师就采取要么用生理性需要代替社会性需要,要么用社会性需要取代生理性需要的做法。例如在现实中,有的教师由于成就需要水准较高,而忽略起码水平的衣、食等需要,废寝忘食,终致身体虚弱,疾病缠身。二是物质需要、生理性需要的基础性与精神需要、社会性需要的主导性不能确实体现。例如不懂得物质需要、生理性需要在适当范围内优先满足是精神需要、社会性需要相继得到满足的条件,不理解在物质需要、生理性需要适当满足的同时,重点满足精神需要、社会性需要,并发挥它们对物质需要与生理性需要的支持、调节作用,从而使合理的物质需要、生理性需要的满足度进一步提高的关系。因此,出现这些需要各自应有的比例失调,各自满足的时间不当等现象。

(二) 从性质和条件上看,有合理需要与非合理需要、可能满足的需要与不可能满足的需要等冲突

对于合理需要与不合理需要,有许多不同的解释。这里的合理需要是指与主观条件大致相符的需要。换言之,就主体的身心发展水平而言,产生那样的需要是合乎情理的。与此相

反,非合理需要是不合情理的非分需要。所谓可能满足的需要即客观条件允许的只要主观努力达到一定程度便可以满足的需要。相对而言,不可能满足的需要即在一定时期内无论主体怎样努力都无法满足的需要。总之,这里的合理需要与不合理需要的分野主要在于"主观条件"。而可能满足的需要与不可能满足的需要的界限主要在于"客观条件"。如果将主、客观条件统一起来分析,那么合理的需要也许是可能满足的需要,也许是不可能满足的需要。在正常情况下,不合理的需要是不可能满足的需要。但在某些特殊情况下,它也许是可能满足的需要。由于学校成员各自处于特定的地位和环境之中,对学校现有条件和社会可能提供给学校的条件了解程度不同,加上各人对自身情况的判断不一,难免出现合理需要与非合理需要相伴、可能满足的需要与不可能满足的需要并存的现象。以学生为例,这方面的冲突主要有:要求改进教学方法的需要与不愿下功夫学习的需要,加强校园文化建设的需要与不注意环境优美、到处随意张贴广告的需要,强化宿舍安全的需要与逃避门卫检查的需要,维护学校秩序的需要与破坏规章制度的需要,等等。

(三) 从可能性上看,有几种特别值得注意的需要冲突

1. 自尊与自卑的冲突

由于社会对教师有较高的要求,以及教师在工作中必须垂范于学生的客观实际等,使教师形成了比较强烈的自尊需要。但这种自尊需要常常与自卑心理发生冲突。教师自卑心理的形成有多种原因,但主要原因之一是社会认可。一般来说,成功概率越确定,成就的个人意义越突出,成效的经济价值越显著的工作,越容易得到社会认可。而教师尤其是中小学教师的劳动是集体劳动,人才培养周期长,个人意义不明显,因而其劳动容易被部分社会成员忽视。当这种忽视被教师感知为轻视时,自卑心理便自然萌生。

2. 理想与现实的冲突

与其他行业的劳动者相比,教师的理想是高远的。期望有较大成就是教师的普遍心态。但现实是,绝大多数中小学教师被局限于职业实践者(professional practioner)工作范围内,他们日复一日地从事重复性劳动,缺少必要的科学研究条件、时间,即使有一些教育、教学体验,要总结整理也甚艰难。因此,他们之中除了极少数人完成了向科学家实践者(scientist practioner)的转化,实现了自己为人类作更多贡献的理想外,大多数人多少有些"壮志未酬"的遗憾。

3. 敬业与转业的冲突

热爱教育事业,任劳任怨工作是广大教师敬业精神的表现。但由于上述心理冲突和其他原因的影响,部分教师难免产生了"转业显身手"的念头。然而,长年培养起来的敬业精神以及教师职业的某些优势是鞭策和吸引教师的无形力量,使想转业的教师内心有一种迷恋之情,甚至出现转业而去,似又不忍;敬业下去,心又有不甘的矛盾心态。于是,这些教师往往在敬业与转业上存在双趋冲突。

第四节　利用需要的策略

研究需要,是为了利用需要在学校管理中的作用。这在第二章激励理论中已初步涉及,这

里再作必要补述。

一、树立正确的需要价值观，改变把需要分为低级与高级的不科学认识

也许是在马斯洛的需要层次论出现后，以"社会本位"为准绳的把需要区分为高级需要（主要指社会性需要）与低级需要（主要指生理性需要）的观念开始流行起来。这客观上给生理性需要的合理性蒙上了阴影。使学校成员以及所有社会成员形成了一种错觉，即追求和满足生理性需要是不足取的。这也许是学校成员衣、食、住条件长期难以彻底改观的思想根源之一。在马克思主义经典作家们看来，衣、食、住是人的第一需要，只有当它们满足之后人们才会产生其他需要，即"已经得到满足的第一个需要本身，满足需要的活动和已经获得的为满足需要用的工具又引起新的需要"①，还说："人们为了能够'创造历史'必须能够生活。但是为了生活，首先就需要衣、食、住以及其他东西。因此第一个历史活动就是生产满足这些需要的资料，即生产物质生活本身。"这是"一切历史的基本条件"。② 而且在系统论看来，需要是一个系统，马斯洛所列的五种需要是处于同一个层次的系统要素，是并列关系而不是从属关系，没有高级与低级之分。另外，尽管社会性需要在教师的需要结构中占主导地位，对生理性需要有一定的调节作用，但主导需要并不是高级需要，次要需要也不是低级需要，这与不可以把主要（主导）矛盾说成高级矛盾，把次要矛盾说成低级矛盾的道理是一样的。可见，把生理性需要视为低级需要的观念应该改变，应重视生理性需要的价值，并把满足学校成员合理的生理性需要摆到应有的位置上。

二、把握分寸，恰到好处地满足需要

近些年来，从有关需要的文献中人们看到，忽视和不去满足人们的需要是不利于积极性调动的。于是出现了不分青红皂白的满足需要的呼喊。但实际上，需要的满足和诱发都只有把握在适当的度内，才有增力作用。例如金钱（包括工资、奖金等）在一些以为"有钱能使鬼推磨"的人心中，是万能的。其实，至少在下列几种情况下，该另当别论：一是在不同成就需要的人面前。一般来说，低成就需要的人比高成就需要的人更容易为金钱所动。因为高成就需要的人比较关心工作本身是否能满足自己较大成就的需要。所以如果工作有利于他们的成就，那么他们往往对金钱持无所谓态度，否则，会要求更多的金钱或更高的物质待遇以抵偿他们所放弃的从工作中获得满足的需要。而低成就需要的人，情况正好相反。二是在发放金钱的不同意义上。如果确实按照奖优罚劣的原则发放奖金，则有激励价值，否则，失去激励意义甚至挫伤人的积极性。这种效应几乎适用于所有形式的奖励。三是不同经济背景的人的差异性。一般来说，经济背景好，家庭富有的人，难为小额金钱所动。相反，家境贫寒的人，即使小额金钱也可能为之所动。不过在这点上，还要联系人的世界观、个性品质等具体分析。四是在出现"平原现象"的时候。所谓"平原现象"，即职工并不会竭尽全力赚他所能赚到的钱的心理

---

① 《马克思恩格斯选集》第 1 卷，人民出版社 1972 年版，第 32 页。
② 同上注。

现象,也叫投入与产出的矛盾心理现象。产生这种现象的原因主要有:职工不相信超工作量越大,可以获得越多的奖金;单纯的金钱奖励、物质刺激不能使职工形成对学校的认同感;教师的劳动是脑力劳动,工作好坏与成绩大小比较难以客观公正地确认,因而难以看到奖金多少与工作好坏之间的直接联系。可见,在以诱发和满足需要为刺激手段时,应把握分寸,力求做到恰到好处。

三、重点发挥主导需要的作用

如前所述,不同年龄阶段的人有不同的主导需要。针对主导需要激励学校成员,可事半功倍。当然,就某个学校成员而言,其需要结构怎样,主导需要何在,要具体测量与分析。测量需要主要采用"行为推断"、"主观报告"、"投射技术"等。在切实把握主导需要后,要通过满足主导需要带动其他需要的形成与发展。即采用以点带面的策略。例如针对青年教师的主导需要是发展需要这一情况,学校一方面可为其提供进修学习的机会;另一方面可通过谈话、座谈等让他们畅言发展的价值与目的,从而懂得"要社会培养,为社会服务"的道理,进一步诱发成就与贡献需要。又如中年教师的主导需要是成就需要,在给他们提供教学与科研条件的同时,启发他们认识到在学校工作中,成就的取得往往要依靠群体的力量,从而诱发他们的交往需要、归属需要等。总之,诱发或满足主导需要是激励人们的突破口,由此迸发的热情,可温暖人们的全身。

四、加强正面导向,化解需要冲突

与其他社会部门一样,学校也面临着需要的无限性与满足条件的有限性的矛盾。解决这一矛盾的有效方法之一是通过摆事实讲道理,让人们去掉不合理需要。对学校成员来说,绝大多数人知书达理,因此只要耐心说服诱导,做到这一点还是可能的。也许最令人棘手的是学校成员的合理需要不能满足。面对这种情况,可采用如下措施解难:一是采用"替代"方式满足需要。如精神需要难以满足,便通过增加物质利益补偿。相反,物质需要不能满足,则采取精神鼓励予以补偿。二是利用"追加"方式满足需要,即对有些合理的当时难以满足的需要,可用许诺或签约以及其他方式向学校员工保证届时满足。三是利用"互助"方式满足需要,即让学校成员自己开动脑筋,在国家政策、学校条件允许的范围内,通过发动一部分人自己筹集资金、物质等,轮流满足需要。

本章小结

需要是由未满足的欲望、要求或由剥夺引起的人的内部紧张状态。它具有对象性、历史性和动力性。

需要的种类繁多,对其进行分类比较复杂。前苏联心理学家大多用相对抽象的方法对其分类。西方学者与之有别。他们普遍采用比较具体的分类方法。

考察学校成员的需要,要先从静态分析入手。不同学校成员有不同的需要结构。教师的需要结构主要表现在五个方面：一是物质需要的朴实性；二是发展需要的稳定性；三是自尊需要的迫切性；四是成就需要的强烈性；五是社会交往需要的突出性。

对学校成员需要的考察还要从动态的角度进行。从生理性需要方面看，小学生生理性需要是一种相对纯粹的生理性需要。中学生生理性需要中包含的社会意义逐步丰富起来。大学生生理性需要是中学生的延续，所不同的是有了过性生活、结婚成家的需要。青年教师的生理性需要主要与婚恋有关。中年教师的生理性需要主要与养家糊口有关。老年教师的生理性需要与保健益寿有关。从社会性需要方面看，小学生对尊重需要较强烈，但存在性别与年龄差异；中学生对知识的需要上升，而且成就需要范围扩大；大学生需要走向多元，但需要状态有差异。就青年教师而言，发展需要居于这些需要的首位。中年教师的成就需要在这几种需要中比较突出。而老年教师的尊重需要处于显要位置。

学校成员的各种需要之间存在一定的冲突。从内容上看，有物质需要与精神需要、生理性需要与社会性需要等冲突。从性质和条件上看，有合理需要与非合理需要、可能满足的需要与不可能满足的需要等冲突。从可能性上看，有几种需要冲突值得特别注意，如自尊与自卑的冲突，理想与现实的冲突，敬业与转业的冲突。

利用需要激励学校成员的工作和学习，至少要做如下工作：一是树立正确的需要价值观，改变把需要分为低级与高级的不科学认识；二是把握分寸，恰到好处地满足需要；三是重点发挥主导需要的作用；四是加强正面导向，化解需要冲突。

本章拓展

1. 问题思考

（1）简述马斯洛、阿尔德福、麦克莱兰、弗洛姆的需要理论。

（2）试分析中小学生需要结构的特点。

（3）试分析教师需要结构的特点。

（4）教师需要的冲突与化解。

（5）怎样利用需要调动学校成员的工作和学习积极性？

2. 情境分析

差异性管理①

某校校长管理教师分三种情况：对青年教师，尤其是新来的教师，他每月交代一次任务，并告诉他们怎样去具体完成。对中年教师，他更注意关心他们的生活困难，教学工作上喜欢听取他们的意见。对老教师，除关心他们的身体外，对日常教学工作，校长一概不问。

你赞成这位校长的做法吗？为什么？试用所学理论进行分析。

---

① http://zzzzffff88.blog.163.com/blog/static/64691704200966682913384/，2010 年 1 月 22 日，题目为编者所加。

3. 活动设计

童迪需要什么

汤老师新接手一个五年级的班级。在课堂上,她发现有个叫童迪的男孩学习不认真,常常不完成作业,课后也总是郁郁寡欢。为了解童迪的情况,汤老师查看了班主任给童迪的评语。童迪一年级时,他的班主任在"评语"中说:"童迪是一个笑容可掬的聪明孩子。他的作业工工整整,而且有良好的习惯……他的愉悦影响了周围的人。"二年级时,老师的评语是,"童迪是一个优秀的学生,颇受他的同学欢迎。但他不无烦恼,因为他的母亲身染沉疴,家庭生活非常艰难"。三年级老师不无担心地说,"母亲的逝世对他是沉重的打击。他千方百计努力,但其父对之冷漠无情。如果不采取一些措施,他的家庭环境会成为他的拖累。"四年级老师说,"童迪不合群,而且对上学不感兴趣。他的朋友很少,他有时在课堂上睡觉。"

请你结合本章理论为汤老师制订一份转变童迪个性的计划。

第四章 学校成员的动机

【案例导入】

谁"懂"李小辉?[①]

早上九点,"嘀——"第二节课上课铃声未落,高二(1)班班长急冲冲跑进办公室,"报告老师,李小辉又不见了!"

寻找李小辉,已经成了班主任的日常工作之一,他已不知多少次把李小辉从球场、马路、游戏厅"请"回来。每次李小辉都痛哭流涕,信誓旦旦再也不逃课了,但他的每次誓言都不会是最后一次。

一提起李小辉,数学老师就不由得提高嗓门:"那孩子,根本是神经病! 哪次作业好好做了? 别的同学交的是本儿,他可好,一张纸! 背面还有语文笔记! 上课不是打瞌睡就是发呆,提问答非所问,哪个同学不是笑掉大牙? 上次考试卷该答题的地方打满草稿,还画了个哭泣的小人。这次考卷除了选择题,什么都没写,角落里蚊子腿一般的几个小字:'老师对不起,我病了,头很痛,请不要给我得零分'。"

语文老师拿出李小辉的作文,字迹非常潦草。有一篇题目叫《我最讨厌的一件事——上学》。他在里面写道:"……讨厌死了,见他的鬼去吧,把书扔进高压锅里,用小火煮上一天,拿出来再用锤子砸、砸、砸,再浸入浓氨水、浓硫酸、浓硝酸——用棒球棒打,狠狠地打、摔,送入转炉,烧成灰,最后为它拍张照,留做幸福的纪念!"

李小辉的母亲何女士也是一所中学的教师,年年带初三,年年出好成绩,可是一提到自己的儿子,却一筹莫展:"实在不好意思,我教别人的孩子一套一套,怎么教自己的孩子一点法子也没有呢? 小学时他可听话了,一放学就做作业,从不出去疯。一上初中怎么成了那个样子? 多好的学校,人人都羡慕的。小学毕业,班里只保送了他一个,他怎样就不知道珍惜? 我和他爸老跟他讲,小辉你可得争气,回家咱们多自学,上课努把力,不也能跟上去吗? 他说什么,没用,人人都比我强,我怎么也争不到第一,努力有什么用?"

李小辉说:"在教室里,我一分钟也呆不下去了!"

李小辉怎么了? 他为什么如此地讨厌上学? 你能理解他吗?

调动学校成员的积极性,在一定意义上就是引导学校成员工作与学习的行为。而这些行为的发生,离不开动机。因此,研究动机形成与其作用于行为的规律,对激励学校成

---

① 李峥嵘:《错行的诗句——中学生厌学与辍学问题调查》1998 年。

员,提高学校工作成效等有重要价值。

第一节　动　机　概　述

一、动机的含义及其产生的原因

(一) 动机的概念

动机在心理学中通常被认为是激励和维持人的行动,并将行动导向某一目标,以满足个体某种需要的内部动因或动力。动机本身不属于行为活动,它是行为的原因,不是行为的结果[①]。

动机可以是有意识的,也可以是无意识的。就有意识而言,当人们清楚地感知到自己的需要和可能满足需要的条件时,为满足需要而追求特定目标的实现,这种行动是意识行动,亦即意识性动机推动的行动。就无意识而言,人们有时会出现无意识的、连自己都感到不可理解的行动。这种行动大多是由生理性需要或本能等驱动的,即无意识性动机推动的行动。[②] 不过,无意识往往是相对清醒意识而言的,并不是绝对的无意识。

(二) 动机产生的原因

动机的产生有主客观方面的原因。

1. 主观原因

主观原因通常叫内在条件。引起动机的内在条件主要是需要。简言之,动机主要是在需要的基础上产生的,离开需要的动机是不存在的。但不是有需要就有动机。需要是动机的必要条件,而不是充分条件。值得注意的是,需要虽然是影响动机的主要内在条件,但不是唯一的内在条件。除需要之外,主体的兴趣、价值观念、抱负水准对动机都有影响。

(1) 兴趣(interests)　兴趣是人们注意与探究某种事物或从事某种活动的积极态度与倾向,可分为直接兴趣与间接兴趣两大类。直接兴趣是事物本身诱发的人们的兴趣。间接兴趣是活动结果诱发的人们的兴趣。此外,由于指向的领域、事物不同,人的兴趣具体多样,千姿百态。在形形色色兴趣"集合"中,由于一些因素的影响,有的兴趣会扶摇直上,占据优势地位,成为人的兴趣中心。天长日久,这种优势兴趣稳定下来,便成为嗜好或爱好,其驱动力量非一般兴趣可比。因此,当教师与学生为满足某种需要采取行动,从若干有效的备择目标中选择一个目标时,优势兴趣的作用几乎是举足轻重的。

(2) 价值观念(values)　价值观念(又指价值观)与兴趣似有孪生之嫌。不过,价值观念是主体关于客体的有用性的看法或思想体系,对动机有更广泛、更长久的作用。价值观的最高度概括是理想。在不同价值观念尤其是理想的影响下,人们的动机体系大概沿着努力追求较大价值目标的方向变化。也就是说,如果主体以追求真理为理想,那么其动机体系形成的主要参照系就是发现真理的可能性。如果主体以物质享受为理想,那么其动机体系形成所依凭的价值尺度就是获得物质的可行性。当然这是就动机体系形成的一般意义而言的,并不是指特定

---

① http://baike.baidu.com/view/354951.htm,2010 年 3 月 20 日。

② E. Staub, *Personality*, 1980，p. 48.

动机的具体形成方式。

（3）抱负水准（level of aspiration）　兴趣和价值观念主要影响动机的指向，而抱负水准决定动机强度。也可以说，兴趣与价值观念主要影响行动的方向，而抱负水准则影响行动达到目标的程度。所谓抱负水准是一种欲将自己的工作做到某种质量标准的心理需求。在从事某一实际工作之前，主体通常在内心估计可能达到的成就目标，然后竭尽全力实现目标。假如工作结果的质量与数量都超过了预期的目标，便会产生一种有所成就的感觉，即成功感，反之，则会出现失败感或挫折感。抱负水准受三种因素制约：一是个人的成就意识。二是过去的失败经验，这与个人的能力如判断力等有关。过去从事同类事情如获成功，自会增强主体的信心，提高其抱负水准，反之则降低抱负水准。三是有影响力的人物或社会的期待。在这三种因素中，个人成就意识的作用最为突出。

2. 客观原因

影响动机的客观原因又叫外在条件。外在条件就是能满足需要等的外在刺激，常称诱因。诱因有正负之分。正诱因是个体趋向或接受的刺激。负诱因是个体避免或排斥的刺激。需要和兴趣等与诱因相互作用形成动机。在诱因稳定的情况下，个体最强烈的需要往往引起最强烈的动机并决定个体的行动。为了探明这方面的机理，在第二次世界大战期间，美国明尼苏达大学心理学家凯斯做了一个有趣的实验。他邀请了36位大学生（自愿者）做被试，实验时间半年。他减少被试的营养，使他们仅维持最低生活水平。他们得到的热量不足一般人所需热量的一半，但仍要坚持例行的劳动与正常的学习。结果他们的体重普遍下降了15％左右，与之相随的是他们的认识也受到了很大的影响，注意力分散，情绪不稳定，平时只是想着能吃到些什么。此外，对别人的态度也发生了变化，不仅对别人的行为吹毛求疵，而且憎恶同伴、痛恨他人。可见，一种强烈的需要与诱因相结合会直接影响动机。

二、动机分类

（一）分类的必要性

由于动机与需要紧密相连，所以需要的丰富性决定了动机的多样性。为了加深对动机的认识，进而为学校成员动机的培养与激发奠定基础，这里有必要多角度地对动机进行分类。

（二）分类的维度

以需要为根据，可将动机分为生理性动机和社会性动机。前者是指推动行动达到满足生理性需要的目标的动机，后者是指推动行动达到满足社会性需要的目标的动机。以需要划分，还有物质性动机、精神性动机等。

以作用范围为根据，可将动机分为一般的概括的动机和特殊的具体的动机。前者如工作动机、成就动机等，后者如买辞典的动机、写文章的动机等。当然，这种分类只具有相对意义。

以驱动的行为的性质为根据，可将动机分为健康动机和病态动机。前者如助人为乐的动机，后者如幸灾乐祸的动机。

以持续时间为根据，可将动机分为长期动机和短期动机。一般来说，具有一般意义的、所推动的行为指向远大目标的动机是长期动机；而具有特殊意义的、所推动的行为指向浅近目标的动机是短期动机。当然,长期与短期是没有绝对界限的。

以意识性为根据,可将动机分为意识性动机和无意识性动机。

以动机作用的强度为根据,可将动机分为主导性动机和从属性动机。前者是指一定时期内在动机系统中处于支配地位的动机,而后者则是相应地处于服从地位的动机。

以行为所处的领域为根据,可将动机分为工作动机、学习动机等。

对动机进行分类,有利于人们认识动机的许多本质的或非本质的属性。但应注意的是,在作了一番分析之后,应对动机作综合性认识。也就是说,要从观念上把这些不同类型的动机统一起来,形成包含有多种属性的由抽象回到具体的动机。

三、动机的斗争

(一)动机斗争的形态

由于人们在采取某种行动时可能有多种动机,而且这些动机可能在性质等方面相互矛盾,因而形成动机的斗争(也叫动机冲突)。常见的动机冲突主要有三种形态:

1. 双趋冲突(approach-approach conflict)

双趋冲突即两个并存的目标对主体有相等的吸引力或相同强度的驱力,以致主体无法抉择而产生心理冲突。"鱼与熊掌,不可兼得",即是对这种冲突的写照。

2. 双避冲突(avoidence-avoidence conflict)

双避冲突即两件事物同时对主体产生影响甚至威胁,而主体无法兼避所形成的心理冲突。

3. 趋避冲突(approach-avoidence conflict)

趋避冲突即主体对同一事物同时具有趋近与回避的动机,以致进退两难的心理冲突。[①]

(二)面对动机斗争的态度

在动机发生斗争时,人们往往要反复考虑彼此矛盾的动机的是非或优劣,以及自己应该采取的态度。动机斗争有时是非常激烈的,可以使人心情紧张、行动迟缓。直到作出行动决定以后,这种由动机斗争引起的紧张状态才会消除。

动机斗争的过程,是人们权衡动机的轻重、评价动机的社会价值的过程,也是人们克服内在困难的过程。对于非原则性的动机斗争,人们一般不会耗费过多精力。但对于原则性的社会意义比较强烈的动机斗争,人们往往持慎重态度,以使自己的意志力得到磨练。一般来说,动机斗争的最后解决不仅受行为目标的影响,同时受主体个性品质的制约。但就相对成熟的学校成员而言,坚持用社会意义较大的动机取代社会意义较小的动机的情况是普遍存在的。

第二节 成就动机理论

像其他社会部门的成员一样,学校成员的动机非常复杂。且动机与需要密切相关,几乎有什么需要就有可能形成什么动机。为了避免与前章讨论的需要重复,也为了集中笔墨描述与教师和学生活动相关的动机,如教师的工作动机和学生的学习动机,这里不打算对教师、学生

---

① D. E. Papalia etal. *Psychology*, 1985, p. 311.

的各种具体动机作详细说明,而先介绍一些成就动机理论。因为无论是教师的工作动机(体系),还是学生的学习动机(体系),其中重要的成分之一是成就动机。换言之,掌握成就动机理论,对深刻理解教师的工作动机和学生的学习动机大有益处。

一、麦克莱兰的成就动机观

麦克莱兰认为,成就动机是个人对自己所认为重要的或是有价值的事情,去努力完成,追求成功并要求达到完美状态的原因。成就动机强的人对学习和工作都非常积极,能够控制和约束自己,不受社会环境影响,并且善于利用时间。高成就动机者具有三个主要特点:一是喜欢设立具有适度挑战性的工作目标,不喜欢凭运气获得成功,不喜欢接受那些看来特别容易的工作任务。二是他们在选择目标时会避免过分的难度。三是他们喜欢能立即给予反馈的任务。成就动机得分高的人一般会取得较为优良的成绩(见图4-1)。

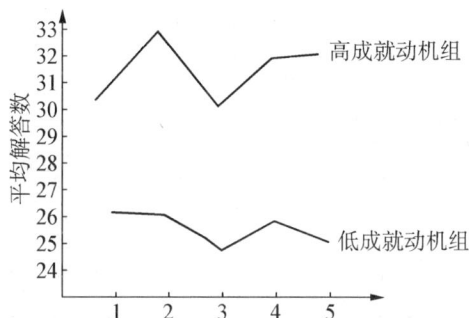

图4-1　高成就动机组与低成就动机组平均解答加法问题数
(洛威尔等人的实验)

二、阿特金森的成就动机观[1]

阿特金森(Atkinson)认为,成就动机水平依赖于一个人对目的的评价以及达到目的的可能性的估计。(其理论特征是它可以用数量化的形式来说明,即把人的情感与认知统一起来,并用数学模式简明地表述出来。)他还提出最初的高成就动机源于孩子所在的家庭或文化群体,尤其是幼儿期。在他看来,个人追求成功的倾向(Ts)是一个多重变量的函数,可用下列公式表示[2]:

$$Ts = Ms \times Ps \times Is$$

在公式中,Ms表示追求成功的动机,Ps表示成功的可能性,Is表示成功的激励值。Ps值在0至1之间。Ps为1时,意味着主体确信取得成功。Ps为0.5时,表示成功的可能性为50%。Ps为0时,表示确信失败。

① http://www.hudong.com/wiki/%E6%88%90%E5%B0%B1%E5%8A%A8%E6%9C%BA%E7%90%86%E8%AEA,2010年3月22日。

② B. Weiner, *Human Motivation*, 1992, p. 182.

在阿特金森看来,个人在竞争时会产生两种动机:追求成就的动机和回避失败的动机。这两种动机的相对强度是不同的。成就动机比回避失败动机强的人倾向于选择做中等难度的工作,因为中等难度的工作,既存在成功的可能性,也存在足够的挑战性,能够满足个人的成就动机。回避失败动机强的人则避免做中等难度的工作,而倾向于挑选成功可能性极小的困难任务,其心态是即使不能完成任务,也是难度太大所致,并非自己无能而失败。不过他们也可能挑选容易的任务,因为在这些任务中成功的可能性很高,可以减少自己的失败恐惧心理(见图4-2)。

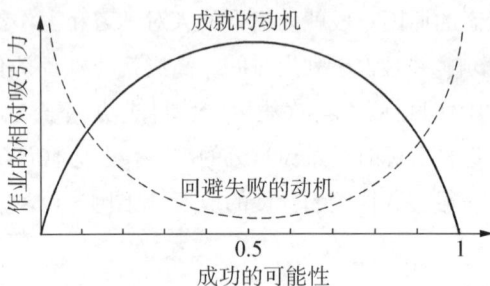

图4-2 成就动机和作业选择

三、奥苏伯尔的成就动机观

奥苏伯尔(D. P. Ausubel)认为,一般称之为学校情境中的成就动机,至少应包括三方面的动机成分,即认知的动机(cognitive drive,又译认知驱力)、自我提高的动机(ego-enhancement drive,又译自我提高的驱力)以及附属的动机(affiliative drive,又译附属驱力)。

首先说认知的动机。奥氏认为这种成就动机是指学生以获得知识和解决学业问题为目的的动机,它直接指向学习任务本身。认知的动机是个体天生具有的认知好奇心,即探究、操作和应付环境刺激的倾向,最初只具有潜在的动机性质。潜在的动机要通过个体的实践活动并不断地获得成功,才能成为推动学生不断努力学习的动力。给予这种动机的奖励通常是由学习本身提供的,即学习知识的实际收获。

其次说自我提高的动机。这种成就动机是指学生因自己的胜任能力和工作成就而赢得相应地位的动机。它不是直接指向学习任务本身,而是着眼于获得一定的学业成就以赢得相应的地位,一定的地位又决定其体验到的自尊心,这种自尊心是赢得相应地位的直接反映。所以,自我提高的动机是把学业成就看作获得地位和自尊心的根源,显然属于外部动机。不过,我们不能由此而贬低自我提高的动机的作用。因为很少有学生能够始终把认知的动机作为学习的唯一动力。实际上,学生们经常把学业成就当作取得相应资格与自尊的先决条件,或者当作取得相应职业和地位的重要手段。

最后说附属的动机。这种成就动机是指学生为了获得教师和家长的赞许及认可而产生的学习动力。有些学生之所以要获得学业成就,主要取决于从成人那里获得赞许和认可的程度。因为学生在感情上对成人具有依附性,从成人那里获得赞许和认可,可以获得一种派生的地位,这种派生地位会使学生意识到自己的行为符合成人的标准和期望,并力图保持这种赞许和认可,使自己的派生地位更加巩固。

第三节　学校成员动机的培养与激发

培养与激发学校成员动机的工作非常丰富。这主要因为学校成员有多种层次,而每一层次的成员又有多种动机。因此,为简明计,这里先在一般意义上阐述帮助学校成员形成新的动机的策略,然后就学校成员的两大主体成分,即教师与学生有关动机的培养和激发进行分析,使一般与特殊统一起来。

一、多种因素并用,促成动机

当学校成员有某种或某些需要却没有产生相应的动机时,利用下列因素可以帮助其萌生动机,并使动机稳定地发挥作用。

(一)充分论证

提出的做一件事情的理由越充分,人们做这件事情的动机就越容易形成。因为理由无非是做这件事情的意义(即效价等)和可行性(即期望值等)。理由充分的标志是效价大与期望值高,因此与前述期望理论不谋而合,故充分论证则有利于人的动机的形成。举例来说,要一位学生参加校辩论队或要一位老师上示范课,一般来说他们会比平时更加投入。因为要做得更好的理由非常多。

(二)明确目标

明确的目标往往更容易帮助人们形成动机。大家知道,需要转化为动机的重要条件之一是能满足需要的事物的存在。这种事物通常就是人们行动的目标。人们不知道可满足需要的事物的存在,也就是不明确目标。当然,明确目标还有另一层意思,那就是明白目标的价值。在这种意义上,明确目标与充分论证是相联互通的。既明白了目标的存在,又明白了目标的价值,人们便会决定是否努力实现它。这种是否实现目标的意向的出现,便是动机形成的标志。例如,教师突然对班上的学生说:"请大家赶快到医院去!"立即行动的人恐怕很少。假如老师补充说:"有人急需输血,请大家赶快去献血。"这时,由于目标明确了,那些乐于助人的学生就会立即行动。

(三)行动强化

通过行动强化动机,可以使动机稳定而持久。因为动机本身无法获得合理性与有效性检验,它只有借助行动才能得到肯定或否定的评价。一旦行动肯定了动机的合理性与有效性,这种动机也就得到了强化。大家知道,由于动力定型的作用,人们通常维护原有的思维模式和行为习惯,使得新萌生的动机难以迅速生长。而一旦开始新的行动,通过行动获得大量新的认识、新的情感体验,特别是良好的行动结果,这就会有力地冲击旧的动力定型,使新动机得到支持。

(四)改进形象

当行动的结果有利于改进自己的形象时,人们容易形成这种行动的动机。因为有利于形象改进的行动,实际上是能满足人的自尊、荣誉等方面需要的行动,因而被人们视为有价值的行动。例如,一个学生打了别人,教师要这个学生向别人赔礼道歉,学生可能觉得难为情,似乎有损面子。当老师告诉他主动赔礼道歉是自觉改正错误、觉悟高的表现,不仅不损害面子,而且有利于树立自己的威信,他也就可能愿意赔礼道歉了。

（五）参照影响

参照群体成员的暗示等，容易促成并巩固相关个体的动机。在社会生活中，工作、地位、年龄等因素近似的人们往往容易结成心理上的群体。同一心理群体的人可比因素较多，认识结构大体相近，相互影响的机会和可能性也最大，他们的认识和行为彼此具有参照意义，故称为参照群体。参照群体成员的暗示对被暗示成员的动机形成具有较大的影响力。这主要因为接受暗示意味着认同，保持一致，使人有安全感，等等。现实表明，同学的劝告有时比教师的劝告更有效。一个老师在采取某种行动前，一般也要看看其他老教师怎样做。

上述几个方面虽然形式上有一定差异，但就其实质而言，凡能够让主体满足某种需要，尤其是优势需要的事物，都有利于动机的形成。

二、教师工作动机的培养与激发

教师是学校教育工作的直接承担者。他们的各种社会性动机通常比较集中地从工作动机中表现出来。因此，这里从工作动机的角度来谈谈教师动机的培养与激发。

（一）直接性工作动机的培养与激发

直接性工作动机是与工作本身（工作的对象、过程、成果等）相联系的，是人们从工作中获得感受，从而满足有关需要的动机。教师可从工作中获得的感受是多方面的，包括理智信念的，如对社会的贡献感、责任感和义务感等，它们与贡献需要、责任需要、义务需要的满足有密切关系；也有情绪兴趣的，诚如马克思所说的，将工作作为自己智力与体力的活动来享受，这种享受主要表现在成就感、创造感、趣味感等的获得上。这些感受与成就需要、创造需要等的满足有关。正因为这些感受的获得直接导致了有关需要的满足，所以人们习惯上称之为内感报酬（或内滋报酬），而追求这类报酬的动机便是直接性工作动机。

懂得了什么是直接性工作动机，也就在一定程度上知道了怎样培养和激发这种动机。因此，这里仅简单概括一下培养和激发这种动机的常见方法：

1. 加深认识，明了工作意义

要使教师深切地感到他正在做的事情与国家命运、民族前途、人民幸福的关系。具体办法不是讲大道理，而是用一些可感性强的事实、活动帮助教师形成体验。例如举办校史展览、组织有贡献的校友返校作报告、开家长座谈会等，都可以帮助教师看到自己劳动的社会意义。

2. 巧妙安排，使工作多样化

让教师有机会从事不同内容的工作，从而增强对工作的新鲜感。具体的办法是相似工作横向换岗，同类工作纵向换岗。此外，在确保有效性的前提下，轮流当班主任，交替充任课外活动辅导员等，都有利于改变教师的单调工作局面，使其在新鲜感的推动下努力工作。

3. 因人而异，确定工作难度

有一定难度的工作也是有一定挑战性的工作，对于有一定成就意识与创造精神的教师来说，尤其欢迎。即使那些缺乏创造性的人，若能经常给他们安排有一定难度的工作，并鼓励他们去完成，那么他们会领略到"跳起来摘果子"的愉悦，逐步增强创造动机。因此，要根据每个教师不同的知识结构与能力等安排适当难度的工作，使他们在完成工作的过程中，既发挥专长,又增长知识与才干,强化创造性动机。

4．相对稳定,保证工作完整性

教育对象每年变换,教师往往有一种工作没有整体性、连续性以及工作的个人意义不明显的感觉。因此,既要注意工作的新鲜感、多样化,又要保持相对稳定,让教师有适当参加"循环性"工作(即通常说的小学教师和中学教师分别连续任教的"大循环"或"小循环")的机会,在观念上形成工作的整体感。

5．适当放权,强化工作责任

给教师一定的自主权,使其在自己的职责范围内,自主设立目标、选择方法、解决问题,有助于其工作责任感的增强和自尊心的满足,是使其工作动机优化、稳定的重要手段。

6．照顾兴趣,增添工作魅力

教师的兴趣爱好不一,学校领导在安排工作时,能适当考虑其兴趣,使每一个人的能力发挥与兴趣的照顾统一起来,更有利于教师工作动机的形成和发展。当然,上述各种培养和激发动机的方法亦与兴趣有关,如果处理得好,会使工作情趣盎然。

7．及时反馈,有效调节行为

及时运用反馈机制,给教师提供工作情况的信息,帮助他们调节自己的行为,对工作动机的强化非常有益。因为提供正反馈信息,会使教师进一步加大投入,更积极地工作。而提供负反馈信息,虽然不如正反馈信息那样振奋人心,但它能使人们及时看到差距,尽快纠正偏差,把损失限制在最小范围,实际上也起到了支持、鼓励教师工作的作用。因此,学校领导即使为教师提供不附任何评价的反馈信息,也往往具有激励效果。

（二）间接性工作动机的培养与激发

间接性工作动机不与工作本身联系,而与和工作有关的事物相联系,是人们获得工作之外的附加物以满足某种需要的动机。由于附加物的不同,这类动机又可分为两个小类:一类是获取外加报酬以满足有关需要的动机。所谓外加报酬,即通常的工资、资金和表扬等,主要满足人们的生理性需要和部分社会性需要,如自尊、荣誉需要等。由于外加报酬的获得必须以工作为中介,所以这类动机虽然对工作只有间接的作用,但仍然是一种重要的推动力量。另一类是从工作环境(以校内人际关系为主的学校物质条件、福利设施、精神氛围)中满足有关需要的动机。它也是推动教师工作的力量。例如工作环境优美、人际关系融洽,往往使教师心情愉快,能集中精力工作。

由于间接性工作动机的主要指向在于外加报酬,所以对它的培养和激发有不同于直接性工作动机之处。

1．合理利用外加报酬,努力避免"德西效应"

这里所谓的合理利用,主要包括这样几层意思:一是物质性外加报酬(包括金钱)至少要与教师付出的劳动相当,以保证教师无生活上的忧愁。二是适当进行精神奖励,使教师既有物质性外加报酬,又有精神性外加报酬,从物质与精神的统一上加深对工作的社会价值的认识。只有这样,外加报酬才可能增强和加深人们对内感报酬的体验,使内感报酬有较强的魅力。三是注意调节外加报酬,防止其抵消内感报酬的现象。在某些情况下,当两种报酬的关系处理不当时,人们不但不会增强动机,反而会降低积极性,甚至出现外加报酬抵消内感报酬的情况,这就是"德西效应"。产生这种效应的原因可能是:外加报酬水平太低,远不能满足教职工的需要,以致他们对外加报酬的要求过分强烈;内感报酬的强度不足,不能满足人们的需要;价值观念上的偏差,十分看重外加报酬。因此,既要维持外加报酬的适当水平,不使教师出现为生计而奔波的现象,同时借助激发直接性工作动机的措施,强化内感报酬,让教师喜悦并沉湎于内感报酬。此外,帮助教师形成正确的价值观念,既不忽视物质、金钱、荣誉等的价值,也不做它们的奴隶。而且要努力完成自己作为人民教师的历史使命,充分实现自己的人生价值。

2. 优化工作环境,让教师在美好的环境中工作

工作环境主要包括物质条件、福利设施、精神氛围等方面。就物质条件而言,一方面要建设好必要的工作、生活等方面的"硬件",另一方面要尽量减少声音、水、空气等方面的污染,使校园空气清新,恬静宜人。学校的福利措施主要包括医疗保健、教师子女入托就学、互助基金借贷、困难补助等。这些方面的措施比较有力,可以减少教师的不满情绪,使他们安心工作。学校精神氛围包括人际关系、学术空气、敬业精神等成分。精神氛围营造得好,无疑会增强学校的吸引力,使教师热爱学校,忠于职守。

三、学生学习动机的培养与激发

学习动机是激发个人进行学习活动、维持已引起的学习活动,并引导行为朝向一定的学习目标的一种内在过程或内部心理状态。学习动机虽然是内在的,它的产生却可以是以外在的诱因和内在的内驱力为条件的。我们尝试去寻找学习动机的变化规律以便提高学习效率。

(一) 加强学习目的的教育,培养成就意识

学习目的有个人和社会两方面的意义。让学生明白这两方面的意义并将它们较好地统一起来,有利于学习动机的形成与发展。从个人意义上看,学习是为了增强本领,为个人谋幸福,也是为了满足个人的自尊需要,如得到父母、教师、伙伴的赞扬等。从社会意义上看,学习是为了使自己成为有用的社会成员,为了民族兴旺、国家富强、人类进步。学习的个人意义相对具体、贴近、可感性强,而学习的社会意义比较抽象、遥远,有些飘渺感。但从本质上讲两者有密切的关系,缺乏个人意义的学习目的是不具体的学习目的,而没有社会意义的学习目的是狭隘的缺乏深远意义和合理方向的学习目的。因此,对学生进行学习目的教育,可从个人意义入手,逐步引出社会意义,并以社会意义支配、调节个人意义。一旦学习目的明确了,学生也就有了学习自觉性。从学习自觉性是学习动机的重要成分这种意义上看,学习目的性明确了,学习动机也就形成了。当然,由于学习目的有不同的水准,因此学习动机的水准也不尽一样。为了使学生的学习目的、动机保持适当的水准,培养学生的成就意识是必要的。培养成就意识的方法可不拘一格,主要是让学生形成"要有所成就"的心态。比如,在课外作业的设计中,有老师将学生作业设计成"我会做"、"我会编"、"我会批"等板块,让学生做"适合"自己的作业,学生无论完成哪一板块的作业,都会产生一定的成就意识,从而使作业动机保持在适当的水平。

(二) 创设问题情境,实行启发性教学

问题情境是指需要学生开动脑筋解决有一定难度问题的学习情境。创设这种情境的关

键在于把握好问题难度,以及问题的呈现方式。研究表明,中等难度的问题最能激发学生的学习动机。所谓中等难度的问题大意是说问题既不是完全陌生的又不是完全熟悉的。完全熟悉并知道解决方式的问题是无难度(或低难度)问题。完全陌生的连起码的背景知识或解决方式都缺乏的问题是高难度问题。可见,中等难度问题是学生知道其一部分,并可据此推导未知部分的问题。至于问题的呈现,既可以用提问的方式,也可用布置作业的方式;既可从新旧知识的联系入手,又可从学生的日常经验入手;既可在学习开始前,也可在学习结束时。

应该指出,实行启发性教学是一种教学思想或观念,并不是一种具体的教学方法。创设问题情境,是启发性教学的一种表现,但不是启发性教学的全部。启发性教学除要求创设问题情境外,还要在教学方法(如组织学生讨论,让学生相互启发)、课堂板书(板书内容应具有启发性)、作业安排(如让学生在作业过程中受到启发)等方面下功夫。也就是说,只有使教学的各个环节和方面都具有启发性,才会更有利于学生学习动机的形成与发展。

(三)更新教学内容,改革教学方法

教学内容的陈旧、零乱以及教学方法的呆板等往往是学生厌学的原因。相反,集逻辑性、系统性、趣味性、新颖性于一身的教学内容和生动活泼的教学方法,可以使学生获得精神上的某些满足,从而进一步激发学习动机。因为教学内容的逻辑性与系统性是深受长于理性思考学生欢迎的,而教学内容的趣味性、新颖性和教学方法的灵活性通常诱发学生的好奇、探究心理,使学生处于欲罢不能的学习境地。可见,教学内容与方法不是与学生的学习动机无关,实质上关系很密切。因而在这些方面动番脑筋,也可收到调动学生学习积极性的成效。

(四)及时反馈学习结果,鞭策学生发愤学习

学生及时了解学习的结果,看到自己所学知识在实际应用中的成效、解答问题的正确与错误,以及学习成绩的好坏,都可以激发自己进一步努力学习的动机。研究表明,学习结果的反馈可以增强学生的自信心或者鞭策学生发愤努力。例如,教师给学生作业写评语,有助于学习成绩的提高,而有一定等级的顺应性评语(根据学生作业的结果给予好的或差的评价)比有等级的一般性评语(各个学生大同小异)更能激发学生的学习动机。

不过,反馈一定要及时。及时的反馈一般比不及时的反馈效果好。因为及时的反馈利用了刚刚留下的鲜明的记忆表象,使学生进一步产生改进学习的愿望。而不及时的反馈往往在激励学生改进学习方面作用较小,因为在学生记忆中完成任务时的情景已经比较淡漠了。

(五)适当开展竞赛活动,有效利用奖惩手段

竞赛是激发学生学习积极性的一种有效手段。国外许多研究表明,在竞赛过程中,人们树立威信的动机或自尊与成就的需要极为强烈,学习兴趣和克服困难的毅力大大增强,与没有比赛的情况相比,学习和工作效率有很大提高。不过,竞赛的消极作用是不容忽视的。如不利于复杂的作业情境;对差生有压力,加重了他们的自卑感;频繁的竞赛有损于学生的身心健康;容易引起学生的自私、不合作、嫉妒心理和集体观念的淡漠。因此,应该按照学生的学习水平分组竞赛以及自我竞赛,并加强思想教育。

有效利用奖惩,也是激发学生学习动机的较好手段。一般来说,表扬、鼓励比批评和惩罚更能激起学生的积极性。一项关于不同诱因(表扬、训斥、忽视与控制)与学生成绩关系的研究得

到如图 4－3 的结果。[①]

表扬与奖励具有推动学习的作用是可以肯定的。但如果用得过分或过多，则可能失去效力，乃至产生消极效果，如忽视学习的主要目标、骄傲等。批评与惩罚如运用得当也能产生好的效果，但过多的惩罚会造成不良的后果，使学生自尊心和心理健康受到伤害，使学生对学校、教师和学习产生厌恶、怀疑、拒绝和憎恨的心理。

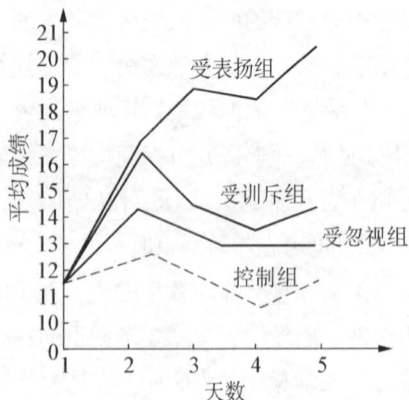

图 4－3 不同诱因（表扬、训斥、忽视与控制）的效果

（六）诱发自我调节，引导自我激励

从外部激发学生学习动机固然重要，但更重要的是要诱发学生自我激励，从而形成学习动机的自我调节系统。要做到这一点，首先，要培养学生的自我有效感。自我有效感是由学习价值有效感和个人能力有效感组成的。学习价值有效感是指学生对自己的学习行为能否达到学习目标的期待。学习价值有效感强的学生，必然认为自己的努力对学习成绩的影响远远超过教师和家庭的影响。而学习价值有效感差的学生则强调学习的外部条件，认为家庭条件差，教师水平低，自己再努力也难以取得良好的学业成绩，其学习动机必然不断减弱。个人能力有效感是学生对自己达到一定学业成就所需能力的期待。个人能力有效感强的学生往往把成功归于自己的能力，而把失败归于自己努力不够。其次，要引导学生对自己的学习行为进行合理的评价、判断和自我反应。一般来说，肯定的评价和判断可能引起积极的自我反应，否定的评价和判断可能引起消极的自我反应，而对个人无意义的评价和判断则不可能引起自我反应。再次，鼓励学生通过评价、判断和自我反应，将自我有效感与学习动机联系起来，使良好的自我有效感成为学习动机的有效调节器。一般来说，自我有效感较强的学生，总是承担中等难度的学习任务，促使自己投入更多的精力，使自己的学习动机保持在适当强度上。对于那些自我有效感较差，不愿对学习投入更多精力、作出更大努力的学生，应该帮助他们形成正确的评价、判断以及自我反应，合理地调节自己的动机水平。

本章小结

动机是推动人们行动的力量。它可以是有意识的，也可以是无意识的。

动机的产生有主客观两方面的原因。引起动机的主观原因主要是需要，此外还有兴趣、价值观念、抱负水准等。影响动机的客观原因即外部诱因有正负之分。正诱因是个体趋向或接受的刺激。负诱因是个体避免或排斥的刺激。一般来说，强烈的需要与诱因相结合决定动机。

动机有多种类型。不同动机之间存在冲突（或斗争），常见的动机冲突有双趋冲突、双避冲突、趋避冲突。

成就动机是人们普遍关心的问题，因此涌现出较多的成就动机理论，如麦克莱兰的成就

① 潘菽主编：《教育心理学》，人民教育出版社 1980 年版，第 96—97 页。

动机理论,阿特金森的成就动机理论,奥苏伯尔的成就动机理论。

培养与激发学校成员的动机有许多举措。比较常见的举措有五:一是充分论证;二是明确目标;三是行动强化;四是改进形象;五是参照影响。

教师是学校教育工作的直接承担者。他们的各种社会性动机通常比较集中地从工作动机中表现出来。因此,培养与激发教师的动机可从两方面着手:一是培养与激发教师的直接性工作动机。二是培养和激发教师的间接性动机。

学生学习动机的培养与激发,可从如下几方面着手:一是加强学习目的教育,培养成就意识。二是创设问题情境,实行启发性教学。三是更新教学内容,改革教学方法。四是及时反馈学习结果,鞭策学生发愤学习。五是适当开展竞赛活动,有效利用奖惩手段。六是诱发自我调节,引导自我激励。

本章拓展

1. 问题思考

(1) 简述动机及影响其形成的条件。

(2) 成就动机理论述评。

(3) 谈谈培养和激发动机的一般策略。

(4) 怎样培养和激发教师的工作动机。

(5) 简述学生学习动机的培养和激发。

2. 情境分析

阅读激励计划的实施与取消[①]

凯瑟琳在一所经济状况欠佳的小学执教二年级。她所教的很多学生阅读能力低于年级水平。有些学生课余很少进行阅读活动,大部分学生在校自习时也不愿意选择阅读。

为改变这种情况,凯瑟琳提出了一个阅读激励计划以便促使学生进行更多阅读。她在教室的墙上贴了一张很大的表格用以记录学生的进步。每当学生读完一本书,凯瑟琳就在表格上该学生的姓名后放一颗星星。只要一个月内读完5本书,任何学生都可以从班上设立的奖品盒中抽取一份奖品。在任何指定的月份中,读书最多的学生可以获得一份大奖。当凯瑟琳把新的激励计划告诉学生的时候,他们都非常高兴。

"太好了!"乔伊高兴地说,"我将得到最多的星星!"

"不可能,"彼得反驳说,"塞米将得到最多的星星。她爱看书。她是我们班最好的阅读者。"

塞米是很好的阅读者。她的阅读能力超出了年级水平,还喜欢阅读图书馆青年区的小说。这些书籍篇幅很长,需要花费相当长的时间才能看完。但是,她确实喜欢这些书籍。

---

① (美)约翰·桑切克著,周冠英、王学成译:《教育心理学》,世界图书出版公司2007年版,题目为编者所加。

凯瑟琳还从自己收藏的书中挑选了几本借给塞米读,因为教科书几乎不能引起她的兴趣。

计划执行的第一个星期,学生的兴致都很高。学生每天都给凯瑟琳讲他们阅读的情况。表格里开始出现星星。一周结束时,除了塞米之外,每个学生的姓名后面都至少出现了一颗星星。该月的最后一个星期,很多学生都将阅读选为自习时间的活动。学生都迫切地希望他们至少能得到一份奖品,许多学生疯狂地读书是为了要成为当月的"阅读者之王"。一个月下来,凯瑟琳的25个学生中就有23人得到了5颗星星。唯一的例外是塞米和迈克尔,塞米只有一颗星星,迈克尔这个月得了水痘。乔伊的话应验了,他得到的星星最多——15颗。学生们非常激动地选择自己的奖品。

接下来的一个月里,学生们的读书狂热持续不减。塞米也加入了争夺星星数量的行列,她一共得到30颗,成了班上当月的阅读之王。乔伊得到了25颗星星而位居其次。班上每个学生得到的星星都在5颗之上,都有权利得到奖品。因为他们做了如此多的阅读功课,凯瑟琳为学生举办了一次星期五下午的聚会,学生们一边看动画片,一边吃爆米花。

类似的活动模式持续了大概几个月的时间。星星在表格中的填充速度很快。凯瑟琳认为学生的阅读量已经够了,完全可以在每年的州级成就测验中取得好成绩。她为学生们的进步兴奋不已。凯瑟琳决定在测验后取消激励计划,并悄悄地了解学生们的阅读情况。然而,取消激励计划之后,她发现自习时间阅读的学生再次寥寥无几。甚至塞米在完成了其他作业后也没有阅读,她现在开始画画了。

请思考:

(1)本案例中存在哪些问题和动机有关?

(2)请从内在动机和外部动机的角度分析本案例。

(3)请从目标取向的角度来分析本案例。

(4)你认为塞米为什么从第一个月的一颗星星转变为第二个月的30个星星?她为什么随后在学校的学习时间内不再阅读了?

3. 活动设计

报告厅内的杂音

开学伊始,某中学请来了一位专家作报告。下午一点是报告开始的时间,这时报告厅非常冷清,老师们三三两两地走进来。等到一点一刻报告才开始。

随着专家声音的响起,报告厅里也出现了叽叽喳喳的声音,手机的铃声也此起彼伏。这时,坐在专家身边的校长尽管已忍无可忍了,但为了不影响专家的情绪,他只好客气地说:"请大家安静!"

报告厅安静了一会儿,但很快又被杂音充斥了。

请你根据动机理论,为该校的老师设计一次受其欢迎的"讲座"活动。

第五章　学校成员的感情

【案例导入】

教育感情的力量①

　　那是两年前,我接手了一个新班。一天早上,班上的一位女生焦急地来到我办公室,向我索要上周五发的被她弄丢了的练习卷。见状,我心头一热,难得有这么好的学生,一定是位品学兼优的好学生。于是我帮她找练习卷,可翻遍所有抽屉都没找到,我便对她说:"这次练习你就免了吧?"可她不依。我被她的精神感动了,当即为她编制了一份练习卷。

　　第二天一早,这份特殊的练习卷回到了我的桌上,似乎为了印证我对那位学生的猜测,我急不可待地批改起来。天啊! 简直难以相信,十道选择题错了九道,填空题也错误百出,计算题更是做得牛头不对马嘴。我连忙向班主任打听她的情况,得知她原是个十足的后进生:从初一到初二,门门功课几乎不及格。

　　下午上课前,我将改过的卷子一声不响地递给她。她满心欢喜地接过卷子,当看到上面满是红叉叉时,像霜打的茄子一样——蔫了。她用卷子捂住脸,将头低了下去。看到她十分难过的样子,我突然意识到自己做了一件多么愚蠢的事:满卷的红叉不说,有个发泄我心中怒气的红叉几乎占了整个卷面!

　　为了弥补过失,我心平气和地编起故事来:"你虽然错误较多,但我发现你是个物理天才!"她抬起头,大惑不解地望着我。我解释道:"你做错题是因为你基础知识不牢,还有粗心。说你有物理天赋是因为你的思路及解题方法是那样独特,而这是最重要的。也就是说,你的'物理感觉'特别好。"她惊讶地说:"老师,你说的是真的吗?"我煞有介事地点点头,然后转过身去,唯恐因撒谎而发红的脸露了马脚。

　　后来,因工作需要,我改教了其他班级。春去秋来,转眼那个班的学生临近中考了。在翻阅全校考前第三次模拟考试成绩单时,我发现了那位学生的名字竟出现在她班前15名之列,其他学科均在 70—80 分之间,而物理居然得了 92 分! 我向那位班主任询问其详,班主任说:还不是因为你夸她有物理天赋。她发了疯似地学物理。有一次,她还对我说,刘老师说我很有物理天赋呢!

　　当您读完此案例,也许您会对文中的"我"的教育机智留下深刻的印象。其实,"我"的

――――――――――――

① 本案例来自理解教育实验学校。

教育机智源于"我"的感情。为了了解学校成员的感情，发挥感情的激励价值，本章将探讨感情的一般理论与管理。

第一节　感情的一般理论

一、感情的发生机制

（一）感情的含义

感情（affection）是情绪（emotion）与情感（feelings）的总称，是人对客观事物的态度及相应的行为的反映。它与感知、记忆、思维等心理过程不同，主要不是对客观事物本身的反映，而是对主体与客体之间关系的反映。

感情不能脱离客观事物而产生，世界上没有无缘无故的爱，也没有无缘无故的恨。在客观事物与感情之间起重要作用的是人的需要。在一般意义上，凡是符合人的需要的客观事物，能引起肯定的感情。例如渴望学习知识的人获得学习的机会，弄到一本不可多得的好书，都会感到高兴。饥饿者因饱食一顿而满意。这"高兴"、"满意"等都是肯定的感情。反之，凡不符合需要或妨碍需要满足的客观事物会引起否定的感情。例如无端遭到攻击产生的愤怒，学习失误引起的烦恼，由世风不洁导致的愤慨等，都是否定的感情体验。

（二）感情的发生

感情虽与客观事物密切相关，但又不是由客观事物直接、机械地决定的。这可以情绪为例说明。情绪唤醒研究告诉人们，环境影响（客观事物的刺激）、生理状态和认知过程三者相互作用才导致情绪现象，其机理是：第一，对环境输入信息的知觉分析。第二，在长期工作、生活经历中建立的对外部影响的内部模式，这个模式包括对过去、现在和将来的期望、需要或意向的整体认知。第三，对现实情境的知觉分析与基于过去经验的认识加工之间进行比较的系统，可称之为认知比较器。认知比较器附带有庞大的神经系统和生化系统的激活机构，并与效应器官相联系（如图5-1）。[①]

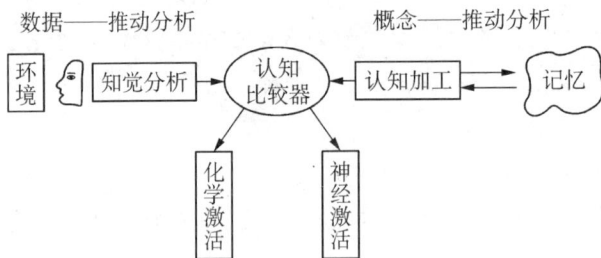

图5-1　情绪唤醒模型

当知觉分析与认知加工之间的信息不配时，如预料之外或违背意愿的事件出现时，正在进行的活动会受到阻碍，并给人的生活带来消极影响，认知比较器就发出信息，激起一系列神

① R. M. Sorrention & E. T. Higgins, *Handbook of Motivation And Cognition*, 1986, p. 263.

经过程,释放适当的化学物质,改变大脑的神经激活状态,使行为适应当时情境的要求。此时情绪就被唤醒了。

感情是在认识的基础上,受到认知的"折射"而出现的,因而感情是能够被控制和引导的。

二、感情辨析

(一)情感与情绪

情感与情绪是从不同的角度标示感情这种复杂心理现象的。要想对它们作出严格的区分比较困难。因此这里只从几个不同侧面作出尝试性区分。

首先,情绪是与自然需要(如食、饮、住等)相联系的主观体验,是人与动物共有的。当然,人的情绪与动物的情绪有本质的不同。即使人类最简单的情绪,在它产生和起作用的时候,都受人的社会生活方式、社会习俗和文化教养的影响和制约。由于这个原因,人在满足基本需要的活动中,那些直接或间接与人的这些需要相联系的事物,在人的反映中染上了各种各样的情绪色彩。

其次,情绪具有较大的情境性、激动性和暂时性,它往往随着情境的改变和需要的满足而减弱或消失。而情感具有较强的稳定性、深刻性和持久性。因为情感主要是对受社会关系制约的态度的反映,而态度往往有相对稳定、深刻与持久的特性。

再次,情绪是情感的表现形式,通常具有明显的冲动性和外部特征,如高兴时手舞足蹈,愤怒时暴跳如雷等,激烈的情绪一旦发生就难以控制。而情感常以内心体验的形式存在,可藏而不露。

当然,这些区别仅是理论思考的结果。实际上,情绪和情感彼此依存,交融一体。情感是在情绪的基础上形成的,同时又通过情绪反映与表达,离开情绪的情感是不存在的。同样,情绪也离不开情感,情绪往往受情感的调节与控制。

(二)普通感情与教育感情

普通感情是指人在生活世界中所表现出的情感与情绪反应,是对生活世界中的对象的好恶体验。教育感情是指教师在教育世界中所表现出的符合特定情境要求的情感,是"教育世界的活动者对教育人事的好恶体验"。在这里,"教育世界"特指正规的学校教育环境;"活动者"是教师(包括管理者等)与学生的总称;"教育人事"是教育中"人"与"事"的统一体。

两者尽管有着相同的地方,但也存在着诸多的区别。

其一,普通感情的主体是生活世界的普通人,它与生活世界紧密相连;而教育感情的主体是教师和学生,它形成和发展于特定的教育环境。

其二,普通感情的疆域较宽泛,通常包括了人类的亲情、友情和恋情等主要领域,并在人的发展的一定阶段体现出来。教育感情的领域较集中,常以师生情为载体。

其三,在维系组带上,普通感情(亲情、友情、恋情)的基础分别为血缘、交往和性爱,而教育感情以义务和权利为基础。

其四,在公众占有性上,普通感情(亲情、友情与恋情)的私有性强,教育感情的公共性强,几乎是公平无私的。

其五,在感情的表达范围上,普通感情中的亲情在合理的伦理范围内表达;友情在互惠共赢的基础上存在;恋情在忠贞不渝的背景下发展,越过这一边界,便可能终结。而教育感情在社会规范内表达,其总方向是有利于师生幸福,而且它与教育本身一道存在,永无止境。

三、感情的主要类型

(一) 情绪的主要类型

由于情绪状态纷繁复杂,因而其分类方法多种多样。这里只介绍比较流行的按三分法分出的三种主要的情绪类型:

1. 心境

心境是一种使人的其他体验都感染上情绪色彩的、比较持久的情绪状态。它不是关于某一事物的特定的体验,而有弥散性特点。心境对人的工作、生活有很大的影响。积极、良好的心境有助于积极性的发挥,提高效率,克服困难,使人在待人接物中发生兴味,更易于处理人际关系。消极、不良的心境使人感到工作生活都枯燥无味,因而容易激怒,整日里厌烦、消沉,缺乏克服困难的信心和勇气。

心境可以由对人具有比较重要意义的各种不同情况引起。工作的顺逆、事业的成败、人际关系、健康状况等皆是引起某种心境的原因。甚至对过去的零星回忆,无意间的联想,有时也会导致与之相应心境的重现。

2. 激情

激情是强烈的、暴风雨般的、激动而短促的情绪状态。激情通常由个人生活中具有重要意义的事件引起。对立意向的冲突或过度的抑制都容易引起激情。激情的产生也与机体状态有关。暴怒、恐惧、狂喜、剧烈的悲痛、绝望等都是激情的例子。

处于激情状态下的人,认识活动的范围往往会缩小,理智分析能力受到抑制,控制自己的能力减弱,往往不能约束自己的行为,不能正确评价自己行为的意义及后果。

3. 应激

应激是出乎意料的紧张情况引起的情绪状态。一般来说,在出乎意料的或十分危险的情况下,人们容易出现应激状态。应激状态下有机体的激活水平、心率、血压、肌肉紧张度等会产生显著改变。应激状态下人们认识狭窄,反应不当,难以采取符合目的的行动。

长期持续的应激状态,对人的身心健康极为不利。加拿大生理学家谢尔耶(G. Selye)的研究表明,应激状态的延续能够击溃一个人的生物化学保护机制,使人降低抵抗力以致被疾病侵袭。这叫做一般适应综合征(General Adaptation Syndrome)。因为从机理上看,应激状态大致可分为三个阶段,每推进一个阶段都意味着有机体向衰竭迈进了一步。第一阶段是惊觉阶段,主要机体反应是肾上腺分泌增加,心率上升,体温和肌肉张性下降,血糖和胃酸度暂时性增加,情况严重时,这些反应能导致临床休克状态。第二阶段是阻抗阶段,此时第一阶段的症状基本消失,身体动员许多保护系统去抵抗应激状态,这些系统促进抗体的增长和代谢水平的提高,如血液里增加肝脏中血糖的释放,这个阶段持续的结果可以引起身体糖储存被过度消耗,或者下丘脑、垂体和肾上腺系统的过度活动,给有关内脏造成损伤。第三阶段是衰竭阶段,这个阶段有机体的适应储存被耗尽而可能导致严重的疾病或死亡。

(二)情感的主要类型

情感是与人的社会性相联系的。因此,可以区分出的几种主要情感是:

1. 道德感

道德感是人们对自己和他人的思想意识、行为举止是否符合社会道德准则而产生的体验。肯定见义勇为、扶老携幼、与人为善等行为的体验属于道德感,对于社会劳动和公共事务的义务感,对学校组织的集体感,对教育工作的责任感,对同事、同伴、学生的友谊感等,也属于道德感。

2. 理智感

理智感是人们在智力活动过程中产生的体验。它和人的认识活动、求知欲和认识兴趣的满足、对真理的探求相联系。发现新事物的喜悦感,对某种难以理解的现象的怀疑感,不能作出判断时的犹豫感等,都属于理智感。

3. 美感

美感是人们对事物美的体验。美感通常在人们欣赏艺术作品、社会和自然和谐美好的现象时产生。与道德感一样,美感受社会生活条件的制约。不同社会制度和不同的风俗习惯等,都会影响人们对客观事物的美的评价,因而影响人们对美的感受的形成。

第二节 感情在学校管理中的功能

一、感情的动力功能

感情的动力功能是指感情对于人们的行动的推动或阻碍作用。一般来说,具有积极意义的感情能发挥增力的、激励人们行动的作用,如爱国感、正义感、集体感等往往是人们献身事业、积极进取、忘我奋斗的力量源泉。相反,具有消极意义的感情会产生减力的、阻碍人们行动的作用,而这在一定意义上,是挫伤人们积极性的。当然,感情的动力功能是微妙的。有时,积极意义的感情也可能阻碍人们行动,而消极意义的感情,如强烈的蒙辱、悲愤的感情等,却能促使人发愤图强。因此,在分析感情的动力功能时,要注意多方面的分析。

(一)不同强度的感情的增力或减力效应

感情的强度与神经系统的兴奋水平息息相关。人越兴奋,感情强度尤其是情绪强度越大。无论是激发人的积极性还是挫伤人的积极性,都需要使人的感情达到相应的强度,否则,难以达到激励或挫伤的目的。举例来说,群情激奋的场面、亲戚朋友的怂恿等往往可以使人们对原本无太大兴趣的事情产生浓厚兴趣,并采取相应的行动。这是因为外界刺激使当事人感情由弱至强,达到了一定的强度。同样,人们有时遇到某种人为的打击,稍微有点不舒服,不会产生强烈的反应。但如果有人挑唆,很可能使受挫者原本微弱的情感体验迅速放大,以至怒火中烧,采取强烈的报复行为。可见,达到一定强度的感情是推动人们行动的力量之一。

(二)不同色彩的感情的增力或减力效应

一般来说,有积极色彩的感情给人以力量,而有消极色彩的感情使人乏力。这为赫克劳森

（Hecknausen）的实验所证实。他先让被试解若干道题,其中有的有解,有的无解。做完后,让一组被试想象一次成功的演说,引发其愉快情绪;让另一组被试想象一次失败的演说,引发其不愉快的情绪。继而让被试回忆自己解题的情况。结果是愉快组回忆未解决的多,不愉快组回忆已解决的多。这说明愉快情绪有增力效应(不满足已有成绩,仍想解题),不愉快情绪则产生减力效应(满足于已解之题)。

(三) 成败感受的增力或减力效应

人们若受到激励,获得成功,相伴而生的情绪就会加强其行动。否则,情绪低落,工作乏力。有人对工人在不同生产定额下取得的生产效率作过比较。在通常情况下,工人每天加工产品 5 件左右。劳动竞赛开始后,先将劳动指标定为每天加工 20 件,后改为每天加工 12 件。结果表明,把指标改为 12 件后比原定 20 件时每件产品平均加工时间减少了一倍。究其原因,原来指标过高,工人预感到注定失败,生产情绪低落,导致了生产的低效率。而指标改变后,他感到成功有望,于是热情高涨,使生产效率成倍增长。

二、感情的启智功能

(一) 感情对记忆的作用

首先,积极的感情对识记的数量、速度和持久性有较大的影响。愉快的感情,能够有效地强化记忆过程,不仅能提高无意识记的效果,而且能使有意识记加速进行,在短时间内完成识记任务。其次,积极的感情,能够激发人脑对过去经历过的事情进行再现和再认。因此,人在愉快的时候,容易追忆过去的情景。最后,良好的感情有助于记忆品质的提高。研究证明,许多学生识记能力差或记忆品质低下,常常是由学习中的一些不良内心体验(如学习经常失败,教师不恰当的斥责等)引起的。这从反面说明,如果人们的感情是积极的,那么它会有助于人们记忆能力的增强。

(二) 感情对思维的作用

这可从两方面进行分析:一是饱满的情绪有利于思维的敏捷性。因为饱满的情绪可以加速能量转化,促进思维过程中信息的传输,从而使思维的敏捷性提高。伊斯特布鲁克(Easterbrook)的研究证明:人在情绪饱满的时候,能更快地理解词语之间的异常关系,提取带有相应感情色彩的信息的速度加快[1],因而能更敏捷地思维。二是感情信息是创造性思维产品的重要组成部分。这主要表现在文艺作品、社会科学成果等方面。当人们的感情体现在字里行间时,哀则催人泪下,喜则令人笑逐颜开。观看《火烧圆明园》,对腐败无能的清政府无不咬牙切齿;读罢岳飞的《满江红》,敬慕之感自然萌生。这都是人们从中获得了感情信息之故。可见,对于创造性思维来说,感情信息是不可缺少的。

(三) 感情对判断的作用

感情往往对人们的判断产生一定影响。非常热烈的情绪易泛化到被评价的对象上,使评价偏高。恶劣的情绪易使人把本来美好的东西视为丑陋或毫无价值之物。据说德国著名

① R. M. Sorrention & E. F. Higgins, *Handbook of Motivation And Cognition*, 1986, p. 264.

化学家奥斯特瓦尔德,收到当时不出名青年贝齐里乌斯一篇请他审阅的论文时,正患牙病,情绪烦躁不安。他粗略看了一下论文,觉得满纸胡说,便把它丢在一边。过了两天,他的牙痛好了,无意中拿起那篇文章重读一遍,发现论文提出了一个新颖的想法,有重要的科学价值,于是马上提笔向一家科学杂志作了推荐。论文发表后,贝齐里乌斯因此获得了诺贝尔奖。

总之,感情对于人们的智慧活动有不可多得的价值。而这些价值尤可为学校管理者利用,以提高教育、教学效率,进而激励教师和学生等的工作、学习积极性。

三、感情的健身功能

感情不仅影响人们的精神,同时影响人们的身体。医学临床研究表明,良好的情绪是维持人的生理机能正常运行的前提。美国维兰特资料统计,21—46 岁年龄阶段中,精神舒畅与精神忧郁者患重病死亡的比例为 2∶18。造成如此大差距的原因之一,是一个处于愉快情绪状态下的人的大脑功能是完善的,而完善的大脑功能,有利于对中枢神经系统的兴奋和抑制的调控,保证内分泌系统、免疫系统、消化系统功能的正常发挥,延缓人体重要器官的病变过程,避免或减少一些恶性疾病的发生。

与此相反,恶劣的情绪、灰暗的心境等对人们的健康有明显的消极影响。美国约翰·霍普金斯医学院的贝兹和托马斯做过这样一个追踪调查:1948 年他们将 450 名学生按不同性格分成三组:第一组的性格特征是谨慎、含蓄、安静、知足;第二组的性格特征是自觉、积极、开朗;第三组的性格特征是情绪易波动、急躁、易怒、不知足。30 年后的跟踪调查结果表明:第三组学生中患癌症、高血压、心脏病、精神病的占 77.3%,而第一、二组中分别只占 25%、26.7%。

四、感情的信号功能

感情虽然是内心体验,但往往通过人的言行等外化出来,情绪尤其如此。外显的感情是一种信号,它表达特定主体对周围事物意义的认识,既可以对别人产生影响,也为别人所认识。因此,感情是人们处理人际关系以及个体与组织关系的重要信息。一般来说,真挚、积极的感情的外露,意味着主体当时的愉快心情和至少对周围某种或某些事物持肯定的态度。而消极感情的如实外显,至少意味着主体当时的心情不甚愉快以及对周围某种或某些事物持否定态度。人们可以根据这些信息决定对感情流露者的反应。

感情的功能是多样的。这里所列的几种主要功能,都集正、负功能于一身。这意味着,学校管理者要想较好地利用感情调动广大师生员工的积极性,避免挫伤现象的出现,那就要尽力使所有学校成员(包括学校管理者自己在内)的感情处于积极的维度上,而且保持适当的强度,同时注意消除或转化消极感情。

第三节　感情的管理

在大体了解了感情的一般理论和主要功能之后,学校管理者便可以在感情的管理上做文章。即既利用普通感情，又调控教育感情。

一、利用普通感情

由于普通感情具有不同的类型和特点，因此，利用普通感情就意味着利用不同类型的感情和感情的不同的特点来激励学校员工。

（一）利用不同感情进行激励

1. 针对不同情绪的特点做工作

首先，帮助师生员工保持乐观愉快的心境，常采用的办法主要有：一是诱导师生员工遇事实事求是，保持适当的期望值。因为有的师生员工的暗淡心境，主要是工作、学习上的挫伤感造成的，而挫伤感的形成与他们的期望值过高有关。二是启发师生员工从不利中看到有利，学会自我解脱。辩证地看待不利于自己的事物，相信它可以变好，师生员工就容易从困惑与苦恼中解脱出来，继续满怀信心地坚持工作与学习。在这一点上，有效的办法之一是用一些著名人物遭受挫伤、豁达大度的事例开导师生员工。例如爱因斯坦晚年研究统一场论，多次失败，但一直精神饱满。当别人问他研究进展如何时，他总是幽默地说：已经证明，有99种方法是行不通的。这种从99次失败中看到99种收获的思维，实在开朗得可以。三是设法为心境恶劣的师生员工改变环境。因为不良心境形成后，与形成这种心境有关的环境往往成了这种心境的强化物。也就是说，不脱离形成不良心境的环境，要想改变这种心境是困难的。总之，对不良心境要作具体分析，采取针对性措施化解。

其次，引导师生员工调节激情。如前所述，激情是强烈的、暴风雨般的、激动而短促的情绪状态。一般来说，推动人们合理行动的积极激情需要保护。但当积极意义的激情强度过高，影响工作与学习的效率时，应引导师生员工注意调节，使之处于适当强度，至于消极意义的激情更应控制和消除。控制和消除消极激情的最根本办法是帮助师生员工加强思想修养，使之遇事冷静思考，用理智驾驭感情。另外，利用转移注意力、自我暗示等办法控制消极激情的爆发。

最后，培养师生员工的应激能力。在出乎意料的紧张情况下，应激能力不同的人会有迥然不同的反应。有的能急中生智，及时摆脱困境；有的则瞠目结舌，手足无措。因此，要培养师生员工的应激能力，使之善于随机应变，避免失态和遭受挫伤。培养应激能力的主要办法有以下几种：一是让师生员工了解有关激情的心理学知识，形成相关的意识，以便在仓促的应激状态下，保持镇静，采取适当的应激策略，使自己解脱出来；二是创设应激情境，让师生员工锻炼即席应变的能力；三是让师生员工在不影响教育、教学的前提下，尽可能多地参加社会实践活动，积累不惧风险、当机立断的经验。

2. 培养不同情感，提高情感水平

具体方法有三：

一是养"德"而励，即通过培养道德感来激励师生员工的工作与学习。如前所述，道德感是人们将道德认识转化为道德行为的一种动力和催化剂，同时是人们自我反省、自我调节的力量。因此，增强师生员工的道德感，会大大有益于调动其工作与学习的积极性。

以下从一般意义上提出一些供参考的做法：

首先，通过道德理论教育，强化师生员工的理性道德感。理性道德感是人们在学习道德知识与理论，形成有关道德的规律性认识基础上产生的认识较深、概括性较强、自我调节意义较大的道德体验。与之相关的教育通常有社会公德、职业道德、社会主义道德、集体主义、爱国主义等知识和理论的教育。这些知识与理论由于具有抽象性、一般性，因而具有较大的普适性。对于师生员工识别道德行为，明辨道德是非，坚持符合社会规范的道德准则等都有重要的指导意义。由此形成的理性道德感更有稳定性，受情境影响的可能性相对较小。

其次，通过具体的道德事实或情境教育，培养师生员工的感性道德感。感性道德感是由感性道德认识引起的自觉性较低且具有迅速道德定向作用的道德体验。形成这种体验的主要条件是师生员工要能耳闻目睹道德事实或情境。例如按照道德要求行事便取得成功，获得赞扬，否则就受到舆论谴责的事实或情境，会使人们形成按道德准则行事正大光明，心情舒坦，不按道德准则行事就愧疚不安的感受。举例来说，乱扔果皮纸屑当场遭受批评的事实，会使人们形成不能乱扔果皮纸屑的感受，即使有时无意中扔了也会自觉捡起来。这种感受尽管是感性的，但对人的行为仍有激励或约束作用。不过，这种感性道德感情绪性强，不甚稳定，只有逐步上升为理性道德感，才能发挥更稳定更有效的作用。

再次，通过现实中的榜样和文学艺术作品中的典型形象影响师生员工，使之形成想象道德感。想象道德感就是在联想起某些有道德意义的人或事物时激起的较自觉的道德体验。例如读《雷锋的故事》，想到雷锋助人为乐的高尚精神，从而形成应该乐于助人的道德体验。

二是求"真"而励，即通过培养理智感激励师生员工工作与学习。前已交待，理智感通常表现为求知欲望、探究兴趣等。而这些现象中本质的东西主要是求真。求真倾向强烈的人往往不会饱食终日，无所用心，而是想方设法寻求真理。因此，培养师生员工的理智感，强化师生员工的求真倾向，并使之稳定在能激励师生员工较大的工作和学习积极性的水平上，是学校领导人应有的基本功之一。

强化求真意识或倾向的主要举措有：

首先，引导教师加强科研，通过科研求真，以增强工作积极性。学校的工作是一种规范性的、重复性的工作。如果教师不去探究其规律性，揭示新的奥秘，只是应付性地完成工作的话，那么很容易出现厌烦情绪。为避免这种情绪的出现，有效的方法之一是让教师增强科研意识，深入研究，发现隐藏在表层工作之后的深层工作的乐趣。所谓表层工作是指直观性很强的已经规范化了的工作，只要按其大致程序进行，就可以获得一定的教学质量。但这种质量是一种粗放性质量，是任何一个坚持同样工作规范的教师都可以获得的。深层工作是一种富有创造意义的工作，它没有固定的程序，甚至没有较多的经验可以借鉴，主要靠教师发挥主观能动性，按科学研究的要求去实验，去思索，去发现新的规律，并按照新规律去获得教学质量。这种质量是一种精致性质量，不是通过表层工作可以获得的。由以上可见，教师加强科研，可以发现问题，探索规律，满足探究欲望和好奇心理，而且能获得别人难以获得的精致性教学质量，满足自己的成就需要、荣誉需要。这样一来，教育、教学工作就更有魅力。教师们自然对它有更大的兴趣和热情。

其次，鼓励学生深入钻研，通过钻研求真，进而强化学习积极性。关于调动学生学习积极性，前面已经涉及。这里仅从求真而励的角度补上一笔。比如鼓励学生自设难题求解，就是一种让学生通过钻研求真，获得学习乐趣的有效方法。这里所谓的难题是既有启智意义，又有适当难度的问题。举例来说，学生知道了开方运算是乘方运算的逆运算，再学习 $a^b = N(a>0, a\neq1)$ 时，学生可以自己问自己，已知幂 N 和底数 a，求指数 b，可不可以通过乘方的逆运算来进行呢？如此钻研，并求得真知，是其乐无穷的。当然，难题有多种形式，如判别式、叙述式、述理式、扩散式等，如能经常变换难题的角度和涉及面，那么学生既能扩大钻研范围，又能使自己较好地保持新鲜感和学习积极性。诚如伯林尼 (B. E. Berlyne) 所说："由两个以上的概念、思考、态度之间产生的概念性纠葛(认知性纠葛)，即脑海中的争斗，使学习者感到惊奇、怀疑、困惑，从而产生到底哪个正确这种智慧的好奇心，然后引起学习活动。"[1]

三是审"美"而励，即通过帮助师生员工获得美的体验而激发其工作和学习的积极性。当然，这里的审美不仅仅是欣赏美，还包括创造美。学校是充满美的场所，自然美、社会美、艺术美、知识美等汇集在一起。自然美指校园里花草树木等构成的自然图景之美，它以自然的感性形式引起人的美感，往往使人触景生情，浮想联翩，心旷神怡。社会美主要指以高尚道德为核心的人与人的关系，以及人与社会之间各种和谐的表现形式，通常包括语言美、心灵美、行为美、仪表美等。它往往能净化人的灵魂，唤醒人的良知，鼓舞人的斗志。艺术美是以艺术的形式反映的自然美、社会美、知识美等，它既可使人获得美的享受，又可使人受到思想、情操、道德等方面的陶冶。知识美是以知识的形式表现的美，如意境美、奇异美等，它往往能启迪人的理智，使人们更加热爱和追求知识。可见，如果能充分利用学校中美的资源，使师生员工都获得深刻的美的体验，他们无疑会更加热爱学校，并热爱那里的工作、学习与生活。

以知识美为例，对如何引导员工审美予以简要说明：

首先，强化意识，广收美的信息。科学知识美往往是含蓄的，不可轻易领略到的。因此，必须强化师生员工的审美意识，开动脑筋，获得美的信息。在这方面，主要措施有二：

---

① ［日］辰野千寿著，山效华等译：《学习心理学》，吉林人民出版社 1986 年版，第 99 页。

一是熟悉知识美,掌握知识美的大致特征。知识美不是感性美,不深刻理解知识就难以获得这种美的感受。因此,熟悉知识美是与熟悉知识本身密切相关的。知识美主要有:①和谐美。如在牛顿的万有引力定律中,在焦耳等的热与功的统一理论中,在广义相对论的引力、空间、物质的统一中,都存在着统一这种和谐美。②简洁美。即科学知识的朴素美,科学中的公式就是这种美的表现形态之一。例如开普勒从大量的观测资料中,发现了行星运动三大定律的数学公式:$T^2 = D^3$,如此简洁优美,以致被人称为奇妙的"2"与"3"。③奇异美。培根说过,没有一个极美的东西不是在匀称中有着某种奇异。例如狭义相对论就是一种奇异,它把一直被认为完全无关的时间与空间、物质与运动等概念联系起来了。高速运动中的物体长度缩短,而时间变长,真是"不可思议"。④意境美。意境通常指作者的思想感情和描写对象融合于一体所产生的艺术境界,这种境界给人们留下的美的感受就是意境美。意境美广泛存在于文学艺术作品中。二是开发美的资源。知道了什么是知识美,那么教师与学生就应在教学中抓住那些美的知识,并仔细鉴赏、玩味,从而形成真切的美的感受。

其次,随美而行,步入新境界。由于美的吸引和为了追求美,师生员工的工作与学习动机会由外部的变为内在的,由相对浅近的变为高远的,甚至出现废寝忘食,夜以继日工作和学习的情况。举例来说,有的教师为了探讨数学、物理题的新解法,往往伏案演算,彻夜不眠。他们以得到新解为乐。这样的行为,通常不是由名利驱动的,而是由于沉湎于对美(包括"真")的追求而形成的。这种行为本身又从一般行为中超脱出来,成为一种富有职业道德价值的美的行为。当这样的行为不是一种冲动,而是理智的、稳定的行为时,这类教师的工作积极性恐怕是无需激励的。

(二)根据感情的不同特点开展激励

感情有较多的特点。从其不同特点出发激励师生员工的积极性,其效果更为明显。鉴于感情的两极性特点,即感情有肯定与否定的两极,增力与减力的两极,前已初步介绍,不予重复。这里主要讨论根据感情的感染性、理解性、情境性特点开展激励。

1. 感情的感染性与激励

感情的感染性是指人们的感情可以通过特定的形式影响别人并使之产生类似感情的特性。利用这种特性激励师生员工,要注意以下几点:

一是把握感情的感染强度。感情的感染强度受多种因素的影响,注意协调这些因素,是使感染强度保持在适当范围的重要条件。常见的主要影响因素有:表达特定感情的造型和方式等是否真挚、形象、活泼、新颖,是否符合个体的主观需要,感情表达对象是否具有境遇的相似性和接受感情的敏感性。一般来说,遭受挫伤者最需要得到他人安慰、理解、同情时,其感情的敏感性最高。因此,如果学校领导要把自己感情的感染强度维持在较高程度的话,那么首先要针对不同的学校成员及其需要,采取不同的感情表达方式。其次要抓住机遇,不失时机地安慰受挫者,扶持困难者,祝贺成功者。最后感情表达要适度。这与上述两点有关。如果不能因人因地而异,感情表达过分,那么不仅不能产生感染,反而引起误解或反感。

二是用积极、健康的感情感染师生员工。学校作为培养青少年的社会机构,尤其需要发挥积极、健康感情的感染作用。因此,在这方面具有关键作用的学校领导者,无论个人感情多么复杂,有时甚至是消极成分占主导地位,但总要将消极的感情消除掉或隐藏起来,以热情、进取的面貌出现,用积极、健康的感情感染师生员工。因为学校领导者有意或无意地流露出的消极、悲观情绪,都会对师生员工的情绪带来极大的影响。

2. 感情的理解性与激励

感情的理解性,即感情在认识的基础上产生并随认识的发展而变化的特性。利用这一特性激励师生员工,可从如下几方面着手:

第一,经常对师生员工进行有关教育和学习的意义,以及价值观、世界观的宣传教育,使之不断加深认识,对教育和学习等产生浓厚的感情。

第二,引导师生员工深刻认识学校里的各种现象,尤其是人际关系,理解和宽容人与人之间发生的无意识的挫伤行为,不断消除误解,增进情谊,友好合作。

第三,反审自身感情的性质与纯洁性,时刻对师生员工满怀真挚的感情。对师生员工是真心实意还是假心假意,是学校领导者能否调动师生员工积极性的重要原因之一。学校领导者经常扪心自问,反思自己对师生员工的感情,保持其纯洁性,自然能得人心。

3. 感情的情境性与激励

感情的情境性,即人的感情是在一定的情境中产生并随情境变化的特性。根据这一特性激励师生员工,应注意如下几个方面:

第一,努力创设比较理想的环境,尤其是人际关系环境。理想的人际关系环境的重要标志之一是师生员工之间尊重、谅解、友好、体贴和大家比学赶帮、奋发向上等。在这样的环境中,人们往往有一种安宁、惬意、求上进的心态,因而都珍视这样的环境,总想通过自己的积极工作和得体的日常行为回报周围的人们。

第二,组织参观、游览等活动,让师生员工在实际情境中陶冶情操。例如参观革命纪念场馆,培养大家的爱国主义感情;参观火热的建设工地,激励为国家作贡献的热情,等等。由于身临其境,师生员工感受更深,体验真切,因而工作与学习的热情更容易激发起来。

在利用感情的情境性特点进行激励时,除上述两点以外,还有许多举措。但由于与其他内容有关,故分散到其他章节中叙述。

(三) 转化消极感情,变挫伤为激励

在现实的学校生活中,消极感情往往容易演变成自我挫伤和他人挫伤的力量,是学校人际关系紧张,师生员工工作、学习积极性低落的原因之一。因此,转化消极感情在学校管理中有非常重要的意义。但由于消极感情有多种形态,这里很难详尽地讨论,故集中论述危害性较大的一种消极感情——嫉妒。

嫉妒有五花八门的定义。如:嫉妒是针对别人的价值而产生的一种心怀憎恶的欣羡之情;嫉妒是一种极欲排除别人优越的地位,或想破坏别人优美的状态,含有憎恨的一种激烈的感情;嫉妒是关联的双方(或多方)存在适量的"状态差"而可能引起的憎恨与欣羡相交织的紧张而复杂的感情。黑格尔说，嫉妒是平庸的情调对于卓越才能的反感。从这些定义中，人们不难获得关于嫉妒的三个方面的认识：一是嫉妒乃是一种感情，一种并非愉悦的、紧张的心理体验。二是嫉妒导因于别人的优越地位或优越状态，也即源于别人的价值实现。三是嫉妒的主要成分——"憎恶之情"难免驱动纷繁复杂的离轨行为，而涵容其中的微弱难得的"欣羡之情"，也可能引发或强化主体的竞争意识和进取精神。不过由于嫉妒引发或强化主体的竞争意识和进取精神的可能性很小，因此，人们通常把嫉妒的这点积极意义搁置一边，而关注它的消极作用，并将它整体上视为一种消极感情。掌握了嫉妒的这些本质特征，便可构想出转化嫉妒的大致方略。

1. 根据嫉妒者的具体特点转化嫉妒

嫉妒的形成，往往与人们的身心特点有关，因此，转化嫉妒要因人而异，进行有针对性的转化工作。

就性别而言，女性的嫉妒更多地倾向于生活领域，具有比较直接的攻击性，容易被察觉和感知。而男性的嫉妒往往倾向于事业成就和社会地位，具有相对的间接性和内隐性。可见，男性的嫉妒对学校人际关系、工作等有更大的影响，因此要给予更多的关注，及时地转化。当然也不能忽略女性嫉妒的危害。

就年龄而言，同代人之间的嫉妒远盛于异代人之间的嫉妒。因为异代人之间的"状态差"，在很大程度上可归因于始点不同。而同代人之间由于始点相近，具备更多的可比性，若彼此发展不平衡，即形成"状态差"，容易使处于劣势状态的一方产生嫉妒感。可见，在学校中做转化嫉妒的工作时，要把主要注意力放在同代人身上。

就人生观而言，崇尚淡泊寡欲、与世无争的师生员工往往不易形成嫉妒感。相反，诚如培根所说，什么都想比别人高强的人最易嫉妒。前者虽无嫉妒，但与时代奔腾不息的奋进节奏颇不合拍。对这种类型的师生员工应鼓励他们高扬奋进之旗，激流勇进，争为人先。后者虽有嫉妒，但混合着竞争精神，因而要积极引导这类师生员工将嫉妒变为有利于自己、有利于他人、有利于社会的行动——与强于自己的人合理竞争。

2. 抑制宣扬嫉妒的舆论

学校舆论是学校成员的意见与言论，是影响学校群体一致性的重要因素。众口铄金，不可轻视。在现实学校生活中，张扬嫉妒的舆论并非完全没有市场。例如，"枪打出头鸟"、"出头椽子先烂"、"木秀于林、风必摧之"等仍为一些人津津乐道。因此，学校领导者要采取多种宣传形式，坚持鼓励人才脱颖而出的舆论导向，并对嘲讽先进、攻击模范的人进行严肃的批评教育，促使虚心学先进、努力赶先进的良好风气形成。

3. 直接帮助当事人消除嫉妒

这里的当事人指嫉妒者和被嫉妒者。

首先，从嫉妒者角度讲，帮助其消除嫉妒的方法主要有：一是目标迁移法，即帮助嫉妒者实事求是地看待"状态差"，承认差距。学校领导者可告诉嫉妒者，坦然承认客观存在的差距，是明智的表现。因为正是此方不如人，才有彼方胜于人。每个人禀赋不同，阅历各异，各有各的潜在优势。承认某方面的差异，可以出现两种情形：其一为努力追赶，缩小差距。其二为放着差异不管,而发展自己的长处,形成自己在某个方面的优势地位。这就是迁移目标,消除嫉妒的路子。二是自我反省法。即自己反省与别人形成"状态差"的原因,从而找到努力的方向。"状态差"若可归因于环境条件、社会机遇等非自身因素,自己"举事而不时,力虽尽,其功不成"(《禁藏·管子》),当不必以成败论短长。反之,若是自己惰性所致,则需广开胸襟,只争朝夕,"以人之长补己短,以人之厚补己薄",后来居上。

其次,从被嫉妒者角度讲,要帮助其摆脱被嫉妒氛围,具体办法有:一是激励被嫉妒者继续努力,拉大与嫉妒者的距离,致使嫉妒者看清差距,产生自愧弗如之感,认识到若只是嫉妒,不努力赶超先进,将会望尘莫及,从而减轻嫉妒心理或不再嫉妒。二是要求被嫉妒者胸怀开阔,谅解嫉妒者,并热情帮助他们,与之携手前进。同时提醒被嫉妒者不可居功自傲,要看到别人的长处并虚心学习,尽量让大家分享自己成功的喜悦。以恨对嫉,只会导致两败俱伤。

二、调控教育感情

教育感情是相对普通感情如心理学上的感情而言的特殊感情。这种感情的教育价值是不言而喻的。但这绝不意味着教育感情可以随意释放,相反,要发挥教育感情的作用,就必须对它进行调控。

(一) 调控教育感情的依据

教育感情之所以需要调控,是因为教育感情呈现以下特点[①]。

1. 教育感情的职业性

教育感情是在教育世界中产生的有着特定的表征术语的感情,它是教育活动者保持自己身份的基础,是师生生命不可缺少的内涵。当然,教育感情的职业性特点要通过教师的感情来彰显。而教师的感情不仅取决于个人的内在特征,而且取决于社会关系。也就是说,具有不同特点的教师和处在不同环境中的教师,其教育感情的职业性特点的彰显程度是不一样的,因此,需要对其调控。

2. 教育感情的教育性

它是指教育感情具有通过强化或消减师生行为对教育效果发挥直接或间接的作用的特性。强化师生行为时谓之增力,消减师生行为时谓之减力。发挥增力作用的教育感情叫增力型教育感情,反之,叫减力型教育感情。在教育活动中,师生在不同的情境中,需要不同的教育感情。因此,要根据师生的具体情况对教育感情进行调控。

3. 教育感情的表演性

教育感情的表演性是指教师为了特定的教育任务而对自己的感情进行选择性表达的特性。这时,教师的感情表达可能会因选择而与其内在的真实感受形成反差。反差度越大,表演性越强。当然,在正常情况下,教育感情表达要发自内心,是真情实感。这意味着教育感情表达是自然与自由的。但是,职业性与教育性决定了教育感情表达的自由是有限的。对那些随意嬉笑怒骂、口无遮拦的有损教育效益的感情表达不仅要进行限制,而且要用适当的方式取

---

① 熊川武:《教育感情论》,《教育研究》2009 年第 12 期,第 53—54 页。

代。这使得内心痛楚而外表愉悦(或者相反)的教育感情表达经常发生。这种异化或扭曲的装饰性表达往往牺牲了个人感情却服从了公众感情。此类教育感情的自由与限制的冲突是必然的。它不仅是教育活动的规律性要求,而且是师生感情发展与成熟的必由之路。为了使教师适应这种表达,对教育感情进行调控就显得非常必要了。

(二)调控教育感情的内容[①]

调控教育感情的核心是保持教育感情与教育情境的适宜性。要保持这种适宜性常常要做以下工作。

1. 更新观念

首先,师生要树立正确的感情观念,将善于调控教育感情看成是自己的重要修养。对于师生来说,正确的感情观念是什么呢? 以教育感情的规范观念为例。在现实教育中,存在两类观点:一是强调教育感情的客观性,主张"以事为本"(对事不对人);二是强调教育感情的主观性,主张情因人异。持前者可能因教育行为的客观性强或弱而引发喜悦或烦恼;持后者可能因教育行为的人性化强或弱而惬意或失意。其实,这两种观念各有其理,合之似乎更切实际。因此,在教育活动中,师生要将教育感情的主观性和客观性有机地统一起来。

其次,学校管理者要倡导关心师生感情管理的理念,并使之转化为自己的自觉行为。在传统的教育或学校管理中,几乎不存在"感情管理"这样的概念。因此,在教育现场中,师生的感情管理常常无据可依,久之可能出现"消退"。要改变这种"消退"现象,就需要学校管理者及时对教师的感情管理予以引导和支持。因为,福柯学派的研究表明,感情管理的"消极方面与'真实自我'联系不大,而与纪律的力量和感情规则的约束以及生产身份的环境有更大的关系"。

2. 转化性质

转化性质是指教育主体在不同性质的教育感情之间做选择或转化的文章,使所表达的教育感情的性质符合具体教育情境的要求。在教育实践中,教师对教育感情的调控呈现三种状态。一是积极型,即教师合理调控自己的感情,无论使用奖励还是惩罚手段,教师总是尽量让学生获得良好感受,师生关系也因此而密切。二是随意型,即教师对感情活动缺乏必要的规划,任凭感情自然流露。三是消极型,教师对学生凶狠、严厉或冷漠,使之感到自卑或恐惧,以至逆来顺受。显然,教育感情的调控就是要帮助教师在这些不同性质的教育感情中进行选择或转化,尽量减少后两类教育感情。

为此,教师至少要改变两种观念。一是"感情绝对自由"观,即教育感情的体验与表达可无所顾忌,随欲而发。当然,教育感情的体验与表达的自由确实有生理基础和相应的社会语境,师生可以在适宜的情境中有感而发。但自由不是无限的,过分自由的表达,意味着不计场合、不思分寸,势必使人难受,甚至引发误解。因此,有时教师确实要"有感不发"或按照社会的文化脚本来表达。二是"严师造就高徒"观。这种观念过分相信批评与惩罚的力量,甚至不惜侵犯学生的人格与尊严,不择手段地苛求学生以至严而出格。在这方面,感情调控的主要任务就

---

① 熊川武:《教育感情论》,《教育研究》2009 年第 12 期,第 56—57 页。

是把握严宽的辩证关系，做到严宽相济。

3. 调控强度

即尽量减少过之或不及的感情体验与表达。无论是积极还是消极的教育感情，体验和表达得当，都可能产生情境所需要的增力或减力作用。当需要学生增力时，一般使用奖励方式；而需要减力时，一般使用惩罚方式。但奖励过度，不仅使有的获奖者滋生骄傲自满情绪，而且导致他们在学习上的松懈，出现积极感情引起行为减力的现象。而特定情况下的惩罚，不仅不会减力，反而增力，出现"知耻而勇"的现象。因此，审时度势，巧用增力与减力策略，使教育感情调控逐至恰到好处之境。

（三）调控教育感情的方法[①]

调控教育感情需要运用一定的方法。通过运用方法，一方面让师生发生和发展积极的教育感情，避免消极的教育感情；另一方面，调整已有的与教育情境不相宜的感情。具体包括两个方面。

1. 遵循感情规则

遵循感情规则就是让与情境一致的感情发生并发展，同时避免不适宜感情的产生。在感情调控的过程中，应该遵循的感情规则主要有两类。一是感受规则。它客观上"限定了人们在各种环境中应有的感受"，[②]制约着感情的有无、强度、方向和持续性。比如，在同伴努力争取发展的机会而结果无望时，你为之惋惜并希望自己能为他做点什么，这时，你的感情就遵循了感受规则。二是表达规则，即限定感情表达的时间、场合与方式。遵循表达规则意味着师生在表达感情时要考虑，在特定的时间和场合，哪些感情是可以表达的，哪些感情是不可以表达的，哪些表达的方式是被允许的等等。只有这样，人们的感情表达才有可能与情境相吻合。比如面对学生时，一名遭遇家庭变故的教师即使内心无比痛楚，他也会因表达规则的限制，而强忍悲痛，面带微笑地接待学生。

2. 掌握感情调节的方式

当已有的感情与教育情境不符时，应运用下列具体方式对感情做迅速调整。一是生理适应方式，即通过改变生理反应而改变感情。如当面临特定教育情境感到紧张或疲乏之时，师生可通过深呼吸保持冷静，通过大声喊叫提高身体的兴奋性。二是理智引导方式，即改变已有的感情观念以引起感情的变化，比如通过心理暗示，提醒自己与他人一致。三是姿势矫正方式，即改变与社会要求不一致的外部姿势，包括面容、手势与身势。如教师在讲台上"独白"自感乏味时，走到学生中间和蔼可亲地与他们对话，心情会豁然开朗。

本章小结

感情是情绪与情感的总称，是人对客观事物的态度及相应的行为的反映。在一般意义上，凡是符合人的需要的客观事物，都能引起肯定的感情。

[①] 熊川武：《教育感情论》，《教育研究》2009 年第 12 期，57—58 页。
[②] 同上文，57 页。

感情有特定的形成机制。情绪唤醒研究告诉人们,环境影响、生理状态和认知过程三者相互作用才导致情绪现象。

情绪与情感既有联系又有区别。情绪和情感构成了普通感情,而普通感情与教育感情存在着诸多不同。在普通感情中,情绪的主要类型有心境、激情、应激;情感的主要类型有道德感、理智感、美感。

感情在学校管理中具有四大功能:一是动力功能,二是启智功能,三是健身功能,四是信号功能。

要发挥感情的功能,需要对感情进行管理。即既利用普通感情,又调控教育感情。

在利用普通感情方面,可从如下方面着手:其一,利用不同感情进行激励。应针对不同情绪的特点做工作,帮助师生员工优化情绪,使之具有稳定的工作和学习热情;培养不同情感,提高情感水平,如养"德"而励,求"真"而励,审"美"而励。其二,根据感情的不同特点开展激励。感情主要有感染性、理解性、情境性等特点,充分利用这些特点开展激励,效果更为明显。转化消极感情,变挫伤为激励是学校管理不可忽略的方面。嫉妒作为一种消极占主导地位的感情应被消除或转化。在具体转化策略上,要注意根据嫉妒者的具体特点转化,抑制宣扬嫉妒的舆论,直接帮助当事人消除嫉妒。

在调控教育感情方面,学校管理者和师生要了解调控教育感情的依据;熟悉调控教育感情的内容;掌握调控教育感情的方法。

本章拓展

1. 问题思考

(1) 简述感情的发生机制。

(2) 分析普通感情与教育感情的异同。

(3) 联系实际说明利用普通感情进行激励的策略。

(4) 怎样对教育感情进行调控?

2. 情境分析

特迪与老师

开学了,汤普森(Thompson)太太接手了一个五年级新班。一段时间过去,汤太太发现班里的特迪总是不能与同学很好地相处,衣衫褴褛,蓬头垢面,郁郁寡欢。由于对特迪的印象不好,她喜欢用一支粗大的红笔批阅他的作业,先画一个大"×",然后在作业上方写下"不及格"!

学校要求每个教师都阅读学生的档案。汤太太自然把特迪的放到最后。不过,当翻看他的档案时,她吃了一惊。特迪一年级是一个好学又有着好习惯的孩子,后来由于母亲的生病、去世,父亲的冷漠等一连串的打击逐渐导致他学习下降,形成坏习惯和孤僻的性格。至此，汤太太发现了问题，且深感内疚。她甚至想起了一件往事。那次学生给她送圣诞礼物，都用漂亮的带子和闪亮的箔纸包裹着，唯有特迪是用一张从杂货袋子上撕下的深铜色的纸包着礼物。汤太太费力地把它打开。原来是一个掉了珠子的水晶手镯和一瓶只剩四分之一的香水，见状，不少学生哄堂大笑。她制止了学生的发笑，大声说这个手镯多么漂亮啊，并立即戴上了它，还在手腕上洒了几滴香水。那天放学后，特迪在学校逗留了好久，瞅着机会说："汤普森太太，今天你身上的香味和我妈的一样。"

学生离校后，她大哭了一场。此后，她特别在意特迪。到这年年底，特迪成为班上最聪明的学生，还成了她的"宠儿"和骄傲。

一年后，她在门下面发现了一张特迪写的纸条，说她是他遇到的最好的老师。她再次收到条子时，已经六年过去了。他说他已经完成了中学学业，而她仍然是他遇到的最好的老师。此后，他大学和研究生毕业时，都给汤太太来了信，在信中，他总是说，她仍然是他遇到的最好的最可敬的老师。

后来，特迪又来了一封信。他说他遇上了一个女孩，准备结婚。他还说其父两年前过世了，想请汤太太出席他的婚礼，并坐上通常属于新郎母亲的席位。当然，汤太太那样做了。那天，她戴上了那个掉了几颗水晶的手镯，洒上特迪送给她的香水。他们拥抱在一起，特迪在汤普森太太耳边低声说："谢谢您相信我，无比感谢您使我知道了自己的重要，并告诉我能够有所建树。"汤普森太太眼里闪着泪花，也耳语道："特迪，你全错了。你是教我怎样有所建树的人，在没有遇到你以前，我根本不知道怎样教学。"

请运用本章的相关原理分析汤普森太太的教育感情的变化与管理。

3. 活动设计

以下是一首《教师理解歌》。请您分析理解歌中的教育感情的调控策略，并据此设计一个增进师生理解的活动。

教师理解歌[①]

教书育人事，理解乃至要；实践得此理，个中有奥妙。

善解学生意，沟通障碍少；一叩得三鸣，事半功倍高。

解读心灵路，何止千万条；此处说若干，引玉把砖抛。

一日初交往，话语权力交；为师倾心听，学生把心掏。

二日多实践，解题知深奥；实践中理解，境界会升高。

三日善反思，相互启发到；方法对了头，要害抓得巧。

四日要移情，心与心比较；感悟与生同，见怪不怪了。

---

① 熊川武、江玲著：《理解教育论》，教育科学出版社 2005 年版，第 79 页。

五曰长追踪，细察见秋毫；学生有个性，因材而施教。

以上五环节，位置可以调；循环往复时，误解逐渐消。

理解有方略，种类实不少；择要而述之，用时再创造。

学生遭误解，易把情绪闹；如若谈不拢，宣泄是一招。

彼此误解深，态度甚微妙；欲求态度变，中介去烦恼。

家中有难处，学生被困扰；代为解忧愁，前嫌不计较。

班级有嫌隙，学生想分道；校内留学处，舞台有新貌。

善待学生者，魅力多奇妙；言行皆奖励，学子尽欢笑。

使用激励多，惩罚也必要；罚后再安抚，可把隔阂扫。

学生屡失败，自认前途渺；观察加等待，循循善诱导。

恶习令人厌，明斥生内耗；暗示成意会，逐步改变掉。

人之成熟度，本可分大小；生命周期论，用之有回报。

学生有进步，及时强化好；成功感受深，信心向云霄。

第六章 学校成员的态度

【案例导入】

瓦工的孩子①

　　小学三年级时，我的同桌是一位很马虎的男孩，成绩在班上总是落在最后，老师们几乎都不喜欢他。最使语文老师头疼的是他的作业，对错先不说，光是写字就写得很没规矩，并且爱在作业本上乱写乱画。

　　终于有一天语文老师忍不住了，在发现他的作业又乱又差的情况下，当着全班同学的面把他的作业本撕了，并且到他的座位上硬把他拽上讲台，要他当众检讨。瘦小的男孩看到老师这么生气，吓得哭了起来，一句道歉的话都没说出来。语文老师见此又厉声问他："你父亲干什么的？"男孩答道："瓦工。"老师似乎一下找到了难题的答案："难怪啊，大家都知道瓦工是干什么的吗？是和稀泥的！怪不得你写的字像和稀泥，原来是遗传！这书我看你是不要念了，回家跟你父亲学做瓦工吧！"

　　自此这个男孩再也没有来上学。

　　案例中的语文老师常常为这个小男孩平时写字马虎而头痛，当这个小男孩又一次犯错误时，老师火从心头起，说了一些"偏见性"的话，深深地刺伤了这个小男孩，使得他此后再也没有回到这个老师的课堂上。读到这里，我们都有一种深深的痛惜，因为老师的偏见，这个小男孩也许从此断绝读书的念想，也许深藏伤痛的感受游离于班级，戒备于老师与同伴。

　　这个案例从一个侧面告诉我们：在学校管理中，态度是影响学校成员行为的重要因素。在班级生活中，态度是师生关系的调节剂。因此，学校成员应该了解态度的本质及改进态度的策略。

第一节 态 度 概 述

一、态度的定义

　　态度是生活中最为常见的心理现象之一。"笑容可掬"与"横眉冷对"，"热情奔放"与"心灰

---

① http://blog.cssx.net/user1/107/2619.html.有改动。

意冷",到处可见。因此,只要能体会人间冷暖与世态炎凉的人似乎都知晓何为态度。这是人们可以对态度畅所欲言的原因。不过,人们关于态度的定义是形形色色的。这里筛选出的几种是富有代表性的[①]:

"态度是个人对于同一对象的数个相关连的信念的组织"。这个定义强调的是内在信念的组织,偏重于态度的认知因素。

态度是"对抽象或具体的对象或主张的肯定或否定的情感反应"。这个定义强调赞成与否,喜欢与否,偏重于态度的感情因素。

"态度是根据经验而组织起来的一种心理和神经的准备状态,它对个人的反应具有指导性的或动力性的影响。"这个定义强调的是行为反应的准备,偏重于态度的意向因素。[②]

也许将上述各个定义的内容综合起来是有益的。也就是说,态度是主体对特定对象作出价值判断后的反应倾向。对特定对象作出价值判断,就是认识特定对象,并产生相应的感情体验。而反应倾向就是行为意向。可见这个定义几乎囊括了上述定义的所有内容。

二、态度的成分

从定义可以看出,态度是由认知、感情、意向三种成分构成的。

(一) 态度的认知成分

态度是认知成分,是带有评价意义的叙述。叙述的内容主要包括主体对态度对象(客体)的认识与理解,以及赞成或反对。这种认知可能是中性的,如对态度对象的大小、颜色、突出特点和属性的描述。不过一旦开始评价,认知就不是中性的了。因为评价就是对态度对象作出有无价值、效用大小等的评定,并得出肯定与否定的结论。例如有的学生认为数学是值得学习的,而有的学科是没有用处的。

(二) 态度的感情成分

态度的感情成分是主体对态度对象的感情体验。它主要表现为尊敬与轻视、同情与排斥、喜欢与厌恶等。通常,当态度对象出现在主体面前时,由于认知的作用,主体会产生特定的感情体验。如看到教师们兢兢业业地工作,领导者的欣慰之情便油然而生。

(三) 态度的意向成分

态度的意向成分是主体对态度对象的反应倾向,即行为的准备状态、准备对态度对象作出某种反应。

这里以教师对学生的态度为例,说明态度的三种成分的存在及其关系。教师对学生的态度的认知成分是对学生所持有的看法,如聪明伶俐、天真可爱等。其感情成分是对学生的关心、爱护、喜欢或讨厌等。其意向成分是对学生的行为倾向,可从教师对学生的具体行动中推测出来。如学生生病时,教师帮助求医熬药;学生在学习上碰到困难时,教师耐心讲解、补课等,说明教师对学生是关怀备至的。由此可见,态度的三种成分具有内在联系,通常是协调一致的。

---

① D. E. Papalia, etal., *Psychology*, 1985, pp. 602—612.

② 周晓虹主编:《现代社会心理学》,江苏人民出版社 1991 年版,第 228 页。

不过态度的三种成分也有不一致的时候。即认识是一回事,感情与意向却是另一回事。例如,有的人认为教师的职业是崇高的(认知成分),但他却不愿意当教师(感情成分)。又如,有的学生知道要具有真才实学必须刻苦学习,但他就是不愿吃苦耐劳。这意味着态度有时一方面是肯定的,另一方面却是否定的,研究证明,态度的三种成分之间的关联程度不尽一致。一般来说,感情与意向的相关高于意向与认知、感情与认知的相关,因此有的心理学家认为感情成分是态度的核心。

三、态度的性质

态度之所以区别于其他心理现象,是因为它有独特的性质。

(一) 态度的对象性

主体所持的态度总是指向特定对象的。这种对象可以是具体事物,也可以是抽象观念等;可以是他人,也可以是主体本身;可以是个体,也可以是群体。因此,在谈到某种态度时,必须同时指出态度对象,如对生活的态度,对社会的态度,等等。可见态度反映了主体与客体特定的对象性关系。

(二) 态度的社会性

态度不是由遗传获得的,而是随着人的成长,在工作和实践中,通过与他人的交往和与环境的相互作用,逐渐形成的。比如对老师和领导、对劳动和荣誉等等的态度,都是在社会生活的实践中形成的。态度形成后反过来对他人和环境发生影响。态度就是在不断地与他人和环境发生的相互作用中,不断得到修正,从而使个体的态度体系日趋完善。[①]

(三) 态度的内在性

态度是内隐的心理现象,有时人们不能从外部直接观察它,只能通过人的行为间接地推知。罗森伯格(Rosonberg)等人曾把态度看作是主体接受的刺激(态度对象)与可观察到的反应(行为)的内在中介。刺激作为独立变量,反应作为依从变量,态度则为中介变量(图6-1)。正是这种中介变量地位,决定了态度的内在性质。

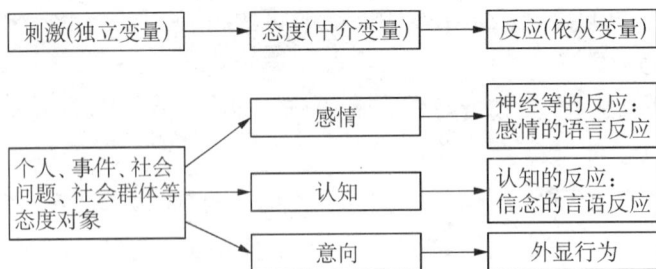

图6-1 罗森伯格等人的态度中介作用图

(四) 态度的持久性

态度是主体在后天活动中形成的。任何态度的形成都要经过较长时间的孕育,因此,态度

---

① http://jwc.cupl.edu.cn/dg/2009/gsgl/31.pdf.

一旦形成,便具有相对持久性。稳定的、重要的态度通常成为主体个性的组成部分,不会轻易改变。尤其是态度中的感情成分,坚韧有力,要改变它远比改变认知成分困难。

(五)态度的工具性

主体对客体的态度取决于客体的价值。在这里,价值是态度对象对主体的意义。一般来说,事物无非六种价值:理论的价值、实用的价值、美的价值、社会的价值、权力的价值、宗教的价值。通常情况下,主体对能满足自己需要的、价值大的事物持肯定态度,反之则可能持否定态度。当然这不是绝对的,因为态度对象对主体到底有无价值以及有何价值,主体在作出判断时除了受需要、兴趣等影响外,更重要的是:会受主体信念、价值观、世界观等影响。因此,对同样一件事物,由于价值观等不同,人们会持不同的态度。

四、不正确的态度——偏见

(一)偏见的概念

偏见是主体在缺乏充分根据的情况下对态度对象持有的不公正态度。偏见可以是肯定性的,也可以是否定性的。如喜欢某个学生,就认为他完美无缺,这是肯定性偏见。相反,不喜欢某个学生,就把他说得一无是处,这是否定性偏见。由于作用对象不同,否定性偏见可以分别表示不同的情形。对自我的否定性偏见是妄自菲薄,对他人的否定性偏见叫歧视。

(二)偏见的特点

一般来说,偏见有这样的特点:一是以有限的或不正确的信息为根据。二是受刻板印象的制约。人们认识外界事物时往往根据它们的共同特征加以分类,这是适应环境的一种智慧的表现,但这种类别化的认识方法如果固定下来,就会导致刻板印象,形成不适当的态度。三是含有先入为主的判断。偏见一旦形成,其主体即使面对否定偏见的事实,通常也不修正或放弃偏见。这种顽固性正是偏见的本色。

五、态度的表现

态度虽然是内在的心态,但往往通过行为表现出来。其主要表现有:

(一)语言表现

当用语言表达自己的看法时,人们就可能表现出自己的态度。这里所以说可能,因为还要区分如下情况:首先,语言表达的意见不一定都表现态度。只有当其中含有肯定或否定的感情成分时,语言表明的才是态度。否则,它表明的只是思想观点。例如,说"水已经被污染了","不应该把污染的水给学生喝",前者是一种看法,后者是一种态度。如果很愤慨地说:"水已经被污染了!"也是一种态度。当然,要让语言中不带任何感情成分是困难的。因此,要严格区分一句话是表达观点还是表现态度有一定难度。其次,语言内容与语调不一致的情况。比如学生口头赞扬一位教师,用的却是嘲讽的语调,实际上是一种否定的态度。

(二)感情表现

如前所述,感情是态度的核心成分。感情的性质常常是态度的性质。例如,对学校中发生的事故,是焦虑痛惜还是幸灾乐祸,显然反映了不同性质的态度。感情的强度也常常代表态度的强度。例如对学校的课外活动的态度,可以分为"满怀激情"、"具有热情"、"感到高兴"、"表示关心"等,而"满怀激情"与"表示关心"之间有较大的强度差别。可见,注意人的感情,是了解人的态度的重要途径。尤其在不便用语言直接表达的问题上,感情的微妙流露,更是值得认真捕捉的态度信息。这里需要指出的是,并不是所有感情反应都是态度的表示,如偶尔开玩笑、嬉闹等。只有与认识、评价相联系的感情才是态度的表现。

(三) 行为表现

态度往往从行为上表现出来,这是因为态度本身就包含着行动的意向。学生的学习态度,总是通过听课、做作业等表征。教师教学的态度通常反映在备课、上课和批改作业上。当然,在特殊情况下,人们可以把态度潜藏起来,不露任何声色。也就是说,并不是所有态度都必定或立即从行为上反映出来。

第二节 态 度 的 测 量

态度是内在的心理倾向,无法被直接观察,但可以通过某些方法和技术间接地推测出来。测定人们的态度,意味着在一定程度上能了解人们的内心世界,对于激励他们的积极性大有益处。现在用于测量态度的方法已有数百种。这里介绍几种简便易行且效度、信度较高的方法。

一、量表测量

测量态度的主要工具是态度量表。每一个态度量表都是针对特定态度对象设计的,由若干问题组成,根据被测者对各问题所作的反应给分,以表示所持态度的强弱。

(一) 李克特量表(Likert Scale)[1]

此量表又叫总加量表,由李克特编制,大约由 20 个以上问题组成。它以这样的假说为基础,即构成态度量表的各个问题之价值相等,且意义大小没有本质区别。被测者要对问题作出反应。反应一般分为三级(不赞成、不确定、赞成)、五级(非常不赞成、不赞成、不确定、赞成、非常赞成)。分级越多,反应越细,因此,也可根据需要将反应分为七级、九级等。每种反应都具有相应的数量值或分数。举例来说:

〔问题一〕 我们应该为国家富强、人民幸福而刻苦学习。

选择:非常赞成、赞成、无意见、不赞成、非常不赞成

得分: 5   4   3   2   1

〔问题二〕 勤学好问是优秀学生的品质之一。

选择:非常赞成、赞成、无意见、不赞成、非常不赞成

得分: 1   2   3   4   5

问题一是正问题,越赞成得分越多。问题二是负问题,越赞成得分越少。因此正问题得分越多意味着态度越趋于肯定。而负问题得分越多意味着态度越趋于否定。

---

[1] S. Penrod, *Social Psychology*, 1983, p. 294.

(二) 语义差异量表 (The Semantic Differential Scale)

此量表由奥斯古德(Osgood)等人编制。它的基本假说是,态度是由人们赋予的关键概念的意义构成的,这些意义可以通过词语联想反应加以确定。这种量表不是直接引起被测者的态度反应,而是运用一种更为间接的测量方法测定态度。它不是提出陈述句,以赞成和不赞成的选择为标准,而是以双极形容词(如好和坏)作为被测者对态度对象的意义理解的量度。奥斯古德等人认为态度对象的意义主要有三个维度:一是评价维度,如美—丑;二是力量维度,如强—弱;三是活动维度,如快—慢。分属这三个维度的每对双极形容词之间可分七级,每一级都有相应的分数(每一级的分数可根据研究需要给定。通常是将连续的 7 个分数分别赋予每一级,如表6-1):

表6-1　语义差异量表示例

		7	6	5	4	3	2	1	
评价	好	—	—	—	—	—	—	—	坏
	美	—	—	—	—	—	—	—	丑
	聪明	—	—	—	—	—	—	—	愚蠢
力量	大	—	—	—	—	—	—	—	小
	强	—	—	—	—	—	—	—	弱
	重	—	—	—	—	—	—	—	轻
活动	快	—	—	—	—	—	—	—	慢
	积极	—	—	—	—	—	—	—	消极
	敏锐	—	—	—	—	—	—	—	迟钝

在使用过程中,被测者只要在每对双极形容词之间找到与自己态度一致的等级并打上×号,就获得了相应分数。然后测验者把每个项目的分数加在一起就成了被测者的态度分数。

二、其他测量

量表测量有许多优点,但也有一定的局限性。例如,它比较多地反映感情成分,较少反映认知内容,而且常用数字表示。因此,当人们需要了解比较复杂的态度内容时,就需要同时运用其他测量方法。

其他常用的测量方法有:(1)自由反应法,即测量者给出开放式的问题或刺激物,不提供任何可能的答案,要求被测者根据自己的情况确定答案。在第一章中讲过的投射法等都属此列。此法的不足之处是答案往往不够准确,分析起来困难。(2)生理反应法,其做法是通过检查被测者的生理变化测定其态度。因为态度可以引起机体的一系列生理反应,如瞳孔、心跳、呼吸、血压、皮肤电的改变。于是有的研究者便利用皮肤电反应作为态度的指标。生理反应不易受意识控制,故较可靠。但这种测量的局限性是只能测量极端的态度,并且难以识别态度的方向。(3)行为观察法(详见第一章中的"观察法")。

第三节　态度的形成与改变

态度的形成是人们由缺乏某种态度到持有某种态度的过程,是从无到有的变化。态度的改变是原有态度向新的态度的变化,这种变化客观上也是一种态度的形成。可以认为,态度的形成与改变尽管有一定区别,但其机理有许多共同之处,因此可一并进行分析。

一、态度形成与改变的过程

(一)宏观过程

1. 态度的形成与改变是在人的社会化过程中实现的

人出生时只是一个生物学、分类学意义上的人。经过成人的抚养、社会的影响和学校的教育,逐步成为一个社会人。在这个过程中,人的基本态度形成的程序与社会化程序是同一的。从家庭到学校再到社会,人们不断学习,认识的范围逐渐扩大,认识水平也相应提高,并在不断对事物作出评价的过程中逐步形成自己的看法和价值观念,获得相应的感情体验,掌握对待和处理周围事物(包括人)的方式。这样不知不觉地形成了对待各种事物的态度及其体系。于是,个体对事物的反应就具有了一定的倾向性。如果已有的态度是公正的,个体与外界会取得平衡,否则就会妨碍个体与社会的协调。在这种情况下,个体就必须改变态度或形成新的态度,以求与社会的一致。

2. 态度的形成与改变过程是充满矛盾的辩证发展过程

态度与社会的适应过程是充满矛盾的辩证发展过程。一方面,人在适应社会的过程中逐渐形成自己的态度,凭借已经形成的态度来对待他人、对待自己和对待社会生活中的其他事物。也就是说,态度是适应环境的产物,而且是适应环境所不可缺少的。另一方面,已经形成的态度使人具有了倾向性和反应的相对稳定性,这客观上制约着人们对社会影响的接受以及改造。应该说,某些态度具有一定程度的惰性,因而使得一些人往往对社会变化不敏感以至无法适应。然而,不适应社会意味着难以生存。换句话说,社会会迫使这些人改变态度,以新的态度形成新的适应。可见,态度的形成过程正是一种形成和改变不断交替的辩证发展过程。

(二)微观过程

态度形成和改变的微观过程是指特定态度的形成或改变过程。这也是主体在与态度对象相互作用的情况下,认识态度对象,产生感情体验,形成反应意向,并做出行为反应的过程。其中认知、感情、意向、行为的关系不是简单的前后相继关系,而是交互影响的关系。也就是说,一方面,态度的形成不一定始于认识,也可能始于行为,或感情等。另一方面,认知、感情、意向始终是紧密联系不可分割的。当人们在认识一个事物时,往往内心深处已漾起感情的涟漪。心理学家凯尔曼(Kelman)对态度形成与变化过程进行了深入的研究,提出了态度形成与改变过程的"服从"、"同化"、"内化"三阶段说。后来有的心理学家用一个态度形成的个案材料证实了三阶段说。这个个案材料是:1974年一个19岁的女大学生帕蒂(Patty)被一个自称革命组织的SLA团体绑架了。这个组织把她当作"战犯"关押起来,要她家里拿几亿美元赎身。后来当这个组织准备释放她的时候,她却出人意料地宣布决定加入这个组织。她放弃了豪华生活,痛骂自己的父母,而且两星期后就参加了该组织抢劫银行的行动。20多个月后,她终于被捕。当时她填写的职业是"城市游击队",名字是借用一个拉丁美洲女革命家的名字。在监狱期间,每天都有其父母、亲戚、朋友为她请的辩护律师和精神病学家去访问她,访问者逐渐发现她正在恢复自己的本来面貌。当她第一次出庭受审时,她已完全变成了原来的模样。

这个个案材料所反映出的"三阶段说"的大体内容是:

1. 服从阶段

使自己的行为与外部要求相适应,表面上改变自己的看法与态度,但内心不服,认知成分等还含有抵触的因素。正如帕蒂开始时那样,在胁迫之下她屈服于 SLA 组织,服从他们的领导,并表现出一些顺从的行为。但内心并不相信他们的言行。

2. 同化阶段

不是被迫而是自愿接受他人的观点、信念、态度与行为,使自己的态度与他人的态度相接近。帕蒂在描述她的转变过程时说:开始,我不相信他们,也不喜欢他们。两周以后,我开始同情他们,开始懂得和理解他们所要完成的事业的必要性,虽然我很难真正理解城市游击队的策略。我们一起生活,一起吃东西,后来我开始懂得美帝国主义是所有被压迫人民的敌人,于是我打开了眼界,并且参加了革命。

3. 内化阶段

真正从内心深处相信并接受他人的观点,彻底改变自己的态度。这意味着把新观点与新思想纳入了自己的价值体系,使之成为自己态度的一个有机组成部分。从帕蒂的情况看,她只经历了服从与同化,没有达到内化,因为她不久就恢复了原来的模样。

这里有必要强调的是,态度形成与改变的宏观过程与微观过程是相互依存、辩证统一的。宏观过程指导、调节微观过程,微观过程表现、充实宏观过程。

二、态度形成与改变的理论

(一) 学习理论

学习理论认为态度形成和改变的过程也是一个学习过程。因此,它既适用于其他方面的学习,也适用于态度的形成和改变。

1. 经典条件反射的观点

这种观点认为,经典条件作用是形成态度感情成分最基本的机制。当把一个中性刺激和一个情绪诱发刺激配对联系起来时,先出现的中性刺激就会唤起相应的情绪反应。"不"这个词,当儿童第一次听到的时候,只是一个中性刺激。当它与打一下手心(即诱发出一个害怕或疼痛的情绪反应)联系起来时,"不"这个词马上就具有诱发"害怕"反应的功能了。教师和学生通过这种途径学会对学校和学科的情绪反应似乎是合情理的。所以,布鲁姆(Bloom)等人都相信态度的经典条件反射观点,强调教师和学校为学生提供"成功"体验的重要性。在布鲁姆看来,学生对各个学科的不同感情是多年来在掌握这一学科知识时成功或失败的体验造成的。当获得成功时,学生就会感到快乐、自豪或产生其他的积极情绪。这种积极的情绪和学科形成了联系。从而他建议,用掌握学习来代替传统的评分方法,能最大限度地形成学生学习的积极态度。

2. 操作条件反射的观点

操作条件反射强调先对操作环境作出反应,反应的结果反过来强化特定反应。如果个体的态度受到社会的赞同,这些态度就会得到强化。反之,如果个体的态度遭到社会的反对,那么这种态度就不会得到强化。对此英斯科(Insko)等人进行了比较深入的研究,总结了用强化形成学生积极态度或消极态度的多种技术。例如,学生偶然地谈到他很喜欢阅读,那么教师就可以通过强化这一积极反应,影响学生对阅读的态度。

3. 示范和观察学习的观点

这种观点认为,通过观察和模仿榜样的行为,有利于态度的形成和改变。榜样的态度表现,通过行为比通过语言有更大的影响。例如儿童可以观察父母的行为习得各种态度。有的学生态度的形成受教师态度的影响。

(二) 功能理论

功能理论认为态度的形成和改变有深层的心理根源,而态度的功能与心理根源是一致的,也就是态度能满足个体特殊的心理需求。卡兹(Katz)认为人们的态度主要发挥着调节(adjustment,又译适应)、自我防御(ego defence)、价值表达(value expression)、认识(knowledge)四种功能。史密斯(Smith)等人则认为态度的四种功能为:社会适应、外化、对象评估、表达的品质。这两种态度功能观虽有一定差别,但本质上是接近的。因此可以结合起来分析:

1. 调节或社会适应的功能

卡兹认为,一个人对有利于满足自己需要的对象形成积极的态度,而对妨碍满足自己需要的对象形成消极的态度。史密斯等人则认为态度可用于建立社会关系。

2. 自我防御或外化的功能

卡兹认为一个人形成或改变态度是为了保护自己和自我形象免遭本人真实情形或外界严酷现实的损害。史密斯等人认为态度具有允许反应外化的功能。

3. 认知或对象评估的功能

卡兹认为,形成和改变态度是为了"赋予混沌的世界以意义",满足人们理解和支配自己所处世界的需要。史密斯等人则认为,态度的这一功能在于"事先协助估价环境中的客体或事件"。

4. 价值表达的功能

卡兹认为,人们可以通过态度表达自己的内在价值观,从而获得满足。史密斯等人认为,一个人的态度反映的是他更内在的生活方式。

(三) 认知理论

认知理论认为态度的形成和改变取决于人的认知在整体上是否一致。由于对认知一致性的理解和解释的不同,存在着几种既相联系又有区别的态度认知理论。

1. 平衡理论(balance theory)

由海德创立。这种理论着重分析由一个认知主体与两个态度对象之间的三角关系。用 P 代表认知主体,O 代表他人,X 代表与 O 有关的对象物。三者具有态度上的联系。反映在 P 的认知结构中的这个三角关系可以是平衡的,也可以是不平衡的。当三方均为肯定,或两方为否定,一方为肯定时,这种三角关系处在平衡状态,否则处在不平衡状态(图 6 - 2)。认知的不平衡状态会使主体心理紧张,出现恢复平衡的心理压力,从而使主体改变态度,求得平衡。

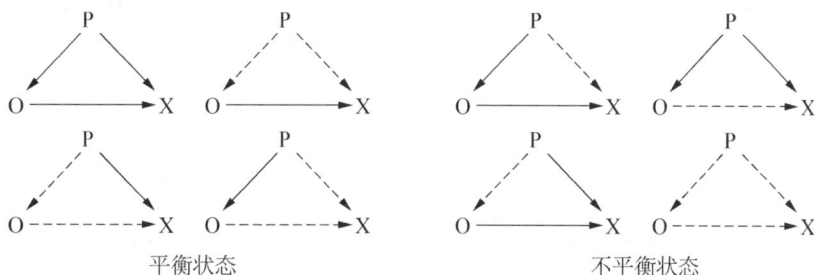

图6-2　认知平衡与不平衡状态

2. 和谐理论（congruity theory）

由奥斯古德等人创立,与海德的平衡理论相关但适用范围相对小一些。这种理论认为,态度的改变朝着与主体的参考框架（frames of reference）保持和谐的方向,它主要涉及三个变量:一是主体对信息源的态度。在这里,信息源也可理解为发送信息者。二是主体对信息源所评价的概念或问题的态度。此处的概念或问题即信息内容。三是信息源关于概念的主张的实质。如果人们所喜欢的信息源助长了他们赞成的观念,那么信息源的主张将与人们的参考框架一致。但是,如果人们喜欢的信息源助长了他们不赞成的观念（或者相反,人们不喜欢的信息源助长了他们赞成的观念）,那么信息源的主张将与人们的参考框架不一致。一个经历不和谐（不一致）的主体就会萌发改变态度的动机,或者改变对信息源的态度,或者改变对信息内容的态度。那么,态度到底朝什么方向变呢？大致说来,主体对信息源的态度的改变,朝着主体对信息内容原有态度的方向。而主体对信息内容的态度的改变,则朝着主体对信息源原有态度的方向。态度的改变量则与原有态度的强度成反比。因此,一旦了解了原有态度的强度,就可以确定态度改变的程度。

3. 失调理论（dissonance theory）

认知失调理论是费斯定克（Festinger）创立的。费氏认为个体的认知结构是由认知因素构成的,这些认知因素就是思想、信念、观点等。认知因素之间或者是不相关的,或者是相关的。相关的认知因素可以是协调的,也可以是失调的。失调（就两个认知因素而言）指的是如果一个因素可以导致另一因素的反面,那么这两个因素就是失调的。失调的程度取决于两个方面:一是认知因素对于个人的重要性,二是失调的认知因素的数量与协调的认知因素的数量的相对比例。公式是:

$$失调程度 = \frac{重要性 \times 失调认知因素的数目}{重要性 \times 协调认知因素的数目}$$

认知失调会造成主体的不快和心理压力,从而驱使主体努力减少或消除失调。减少或消除失调的主要方法,一是改变认知因素中失调双方的任何一方,使双方趋于协调;二是添加新的认知因素,以缓和失调双方的矛盾。

第四节　引导学校成员态度的策略

这里所谓的引导是通过创设一定的情境帮助人们形成或改变态度的过程。这方面的情境通常有活动情境、对话情境、规范情境等。每种情境的创设与利用除总体上要考虑上述各种态度形成和改变理论的要求外，还要运用一些比较具体的策略。

一、中介策略

（一）中介策略的概念

它是指在原有态度与要形成的新的态度之间设置中介环节，以便原有态度有过渡的桥梁。实践证明，要使人形成新的态度，最好先做铺垫工作。比如，心理学家普利纳（P. Pliner et al. ，1974）和她的助手在研究中发现了一个有趣的现象。他们为癌症学会向多伦多城郊的居民募集善款，当他们直接提出募捐的要求时，只有46％的居民慷慨解囊；而当他们将募捐活动分成两个步骤即前一天先送居民一枚宣传纪念章，并佩戴之，第二天再提出请他们捐款的要求时，愿意捐款的人数百分比比原来增加了将近一倍。

（二）中介策略的运用

在运用中介策略时，要注意的方面也许很多，但首先要了解态度改变对象的自我涉入问题。自我涉入即主体对原有态度的信奉程度。自我涉入浅的，信奉程度低，态度易于改变；自我涉入深的，信奉程度高，态度不易改变。自我涉入的深浅主要取决于以下几点：第一，是否为主体自由选择的态度，高自由选择的比低自由选择的自我涉入深。第二，是否公开表示了态度，公开表示了的比没有公开表示的自我涉入深。第三，是否采取了行动，采取了行动的比没有采取行动的自我涉入深。一般来说，学校成员智力发展好，认识能力强，凡事有一定主见，而且其感情是以理智为基础的，他们在态度问题上往往自我涉入深，其态度改变有一定难度。尤其当所要形成的新态度与原有态度之间差距较大时，更是如此。所以，当学校成员在态度上尚转不过弯时，应创设一种既可为他们接受的，又开始向新态度转移的情境，让他们借助这种情境没有痛苦地或较少痛苦地改变态度。例如，涉足策略（the foot - in - the - door technique，又称涉足技术）。这种策略来源于商业促销。运用这种策略的促销员认为，要让可能的顾客与自己对话是促销的第一大困难，一旦这个困难排除，就意味着顾客已涉足，顾客再要从这种情境中自拔出来就比较困难了。因为这涉及信奉（commitment）问题。一般来说，那些采取特定行为姿态或行为过程的人很可能要求自己朝同一方向走更远。也就是说，那些服从小要求（如回答几个调查问题）的顾客最终会服从更大的要求（如买商品）。这种策略运用到态度改变上，就是要千方百计与对方接触，使之愿意接受自己的最小要求，有了这个开端就有了希望。否则，对方坚持不予理睬的态度，那就无法改变其态度。

二、潜移策略

（一）潜移策略的概念

所谓潜移策略，是指学校成员在特定的环境中，受潜移默化的影响，不知不觉地改变自己的态度。在这方面，主要有活动与规范一动一静的影响策略。所谓活动策略是指管理者创设一种有教育意义的动态情境，让态度改变对象身临其境，受到感染，从而改变原有的态度。活动之所以能够帮助人们改变自己的态度，是因为它能给人们一种切身体验，而体验是比任何说理都更令人心悦诚服的。所谓规范策略是指管理者借助规则影响态度改变对象,使其知道自己行为的"底线",进而逐步改变自己的态度。规范之所以具有改变态度的作用,是因为规范具有强制的、恒常的、求同的性质,即规范的执行是刚性的、长期的,且每个人都必须执行。态度对象一旦知道了这些,也就慢慢接受了他本不想接受的规范。

(二) 潜移策略的运用

从活动策略的运用来说,管理者要根据态度改变对象的实际情况,设计活动情境,让其在活动中不知不觉地受到影响。举例来说,有的教师对中小学生的课外活动能发展学生的智慧缺乏深刻的认识,因而对课外活动持无所谓的态度。为了改变这种状况,有的学校特地聘请这些教师指导学生的课外活动,结果他们发现许多自己想不到或解决不了的问题被学生想到或解决了,如航模、计算机程序等方面的问题,使这些教师大开眼界,完全改变了原有的态度。

从规范策略的运用来看,首先,学校管理者要重视的是规范的合理性的问题。因为,学校规范的合理程度不一,学校成员接受规范的程度就不同。其次,学校管理者还要关注学校成员与学校的关系,因为,这种关系也影响学校成员的态度。如果一个学校成员重视自己在学校中的地位和身份,那他往往不容易接受别人对学校的批评或反对意见,而容易接受学校的规范。如果他相信学校的规范是对的,那他更容易与学校的规范保持一致。因此,可以通过改革学校一些不合理的规范来改变学校成员的态度,进而使他们密切与学校的关系,增强对学校的认同感。当然利用规范改变态度,更重要的是利用那些合理规范的力量来约束学校成员的行为,以达到改变态度的目的。例如针对有的学校成员对工作与学习持敷衍塞责的态度,可以采取评比先进与奖惩的办法使之服从工作与学习的规章制度。一旦他们有了改变,及时奖励,使他们逐步认同规章制度,进而完成内化过程,态度也就变了。应该指出,无论是利用活动还是规范,都不是那种直言不讳地要求别人改变态度的行动,而是一种不知不觉的影响,这样做可以使人少一些尴尬与难堪,而一旦产生效果,往往比那些直接要求别人改变态度的行为更显著。

三、对话策略

(一) 对话策略的概念

对话策略是指态度主体借助一定的载体,与态度客体进行沟通,帮助态度客体改变自己的态度。这里的对话既包括狭义的谈心、开座谈会,也包括广义的信息发布会、宣传等。

(二) 对话策略的应用

由于对话的结构包括对话来源(又称问题来源,指提供对话信息的人或物)、引导对象(客体)、对话的内容与方式等,因此,对话策略的应用至少要注意如下两个方面:

1. 关注对话来源的威信与魅力

先说对话来源的威信。对话来源威信高的比威信低的更易于引导人改变态度。对话来源的威信主要取决于其专长与可靠性。专长是指作为人的对话来源的资格,包括经验、所受的教育和特定的能力等。专家身份会增进对话来源在引导对象心目中的权威,从而使对话更加有效。可靠性是指在对话过程中作为人的对话来源是否真诚。如果对话来源的动机受到怀疑,就会大大阻碍引导对象态度的改变。需要注意的是,对话来源的威信会随时间的流逝而发生变化。心理学上称之为"睡眠者效应(Sleeper effect)"。对话刚刚结束时,威信高的对话来源引起态度改变的效果最好,而威信低的对话来源引起态度改变的效果较差。但过了一段时间之后,威信高的对话来源引起的态度改变量减小,而威信低的对话来源引起的态度改变量会增大。这主要是对话来源威信的作用由于引导对象的遗忘而丧失。这说明,学校管理者与其他学校成员进行对话,一要尽可能派德高望重者,二要注意对话的经常性。

再说对话来源的魅力。一般来说,对话来源越有魅力,也就越有可能增加说服力。对话来源的魅力在于具有被引导对象所欣赏的品质。这方面的品质很多,上述威信就是其中之一。此外如风度、相似性等。相似性是对话来源与引导对象在生活背景、宗教信仰、教育水平、思想观念等方面的共同点。人们喜欢与自己相似的人对话,并易于接受其影响,尤其是兴趣爱好、价值观等的相似(当然不是绝对的)。

2. 关注对话内容的安排效果

一是信息的差距效果。要改变态度,对话来源提供的信息必然与引导对象已有的立场观点形成差距。信息的差距越大,态度改变的量就越多。通常,在差距不大的情况下,态度的改变量会随着差距的增加而增加,但在差距过大的情况下,态度的改变量反而会随着差距的增加而减少。那么,引导对象到底能容忍多大的信息差距,对话来源的威信是一个决定因素。研究表明,差距大小的效果依赖于对话来源是否可信。如果对话来源威信高,那么信息差距可大一些。但是如果差距过大,引起抵制,反而会使对话来源的威信下降(见图6-3)[①]。

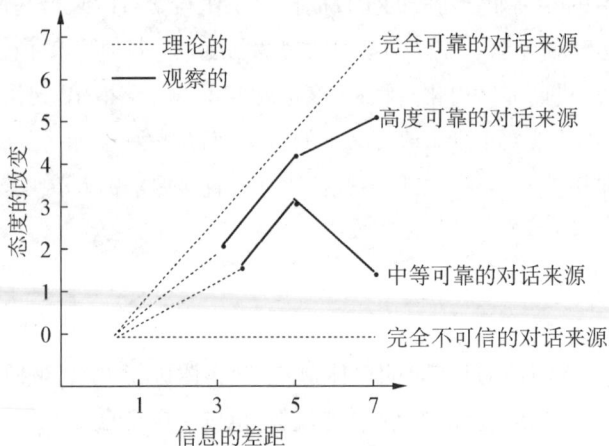

图6-3 信息的差距与对话来源的可信度引起的态度改变

二是信息的情绪效果。对话来源既可通过理性说服,也可以通过情绪感染,使引导对象改变态度。一般来说,借助情绪感染会有更好的对话效果。能激发好感和能引起恐惧的信息更容易使态度改变。至于恐惧强烈程度与态度改变量的关系,研究的结果很不一致。有的研究指出,低威胁性的信息比高威胁性的信息更有引导作用。但有的研究则相反,认为越是唤起恐惧,就越能改变态度。

---

① S. Penrod, *Social Psychology*, 1983, p. 314.

三是信息的组织效果。对话来源提供信息时,是只提供自己赞成的信息好呢,还是也提供与自己态度相反的信息更能说服人? 研究结果是,提供两方面信息对受教育程度高的和原来持反对态度的人更为有效,而只提供正面信息对受教育程度低的和原来持赞成态度的人更为有效。可见,对学校中受过不同程度教育的人,应作不同内容和方式的宣传教育。对中小学生而言,一般以正面宣传教育为主。而对大学生和教师,应作正反两方面的宣传教育。从实质上说,这就是让比较作出结论。

本章小结

　　态度是主体对特定对象作出价值判断后的反应倾向。它由认知、感情、意向三种成分构成。这三种成分有内在联系,通常协调一致,但也有相互矛盾之时。

　　态度有对象性、社会性、内在性、持久性、工具性。偏见是一种特殊的态度,是主体在缺乏充分根据的情况下对态度对象持有的不公正的态度。态度借助语言、感情、行为等表现。

　　要了解人的特定态度,可以借助态度量表。现在常用的态度量表有李克特量表、语义差异量表等。

　　态度形成与改变的过程是宏观过程与微观过程的统一。其宏观过程是人的社会化过程的一个方面,是形成和改变不断交替的辩证发展过程。其微观过程可大致分为服从、同化、内化三个阶段。

　　对态度形成与改变的研究导致了多种理论。学习理论、功能理论、认知理论各有见地,旗帜鲜明。

　　引导学校成员的态度,不仅要考虑各种理论的要求,而且要使用具体的策略。常用的策略有中介策略、潜移策略、对话策略。

本章拓展

1. 问题思考

(1) 简要论述态度的成分与性质。

(2) 简述态度的表现形式。

(3) 态度形成与改变的主要阶段。

(4) 态度的认知理论述评。

(5) 联系实际论述如何运用对话策略。

2. 情境分析

郭老师一怒剪青丝

　　开学了,初一(3)班郭老师在学生报到注册的时候,又强调了发型问题。说实在话,"穿衣戴帽,各有一好",留什么样的发型本来是小得不能再小的事了,可现在许多学校又都把它当做一件不小的事来抓,因为,学生常常模仿歌星、影星、球星的发型,并为此浪费很多时间,最后搞得自己"面目全非",有的甚至给人"街道痞子"、"胡同串子"的感觉。看来郭老师强调发型问题是有原因的。

三天过去了,班里的男生苏某还是留着长长的中分。一天中午放学后,郭老师把他叫到办公室。教师问:"老师给全班同学提的发型要求你知道吗?这也是全校统一的要求,你知道吗?""知道。"学生低声回答。"知道?知道为什么还不动?"声调里老师带着几分气。"我家里不让理,我也没办法。"学生理直气壮。就这样,师生对话的火药味越来越浓。最后,老师拉开抽屉顺手拿出一把剪子,嘴里说着那我替你理吧,话到手到,苏某中间的一绺头发已剪下来了。

郭老师根据学校规定要求学生留规定的发型,这种行为本身无错,但恰巧遇上了比较"难缠"的学生,才出现了郭老师一怒剪青丝的情况。请运用态度理论分析郭老师的行为的长与短。

3. 活动设计

新校长的改革

某小学是某省会城市一所非常优秀的小学,今年,该小学校长进行了换届,新校长来自外地,有着丰富的理论经验和实干能力。在任职初期,这位校长打算进行一系列的改革,当他把自己的计划告知班子的其他成员时,有人表示了担心,也有人持不同意见。但新校长决心已下,在和班子成员作了进一步沟通之后,就在教职工大会上宣布了改革计划。当时大家议论纷纷,此后,有的教师表面认同,有的暗中抵制。改革在该校遇到了一些阻碍。

请你借助态度改变理论,为这位校长设计一份改革的计划。

第三编　学校管理群体心理

　　学校的活动主要以群体形式进行。群体内部和群体之间复杂的心理现象直接影响群体成员的积极性和群体活动的效率。因此,要调动师生员工的积极性,提高教育、教学质量,学校领导者必须懂得有关群体的理论,认识学校群体的特殊性质,协调人际关系,引导群体向健康方向发展。

第七章 学校群体

【案例导入】

　　王强是某重点学校的校长。他不仅有着强烈的成就需要,也富有民主意识。每当新学期伊始,他总是要走访学校的每一位员工,征求他们对学校发展和相关决策的意见。本学期临近开学时,他又开始走访员工。在走访的过程中,他发现一些员工对自己所在部门的管理者颇为不满,认为他们不作为;还有一些员工感到学校竞争气氛太浓,工作压力大,师生关系比较松散。走访结束后,校长陷入了沉思。

　　从上面的案例中可看出,校长是一位责任感和成就感都很强的人,他在开学前的走访工作能在一定程度上帮助他了解情况,化解矛盾、规范决策,是值得称道的。照理说,该校的员工应该"心怡气顺",但为什么他们对自己部门的管理者还是有那么多的"不满",对自己的工作环境的体验还是有那么多的否定情感呢?

　　也许不同的读者对此会有不同回答,本章只是从学校群体的角度进行分析。就学校群体而言,王校长的做法存在一个明显的问题。那就是他只是重视了对员工个体的关心,而忽略了对学校群体(包括中层管理队伍、普通员工群体)的培育。实际上,学校存在着多种群体,它们中有的是组织的基本构成部分,有的则介于组织与个人之间。它们的性质与存在状态对个体心理和行为的形成、发展产生着不同程度的影响。因此,研究学校群体心理,合理培育学校群体显得尤为重要。

第一节　学校群体概述

一、群体定义

人们对"群体是一种客观存在的社会现象"已成共识,但对群体的界说却各有不同。

(一) 语义学的界说

一曰群体是两个或两个以上的人为了追求共同目标或利益在一段时间内相当经常地相互作用,因而意识到自己形成了一个可以辨认出的实体。二曰群体是两个或两个以上的人在一起聚会并相互发生作用以至每一个人至少能亲自辨认出其他每一个成员的活动。前者强调的是群体中人们持续的相互作用,因而它常为社会学家所应用;后者看重的是一群人相遇时个人对所发生事情的反应,因而它常为心理学家所应用。

(二) 管理学的界说

群体有广、狭两说。广义的群体指两个或两个以上个体的集合。狭义的群体是指为了实现特定的目标而组织起来的,按照一定规范相互作用、共同活动的一些人。具体来说,狭义群体的成员具有如下特征[①]:各成员频繁地相互作用;各成员相互依赖,能彼此意识到对方的存在,且有"咱们"的感受;各成员对共同利益有认识,能遵守群体的规范;各成员倾向于对环境采取一致的方式。

可见,群体特征既有量的诉求,又有质的规定。任何一个特征的缺失都表明该群体还不成熟,不能被称为真正的群体。[②]

二、群体成熟

群体从幼稚到成熟,主要面临两大关系的考验。一是群体内部的权力和权威的关系;二是群体成员的人际关系。根据群体对这两大关系的处理,可将群体分为四个阶段。

(一) 形成阶段

群体初成时,大家彼此互不认识,群体内的目标、结构、从属关系尚不明确。这时,成员们往往会提出大量的疑问,如群体中谁负责? 群体的目标如何,有没有某些基本的操作规则? 怎样操作? 等。

(二) 动荡阶段

这时,成员们对组织环境有了一定的认识,于是他们日渐摆脱对领导的依赖,经常考验和质疑领导,甚至当场抵制。人际冲突也随之凸显:一方面,群体成员为争取在群体内有一个良好的位置和所期望的角色而开展活动或竞争;另一方面,有人开始对领导角色进行竞争,群体由此形成了动荡。

(三) 规范阶段

在这个阶段中,成员们找到了自己的位置,人际矛盾、冲突得以顺利解决,群体内在的结构和程序开始建立起来,权力和权威的不确定性问题得以解决。换言之,班子定下来了,成员们建立了一种共同的、大家公认的群体操作规则。这时,成员们的行为更加积极。在工作行为方面,他们分享信息,接受不同的选择,遇到问题相互妥协;在社会行为方面,他们形成了一种"咱们"的感情,彼此能积极表达"移情"、关心等情感,凝聚力开始萌芽。

(四) 运行阶段

这时,群体开始发挥作用。每个成员在接受和理解自身角色的基础上,学会何时独立工作,何时互相帮助,如何能一起熟练并有效地达到目标。与上个阶段相比,成员们的行为发生了较大的转变,即由关注群体内部转向关注群体外部,由关注群体规范转为关注有效完成任务,由关注彼此的适应转为关注执行群体的使命。经由上述四个阶段,群体开始趋于成熟。

三、学校群体的分类

群体可按照不同标准进行分类。常见的方法是根据群体构成方式、群体的规模和成员心

---

① J. B. Miner, Industrial-Organizational Psychology, 1992, p. 174.
② 殷智红、叶敏编著:《管理心理学》,北京邮电大学出版社 2004 年版,第 173—174 页。

理认同程度来分类。

(一)教工群体与学生群体

以扮演的角色为根据,可将学校群体分为教工群体与学生群体。教工群体由教师(包括学校管理人员)与职工组成,肩负培养学生的任务。教工群体是一个外延很广的概念。如果细分,可以分出许许多多的教工群体。这里研究的主要是中小学教工群体。学生群体由在校受教育的青少年组成,其责任主要是发展自己,使自己成长为社会所需要的人才。和教工群体一样,学生群体既可泛指一个社区、一个学校的学生群体,也可指一个班级。这里通常立足于后者分析问题。

(二)正式群体与非正式群体

以维系群体成员的纽带为根据,可将学校群体分为正式群体与非正式群体。正式群体是官方正式文件规定的有一定的成员编制,有规定的权利和义务,有明确的职责分工的群体(在一定意义上,正式群体也可称为组织)。它主要靠工作维持群体成员的关系。学校所辖各个单位的群体都是正式群体,如教务处的群体、教研室的群体、班级群体等。正式群体中每个人都处于一定的岗位,有一定的职务和与职务统一的权利和义务。非正式群体是人们在交往中自发形成的。它以感情来维系成员间的关系。换言之,只要人们有共同的兴趣、观点、感情等,在适当的情况下,尤其是有交往机会的情况下,他们就可能形成非正式群体。学校中的"小集团"、"小圈子"等,以及一些没有名目但却实际存在的情投意合的群体都属此类。

(三)大型群体与小型群体

以规模为根据,可将学校群体分为大型群体与小型群体。大小是相对的,但也有一定的数量界限。一般来说2至30人左右规模的群体为小型群体,又叫基本群体。与此相对,大型群体是超过30人的群体。群体越大,其群体特征就越模糊,有的仅仅是一种名义上的而实质意义不明显的群体。因此,有人主张不以数量为标准划分群体,而以群体成员的相互联系为根据。也就是群体成员有直接的、个人间的、面对面的接触和联系的群体就是小型群体,否则就是大型群体。具体来说,小型群体有如下特征:一是目标一致,聚合力强。二是直接的面对面的互动。在学校里,班级群体、教研室群体等都是小型群体。小型群体以各种方式影响着成员的生活:首先,每个成员几乎每天都要在小型群体中花费大量时间进行交往,与该群体其他人员的关系将影响成员的感情和工作状态;其次,成员的行为被其所属的小群体所控制,遵从该群体的规范,或迫于该群体规范所产生的压力,成员形成了合适的行为规范;最后,小型群体的文化影响着成员的知觉世界,他们的许多概念、假设都来自所属群体的文化。

(四)实属群体与参照群体

以个体归属为根据,可将学校群体分为实属群体和参照群体。实属群体(membership group,又译成员群体)是指个体归属的群体。就某个学生而言,他所在的班便是实属群体。参照群体(reference group,又名标准群体或榜样群体)是指个人实际上没有参加但接受其规范的群体。它可以是实际存在的群体,也可以是想象中的群体。在现实中,有些群体的部分成员,虽然参加了这个群体,但感到这个群体并不符合他们的理想,因而向往其他群体并以之为参照或榜样。可见,参照群体对个体的影响主要有三:一是对照,即个体会把自己所在的实属群体与参照群体对照,以其为比较的标准。二是认同,即个体把参照群体的观念和规范作为其行为的准则。三是向往,即个体把参照群体作为其欲加入其间的群体。

四、群体功能

学校群体是连接组织与个体的桥梁。因此,一方面,它对个体有着重要的作用;另一方面,它也通过对个体的作用来影响组织。具体来说,群体的功能主要有四。

(一)满足需要

群体成员有着不同的需要。其需要可以从不同途径获得满足,群体是成员满足自身需要的途径之一。首先,群体可使成员获得安全感。因为群体将为成员提供人际的支持和社会支持,为成员的活动提供文化的参照框架。如果某一个体不属于任何群体,那么他会感到孤独、恐惧,甚至可能产生各种心理障碍。其次,群体可帮助成员满足社交需要。群体是成员进行社交的重要平台,它为成员社交提供对象和环境。成员在群体内可以与其他成员进行沟通,交流感情,交换思想,获得友谊和愉悦。

(二)达到目标

群体有助于成员达到组织目标和个人目标。就达到组织目标而言,群体很多时候是与组织同呼吸、共命运的。它常常借助自身的凝聚力将成员们团结在一起,群策群力,为完成组织任务而努力。就达到个人目标而言,成员由于自身能力的局限,常常遇到自身无法克服的困难,这时,群体会挺身而出:一方面借助其他成员的能量,让成员之间互相帮助;另一方面,将成员的个人目标与组织目标整合起来,使成员能够在实现组织目标的过程中实现个人目标。

(三)分享信息

群体可帮助成员分享信息。首先,群体有自身的信息。其某些敏感或有限制的信息常常不会透露给群体之外的对象,只有当你成为该群体的一员时,你才能分享这类信息。其次,群体有快捷的信息分享渠道。它既包括纵向的脉冲渠道,又包括横向的扩张渠道。作为该群体一员,你无论在纵横的哪个交汇点上都能够获得该群体的信息。

(四)建立认同

群体的成员是一种资格,这种资格有利于建立积极的社会认同。若个体为某些群体所接纳,那么意味着该个体的价值得到了肯定,个体将体会到这种价值,并觉得自己是其中的一员而具有某种社会地位,这种社会认同将成为自我概念的一部分。一般而言,个体所参加的群体的威信越高,其成员资格越有限制,个体的自我概念便越受到支持和肯定。

第二节 学校群体成员心理

个体进入群体中,就成了群体的一员。作为群体的一员,他既受到群体及其成员的影响,又影响着群体其他成员,在这种影响下,形成了群体心理。因此,群体心理是个体的整合,是不同个体相互认识与影响的结果。从群体发展看,群体心理主要包括群体成员的认识和学习两方面。

一、学校成员之间的认识

(一) 认识内容

学校成员之间的认识是指作为主体的学校成员对作为客体的学校成员的了解、判断和分析。由于这种认识发生在学校成员之间，因而每个学校成员既是认识主体又是认识客体。具体来说，成员之间的认识主要包括以下几方面：

1. 对成员表情的认识

成员的表情是其身心状态的显示，是一种具有信号意义的重要信息。表情通常分为面部表情、体态表情与言语表情。面部表情与面部不同区域肌肉的运动变化相联系。体态表情是通过身体各个部位展示的表情，有静态与动态之分。动态中不同的动作(点头和摇头)和静态中不同的姿势(垂手立正和抱臂叉腿而站)明显体现了个体的不同态度和不同感情。可见，体态表情虽是无声的、非语言的，但有时"无声胜有声"，并不比其他表达方式逊色。言语表情是通过说话时的语音、语调、语速等变化表现出来的。情绪激昂时，语音高亢嘹亮；情绪愉快时，言语轻快；情绪紧张时，语音中常夹带杂音，如嘶哑的嗓音等。可见，要熟悉和了解群体成员，不注意其表情是不行的。但是，不论是哪一种表情，都只能作为了解人的思想和感情的线索，不能作为依据。因为表情受个体个性特征与客观环境等的制约。即使是天真无邪的学生的表情，也不一定能真实准确地表达其内心世界，何况老练的成人的表情有时带有伪装的成分。另外，表情是外显的，而引起表情的刺激有时是内隐的。因何故而忧、喜，要深察才可得知。这些都是就认识对象而言的。若就认识主体而言，能不能正确地认识和判断其他成员的表情，还受文化知识、认识能力、社会经验等条件的制约。

2. 对成员行为方式的认识

行为方式是一个人在现实生活中通过学习和接受环境的影响而逐渐形成的各种动作或姿势的有机结合，是反映一个人深层的心理构成及人格特征的重要方面之一。因此，要了解成员，形成关于此人的比较准确的知觉印象，就必须认识他的行为方式。根据一个人的行为方式了解和判断他，远比根据其一时一地的个别举动要准确和可靠得多。尽管对群体成员行为方式的认识，也离不开对他的每一具体动作或行为的认识，但它是在具体感知的基础上，经过比较、分析、综合形成的，因而更具有实质意义。

3. 对成员性格的认识

要认识一个人的性格颇不容易。但因同校共事的需要，有时不得不作此努力。群体成员间一般可以通过如下途径了解他人性格：一是从相貌推测性格，然而常言道，"人不可貌相"，这种途径常会出偏差。二是从别人的介绍中了解某个成员的性格，这比前者要好，但受介绍者主观因素影响较大。三是综合不同评价者的意见，取其共同因素，这样做比较接近实际。四是与认识对象交谈，听他本人介绍自己的性格，再结合别人的评价分析，这样得出的结果有相当价值。五是把各方面意见集中起来，再结合自己对认识对象的行为方式等的观察、分析，有可能得出比较切合实际的判断。

4. 对成员人际关系的认识

这不仅要认识其他群体成员，也包括认识自身。因为，人际关系不是某个人的属性，而是一种相互关系。当然,某人人际关系紧张,可能他自己要负更多责任,但与之相关的其他人也并不是毫无责任的。因此,认识群体成员的人际关系要从多方面入手,有较大的复杂性。这就要求认识者至少具备下列三个条件:敏锐的观察力,熟悉人情世故,客观、科学的态度。

（二）认识的偏差

由于主客观方面的原因,群体成员要毫无偏差地认识、判断其他成员往往是困难的。这里介绍几种常见的有偏差意义的认识反应,以力求避免其消极影响。

1. 首因效应

首因效应是指在认识群体成员的过程中所产生的第一印象极大影响后续认识活动的现象。如与某个群体成员初次见面时形成了有关他的良好印象,这种印象会在一定时间内左右认识者对他以后一系列心理与行为的解释。反之亦然。这种偏见的根源是片面的认识方法。在学校里,每个成员都要严防这种心理效应的发生。尤其是教工对待学生,首因效应极不利于对学生的教育与培养。不过,在人际交往中,首因效应也有利用的价值,因为给人以美好的第一印象（不限于第一印象）,对任何人都是必要的。

2. 近因效应

近因效应与首因效应在时相上相反,是认识对象留下的最后印象影响人们对他的认识的心理效应。如果说,首因效应更多产生于对陌生人的认识,那么近因效应则更多存在于对熟悉者的认识中。其主要原因是近期因素在时间上的优势。它的危害与首因效应是相似的。在学校群体中,切忌因突然发现某个成员有缺点或错误,就"不计其余",否定其一贯表现。同样,也不能因某人做了一件好事,或发现他有某方面长处,就肯定其以往的不良表现。

3. 晕轮效应

晕轮效应又称光环效应,是指认识者形成了一个人某个方面好的或坏的印象后据之推论该人其他方面特征的心理效应。这好比刮风前夜月亮周围的大圆环（即月晕或称晕轮）是月亮光的扩大化或泛化一样,故称之为晕轮效应。这是由认识的片面性,或认识对象的其他品质的信息少,刺激强弱程度不同等因素造成的。其危害是一叶障目、以偏概全。

4. 定型作用

定型作用又称刻板印象,是指人们以对某一类人的固定形象为根据评价和判断他人的心理效应。由于生活在同样的地域或文化背景中的人,或多或少会形成一些相似的行为方式,共同的风俗、习惯等,这些相似的东西被概括地反映到人们的认识中,并被固定化,因而产生定型作用。定型作用一般有两条形成途径:其一是直接与某些人接触,然后将某些人的特点固定化。其二是依据间接信息形成的。在现实生活中,大多数定型作用的形成依赖后者。在学校群体中,定型作用也不乏表现。例如有的青年教师一提到老年教师,便认为思想保守、知识陈旧等。而有的老年教师一说及青年教师,便认为骄傲自大、草率轻浮,等等。可见,定型作用是不作具体分析的习惯性思维,是一种主观武断、脱离实际的现象。

（三）认识偏差的管理

在教育活动中,师生的认识偏差尽管常常影响彼此的理解,但若对其巧加利用,师生的认识偏差的作用是可以变"性"的。

首先,教师要给学生留下良好的"第一印象"。当学生对教师的第一印象比较好时,学生更愿意接近该教师,也更易于接受其指令和要求。即使以后该教师偶尔出现与学生期望不符的情况,学生也不会改变对教师的态度。因此,教师尤其是新入职教师一定要让学生留下好的难忘的第一印象。

其次,教师还要让学生留下对人或事的积极的"终结印象"。师生在交往过程中,"终结印象"同样影响学生对人或事的态度。比如,当教师面对一个性格内向、自卑感强烈且出现考试失误的学生时,教师一方面要帮助其分析失误的原因,同时要鼓励其振作起来。为此,教师与其谈话时要设计"肯定——否定——肯定"的表达顺序。在这个表达顺序中,教师用"肯定"性质的语言结尾,其目的就在于让学生留下积极的"终结印象"。

再次,教师要精心设计自己的"光环"。学生对教师的认识是需要时日的,教师为了让学生能够更快地了解自己,就需要将自己最"耀眼"的地方凸显出来,比如生活中的才艺、教学中的"绝活"等。学生一旦将教师的这些亮点形成"光环",就会对教师产生积极的感情,并心甘情愿地接受教师的教育。

二、学校成员的群体适应

学校群体成员在对其他成员和整个群体作必要认识后,就会逐步调整自己的行为,以适应群体活动。这种调整、适应主要是通过下列方式实现的:

(一) 模仿

1. 模仿的类型

模仿可分为自发的模仿和自觉的模仿两种类型。

自发的模仿是无意识的模仿;自觉的模仿是有意识的模仿。根据意识程度的不同,自觉模仿又分为适应性模仿和选择性模仿。适应性模仿即人们为适应新的环境而进行的普遍性模仿。选择性模仿是人们经过思考后选择对象进行的模仿。人们的行为和思想纷繁复杂,其中有合理的,也有不合理的。如果模仿者经过思考择善而从,即学习和模仿有利于个人发展和社会进步的思想或行为,那就是合理的模仿。反之,就是不合理的模仿。在现实生活中,适应性与选择性是统一的,只是有时侧重点不同罢了。在学校成员适应群体的过程中,加入群体初期,适应性模仿居主导地位。随着对群体及其成员的熟悉,选择性模仿逐步起主导作用。

2. 模仿的对象

模仿是一种非强制的行为。榜样的力量是诱发模仿的关键之一。榜样的力量即心理影响力量,这种力量涉及榜样本身的魅力与模仿者的感受能力。学校群体中的榜样通常有:先进人物,如优秀教师、优秀学生等;学校领导人,因为领导人事事都要以身作则,自然成了其他成员的榜样;社会榜样,主要是学校以外社会各条战线上的先进人物和文学艺术中塑造的英雄人物。这些榜样,各有特点。社会榜样力量巨大,而校内榜样更具体、接近。因此,学校成员的模仿对象往往不是单一的,而是既模仿社会上的榜样,又模仿学校群体内的榜样。

(二) 暗示

暗示是指暗示者不明确表示要对方接受自己的影响,而用某种方式使对方接受其影响的行为。受暗示是指受暗示者在没有意识到暗示者意图的情况下接受其影响的行为。暗示者与受暗示者的行为的统一,构成了真正意义上的暗示。也就是说,没有暗示,就无所谓受暗示。因此,理解暗示时不可以排除受暗示。此外,暗示者的行为有时并不是自觉意识到的,而是无意中对某种事物进行评论等,致使他人不知不觉地接受了暗示。

暗示有许多种类。常见的有:

1. 直接暗示

直接暗示是指暗示者把某一刺激直接提供给受暗示者,使之迅速而无意识地接受的一种暗示。例如有位实验者以化学教授的身份告诉学生,他手中的瓶子里装着一种恶臭的气体,他试图测量该气体在空气中散布的速度。因此要求大家一闻到气味立即举手。说完他打开瓶盖,看着手表计算时间。15秒钟之后,坐在前排的多数同学都举起了手。1分钟之后,有75%的学生闻到了气味。而实际上,瓶子里并没有恶臭气体。是化学教授的身份,使他的"瓶中装有恶臭气体"的刺激为学生迅速而无意识地接受。

2. 间接暗示

间接暗示是指暗示者凭借一定中介将刺激间接提供给受暗示者,使之迅速而无意识地接受的一种暗示。比如在课堂教学中,教师常常借用故事、案例等来讲道理,使学生受到积极的影响。由于受暗示者并没有意识到自己的反应是由暗示引起的,因而不会产生逆反心理。正因为如此,间接暗示的作用往往大于直接暗示。

3. 自动暗示

自动暗示即自我暗示,因暗示来源于受暗示者本身而得名,如"杯弓蛇影"、"草木皆兵"等。

4. 反暗示

外界刺激引起相反反应的暗示称为"反暗示"。我国古代"此地无银三百两"的笑话是反暗示的绝好例证,本来为了怕人偷而插的暗示牌子反起到了指导偷窃的作用。在日常生活中,巧妙地运用反暗示对于处理人际关系,解决群体成员间的冲突等都有积极意义。例如,某人对群体建设持有一种观点,并想发表出来。但考虑到自己和某些人的关系不是十分和谐,直接说出可能遭到不分青红皂白的反对,于是故意提出相反的看法,结果虽确实遭到了别人的抨击和反驳,但却使自己的本意为别人接受。

暗示的效果受许多因素的影响。归纳起来,主要有四个方面:一是受暗示者身体状况和心理状态的影响,如人们在疲劳、疾病和狂热状态下较易受暗示,顺从等个性品质也是易受暗示的主观原因。二是暗示者的特征,个人的权力、威望及人格往往对暗示效果产生直接影响。三是暗示的程度,如反复和持久的刺激容易使人受暗示。四是暗示问题的性质。在日常生活问题上,容易受多数人的暗示。在学术、专业性问题上,容易受权威人物的暗示。

(三) 从众

从众是在群体压力的影响下,主体放弃个人意见而与大家保持一致的行为。从众的前提是个人自感的或实际存在的群体压力。群体压力与借助强制手段的行政压力不同,不具有直接的威胁性。从众有时是自觉自愿的行为,甚至是一些人为人处世的信条。

1. 从众的形式

从众有多种形式,通常按是否表里一致划分为表里皆从、里从表不从、表从里不从三种。

表里皆从是思想与行为统一程度较高的从众,意味着主体确实从内心放弃了个人的意见,而且在行动上与群体保持一致。里从表不从是内心同意众人的意见,但行动上不保持一致的表里分离的从众。这往往是出于特殊的考虑,主体不便公开自己的思想,不便采取与众一致的行动,但也不反对众人的行动。表从里不从是一种应付性的从众行为。表面上依从,而内心不服。这也许是从个人利害关系考虑,不得已而为之;也许是为了顾全大局,维护群体的一致性,自己虽有不同意见,但违心地表示赞成,行动上与大家保持一致。

2. 影响从众的因素

影响从众的因素主要有二:一是群体压力,二是从众者本人的个性特点。就从众者的个性特点来说,那些具有过分重视群体评价或群体舆论,对群体压力比较敏感,忧心忡忡,自尊心不太强烈,性格比较顺从,独立生活经验较少等个性特征的群体成员,容易出现从众行为。

(四) 服从

服从是按照群体规范或他人意志等办事的行为。服从与从众有共同的一面,即都有遵从的特点。但两者有区别,从众是与众人一致,而服从既可服从众人,也可服从个人;从众是出于群体压力或自觉自愿,而服从往往是出于纪律、规范及权威人物所具有的威慑性。

1. 服从个人权威的"实验"

米尔格雷姆(S. Milgram)曾做过这样的实验:每 2 个被试一组,一个充当教师(被试甲),一个充当学生(被试乙)。实验内容是关于单词记忆的。教师与学生分别在相邻的 2 个房间入座。实验开始,由教师提出问题,学生回答。如果学生答错了,教师要给予惩罚。惩罚的方式是打开送电器的开关,学生就会受到电流刺激。实验者守在教师身边,学生每错一题,他就要教师提高一个刺激水平。刺激水平分 30 级,从 15 伏特到 450 伏特,每 15 伏特为一级。在 375 伏特键处标有"危险"信号。435 伏特键处标有极危险信号。实验开始后,学生总是犯错误,惩罚从 15 伏特开始,上升到 75 伏特时学生都没有反应。到 90 伏特时,学生开始自言自语地埋怨。到 120 伏特时大声叫苦,135 伏特时发出呻吟,150 伏特时发出叫喊:"我不想再做实验了!"这种反应持续到 200 多伏特。270 伏特时,发出苦闷的尖叫声。315 伏特时发出极度痛苦的悲鸣,已不能回答问题,只是发出呻吟。在这种情况下,实验者要求教师 10 秒内不见学生回答便作误答并施行刺激。330 伏特以后,学生没有任何反应了。尽管如此,实验者还是要教师继续进行刺激。

在实验全面展开前,米尔格雷姆将上述实验情况告诉被试,并询问他们,应该在惩罚达到什么程度时放弃实验。111 人回答的平均水平是学生大声叫苦、发出呻吟时,也就是在 135 伏特时放弃实验。其中有 4 个人回答在 300 伏特时放弃实验。这意味着全体成员都预言被试会在中途拒绝实验,出现不服从的情况。

实验结果是,40 个教师(被试)中有 25 人(占 60%)一直服从实验者的命令,使用的最高刺激电流达 450 伏特。坐在隔壁的学生在此之前的第八个刺激级就没有任何反应了。当然,教师对于实验者的要求并非全无反抗,他们大多在学生诉苦时向实验者提出过抗议。当学生没有任何反应时,就请求实验者快去看看学生会不会出事。到 450 伏特时,他们抗议道:"学生死了怎么办?"但实验者强调,继续下去是为了实验的需要,一切后果由他负责。结果,教师们还是服从了他的指示。

实际上，电流装置是假的。担任学生的被试也是实验者的助手，他们仅作些戏剧性表演罢了。但充当教师角色的被试不知真情。他们陷入了不该折磨对己既无损害又无威胁的没有抵抗能力的人的信念与实验者的权威压力的矛盾之中。在实验过程中，他们显出冒冷汗、发抖、歇斯底里地发笑等极度紧张状态。

2. 影响对权威服从的因素

联系以上这个实验，可以看出人们对权威的服从往往与下列条件有关：

一是权威人物的权威性。权威性越大，越可以使人的主体性减弱并甘愿服从。这个实验中的权威人物是实验者，而其权威性主要是"科学实验需要"。米尔格雷姆在解释实验结果时说，面对有权威的人，人们认为自己不是为自我目的而行动，自己只是实现他人要求的代理人。可见，在权威面前，有的人的主观能动性不能充分发挥，只好按他人意志行事。在这种情况下，服从者虽对指挥自己的权威有责任感，但对权威所命令的行为的内容无责任感，往往出现唯命是从，不顾自己行为后果的情况。

二是权威人物与服从者的空间关系。一般来说，在"面对面"、"虽非面对面但双方直接联系（如电话）"、"非面对面而以间接手段（如录音等）联系"等几种情况下，面对面最容易使人服从。在上述实验过程中，实验者一直守在被试身旁，所以大多数被试不得不服从。

三是服从者与其作用对象的距离。在依权威指示从事惩罚性行为时，服从者与作用对象的距离越近（如面对面），服从的程度越低，反之服从程度越高。

四是服从者的个性特点。研究表明凡有以下特点之一者更容易在执行惩罚性行动上服从权威指令：一是重视群体压力和个人行为的社会价值；二是经常压抑自己的情绪体验而不大内省；三是思想方法简单，常对事物作绝对性评价；四是追求权力和地位；五是习惯于绝对服从上级。

这里需要强调的是，即使没有这些特征的人，也不是绝对没有服从行为，只是程度不同罢了。同时，服从的内容是多方面的，有精神上的、行动上的，有建设性的、破坏性的，等等。任何学校成员，自觉服从群体的规范、组织的纪律、社会的要求等是必要的。自觉服从与盲目服从不可混同。自觉服从主要表现为对群体与组织的服从，而不是过多地对个人的服从；是在评价服从内容的合理性基础上的服从，而不是不分青红皂白的服从。

第三节　学校群体活动效率

群体活动效率是指在活动中，群体作为一个整体所付出的能量与所获得的活动效果的比率。其能量包括体能、智能和情能等，活动效果包括目标的实现、任务的完成等。该定义可用以下公式表示：

$$群体活动效率 = 活动效果 \div 活动能量$$

学校群体活动效率是一种整体效率。它依赖于学校群体各要素相互作用形成的群体的整体性和群体活动本身的特点。

一、群体的整体性

它是指群体在形成和发展过程中所表现出来的各种特性的总和,是群体的根本属性之一。它包括在目标上的共识、心理上的共鸣、行为上的互动、利益上的共享。它对群体活动效率的影响是通过群体规范的构建、群体压力的调整和群体凝聚力的形成来实现的。

(一)群体规范

群体规范是指群体约定俗成的约束成员的行为标准。群体规范主要有风俗、文化、时尚、舆论、公约等。它通常是群体自发形成的,不具有正式形式,不同于组织明文规定的规章制度,国家的法律。它主要发挥心理约束力的作用,潜移默化地影响群体成员的行为。因此,在许多情况下,群体规范比组织中有名无实的规章制度对群体成员有更大的作用。

1. 群体规范的作用

一是维系群体的作用。群体的根本属性之一是整体性。这种整体性通常表现在群体成员的认识、感情和行为的一致性上。群体规范正是这种一致性的标志或标准,失去这个标志,群体成员就难有统一的意见、看法和调节行为的标准,就会出现各行其是、一盘散沙的局面。相反,有群体规范的约束作用,就减少了参差不齐的步调,使群体成员的活动更加协调,关系更加密切,群体的整体性也就更强。

二是统一群体成员认识的作用。在群体规范没有形成的情况下,不同群体成员对同一事物的认识往往是仁者见仁、智者见智。而群体规范一旦形成,并为群体成员意识和接受,那么,群体成员在发表意见时往往要慎重得多,以免与群体规范冲突。因此,即使有些人有与群体规范不一致的意见和看法,有时也因群体压力和个人的从众性而予以保留,以求得与群体规范的一致。这样一来,群体规范成了统一群体成员认识的标准。

三是引导行为的作用。这主要表现在群体规范给群体成员的活动划定了范围,告诉人们应该做什么、怎样做等。如教师应该热爱学生,努力工作,学生应该刻苦学习等。

应该指出,群体规范既有积极的一面,也有消极的一面。其主要消极面在于要求一律,限制人们的积极性和创造性。因为群体规范代表着大多数人的意见与利益,它反映的是人们共同的、普遍的,也是中等水平的要求与愿望,既不允许落后,也不允许为大多数成员所不理解的"先进"。因此,严守群体规范的人往往把一些创造性行为看作越轨行为,使之受到打击和排斥。

2. 群体规范的形成过程

概括地说,它的形成大体经过三个时期:一是酝酿时期。这个时期群体尚无公认的规范,成员们各抒己见,群体行为十分不便。因此大多数成员会萌发形成群体规范的要求,并开始有意或无意地评论别人提出的关于群体行为的建议和看法。二是优势见解形成时期。经过一定时期的酝酿,成员们会发现有的见解更有价值,更符合大多数成员的利益和愿望,因此予以肯定或支持。三是群体成员遵从时期。当某种见解得到大多数人的支持并付诸行动,进而演化为大家信奉的观念、看法、习惯等时,群体规范就形成了。

(二)群体压力

群体压力是群体成员与群体多数人的意见、行动不一致时主观上想象或感受到的一种心理压力。

1. 群体压力对群体成员的影响

群体压力不同于行政压力。往往不借助有形的惩罚举动,是一种难以违抗的心理力量。一般来说,当某个成员的意见或行为与群体大多数人的意见或行为不一致时,这个成员就可能感到紧张。这种紧张来自被群体抛弃的恐惧。被群体抛弃意味着不能满足归属需要,而不能满足归属需要的人往往感到痛苦。所以,如果一个人不想处于孤立的境地,那他就会在群体压力面前,顺应大多数人的意见。

很明显,群体压力与群体成员的从众行为有密切联系。为了揭示其秘密,心理学家阿希(Asch)曾做过一个实验,以探明群体压力怎样使人从众。实验方法是实验者要7个被试(其中1个是真被试,6个假被试是实验员的合作者,但其真实身份真被试不知)围坐在一个桌子旁,逐步观察十几套卡片。每次出示一套卡片。每套卡片有两张(如图7-1),左边一张有三条直线,右边一张有一条直线。看完后,被试要大声说出右边的哪条直线与左边的相等,说完再换一套卡片。7人的发言顺序作了规定,真被试倒数第二个发言。看前两套卡片时假被试都作正确反应,以后有意作错误反应,并且所有假被试都一致。结果发现,在123名真被试中,有32%的人屈服于群体的压力,跟着做了错误判断。其中有些人原本认为自己的判断是正确的,但要求作出反应时,他们却顺从了别人的意见。

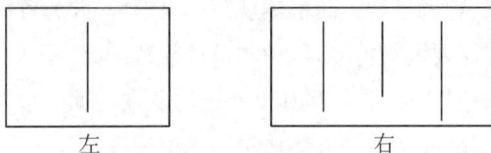

图7-1 阿希实验卡片图

从这个实验和其他一些研究的结果看,群体压力能否引起群体成员的从众行为,与决定群体压力强度的群体一致性的特点有关。这些特点主要是:第一,群体中持一致意见或行为的人数及其比例。人数越多、比例越大,群体压力也就越大,也就越容易使个别人或少数人从众。第二,群体满足成员需要的能力。群体满足成员需要的能力越强,对成员吸引力越大,群体压力越大,从众现象出现的可能性也就越大。第三,群体中与持不同意见者的条件基本相似的人数的多少和他们的意见与行为的一致性。一般来说,这样的人越多,行动越一致(与持不同意见者的行动相左),群体压力越大,持不同意见者也就越容易屈服于压力。第四,支持不同意见者的人数。在群体中,若独自一人与别人的意见或行为相悖,很难顶住群体压力。但只要群体中有一个人支持不同意见者,那群体压力就明显降低。支持者越多,群体压力越小。因此三人群体对其成员的压力最大,最易使个人从众。

2. 群体成员对群体压力的抵制

群体压力有时也会遭到某些群体成员的抵制与反抗。也就是说群体压力难以使每个群体成员从众。这里分析几种常见的不大容易受群体压力影响的情况:一是独立性,即一种比较理智的、经过一定思考之后表现出来的独立自主行为,盲目性较少。一个有较强独立性的人,往往不会轻易跟着别人走,并能对群体的压力作具体分析,从而审慎地决定自己的行为。不过确定某一具体的独立性行为的价值,要看行为目标的意义。二是"反从众",也叫"执拗",是一种故意与群体闹对立的情绪性执拗行为。这种行为的出现可能有这样的背景,或者有过与群体闹对立的挫伤经历,或者对独立性有片面的理解。三是集体主义自决。即在坚持集体主义原则的前提下,对群体的意见和行为进行实事求是的分析,再作出是非分明的决断。常有的决断是:若群体的意见和行为是正确的,则服从;若群体意见和行为并不十分正确,但不涉及原则性问题,则从群体团结出发,表示服从;若群体意见和行为有原则上的错误,则坚决抵制。这是正确的态度。除抵制这种决断情形外,其他两种决断在本质上也不是慑于群体压力而为,而是一种充分发挥自主性的表现。

(三) 群体凝聚力

群体凝聚力又称群体内聚力,是群体对其成员的吸引力和群体成员之间的吸引力,以及群体成员对群体的满意程度。

1. 群体凝聚力的作用

群体凝聚力对群体活动有正反两方面的作用。从积极方面看,群体凝聚力会使群体成员团结在群体的目标之下,从而使群体具有高度整体性和战斗力。同时群体凝聚力对群体活动效率有重要影响。一般来说,较高的群体凝聚力会提高群体成员的士气,使群体成员的动机更稳定,自觉地完成群体工作。不过,这限于群体倾向于提高工作效率之时。从消极方面看,如果群体团结的宗旨不明确,那么群体凝聚力越是有利于群体内部团结,就越有可能产生群体排斥力,拒绝接纳其他群体及其成员。另外,在群体倾向于消极怠工的情况下,群体凝聚力越强,越会影响工作效率。

2. 影响群体凝聚力的主要因素

群体凝聚力受许多因素的影响。概括地讲,主要有群体内部和外部两方面的因素。

(1) 内部因素。群体的内部因素十分复杂,这里仅介绍主要因素。

一是群体成员的魅力。群体成员魅力越大,越能相互吸引。

二是群体领导者与普通成员的关系。这种关系越融洽,两者越是相互信任。

三是群体成员的协作。协作是成员间智慧、能力、感情的表现和交流过程,是最能引起相互依赖和支持的源泉。

不过,需要强调的是,这些因素对群体凝聚力的作用,主要是相互联系形成合力后发生的。如果分散开来,这些因素对群体凝聚力有正反两方面的作用。例如群体成员的魅力,既可增强群体凝聚力,又可削弱群体凝聚力。因为部分群体成员相互吸引,形成一个与群体对立的非正式群体,那会使群体凝聚力下降。

(2) 外部因素。它主要包括三个方面。

一是外部的挑战性压力。在群体能积极应战并取得好的结果的情况下,挑战性压力有利于群体凝聚力的增强。例如班级、教研室之间的评比竞赛活动。相反,如果应战失利,群体受损较大,以致群体的存在都成问题,那么群体的凝聚力会下降。当然,应战失败也可能会出现群体凝聚力提高的现象,因为群体受损,有时倒可以使成员痛定思痛,一致对外。

二是外部的破坏性压力。面对外部的破坏性压力,尤其是使群体遭受物质与精神上损失的压力,成员往往更重视同伴的价值,彼此接纳,同甘共苦,共渡难关,从而使群体凝聚力提高。如对某个班级不公正的批评或惩罚,一旦引起这个班级成员的公愤,那这个班级成员的凝聚力就会增强。但这种情况往往不能持久,一旦压力消除,凝聚力也会相应发生变化。同时,如果一致对外失效,则凝聚力下降。需要注意的是,外部压力总是通过群体内人的因素起作用的。如果人的认识不一致,外部压力越大,越有可能使群体分崩离析,而不是团结一致。

三是群体的社会地位。社会地位是政治、经济、文化等地位的综合反映。群体的社会地位对群体凝聚力的影响表现在两极上:当群体社会地位较高时,如先进教研室、优秀班级,其凝聚力会增强;当群体社会地位很低时,其凝聚力通常下降。但这同样不是绝对的。因为在群体凝聚力的升降上,起决定作用的是人。于是另一种现象也是常见的,即群体社会地位虽低,但成员却互相体贴、风雨同舟、患难与共。例如我国解放前的工人阶级。

二、学校群体成员的素质结构

学校群体成员的素质结构对群体活动效率有较大影响。所谓素质结构是指个性倾向结构、知识结构、能力结构等。分析它们对群体活动效率的影响,一般可从这样几方面进行:

(一)同质结构与异质结构

所谓同质结构(homogeneity construction)是指个性倾向、知识、能力等方面都比较接近、差异较小的结构。而异质结构(heterogeneity construction)相反,是上述各方面相距较远、差异较大的结构。就个性倾向结构而言,一般来说,同质结构有利于群体活动效率的提高。但就知识能力结构而言,做常规性工作时,同质结构有利于工作的完成;做创造性工作时,异质结构则更有利于效率的提高。例如,一个教研室的教师,如果都一般短长,做常规性工作时没有太差的人拖后腿,工作可以按时完成。但遇到创造性工作时,大家彼此彼此,一旦某人无可奈何,即是全体无可奈何。当然也许有这样的特例,大家都是特殊人材,非常善于解决创造性问题,但这种情况毕竟太少。而且知识、能力等方面的异质,意味着群体成员整体上的知识更丰富,能力更多样等,有更大的适应性,也更有利于群体活动效率的提高。

(二)静态结构与动态结构

所谓静态结构是指群体成员相对稳定的素质结构。动态结构是指群体成员处在变化发展之中的素质结构。一般来说,群体成员个性倾向、知识、能力等保持动态结构,有利于群体活动效率的提高。因为群体成员个性倾向一旦朝着有利于群体活动方向变化,就意味着群体成员对群体活动新的需要、动机等的萌生,从而成为增强群体成员活力的因素。相反,需要动机等没有变化,就意味着安于现状,缺乏行动力量,成员在群体活动中也难有积极表现。

不过,静态结构与动态结构是对立统一的。不注意相对稳定,一味讲变化,可能出现不仅不提高效率反而降低效率的现象。特别是群体成员人事变化不能太频繁。因为教育是周期较长的工作,且有较强的连续性。如果教师更换频繁,前后教法不一,学生难以适应,势必使活动效率下降。

三、学校群体成员的情境心理变化

个体在群体情境中的心理状态不同于个体在单独情境下的心理状态。一般来说,在群体情境中,活动者的知觉感受性、注意的广度和集中程度有所降低,思维的速度有所减慢。群体成员的这些心理变化对群体活动效率有一定影响。其影响主要表现在以下三个方面。

(一) 社会助长与社会顾虑倾向

心理学的实验发现:个体在群体中的行为和他单独一个人时往往不同。在一些情况下,个体在群体中工作或别人在场时,工作效率较高,比如,群体成员观察不太复杂的对象时,其观察结果较单独活动时准确;进行类似联想活动时,效率更高等。人们把这种现象称之为社会助长或社会促进。而在另一些情况下,个体由于处于群体中或他人在场,其工作效率或成绩反而比独自工作时低,比如,进行复杂的智力活动的效率降低;提出见解的质量(新颖性和创造性)比单独工作状态下差。这种现象被称之为社会促退或社会顾虑倾向。

(二) 社会标准化倾向

社会标准化倾向是指人们在群体共同活动中趋于一致的倾向。人们在单独情景下的行为呈现出较大的个体差异,但当他们身处群体之中时,由于受到群体规范、群体压力的制约和影响,他们的行为差异明显变小。换言之,群体中的个体的行为倾向性和态度有趋向一致的特点。因为,群体成员在相互作用的条件下,会受到相互模仿、暗示、顺从等心理因素的制约。久而久之,会产生一种类化过程,即彼此接近和趋同,最终表现为群体成员的行为、情绪和态度的一致性。这个过程,就叫社会标准化倾向。其结果是形成了群体的各种规范。①

(三) 责任分摊

责任分摊是一种消极的行为,是指个体在群体中有时会比他们单独时有更小的责任感。这是因为在某种程度上,决定是由群体作出的,后果和责任也是由群体而非个人来承担,好像责任被平均分配到群体中每一个成员身上时就已经微乎其微了。这也就是说,群体有时会对个体的责任意识产生消极的影响,因此,管理者应在工作中注意到责任分摊现象,更好地设计和明确员工的责任,减少责任分摊。②

四、学校群体活动的特点

学校群体活动是以青少年学生身心发展为主要对象的活动。由于青少年本身参与这种活动,因而他们的主观能动性的发挥在一定程度上影响学校群体活动效率。此外,教职工的智能、感情等的投入是影响群体活动效率的又一重要方面。当然,活动内容的复杂性,活动规模的宏微、活动目标的大小、手段是否有效等都会影响学校群体活动的效率。这是对影响学校群体活动效率的一些因素分别作出的简要考察。下面再把这些要素结合起来,分析在整体条件下,亦即在其他要素相干并相对恒定的条件下,它们对群体活动效率的影响:

教师与学生的主观能动性的发挥达到客观条件允许的最佳程度,学校群体活动效率较高。

---

① 王德清、杨东主编:《管理心理学》,重庆大学出版社 2004 年版,第 293—294 页。
② 殷智红、叶敏编著:《管理心理学》,北京邮电大学出版社 2004 年版,第 188 页。

群体活动规模（即参与活动的群体成员数量）越大，乃至出现人浮于事和指挥失灵等现象，群体活动的效率越低。但学校群体活动并不是人数越少效率越高。因为学校群体活动需要特定的教学设备以及教师的投入，如果学生太少，设备利用率低，教师单位时间里教学效率低，那么群体活动整体效率也就低。

群体活动内容越复杂，越头绪不清，其效率越低。

活动目标的效价与群体成员的期望值越适当，群体活动效率越高。

群体活动手段越有效，群体活动效率越高。

第四节　学校的非正式群体

一、学校非正式群体形成的基础

（一）心理基础

学校成员心理上的共同点或相似性是学校非正式群体形成的重要基础。其主要的共同点或相似性有三：

一是情趣相投。大多数学校成员参与非正式群体活动，往往是为了结交朋友，获得友谊，满足归属需要。有了这样的心态，人们会自觉地迈出与别人交往的第一步。经过交往，彼此发现有共同的兴趣爱好和为人处世的态度等，从而产生心理共鸣，更愿意经常聚集在一起。

二是经验相似。有相同社会背景或阅历的人往往有较多的类似经验、共同语言，说话投机，容易获得相见恨晚的感受，因而一旦相识，经常相聚。

三是共同目标。一些人入围非正式群体的原因之一是与其他成员有共同的欲望和目标。这些共同之处是成员相互理解、认同、支持的重要条件。

（二）时空基础

这也是学校非正式群体形成必不可少的基础。只有学校成员有共同的自由支配时间或共同工作的时间，以及相互接触的空间，学校非正式群体才可能形成。因为任何非正式群体的形成都离不开其成员的交往，而要交往就必须有特定时空。学校成员主要借助教学及其前后的时空进行交往。由工作、学习上的交往发展到生活、娱乐等方面的交往，是学校非正式群体形成的基本线索之一。可见，特定时空是学校非正式群体形成的必要基础。

二、学校非正式群体的类型

学校非正式群体多种多样。在进行具体描述之前，先熟悉一下国际上流行的非正式群体分类。

（一）以群体与组织的关系为根据的分类

较典型者为美国管理学家塞利士（L. Sayles）。他将非正式群体分为四种类型：

1. 冷淡型（apathetic type）

冷淡型成员有某些共同的难处，因而常显露出被极端抑制的不满和很不平衡的情绪，对组织的行为漠不关心。这大多是一些知识较少、技术较差、待遇微薄的人。他们似乎没有领袖，因此群体凝聚力很低，一般不会对组织施加压力。但在适当的场合，他们可能会大发牢骚。

2. 乖僻型（erratic type）

乖僻型成员的行为前后不能协调一致，有时与管理者保持良好的合作关系，有时却突然爆发反叛行为。这种群体的成员大多是一起工作的半技术性人员。这种非正式群体有领袖，而且领袖往往比较独断。

3. 策略型（strategic type）

策略型成员的行为有良好的计划性。其大多数成员从事判断性工作，而且是单独操作。他们的待遇也比前两类优厚。他们往往对管理者施加连续而持久的压力，且行动一致，故容易达成他们所期望的目标。这种非正式群体具有较高的向心力，其领袖由成员中极具影响力的核心成员担任。

4. 保守型（conservation type）

保守型成员大多知识渊博、技术高超，处于重要的学术或技术岗位，生活无忧无虑，他们有很强的自信心和稳定性，如果没有特殊的原因，不会向管理者施加压力。但实际上，管理者认为这种非正式群体成员颇难应付。

把四种类型联系起来看，塞利士主要是以非正式群体与组织是否保持良好关系为线索分类的。[1]

（二）以群体成员间的关系为根据的分类

管理学家道尔顿（M. Dalton）将非正式群体分为三类：

1. 垂直型（vertical type）

垂直型成员具有上下级关系，如学校领导和普通教师、学生形成的非正式群体。此种非正式群体可再分为共栖型（symbiotic）与寄生型（parasitic）两种。所谓共栖型是指其成员具有较高的依赖性，领导尽量偏袒下属，给予方便与好处，以建立感情，其目的无非是笼络人心，巩固自己在组织中的地位。至于其下属，多抱知恩图报的态度，以答谢领导的多方关怀与照顾，于是不惜牺牲自己利益，为之效力奔命。可见，其成员的关系是互惠的。所谓寄生型即成员之间的关系是片面的依赖关系，如领导尽力袒护下级，维护其利益，而下属只知享受却不尽义务，或者与之相反，下级极力讨好领导，而领导却很少关照下级。

2. 水平型（horizontal type）

水平型成员的社会地位大体是同一层次的。如校领导层的或教师层的或工人层的非正式群体。如果深入研究，可发现这种非正式群体亦包括两类更小的群体：防卫型（defensive）与进取型（aggressive）。所谓防卫型是其成员因面临共同的危机或威胁而走到一起的。例如，学校要对教学质量组织评估，要检查实验室的工作情况等，并以之为评定教学人员职称的根据，少部分工作不过硬的人联合起来进行抵制。因此，这种非正式群体凝聚力随危机严重而增强，亦随危机的解除而降低，甚至非正式群体的本身解体。当然，这种非正式群体的影响是非常有限的。因为来自组织的压力以及垂直型非正式组织的行动，会阻止其影响的扩散。所谓进取

---

[1] L. Sayles, *Behavior of Industrial Work Group: Prediction and Control*, 1958, pp. 7—39. J. B. Miner, Industrial - Organizational Psychology, 1992, p. 179.

型,即其成员采取有效的积极行动,而不像防卫型那样消极抵制。进取型的成员往往来自同一层次的不同单位,主要靠才华与能力、团结精神等去努力打破不合理与不公平的特权现象,或者争取自己的合法权益。

3. 随意型(random type)

随意型成员来自组织的各个部门或单位,彼此亲密交往,互相排忧解难,主要是满足友情的需要。这种非正式群体通常没有明确的目标,不会对组织提出什么要求。

综上,可以看出道尔顿的分类主要以非正式群体成员间的关系为依据。[①]

(三) 以连接群体成员间的纽带为根据的分类

心理学家里维斯(E. T. Reeves)将非正式群体分为五类:

1. 友谊群体(friendship groups)

友谊群体成员大多有共同的兴趣与利益,尤其有感情上的联系和共鸣。这种群体主要满足人们交往、情谊等需要,是人们一生中参与最早、联系最多的非正式群体之一。

2. 嗜好群体(hobby groups)

嗜好群体成员有共同的追求或嗜好,如围棋对手、桥牌搭档等形成的群体。

3. 工作群体(work groups)

工作群体成员因工作关系走到一起,如共同研究某一课题,或一道编纂书籍,或讨论一些学术问题等而集合在一起的教职工。不过这里要分清的是这种非正式群体的工作不同于组织安排的工作,是教职工在完成组织工作之外进行的业余工作。

4. 自卫群体(self-protective groups)

自卫群体成员主要因不满管理者强硬固执的态度而联合起来,共同抵制管理者的压迫,有时会阻挠组织目标的达成。

5. 互利群体(convenience groups)

互利群体成员坚持互惠互利原则,彼此提供便利,帮助解决工作与生活中的困难。

由上可见,里维斯的分类主要以连接非正式群体成员的纽带为根据。以上分类都有一定道理,确实可以启发人们认识学校中的各种非正式群体。但在它们中缺少根据非正式群体性质的分类。因此下面补之。

(四) 以群体性质为根据的分类

以性质为根据,可将非正式群体分为积极型、中间型和消极型。

1. 积极型

积极型是一种亲组织的非正式群体(这里把组织及其目标看成是进步的、合理的)。其目标与组织目标完全一致或基本一致,其活动对组织有促进作用。如学生自发组织的自学小组、科技活动小组等。

2. 中间型

中间型是与组织若即若离的非正式群体。其活动与组织的目标有时一致,有时相背。对

---

① M. Dalton, *Men Who Manage*: *Fusion of Feeling and Theory in Administration*, 1957, pp. 57—65.

组织既无害处也无助益。如学校职工中既不与组织唱反调,也不为组织排难解忧的"同乡会"等。

3. 消极型

消极型是与组织的发展有一定磨擦的非正式群体。其目标与组织目标不一致,其活动对组织产生消极影响。例如与组织闹对立的小群体,违法犯罪小团伙等。

(五) 以群体成员的关系和群体性质为根据的分类

按有无固定成员、有无核心人物、活动是否频繁可将教师非正式群体划分为松散型和紧密型;按其作用性质可将学校非正式群体划分为积极型和消极型。如以群体成员的紧密程度为横坐标,以群体作用性质为纵坐标,那么,学校非正式群体可分为五种类型(见右图)。

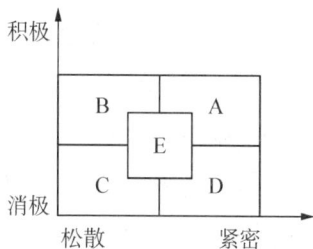

图 1 教师非正式群体类型五分图

1. 紧密而积极型(A 型)

此类群体有成熟的组织形态,有明确的核心人物,有成员认可并能自觉遵守的行为规范,群体成员积极参与学校管理,对学校的建设和发展积极献计献策。如教师中自发组成的课题小组应属此种类型。

2. 松散而积极型(B 型)

此类群体没有固定的成员,没有明确的核心人物,没有固定的组织形式,活动的开展有较大的随机性,活动的内容根据成员的需要,可有效满足学校成员的心理需要,如教师自愿结成的课外小组、体育运动小队、书画社等,这些群体形式可使群体成员缓解压力、愉悦心情、开拓视野、协调人际关系、激发工作热情。

3. 松散而消极型(C 型)

此类群体成员界限模糊,没有明显的核心人物,没有固定的活动形式,成员聚在一起以发牢骚、吐怨气为主要内容,发泄对学校管理的不满,散布小道消息,对学校工作采取消极怠工、拖延应付的方式,在迫不得已的情况下才被动地执行学校的命令。

4. 紧密而消极型(D 型)

此类群体有明确的核心人物,有较强的凝聚力,游离于学校管理之外,抵制对抗学校领导的管理,服从群体核心人物的领导,不服从学校正式组织的工作安排,此类群体一旦形成便不易瓦解,对学校管理破坏力最大。

5. 中间型(E 型)

此类群体没有明显的群体目标,没有核心人物或核心人物在成员中没有较强的影响力和控制力,虽有成型的群体结构和群体规范,但其没有被成员认同并严格遵守,活动的开展单纯为满足群体成员的心理需要。

三、学校非正式群体的基本特征

(一) 成员感情比较融洽

由于非正式群体是以感情为纽带形成的,非情投意合者不会入内,所以感情融洽是非正式群体格外引人注目的特点。可以说,在这种群体中,"友情为重"是成员们普遍信奉的规范,在处理群体事务上,感情的力量往往超过理智的力量。不过,由于这种感情是以友谊为基础的,因而不太深刻、稳定。

(二) 共同活动相对协调

其原因主要在于:一是非正式群体的活动大多是联谊性的活动,正合成员之心意,大多数成员愿意全力投入。二是其主持者通常是成员公认的有威信的非正式领袖,成员们对他往往是言听计从。而且由于情谊的作用,这类领袖人物往往能听取大家意见,尽力按大家的意图把活动组织好。

(三) 内部结构相对稳定

非正式群体是各成员自己认同,在没有任何外界压力的情况下自愿组成的,加之其领袖人物的地位及个人影响都是顺其自然的结果,因此这使得每一个成员不在万不得已的情况下很难反悔退却,离其而去。同时,只要还在其内,成员一般不会做出明显有悖其他成员利益的事情。因为那首先是对自己的否定。所以,只要不遇意外的变故,非正式群体的内部结构是相对稳定的。

(四) 彼此沟通快速有力

由于志趣的一致,所处时空的接近,群体成员的内部交往频繁,沟通快速有力。

四、学校非正式群体的作用

(一) 学校非正式群体对成员个人的作用

1. 补偿作用

如前所述,非正式群体是在正式群体或组织不能满足成员需要的情况下产生的。因此,它的活动往往是有针对性的,以补充组织活动的不足,让成员满足在组织中不能满足的需要。这方面的需要主要是归属需要、交往需要。人们知道,组织是基于工作关系的系统,工作者的行为都要朝向工作目标。然而人之所以工作,不完全为了生计,还为了与人交往,从中获得愉悦与宽慰。尤其年轻人,希望通过各种非正式的接触,获得与异性往来的机会,相互博得好感与赞许。而组织中的工作过于单调、机械甚至缺少人情味,如不允许工作时间交谈等影响工作效率的活动。因此人们要满足归属、交往需要就往往依靠非正式群体。不过,非正式群体的补偿作用到底是积极的还是消极的,要依其补偿的具体内容而定。如果补偿的是消极的东西,那补偿作用无疑是消极的。反之,是一种积极的补偿作用。

2. 控制作用

相对成熟的非正式群体都有自己的规范,其成员往往自觉遵守,与大多数成员保持一致。否则,就会受到冷遇、孤立、排斥,甚至被驱逐出群体。可见,非正式群体对成员的言行发挥着控制作用。这种控制作用有利于非正式群体本身的行为。但是否对组织也有利,这要看非正式群体的性质。如果非正式群体是积极型的,那么这种作用有益于组织的管理。否则,便与组织目标背道而驰。举例来说,由一些破坏班级和学校纪律的学生组成的非正式群体的成员,在教师面前宁可自己受罚也不愿说出同伴的错误,很可能是非正式群体的消极控制力量(如"讲义气"等)在起作用。

3. 同化作用

非正式群体成员在经过一段时间的共同活动之后,各自在言行以及思维方式、价值观念等方面的差异逐步减小,共同语言、共同习惯、共同行为等越来越多,这便是非正式群体同化作用的结果。潜藏在这种现象之后的本质的东西是群体压力、群体规范等。而某个方面的同化一旦完成,客观上又加强了非正式群体压力,充实了非正式群体规范,使非正式群体行为更趋于一致。至于同化作用是否与组织利益一致,则要看同化方向与组织目标方向的契合程度,契合度越大,非正式群体的同化作用与组织的意图越统一;而契合度越小,两者越背离。

4. 激励作用

非正式群体往往是其成员行为的激励者。这是由各个成员感情上的融洽,认识与行为上的一致性决定的。从某种意义上说,激励和支持某个成员的行为,就是肯定该成员本身。因此,非正式群体通常成为其成员的靠山,使之满怀信心地行动。当然,这是以其成员的行为与非正式群体本身利益一致为前提的。至于这种作用对组织的影响,要因事而异:有的是积极的,有的则是消极的。

应该指出,这些作用是非正式群体的整体功能在不同侧面上的显示。因此,它们有紧密的内在联系。也就是说,上述每一种作用在发挥的过程中都牵连着其他作用。例如同化作用,实际上是控制作用的变通表现,并以补偿作用为前提,又是激励作用的基础。

(二) 学校非正式群体对组织的作用

1. 积极作用

(1) 参照作用 非正式群体的特殊本质及活动的多样化为组织灵活调整自己的行为提供了参照。其主要参照有:非正式群体越多,活动越频繁,越表明组织在满足成员需要上有较大缺陷;大多数非正式群体与组织有对立情绪,活动目标针锋相对,这很可能是组织内部有一些弊端,如领导人滥用权力、以权谋私、分配不公等。如果非正式群体对组织敬而远之,那有可能是组织的领导者打击报复,暗害他人,等等。总之,非正式群体能从一定侧面为组织提供信息,如果以这些信息为线索,有关领导认真检查自己,可能会发现自身的问题。

(2) 辅助作用 非正式群体是存在于组织之中的,因此,在一定条件下,它可以辅佐组织开展工作。这些条件主要有:当非正式群体的目标与组织目标一致,且非正式群体凝聚力较强时,非正式群体可维持组织内部的安定。当非正式群体充分理解并积极支持组织时,非正式群体可以代替组织完成部分管理工作,以致组织的管理人员无须事必躬亲。甚至组织遇到管理上的困难时,也可通过非正式群体的领袖排忧解难。当然,这需要组织能适当授权。组织授权有时能引起非正式群体成员尤其是领袖人物的振奋,以致"感恩图报",支持组织,并借助各种非正式的关系或渠道贡献力量,为管理者分忧,颇有"士为知己者死"的情调。如此可弥补管理者能力的缺陷。可见,非正式群体对组织可以反对也可以合作,可以抵制其工作,也可以帮助其工作。前者易如反掌,后者难而可达。关键在于组织管理者们的胸怀与能力。

2. 消极作用

非正式群体的消极作用前面已经提及,但未展开。这里重点论述几种表现形式。需要说明的是,非正式群体对组织的消极作用是在一定条件下出现的,这些消极作用并不是每一个非正式群体的必然表现。

(1) 抵制变革　现代学校组织大多是开放系统,无时无刻不与外部环境进行多方面的交换,并且为适应变化着的外部环境,不断进行内部变革,维持内部平衡。学校组织变革的实质就是责、权、利的重新分配,这必然使某些人的既有权利、既得利益丧失或部分丧失,因而遭到他们的反对或抑制。而且反对者或抵制者往往不是单枪匹马地干,而是采取结群行动。这就出现了非正式群体对组织变革的阻挡。当然,非正式群体阻拦变革不仅由于直接利益的分配,还涉及文化传统的继承,技术设备的更新,尤其是人事的变动。海勒斯(W. W. Haynes)等人认为,凡是组织的变革威胁到非正式群体的生存时,非正式群体必然作顽强的抵抗。[①]

(2) 传播谣言　由于非正式群体成员相互信任,认同感强,所以谣言在非正式群体中传播极快。尤其当组织存在不稳定情绪、成员缺乏安全感时,如非正式群体以讹传讹,会使许多人信以为真,从而影响组织的士气与和谐,甚至使组织遭到破坏。在学校中往往有这样的情况,当上级派人了解一位教师的情况时,马上会出现准备提拔或可能调离等各种猜测,随后就是有关此人工作能力、人际关系、生活作风等的评价。如果此人与一个非正式群体的成员有过不愉快的事情,那很可能引起整个非正式群体的闲言,甚至无中生有,把人说得一无是处。可以说,无论非正式群体中传播的内容是否真实,只要它达到一定程度,都足以影响组织的正常工作。

(3) 结群谋私　非正式群体如果滑入歧途,就可能成为徇私枉法、相互勾结、中饱私囊的群体。无论在学校,还是在其他社会部门中,单个人谋私,只能瞒天过海,偷偷摸摸地进行。而合伙谋私,则可能会冠冕堂皇地进行。因为"一人为私,二人为公"的传统观念可为其辩护。有些非正式群体正是以"私利"为纽带形成的。尤其是垂直型的非正式群体,其领袖往往是组织中的实权人物,他可以在本组织范围内决定普通成员的荣辱富贫。因此,与他结群的人往往利用他的权利为他谋利,同时也养肥自己。在学校生活中,如果形成了这样的非正式群体,那学校的健康发展必然受到极大影响。

五、学校非正式群体的利用

既然非正式群体的存在是不可否认的事实,那么利用其积极因素,并因势利导转化其消极因素就成了学校管理者不得不正视的问题。

(一) 正确认识非正式群体

传统的学校管理比较重视组织与正式群体的作用,而对非正式群体存在偏见。其表现为:一是不能正确认识非正式群体的性质,实事求是地区分积极型、中间型与消极型非正式群体,而是笼统地将这些群体看作是与组织和正式群体闹别扭的小帮派、小团伙等,因而采取分化

---

① W. W. Haynes and J. L. Massie, *Management：Analyses，Concepts and Cases*, 1969，p. 94.

学校管理心理学(第二版)

瓦解、取缔、禁止的办法对待。二是不闻不问,放任自流,让其自生自灭。而一旦出了问题,又小题大作,严厉处置。因此,非正式群体中存在的积极性被破坏了,而消极性有时反而增长。因为惩罚刺激了某些非正式群体成员的反抗情绪。可见,这些看法和做法都不利于发挥非正式群体在学校生活中的积极作用,必须改进。改进的大致方向是,要具体分析非正式群体的形成原因、行为方式、正负功能等,然后分别对待。

(二) 分类对待非正式群体

1. 对积极型非正式群体应保护、利用,促其成长

因为积极型非正式群体与组织同心同德,利用其能量,可以形成合力,加速学校工作进程。当然,利用是多方面的,但主要是人与活动两个方面。利用其人,主要是给其核心人物授权,让其帮助或代替组织管理人员开展某些活动,做成员的政治思想工作等。利用其活动,主要是将其成功的做法加以肯定和推广,让其他人加以仿效。不过,这里需要强调的是,对积极型非正式群体仅仅利用是不够的,还应该关心它,促进其成长。在这方面,要了解其成员的需要与动机,帮助他们解决实际困难,尤其要帮助他们构想自己所在非正式群体的未来,以便更好地配合学校工作。

2. 对中间型非正式群体应坚持正面引导、热情帮助的方针

中间型非正式群体与组织的关系不甚紧密,若即若离,其行为虽对组织没有明显危害,但如果引导不好,让其不大关心组织的倾向过分发展,它就可能疏远组织。如果遇上消极型非正式群体的负性影响或对组织不理解的情况,这就可能对组织产生误解,甚至走上与组织对立的道路。因此,对这类非正式群体一定要正面引导、热情帮助。一方面,要注意联络其成员的感情,给他们以充分的信任,并在理论上加以开导。另一方面,要充分肯定其可取之处,并使其可取之处逐步扩大。在其积极因素不断发展的同时,有意识地引导其目标与组织的目标靠拢,如果能做到这一点,那么,其消极方面可能会得到有效的转化或控制。

3. 对消极型非正式群体应尽力教育、改造,使其迅速转化,对转化确实有困难的,可采用解体等方法处理

对学校中绝大多数消极型非正式群体来说,只要耐心教育,晓之以理,动之以情,导之以行,是可以转化成积极型群体的。尤其是转化点选择得准确时,效果更加明显。转化点是多种多样的,有精神的,物质的,活动的,等等。要具体分析非正式群体的情况,有针对性地确定转化点。例如,针对上面讲过的对抗变革的非正式群体,转化点可选在"消除顾虑,同享变革荣誉和利益"上;针对传播谣言的非正式群体,转化点可选在"找出原因、澄清真相"上;针对结群谋私的非正式群体,转化点可选在"调离领袖,分别教育"上。当然,有的消极型非正式群体积习甚深,正面教育可能难以奏效,则可采用如下方法对待:一是暗示警告术,二是重组关系术,三是工作轮换术。当然,如果工作的技术性很强,不宜轮换的,不应强行轮换。而且,即使可以轮换,也不宜过于频繁,否则会影响工作效率。为了避免这种工作轮换术的缺陷,有人提出程序改变术,即工种不变,变化同一道工序中的工作岗位。例如把高一的数学教师调换教高三的数学,等等。四是有意迫调术。即对消极型非正式群体中的骨干,感到无可奈何时,可用差别待遇方式,使其感到不受信任、厌倦,从而自动要求调离。

人们对群体概念给予了语义学和管理学的界说。从管理学的视角来说,群体有广、狭两说。广义的群体指两个或两个以上的个体的集合。狭义的群体是指为了实现特定的目标组织起来的按照一定规范相互作用共同活动的一些人。群体从幼稚到成熟,主要面临两大关系的考验:一是群体内部的权力和权威的关系,二是群体成员的人际关系。

学校群体可分为多种类型:教工群体与学生群体、正式群体与非正式群体、大型群体与小型群体、实属群体与参照群体。

学校群体有特定的形成机制。其主要机制之一是成员之间的认识与学习。群体成员之间的认识包括表情、行为方式、性格、人际关系等的认识。群体成员之间的认识有时会出现偏差。造成偏差的认识反应主要有首因效应、近因效应、晕轮效应、定型作用。认识的偏差可借助管理进行转化。

为了适应群体行为,群体成员可通过模仿、暗示、从众、服从等调节自身行为。

群体活动的效率有赖群体的整体性,而整体性靠群体规范、群体压力、群体凝聚力维持。学校群体成员素质结构也是影响群体活动效率的重要因素。素质结构可分同质结构与异质结构,静态结构与动态结构。此外,学校群体成员情境心理变化对群体活动效率的影响个体行为具有特定的影响,其影响主要表现在。和学校群体活动本身的特点都对群体活动效率有影响。其中,学校群体成员的情境心理变化对群体活动效率的影响常常通过社会助长与社会顾虑倾向、社会标准化倾向和责任分摊等方面表现出来。

学校非正式群体是一种客观存在。它的形成既有心理基础,又有时空基础。学校非正式群体有多种类型。仅从性质上分就有积极型、中间型和消极型。

学校非正式群体成员感情比较融洽、活动相对协调。学校非正式群体对其成员有补偿作用、控制作用、同化作用、激励作用;对组织有正反两方面的作用。积极型非正式群体对组织有参照作用,辅助作用。而消极型非正式群体有抵制变革、传播谣言、结群谋私等作用。

利用非正式群体的作用管理学校,可从如下几方面考虑:一是正确认识非正式群体,二是区别对待非正式群体。对积极型非正式群体应保护、利用、促其成长;对中间型非正式群体应坚持正面引导、热情帮助;对消极型非正式群体应尽力教育、改造,使其迅速转化,对转化确实有困难的,可采用解体等方法处理。

本章拓展

1. 问题思考

(1)简述群体概念及群体从幼稚向成熟的转化。

(2)比较学校各种群体的异同。

(3)分析学校群体形成的心理机制。

(4)影响学校群体整体性的因素有哪些?

（5）怎样发挥非正式群体在学校管理中的作用？

2. 情境分析

> 李老师是一所高中的年级组组长，他不同意组内的张老师请假一天去参加侄女的婚礼，而张老师认为侄女属家庭成员，理应参加其婚礼，于是张老师未经批准就休了一天假。当张老师回来后，李老师提出要扣张老师一天工资以示惩罚。别的老师听说后，感到这不公平，于是为张老师打抱不平。他们对学校领导说："如果学校不撤销对张老师的处罚，我们就罢课"。[①]

试用非正式群体的相关理论分析这一现象，并为李老师出谋划策。

3. 活动设计

李校长推进改革竟吃"团体操"[②]

> 李校长接受上级行政部门的任命，前年来到该校担任校长一职。其自身学历及业务能力均较高，又在教师培训机构待过，因此一到该校，就大刀阔斧地推出了一系列教学改革新举措，例如：推门听课制、高职低聘制、教学督导制、学科评估制等等，希望通过这样的手段来促进教师的专业成长以及学校的发展。孰知，教师们不买账，先是不配合，私下里议论纷纷，后来有教师跑到校长室质疑，再后来发展到教师公开和校长唱对台戏。特别是去年的民主评议前夕，有教师扬言：要让校长吃"团体操"，果然，民主评议结束，统计结果，校长民主评议不满意率达 42%。特别让李校长震惊的是：他的两位前任也是因为个别教师拉帮结派，致使校长民主评议群众不满意率较高而被调离的。

请你为李校长设计一份提高教师满意度的方案

---

① 王德清、杨东主编：《管理心理学》，重庆大学出版社 2004 年版，第 290 页，有改动，题目为编者所加。
② 周俊主编：《学校管理案例教程》，浙江大学出版社 2006 年版，第 22 页。

第八章　学校人际关系

【案例导入】

致命的"上课讲话"①

18 岁的郭大龙牙关紧咬,头颅高昂,神情倨傲,默默地走进了六楼高一(2)班的教室。

高一(2)班处在校园里最高的楼——明智楼。此时是 2010 年 1 月 21 日清晨 8:06,江苏省阜宁县明达中学的第一节课刚进行到第 26 分钟。高一(2)班教室正在听讲的学生们十分惊讶地看着这位古怪的男生,多数学生并不知道,这个表情奇怪的男生其实来自同校的高三(7)班。

郭大龙漠然无视投向自己的数十目光。他一边走向窗口,一边轻轻地说:"借你们的教室用一下。"正在上课的数学老师只来得及问了两句:"做什么? 做什么?"这个身高 165 厘米、身型微胖的男生已经从窗口纵身跃下。其自杀的原因也很快被师生们口耳相传,"导火线"小得令人震惊,居然是"上课讲话"。

1 月 18 日的某节语文课上,高三(7)班一位刘姓学生和同学讲话,边伸手拍了一下坐在前面的郭大龙的肩膀,就在郭大龙回头的一刹那,被正在上课的刘雯雯老师揪个正着。三人随即被叫到教室后面罚站。

郭大龙向刘雯雯坚持自己并没有讲话,所以不该罚站。那位刘姓学生也和刘雯雯顶嘴,并且可能还讲了脏话。刘雯雯当时很生气,并且放话说"我不怕事情大,大不了老师不干了。"

1 月 21 日,学生们到校刚准备上早读课,刘雯雯来了,她一坐下就把大龙叫上了讲台,疾言厉色和他说了很长时间,叫他写检讨,在班级里读,还叫他带家长来……

紧接着的第一节课从 7:40 开始,正是刘雯雯教的语文课。课上到 8:00 左右,已经被罚站了近一小时的郭大龙突然出声。他说:"耽误大家几分钟时间,就那天事情我作个检查。"一位学生说,他发现这时大龙嘴唇瘪着,似乎在忍着哭,显然十分委屈。但刘雯雯老师并没有停止讲课,开始叫学生上台去做题目。大龙接着说:"那天我不应该和某某说话",但刘雯雯却好像没有听到大龙的话。"语文老师让我们拿出试卷,并找人上黑板订正(大家都看得出来,那是不给他机会)。然后他就出去了,事情就发生了……"一位学生事后在给南方周末记者的回忆记录里写到。

---

① 鞠靖:《致命的"上课讲话"》,《南方周末》2010 年 2 月 9 日第 3 版,内容有删减。

上面案例中所反映的师生关系是一种异化了的师生关系,虽只是个案,但却从反面告诫人们,学校人际关系尤其是师生关系不仅影响学校成员之间的感情疏密、学校群体、组织的凝聚力的程度,而且也影响到社会的和谐、家庭的幸福。因此,研究并揭示学校人际关系的规律性,避免滋生劣性的人际关系是学校管理心理学的又一重要课题。

第一节　人际关系概述

一、人际关系的实质

人际关系是人们为了满足某种需要通过交往形成的彼此之间比较稳定的心理关系。

(一)人际关系是心理关系

人际关系反映人们在思想上、感情上的距离和相互吸引与排斥等心理状态。它与社会关系既有区别又有联系。区别在于社会关系虽然也涉及心理关系,但更重要的是指社会生产关系,在阶级社会中表现为阶级关系。两者的联系表现在:人际关系是以社会关系为基础,在人们进行交往的过程中建立起来的,受社会关系的制约。反过来,人际关系又影响社会关系的发展,因为它是人们进行交往,形成各种社会关系的条件。

(二)人际关系以人们的需要为基础

人有各种各样的需要,这些需要都不是在与世隔绝、自我封闭的状态下自然满足的,而要借助与他人一起进行的活动才能得到满足。而且,人们总是为了满足某种需要才进行交往,从事共同活动。换言之,满足需要是形成人际关系的动因。因此,人际关系紧张与和谐,反映着人们在相互交往中需要能否得到满足的情形。如果交往双方的需要能得到极大的或一定程度的满足,就会产生喜欢、亲近的心理反应,反之就会产生厌恶、疏远的反应。不过,这里要强调的是,需要的满足往往不是就一次交往行为而言的。而且需要有对应性满足与代偿性满足之分。有时需要虽然没有获得对应性满足(如肚子饿,没有获得食物),但获得了代偿性满足(没有吃东西,却得到了安慰),也可以产生肯定的感情反应。此外,满足需要作为形成人际关系的动因意味着人们进行交往是为了获得某种利益。这里所谓的利益有三义:一是包括个人利益、组织利益和社会利益。二是涵盖物质利益与精神利益。在人际关系这种心理关系中精神利益往往更为重要。三是互惠的利益,而不是损人取利。不过,在现实生活中,尽管人际关系充满阳光,但也有阴暗与龌龊,把利用他人作为交往目的的人同样存在。

(三)人际关系以交往为手段

人际关系不是自然形成的,而是人们借助交往,努力消除陌生,缩短距离的结果。之所以要借助交往,是因为交往是人们交流信息,消除生疏,加深了解,获得肯定或否定感情的途径。换句话说,没有交往,人们即使处于一个狭小的空间,也会各想各的,实际上没有形成心理学意义上的人际关系。另外,交往频率是人际关系的调节器。一般来说,交往频率越高,人际关系越向深度发展;交往频率越低,人际关系越趋于淡化。当交往完全不存在的时候,原有的实义人际关系也会成为名义人际关系。多年中断联系的师生关系便属于此类。

（四）人际关系是多种心理因素的复合体

人际关系是一种复杂的心理现象，它除了以交往双方的需要为基础外，还涉及交往双方的认知、感情和行为。可以说，任何人际关系的发生、发展和变化，都是交往双方认知、感情和行为共同作用的结果。首先，就认知成分而言，它是人际关系形成、发展和变化的理性因素。因为，人际交往中，交往双方相互的感知、理解、判断和评价不仅是人们产生感情体验的前提，同时是人们确定是否进一步交往的根据。其次，就感情成分而言，它在人际关系中起着驱动、调和的作用，不同的感情往往导致不同的人际关系。再次，就行为成分而言，它既包括能够表现个性、表达情感、传递信息的各种行为要素，如语言、手势、动作、风度及相应的表情等，也包括这些行为要素以一定方式连接而成的活动。如学习、劳动、游戏等都包含着形成人际关系的复杂行为成分。

二、人际关系形态

（一）亲密形态

亲密形态是人际关系甚好的形态。其主要特点是：交往频率高，交往的信息量大而稳定；双方彼此吸引，相互满足对方需要，不计得失，因而作为交往结果的满意程度也高；人际关系自我协调功能能强，双方充分理解、信任，交往中出现的矛盾较易弱化，不至于影响进一步交往。

（二）互利形态

互利形态是人际关系较好的形态。交往双方坚持互惠互利原则。交往的动力主要是利益要求，感情与吸引不是内在动力，而是外部象征性的礼仪和相互尊重的行为。这种人际关系是由简单、明确、具体的共同需要维系的，如工作、学习、生活上的共同需要。大多数同事关系、同学关系属于这种类型。

（三）勉强形态

勉强形态是人际关系的一般形态。这是一种由于一定利害关系或迫于外部压力而不得不进行交往的人际关系。其特点是交往双方或其中一方已失去了魅力，但双方的需要尚存，无法立即解体。双方都怀有不同程度的厌恶对方的情绪，但彼此都能表现出一定程度的克制，表面上相互敷衍应付，实质上交往机制受到了损害，小型冲突经常发生。

（四）冲突形态

冲突形态是人际关系的恶化形态。其特点是关系双方的情绪已经恶化到难以相容的地步。相互间的吸引力已被扭曲了的印象所代替，摆脱对方的需要已大于维持关系的需要。自我调节功能出现反向作用，不仅不能将现有的障碍排除或弱化，相反常把已经过去的交恶问题同现实障碍相联系，使障碍扩大，交往更加困难。这种形态的前景大多是直接交往中断，但也有可能由于双方直言真情、摒弃前嫌而使关系在一定程度上恢复。不过要进一步深化甚为艰难。

上述四种形态，可大致反映人际关系双方心理距离的长短。一般来说，"和为贵"是人际关系的一则信条。因此人们通常追求亲密形态、互利形态，而对冲突形态颇有微辞。其实对于冲突形态的人际关系要作具体分析，不可一概反对。因为人们之间的矛盾是不可避免的，公开矛盾,妥善处理,有利于人际关系转化。它在某种意义上比勉强形态还多一些积极意义。

第二节　学校人际关系

一、学校人际关系的特点

学校人际关系是人际关系的特殊形式,它一方面具有上述人际关系的共性,另一方面又有自身的独特性。这里阐述的学校人际关系特点是相对其他社会群体或组织的人际关系而言的。

(一) 教育性

学校一切工作都是围绕教育学生进行的。因而学校人际关系首先是一种具有教育功能的关系。也就是说,学生为了求知受教,教师为了教书育人才形成了以教师与学生关系为主体的学校人际关系。学校人际关系之所以具有教育性特点是因为它既是教育内容,也是教育目的和手段。

首先就教育内容而言,学校人际关系的性质、功能、特征、内容,以及怎样形成良好的人际关系等是重要的德育内容。其次就教育目的而言,在让学生学习和掌握必要的人际关系知识和技能的基础上,增强认识和判断人际关系的能力,学会处世做人,这是教育目的的组成部分。再次就教育手段而言,良好的学校人际关系不仅能激励师生努力工作和学习,而且能促使人们接受意见,改正错误。例如师生彼此信任、关系融洽,学生就更容易听取教师的批评意见,迅速纠正错误。又如在课堂教学中,良好的人际关系会产生和谐的心理氛围,师生都会精神饱满,注意力集中,教学效果自然好些。

(二) 纯洁性

学校是人类文明的炼狱,它尽力剔除渣滓与腐朽。因此它的人际关系比较清纯。而构成这种特征的因素除了学校中传播的文化科学技术知识的高雅与洁净外,还有这里的人的素质相对纯朴,精神境界比较高尚。大家知道,学校教育对象大多是天真烂漫的青少年,心灵比较纯洁;教育者一般是经过专门训练、知识比较渊博、品德比较优良的专门人才。而且他们走到一起的目的是教育与受教育,有特殊的角色规范约束,教师要为人师表,学生要尊敬师长,虚心学习。这就使得师生关系不同于上下级关系、师徒关系、亲子关系,更不是亲戚关系、经济关系或金钱关系。维持学校人际关系的主要纽带是教育活动和感情因素。所以,与社会其他部门的人际关系相比,学校人际关系少一些污染是极为自然的。

(三) 阶段性

学校人际关系有较强的阶段性。这主要因为:一是任何学生在校学习都有一定的时限(学制),一旦期满,就要毕业离去。与此相应,师生、同学之间的以教育需求为根据的直接交往就基本结束。二是随着直接交往的结束或减少,师生、同学之间的心理距离开始变大。到一定时候,特定时期的学校人际关系成为一种名义关系。不过,由于学校人际关系有纯洁性特点,即使特定时期的学校人际关系结束了,但它在各个关系对象之间架起的友谊桥梁与其他群体人际关系的桥梁相比,似乎更能经受风吹雨打。

以上学校人际关系的特征,是从不同角度进行相对意义描述的结果。因此,在理解它时应该注意两点:一是这些特征是相互联系的。例如学校人际关系的教育性,影响学校人际关系的纯洁性和阶段性,同样,纯洁性会使教育性更具有效性,而阶段性会使教育性有局限性。二是这些特征都是从肯定角度讲的。事实上,作为社会人际关系的一部分,学校人际关系也不是纯而又纯的,其中也免不了存在落后和被污染的某些成分,只不过不是主流罢了。

二、学校人际关系的意义

研究学校人际关系的意义是在相对理想状态下进行的。一般来说,良好的学校人际关系会产生下列效应。

(一) 良好的学校人际关系有利于调动学校成员工作和学习的积极性

这主要因为在这样的人际关系中,人们不仅心理上有安全感,而且温暖与体贴,信息与智慧等都会随着相互间的交往而来。尤其在遇到困难时,四处都会伸出援助之手,这往往容易使人形成不负他人,并以努力工作和学习回报他人的心态。另外,由于关系密切,互相信任,学校成员之间容易出现互相仿效,你追我赶,不甘落后的局面。心理学家亚历山大和坎贝尔发现,良好的人际关系可以提高学生的学习抱负。例如,一个学生如果他的好朋友打算考大学,那么他很可能也想考大学。又如,有的心理学家研究"合作学习"中良好人际关系对学生学习的影响,发现在良好的同学关系中,学生容易形成被他人接纳、支持和喜爱的信念,感到其他同学关心自己学习,并想帮助自己学习。因此,愿意听取其他同学的意见,愿意帮助他人,和他人一起共同完成学习任务。[①]

(二) 良好的学校人际关系有利于学校成员心理的健康发展

这可以从三方面分析:一是良好人际关系意味着人们之间交往频率高,知识、技术、信息等交流快,有利于个体才能的发展。二是良好人际关系意味着人们之间可倾诉衷肠,分忧愁,解苦闷,使情绪开朗,可避免不少心理疾病。三是良好人际关系意味着彼此信任,在思想、信念、态度、价值观等方面相互摄取,从而提高人的精神境界。正如马克思所说,人的发展取决于直接或间接进行交往的其他一切人的发展。近年来大量的心理学研究还从反面(即不良人际关系对学生心理发展的影响)证明了这一点。有的研究发现,儿童时期的不良人际关系将容易导致青春期的破坏性行为及成年期的心理疾病。科恩(Kohn)和克劳森(Clausen)发现,在患有精神病的成年人中,儿童时期表现为社会孤独的比具有正常同伴关系的百分比要高得多。考恩(Cowen)等人发现,小学三年级时的不良人际关系,与成年早期情绪障碍有较大的相关。他们积累了儿童的各种测验数据,包括智商、学习成绩、考勤记录、教师评语和同伴评语。11年以后,他们查阅当地心理健康登记簿,核对样本中哪些人正在接受心理治疗,发现在保存下来的三年级全部测验数据中,同伴评语是成年心理健康状况的最好预示。总之,大量的研究结果表明,小学和初中阶段的不良人际关系,预示着高中阶段的心理变态;而小学和中学的不良人际关系,又预示着成年的心理变态。[②]

---

① 詹姆斯·H·麦克米伦主编、何立婴译:《学生学习的社会心理学》,人民教育出版社 1989 年版,第 153—158 页。
② 同上书,第 147—148 页。

（三）良好的学校人际关系可促进教育质量的提高

教育质量是由学校成员合力创造的。当学校人际关系处于和谐协调状态时，人们相互支持、步调一致、容易形成合力，教育质量往往较高。反之，人际关系紧张，各吹各的号，各唱各的调，甚至故意设置障碍，教育力量不是内耗掉了，就是难以直接作用于学生。尤其是师生关系紧张时，学生对教师不信任，不愿接受其教育，教育质量就更难以保证。另外，如前所述，良好的人际关系本身是丰富的教育内容，学生可以由信任、喜欢他人到模仿他人，获得书本中没有的知识和教益，这客观上为教育质量的提高开辟了道路。不过，需要指出，如果处理不当，良好的人际关系对教育质量也可能产生负面影响。例如师生关系亲密，而放松对学生的要求，甚至考试送分，等等。在社会风气特别是学习风气不正的时候，分析良好人际关系对教育质量的影响时应持两分法。

（四）良好的学校人际关系是巩固和发展学校组织的保证

学校组织的巩固和发展需要群体成员同心同德，拧成一股绳。而这又依赖于良好的人际关系。因为只有人际关系密切，大家认同感强，才有同心同德，也才有组织的较大凝聚力。相反，人际关系紧张，互不相信，安全感下降，甚至经常要提防被人暗算，要分出许多精力去应付人际纠葛，有些人受不了，便想一走了之。日本学者调查发现，约有95％的人调动工作是由于人际关系问题。当人心思走的时候，组织也就难以巩固，更谈不上有较大发展了。

总而言之，良好的学校人际关系对学校工作有全局性影响。它是激励学校成员的有效手段，学校成员身心健康发展的重要基础，是影响教育质量不可忽视的因素，因而是巩固和发展学校组织的保证。

三、学校中不同种类的人际关系

学校成员可以分为许多群体，各群体成员有自己相对独特的活动范围，其人际关系有一定特殊性。因此，可以从横向上区别不同群体的人际关系：学校领导群体人际关系、教师群体人际关系、学生群体人际关系。如果从纵向上考察，就会发现这些群体之间又有一定的人际关系，如学校领导与教师的人际关系，教师与学生的人际关系。这里为简便起见，将学校领导与教师合二为一，统称教师，并对其人际关系作简单描述，然后探讨师生人际关系。

（一）教师人际关系

由于教师社会化（包括职业训练等）的特殊性，使教师形成了比较独特的需要结构（详见第三章）。这种需要结构与其他个性品质等作用于教师的人际关系，使其表现出双重性。

1. 教师人际关系中的积极层面

一是由于成就需要、自尊需要等的作用，大多数教师能平等待人、团结互助、彼此尊重、友好共事、协调一致。因为教师大都知道，教育成就的取得，不能只靠一个人的力量。尤其是现代教育是多门学科、各种教学技术手段协同作用的系统工程。教师的这种人际关系主要受他们自身的思想觉悟、集体观念、职业道德、事业心等的调节，其发展水平主要取决于教师集体的成熟度，而不是特定个体的成熟度，所以这种人际关系比较稳定。

二是由于交往需要、归属需要等的作用，大多数教师能主动与人交往，择善处仁，形成非正式群体。教师的这种人际关系主要以他们共同的个性品质或感情等为纽带。它不仅使教师的业余生活丰富多彩,而且使教师有了更多的交流思想、获得信息、调适感情的机会和场所。

2. 教师人际关系中的消极层面

一是不相往来。由于受传统观念,以及教师工作以个体作业为主的特征的影响,少数教师在处理与其他教师的关系时容易出现"老死不相往来"的现象。这实际上是一种自我封闭现象,虽无损于他人,但不利于自己对环境的适应,也不利于教师整体人际关系的发展。这种现象主要体现在:洁身自好,井水不犯河水;孤芳自赏,自命不凡,不愿与人为伍。

二是文人相轻。它在影响教师人际关系健康发展方面,更甚于"老死不相往来"。文人相轻是私有制度下形成的文人之间为保住自己的地位和利益,彼此忌恨,相互轻视的社会现象。在现实的学校生活中仍然存在。其主要表现是评价其他教师工作成就时,不顾实际,有意贬低,借以显示自己的高明,抬高自己的身价。或者是自高自大,瞧不起其他教师。例如,有些青年教师认为老教师思想保守,知识陈旧,不值得一提。而有些老教师觉得青年教师缺乏经验、作风不实,因而全盘否定。这除了刻板印象的作用外,与自高自大、瞧不起他人有关。

上面所述的教师人际关系积极层面与消极层面,主要是针对教师之间交往是主动还是被动,是有利于相互间心理距离缩短还是不利于缩短而言的。也就是说,这里的积极与消极并不是就其对学校组织或群体作用的性质而言的。

(二) 学生人际关系

1. 小学生的人际关系

小学生人际交往的基础主要是为了满足直接的可感性强的需要。例如交个朋友以便一起游戏、玩耍,或者通过赠送学习、生活小用品,融洽相互间的关系。他们的交往目的不大清晰,情境性强,关系不稳定。因此,小学生人际关系的主要特点有:一是朴实。小学生人际关系几乎没有矫揉造作,非常实在。例如他们对待违反纪律的同学进行严肃认真的批评,不留情面。二是纯净。小学生人际关系往往不是以利用他人为价值取向,所含的世俗偏见较少。三是易变。小学生,尤其是低年级学生并没有把人际交往作为交流思想、感情,获得安慰和关怀的手段。因此,他们人际关系的密切程度比较有限,也经常变化。研究表明,小学生到三四年级时才开始出现少数比较稳定的非正式群体。四是重师。所谓重师即重视教师的作用,以教师为核心形成人际关系。换言之,学生之间的关系以教师认可为基础。例如教师喜欢的同学,其他同学跟着喜欢,从而形成比较密切的关系。

2. 初中生的人际关系

初中生入学之初,因人地两生,人际关系仍有重师特点。但随着同学之间交往增多,彼此熟悉起来,开始出现同学人际关系比师生关系更重要、更复杂、更有内容的局面。概括起来,初中生人际关系的主要特点有:一是初步分层。即初中生开始根据亲密程度区分同学关系。他们已有一般关系的同学、较亲近的同学、要好的同学等观念。要好的同学之间绝对忠诚、坦白、保守秘密、遵守无形的伙伴关系准则,对"背叛行为"同仇敌忾,而且不允许成人对要好的同学关系过分干涉。二是"小群"丛生,即小型的非正式群体形成较快,尤以女生为多。非正式群体涌现出领袖人物,领袖人物通常是有威信的非干部学生。三是男女有别。初中生正处于性发育时期,朦胧的性意识使他们对异性既好奇又羞于接受,表现为交往中有明显的男女界限。因此,初中生的非正式群体往往由同性别者组成。

3. 高中生的人际关系

高中生的人际关系开始趋于稳定、深刻。其主要特征有:一是"准"成人化。即有一些成人特点,但又不完全具备成人人际关系的成熟性。这主要表现在高中生之间的交往,已有比较明确的目的,特别是为了满足友谊方面的需要。于是他们往往结交"志趣相投",能"倾心交谈"的朋友。二是注意"影响"。高中生开始注意自己的社会形象,因而在人际关系处理上不像初中生那样随便,尤其是选择交往对象时有一定的考虑。三是"哥们义气"。高中生的人际关系反映着他们这一层次人的价值取向,同时饱含着真挚的情谊,因此往往珍惜自己要好的同学关系。如遇破坏关系的行为发生,敢于挺身而出,甚至为朋友的事情两肋插刀。

大学生的人际关系已类似于成人,所以不作专门描述。

总起来说,学生的人际关系处在迅速发展之中。了解其大致趋势,有助于人们顺势转化其不良倾向,使学生的人际关系都纳入良性发展轨道。

(三) 师生人际关系

1. 师生人际关系特征

教师与学生人际关系的性质,往往受社会生产关系性质的影响。在我国现阶段,师生人际关系具有如下特点:

其一,需要互补　教师与学生的联系,决定于心理上的需要。面对学生,教师有"教的需要"。而要满足教的需要,必须与受教者形成功能关系。面对教师,学生有"学的需要"。满足求知发展的需要是大多数有较高自觉性的学生跨入校门的动因之一。正是这种互补性需要,推动着教师与学生关系的发展,使之不断紧密。

其二,交往规范　教师与学生的关系是建立在规范性交往基础上的。这种规范性主要来源于教师职业道德规范和学生行为规范。其核心是教师对学生关心热爱,学生对教师尊敬信赖。就前者而言,不论学生的家庭背景、智力水平如何,教师都要一视同仁,不歧视、不偏爱。就后者而言,不论教师的年龄、性别、专长、外表如何,学生都应尊敬教师。而且,教师关心热爱学生的行为方式,与学生尊敬教师的行为方式都必须是得体的。教师不可过分亲昵,甚至越轨;学生既不要过于拘谨,也不可过于放肆,甚至失礼。可见,教师与学生的人际关系是循规蹈矩的。

其三,角色多重　教师与学生的人际关系是一个大舞台,它让教师与学生扮演着多种角色。也就是说,教师与学生不仅是教育者与受教育者的关系,同时也是领导者与被领导者、成熟者与未成熟者、长辈与晚辈、有知者与无知者(或知之较少者)等角色关系。这意味着教师不仅是传道、授业、解惑之师,同时是为学生生活排忧解难之人。他们有必要花费一定时间深入学生,了解其困苦,并尽力相助。否则,即使教师业务能力再强,学生非常尊敬,但学生与教师的心理距离未必很短,也就是说,师生关系未必密切。这同时也意味着,学生除了对教师的教诲给予肯定,尊敬教师之外,也应对教师给予必要的体贴和照顾,扮演好学生之外的其他角色。

2. 师生人际关系的发展

学校人际关系,最初往往是由组织编排人员而形成的。也就是说它并不是在人们自愿交往基础上出现的。因此它的发展有自己的独特过程。

其一,接触阶段 这是教师与学生开始直接交往,由不相识到相识的阶段。这一时期,教师与学生都能按照规定的角色进行交往。学生对教师毕恭毕敬,教师对学生客客气气,礼节性行为掩盖着双方的真实风貌。但双方内心都有更多了解、熟悉对方的意图,教师尤其如此。教师总是围绕学生熟悉的话题对话,尽量消除学生的拘谨与紧张,努力捕捉有助于了解学生的一切信息,如家庭背景、个人爱好等等。初始交往给双方留下的印象,往往对以后的交往有直接影响。就教师而言,由于工作职责的缘故,无论他对学生的印象如何,都会进一步与学生交往。但学生可能不一样。如果他对教师的形象缺乏好感,那么他有可能采取敬而远之的态度,回避教师。因此,在接触新学生时,一些有经验的教师总是先熟悉学生的姓名,以便见面不久就可叫出名字,给人一种亲切、和谐感,尽快缩短心理距离。同时采用诙谐、幽默、随和、大方的谈话方式,让对方乐于接纳自己。

其二,接近阶段 这是双方经过一定的交往、接触之后,陌生感逐步消除,心理距离开始缩短,感情交流代替礼节性应酬的阶段。这时双方都形成了关于对方的大致印象,并作出了较好的评价,因此有加强交往、尽快使关系密切起来的意向。当然也有可能对对方的印象并不甚好,但为了取得一定的教育效果,而有意识接近对方。师生之间的有意识接近,尤其是教师对学生的接近,通常应对每个学生保持比较均匀的频率,即教师与各个学生的接触大致平衡,避免仅与少数活跃学生(如学生干部、尖子学生)接近的现象。对于比较喜欢接近教师的学生,教师需注意观察、分析,了解他们的接近意图,以便正确引导。这里应当强调,接近既是教师与学生关系发展的一个阶段,也是一种状态。而且就一般的师生人际关系而言,这是一种终止状态。也就是说,有的师生人际关系发展到这种状态,就不会深入发展了。尽管从理论上说,教师与学生的人际关系越亲密越有利于获得教育效果。但由于条件的局限,有时师生人际关系难以达到亲密程度。

其三,亲密阶段 这是接近阶段深入发展的结果。其主要特征是双方从浅层的信息交流发展为心灵的沟通,感情的交融。此时双方无论是认识、感情还是行为都有较大的协调性。例如教师安排的学习任务,即使繁重且艰难,学生也非常理解教师的用心,没有丝毫怨言。同样,学生提出的要求,即使有些过分,教师也能理解,并耐心说服,不至于反感。

总之,师生人际关系的发展具有一定的阶段性。不同阶段有相对明显的特征,而且有比较稳定的性质。不过阶段性与连续性是统一的,即任何阶段都不是停滞不变的,它不深入发展就有可能倒退或"回生"。事实上,由于教师对与学生交往的需求强烈程度不同(如班主任、各科教师,或主要文化课教师与学生的交往需求程度不一),师生人际关系分别处于不同的阶段。有的甚至转向反面,即关系紧张。一般来说,班主任、主要文化课教师与学生的关系更密切一些。

第三节 学校人际关系调节

学校人际关系状态不是固定不变的。人们可以通过有意识地引导和调节,使之朝预期的状态发展。不过,要有效地进行调节,首先必须了解其发展状况,进行必要的测量与分析。

一、测量人际关系

测量人际关系有特定技术和方法。这里介绍两种:

(一)群体成员关系分析法(又叫社会关系测量法)

此法由心理学家莫雷诺(J. L. Morero)创造。莫氏认为,群体成员的相互作用,以各自的吸引力为基础。由此他创造了一种由群体成员自己回答的问卷,答案都由三个备择项目(吸引、排斥、不关心)组成。问题大多是关于群体成员喜欢和厌恶的成员是谁,以及他们希望或乐意一起工作的人是谁。问卷收回后,将其反映的情况绘成群体成员关系图(见图8-1)。

然后根据图再分析群体成员的关系情况。图8-1反映的情况是:A、B、C、D与G、H、I是两个非正式群体,内部关系非常密切。两个非正式群体的成员B与G有联系。J在群体中是比较孤独的,但比F境况要好。F被D与E排斥。

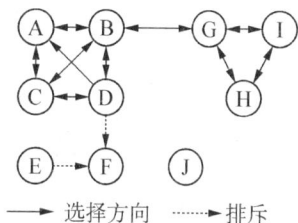

→ 选择方向　⋯⋯▶ 排斥

图8-1　群体成员关系图

当然,这些调查情况还可通过赋值,列成统计表,计算出每个人的得分,从分数多少判断他们的人际关系。例如给被选的最有吸引力的人3分,次之者2分,再次者1分。相反给被选的最不喜欢的人-3分,很不喜欢者-2分,较不喜欢者-1分。假定填入分数如下表(表8-1):

表8-1　某群体人际关系统计表

选择者 ＼ 被选者	A	B	C	D	E	F	……
A		3	3	2	-1	-2	
B	3		1	2	3	-3	
C	3	1			1	1	
D	2	1	2	1	-1	3	
E	1	3	3	-1		1	
F	2	2	-1	3	1		
⋮							
合计	11	10	8	7	3	0	

从表8-1中可以看出,A人际关系最好,F人际关系最差。

(二)群体成员相互作用分析法

此法由贝尔斯(R. F. Bales)创造。贝尔斯研究发现:在一个没有领导的群体活动中,群体成员相互作用的行为可分两类:一类是群体成员作用于工作的行为,一类是群体成员作用于他人的行为。这些行为有时发挥正向促进作用,有时发挥反向促退作用(如表8-2)。

从表8-2中可以看出,如果群体成员行为作用于他人,那么他们的相互作用多属于人际关系方面,具体表现为协调人际关系或引起人际矛盾。如果群体成员行为作用于工作,那么群体成员相互作用多属于工作关系方面,具体表现为协调工作关系。在实际活动中,这两个方面

表 8-2　群体成员相互作用分析表

群体成员行为作用对象		群体成员行为表现
他人（即人际关系）	正（积极的）	1. 团结、帮助、鼓励、消除紧张。 2. 讲笑话、幽默。 3. 谅解、赞成、照办。
	负（消极的）	1. 不赞成，表示消极的拒绝。 2. 表示紧张，要求帮助。 3. 表示对抗，维护自己
工作	正（积极的）	1. 提供建议、指示。 2. 提供意见，发表感受。 3. 指示方向，重复说明，澄清观点。
	负（消极的）	1. 要求明确方向、核对方向。 2. 征求意见和估价。 3. 征求建议和指示。

往往是联系在一起的。不过，在一般的群体活动中也确实有一些成员善于出主意，指挥别人；也有一些成员长于缓解人际矛盾，协调人际关系。当然贝尔斯的看法是比较具体的。他认为，群体成员相互作用的行为，可与表中 12 种类型的行为表现对照，它们都可以归入其中的一种。也就是说，尽管群体成员的相互作用比较复杂，但都无外乎这 12 种之一。这也许有点简单化，但给人们的启示还是不可抹煞的。

二、利用人际吸引

人际吸引是人与人之间友好、亲近和喜欢的心理现象。影响这种心理现象的因素很多，人们通常以这些因素命名，排列出许多类人际吸引。这里介绍的几种主要人际吸引，并不是每个学校成员和所处客观条件都具备的。但知道这些人际吸引类型后，做有心人，尽可能利用现有的人际吸引条件或创造这方面的条件，使人际关系密切起来。

（一）接近吸引（proximate attract）

这是因空间上的接近引起的吸引。一般来说，地理位置接近的人较容易建立人际关系并逐步深化。西格尔的研究证明了这一点。在他的研究中，一所警察学院严格地按照新学员姓名的字母顺序安排教室座次、分配寝室。就是说，两个学员姓名的第一个字母越靠近，他们在教室里坐的距离越近，彼此住的寝室也越靠近。6 个月后，要求每位学员提名谁是他在这所学院里最亲密的朋友。平均来说，学员提名最好的朋友只在字母表上的四五个字母之间波动。[①]为什么接近会使人相互吸引呢？据分析，主要原因有：一是"有用性"。人们在长期的交往实践中认识到，同与自己接近的人进行交往，建立关系，不仅可以很快地满足自己社交的需要，还可以满足其他方面的需要，如感情的寄托，信息的获得，生活、工作、学习中的关照等，所谓"远亲不如近邻"说的就是这个道理。二是"长期性"。与自己接近的人是自己经常交往、长期共事的

---

① （澳）J. P. 福加斯著，张保生、李晖译：《社会交际心理学——人际行为》，湖南出版社 1992 年版，第 289 页。

人，与他们的人际关系如何，对于自己身心发展和工作、生活等都有直接的重要影响，所以人们往往更多地从积极方面去评价同事、同学、邻居等在空间上与自己接近的人，趋向于充分肯定甚至夸大对方的积极品质。三是"交往多"。接近吸引的大致过程是：接近→交往→熟悉→良好的人际关系。具体来说，空间上接近为人们之间的交往提供了更多机会，增加了交往的频率。而频繁的交往使人们更易于深入对方的内心世界，熟悉对方，一旦熟悉了对方，人们往往自觉地调整自己的行为，以适应对方，从而减少许多由于不理解而造成的人际冲突，也就是常说的求同存异。

不过，深究起来，隐藏在接近吸引中的更重要的原因可能是双方的某些一致性。也就是说，如果没有一些共同的可相互满足对方需要的东西，恐怕会越接近越令人讨厌，越可能产生人际冲突。换言之，接近吸引不是绝对的。

（二）相似吸引（similarity attract）

这是因人们有一些类似因素引起的吸引。常言道，"物以类聚，人以群分"。联系前述非正式群体理论分析，人之成群大多是由于一些共同因素在起作用。也就是说，人们都乐于与自己相似的人进行交往，建立和发展良好的人际关系。因为交往双方在一定方面的相似性会使彼此在交往过程中对所交流的信息有相同或相似的理解，以致产生相同的情绪体验，形成相互吸引。人与人之间富有吸引力的相似性主要有：

1. 年龄相似

人在生命发展的不同阶段，具有不同的身心特征。同龄人在认识、感情、行为等方面有一些共同特点。这些特点往往使同龄人彼此肯定，善解对方之意。因此他们之间有较强的吸引力。这意味着年龄上的较大差距会增加人际关系障碍（即所谓"代沟"或"代际差异"）。

2. 经历相似

这里的经历包括籍贯、所受的教育、生活的环境、扮演的社会角色、经济状况等。相似的社会经历会使人对事物有相同或相近的感受，容易相互理解、相互赞赏，从而形成良好的人际关系。所以，人云"同是天涯沦落人，相逢何必曾相识"。相同的社会角色（尤其是社会地位）容易使人具有相同或相近的思想感情和行为模式，共同的社会利益，相仿的生活方式。他们往往产生"自己人"的感觉，因而更易互相吸引。

3. 态度与价值观的相似

这是影响人际吸引的最重要的相似因素。美国社会心理学家纽卡姆（Newcomb）曾用实验证明了这一现象的存在。他让态度相似和不相似的大学生混合住在同一房间里，过一段时间后调查他们的人际关系。结果表明，在相处的初期，空间距离决定了人与人之间的相互吸引；而到了后期，则态度越是相似的人之间的吸引力越大。后来，心理学家尼尔森（Nelson）做了一个非常有趣的实验，支持了纽卡姆的观点。他的实验是，先让被试填写一份态度问卷，然后让他看一些已经填写好了的问卷（即答卷），问他是否喜欢该问卷的答卷人。实际上，向被试出示的那些答卷的内容是由实验者根据该被试本人所回答的内容填写的。那些问卷所表明的态度与被试态度的相似性分别为 33%、50%、60% 和 100%。结果是，相似性的百分比越高，被试喜欢对方的程度越高，吸引力越大。态度相似与其他相似因素相比，在人际吸引中具有更大的作用。换言之，其他方面相似而态度不一，往往难以形成密切的人际关系。而且态度相似在已经发展起来的良好人际关系中仍发挥着吸引作用。这告诉人们，即使人际关系密切，也不可在态度上随便。如果态度出现较大的差异，良好的人际关系也会开始向负性方向发展。

（三）互补吸引（complementarity attract）

这是因双方的个性特点等呈互相补充的状态引起的吸引。这可以从两方面分析：一方面交往双方"需要"互补，从而相互吸引。例如师生之间的授受关系，正是建立在"需要"互补的基础上的。另一方面交往双方在气质、能力、性格等方面互补，增加了相互吸引。例如支配型人格的人往往易与依赖型人格的人建立良好关系。在这种关系中，支配者乐于支配，从别人的服从中获得满足，依赖者则乐于被支配。在同事和同学的交往中，具有不同能力的人也易于相互吸引，因为他们可以从对方那里补偿自己的不足。

有两种理论给互补吸引比较好的注脚。一种是人际关系的交换理论（exchange theory of interpersonal relationship）。这种理论认为，友谊是物质财富与精神财富的交换关系。人们通过友谊可以获得六个方面的利益：爱、社会地位、信息、金钱、财产、帮助。良好的人际关系就是这种利益的相互变换，需要的相互满足。另一种是人际关系的相等理论（equity theory of interpersonal relation‐ship）。这种理论认为，人们对某一人际关系的评价是以这一关系对双方是否有益为原则的。也就是说人们不仅仅考虑自己在这一关系中得到的和失去的是否相当，而且还要考虑对方为这一关系所付出的代价和得到的利益如何，要求自己的得失天平处于平衡状态。如果意识到两者是不平衡的，那么他们对这一关系就感到不满意。如果意识到这种关系对彼此都有好处，那么这种关系就会使双方都能够得到心理上的满足，并得以维系和发展。

但是从本质上看，互补吸引是相异吸引，与相似吸引有明显的矛盾。怎样解释这一矛盾呢？科克霍夫等人提出了一个关于人际关系的"过滤假说"，认为在人际关系发展的最初阶段，相似的经历、空间近距性和体态魅力等表面特性，具有重要意义。接着，相似的态度维系人际关系。再往后互补性才在人际关系中起核心作用。

（四）才能吸引（talent attract）

这是因双方的才华引起的吸引。一般来说，有才华的人容易产生吸引力，而能力低下的人则易受轻视。因为聪明、才智既可以给人精神享受，也可以使人从中获得帮助。但过分精明的人却不能给人以充分的好感，"十全十美"的人有时反而不如那些有才华但偶有过失的人有魅力。也许过分精明往往使人联想到虚伪狡猾，给人一种不安全感，从而降低吸引力。而"十全十美"的人，使人觉得高不可攀。才华出众而有过失的人，令人觉得有血有肉，真实可信。不过，能力低下的人一旦有过失，将更丧失其魅力。阿伦森等人的实验证实了上述观点。他们要求被试对力求代表大学界参加一次竞选的候选人的魅力进行评定。一位候选人显示出高超的才干和能力，正确地回答了92％的问题，另一位候选人能力平平，只正确回答了30％的问题。此外，有一半被试看到两候选人的一个小过失：将咖啡撒了自己一身。实验结果如表8-3：

表8-3　过失对能力强与能力差的候选人之魅力的影响

	平均吸引得分（评分愈高，表示愈喜欢）	
	有过失	无过失
能力高超的候选人	30.1	20.8
能力平平的候选人	－2.5	17.8

（五）仪表吸引（physical attract）

这是因双方的容貌、穿着、身材、风度等引起的吸引。常言道：爱美之心，人皆有之。因此，容貌美丽、举止优雅、风度翩翩等都成为吸引人的因素。特别是人际交往初期，由于"首因效应"的影响，仪表动人往往比才华出众更有吸引力。因为人们对外表比对内在的才华更能迅速地作出正确判断。不过随着时间的推移，人际关系中仪表的作用越来越小，才华、性格、道德品质等的作用越来越大。

（六）得失吸引（gain-loss attract）

得失吸引又称得失效应（gain-loss effect）。其主要表现是在"一直肯定"、"一直否定"、"先否定后肯定"、"先肯定后否定"几种人际关系中，"先否定后肯定"的吸引力最大，"先肯定后否定"的吸引力最小。这可用阿伦森（Aronson）等人的实验予以说明。阿氏等允许被试先以完成调查任务的名义去"偷听"同伴对自己的评价。他们的所谓同伴实际上是实验者的同伴（被试不知此情）。偷听到的评价有的总是肯定性的，有的总是否定性的，还有的是先肯定后否定（丧失状态）或者是先否定后肯定（获得状态）。然后请被试指出他们喜欢自己同伴的程度。结果表明，人们对只在后来才给予自己好评的同伴（获得状态）的喜欢程度，超过了对一直给予自己好评的同伴的喜欢程度。而对"丧失"状态（先肯定后否定）下的同伴的厌恶程度，则超过对一直否定自己的同伴的厌恶程度（如表8-4）。[1]

表8-4　得失对吸引的影响

人际关系史	喜欢程度	人际关系史	喜欢程度
否定—肯定评价	7.67	否定—否定评价	2.52
肯定—肯定评价	6.42	肯定—否定评价	0.87

对产生得失吸引的原因，现在有两种尝试性解释：一种是阿伦森等人的解释。他们认为开始的否定评价引起了被试的忧虑，自我怀疑，等等。当评价慢慢变成肯定时，他们内心会萌发报答之念，而且由否定引发的消极感情逐渐减弱。因此，后来的肯定评价比一直是肯定评价更使人有报答的想法。否定评价增加了对肯定评价的需要，当肯定评价最终到来时就变得更有意义了。另一种是弗里德曼（J. L. Freedman）等人的解释。他们认为这种现象涉及被试对同伴的认识方式。如果同伴一开始就给被试肯定性评价并一直如此，被试倒会产生某种疑问，会怀疑同伴的诚意或辨别力。他们也许会对自己说，"这家伙准是对谁都喜欢。"而另一方面，如果同伴开始就给被试一种否定性评价，那他倒可能给被试一种印象，即他遇事考虑，有判断力，

---

[1] S. Penrod, *Social Psychology*, 1983, p. 231.

靠得住。所以,当他再为被试说好话时,他的意见就有分量了,就更应该报答。而且,由一个认真的和有判断力的人作出积极肯定的评价,会使人觉得从中能得到更多的好处。①

三、磨练个性品质

在前述人际吸引的理论中,人们多少可以体会到人的个性品质在人际关系的形成与发展中颇有价值。把这个问题正式纳入科学范畴进行研究的重要人物之一是诺尔曼·安德森。他曾经列出555个描写人的个性品质的形容词,让大学生看后指出哪些个性品质是他们最喜欢的。结果表明,大学生评价最高的品质是真诚。在8个评价最高的形容词中,有6个——真诚的、诚实的、忠诚的、忠实的、信得过的和可靠的——多多少少都和真诚有关。而评价最低的是说谎和装假,以及相近的不老实。评价高的个人品质通常导致人际吸引,有利于良好人际关系的建立、维系和发展。评价低的个性品质阻碍人际吸引,不利于人际关系的建立和融洽。可见,人的个性品质对人际关系的建立起着重要的作用。因此,学校成员要磨练自己的个性品质。在这方面要做的工作很多,其中,分析影响人际交往的个性特征,了解具有不同个性的人在交往中的不同反应是基础性的工作。

(一) 分析影响人际交往的"两型"个性特征

这里的两型是指"人缘型"和"嫌弃型"。由于这两种类型的个性特征对人际交往产生着性质不一的影响,因此,国内外心理学家对其进行了细致的研究,他们分别以大学生为调查对象,获得了大体一致的结论。下面分而析之。

1. 国内心理学家的研究结果

(1) 人缘型个性特征　表8-5是以我国大学生为调查对象,得出的人缘型个性的主要特征。②

表8-5　人缘型个性的主要特征

次序	主要个性特征	人数	％
1	尊重他人、关心他人,对人一视同仁,富有同情心	39	100
2	热心集体活动,工作负责可靠	37	94
3	持重、耐心、忠厚老实	37	94
4	热情开朗、喜爱交往、待人真诚	36	92
5	聪颖,爱独立思考,成绩优良且乐于助人	35	89
6	重视自己的独立性和自治,具有谦逊品质	35	89
7	有多方面的兴趣爱好	20	51
8	有审美眼光和幽默感(但不尖酸刻薄)	15	38
9	温文尔雅、端庄、仪表美	12	12

表8-5中的序号标志调查对象喜欢该特征的相对程度,"人数"表示调查对象中喜欢该项个性特征的人数,"％"是喜欢该项个性特征的人占调查对象总人数的比例。表中所反映的情

---

① (美)J·L·弗里德曼等著,高地等译:《社会心理学》,黑龙江人民出版社1984年版,第198页。
② 时蓉华编著:《社会心理学》,上海人民出版社1986年版,第272页。

况与我国学校中人际关系的实际情况大体是吻合的。同情、理解、尊重人的人易与别人建立良好的关系;待人真诚、信任别人的人往往与人保持着长期的友谊;乐于交往、善于交际的人更易于接近人。另外,在交往过程中所表现出的适宜的人际敏感性(即善于体察别人的感情)、不拘泥于小事的大度和以不伤害别人为前提的幽默等,也是人缘型个性的重要特征。

(2) 嫌弃型个性特征　与人缘型个性特征相伴,嫌弃型个性特征也是以大学生为调查对象得出的。其主要特征如表 8-6:[①]

表 8-6　嫌弃型个性特征

次序	主要个性特征	人数	%
1	以自我为中心,只关心自己,不为他人的处境和利益着想,有很强的妒忌心	55	100
2	对集体工作缺乏责任感,敷衍了事或浮夸不诚实,或完全置身于集体之外	55	100
3	虚伪、固执、爱吹毛求疵	50	90
4	不尊重他人、操纵欲、支配欲强	45	81
5	对人冷漠、孤僻、不合群	45	81
6	有敌对、猜疑和报复的性格	43	78
7	行为古怪、喜怒无常、粗鲁、粗暴、神经质	39	70
8	狂妄自大,自命不凡	38	69
9	学习成绩好,但不肯帮助他人,甚至轻视他人	35	63
10	自我期望过高,小气,对人际关系过分敏感	30	54
11	势利眼,巴结上级的人	30	54
12	不求上进,无组织,无纪律	24	43
13	兴趣贫乏	18	32
14	生活放荡	8	14

2. 国外心理学家的研究结果

美国心理学家诺尔曼·安德森曾以大学生为调查对象,研究个性品质与人际吸引的关系,其结果如表 8-7:[②]

表 8-7　个性品质与受欢迎程度

值得高度喜欢的	介于两者之间的	最不值得喜欢的
真诚	固执	作风不正
诚实	循规蹈矩	不友好
理解	大胆	敌意
忠诚	谨慎	多嘴多舌
真实	追求尽善	自私
信得过	易激动	目光短浅
理智	文静	粗鲁
可靠	好冲动	自高自大
有思想	好斗	贪婪
体贴	腼腆	不真诚
可信赖	猜不透	不友善

① 时蓉华编著:《社会心理学》上海人民出版社 1986 年版,第 273 页。

② (美)J·L·弗里德曼等著,高地等译:《社会心理学》,黑龙江人民出版社 1984 年版,第 183 页。

值得高度喜欢的	介于两者之间的	最不值得喜欢的
热情 友善 友好 快乐 不自私 幽默 负责 开明 信任别人	好动感情 害羞 天真 闲不住 空想家 追求物质享受 反叛 孤独 依赖性	信不过 恶毒 讨厌的 虚假 不老实 冷酷 邪恶 装假 说谎

国内外的研究尽管有文化背景差异,但结论基本上是一致的。这说明,在处理学校人际关系问题上,人们应该加强思想境界、道德行为、性格气质等方面的修养,扬长避短,做受他人欢迎的人。

(二) 了解 PAC 交往个性

1. PAC 的基本含义

PAC 交往个性问题,是由加拿大柏恩(T. A. Berne)博士提出来的,后演变成人际交往的 PAC 理论。这种理论认为:在交往过程中,个体的个性是由三种心理状态构成的。一是"父母态",用英文 Parent(父母)的第一个字母 P 表示。二是"成人态",用英文 Adult(成人)的第一个字母 A 表示。三是"儿童态",用英文 Child(儿童)的第一个字母 C 表示。父母态以权威和优越感为标志。这种人通常表现为独断专行,滥用权威,喜欢统治人、训斥人。他们讲起话来总是"你应该……"、"你不能……"、"你必须……"。成人态以客观和理智为标志。这种人待人接物冷静、慎思明断、尊重别人,讲起话来总是"我个人的看法是……"。儿童态以无主见、任人摆布、感情用事为标志。这种人讲起话来总是"我猜想"、"我不知道……"。

2. PAC 交往个性者的反应类型

在人际交往中,具有 PAC 这三种心理状态的人构成了十种人际交往类型(如图 8-2)[①]:

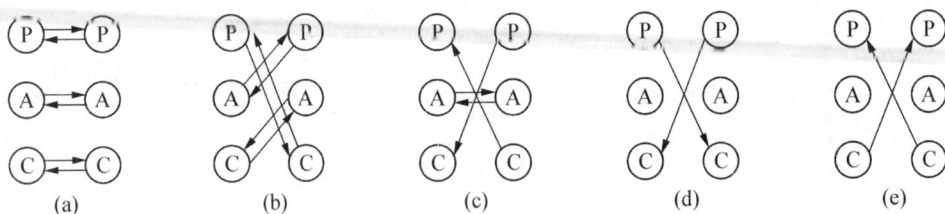

图 8-2　人际交往十种类型

图 8-2 所示十种交往类型是:

(1) P—P 型(如图 a),交往双方都比较武断,容易形成冲突。

(2) A—A 型(如图 a),交往双方都能理智相待,彼此尊重、谦让。

(3) C—C 型(如图 a),交往双方缺乏理智判断,易于感情用事。

---

① 俞文钊编著:《管理心理学》,甘肃人民出版社 1989 年版,第 429 页。

（4）P—C 型（如图 b），交往双方分别采取权威与服从的行为。

（5）C—A 型（如图 b），交往双方分别采取感情用事与理智、冷静的行为。

（6）A—P 型（如图 b），交往一方理智、进取，并要求对方监督自己的行为，另一方则发挥监督、控制作用。

（7）AA—PC 型（如图 c），交往一方要求对方以理智、尊重的态度对待自己，而另一方则采取家长式的命令、强制、武断的行为。

（8）AA—CP 型（如图 c），交往一方是成熟、理智的，而另一方则像小孩，喜怒无常，感情用事。

（9）PC—PC 型（如图 d），交往双方都采取家长式态度。

（10）CP—CP 型（如图 e），交往双方都像孩子一样感情用事。

从上述可见，理想的交往状态是 A—A 型，即"成人刺激"与"成人反应"。但在现实学校人际关系中，强求这一种类型是不可能的。而且学校确实有天真可爱的少年儿童，他们有儿童状态是正常的。因此，在学校人际交往过程中，一方面要尽量避免父母态，另一方面要区别教师与学生、领导与被领导，以便各自采取与自己身份、社会角色等相应的交往方式。

四、研究人际反应

所谓人际反应是指人们对自己与他人的关系的反应。其形式通常有认识上的肯定与否定，感情上的喜爱与厌恶，行为上的接近与疏远等。个体因交往需要和性格的不同而具有不同的人际反应倾向；因思想、信念、道德和世界观的差异而表现出相殊的人际反应类型。因此，研究人际反应包含以下两层意思。

（一）认识人际反应倾向

人际反应倾向是个体的交往需要和性格在人际交往中的具体表现，是人际反应的大致态势。目前心理学家们区分出的人际交往倾向主要有六种。

（1）主动包容型　这种类型的人喜欢主动与他人交往，乐意建立并维持和谐的人际关系。他们的行为特征是待人谦和、宽厚、容忍，心地坦荡，积极主动、热情大胆地交往、沟通、参与等。

（2）被动包容型　这种类型的人虽然也喜欢与他人交往，乐意维持与他人的和谐关系，但在行动上表现为只是期待别人接纳、帮助自己，缺乏主动结交的精神与热情。

（3）主动控制型　这种类型的人总想控制别人。他们将自己摆在交际活动的中心或左右局势的位置上，力图在权威和权力的基础上与他人建立并维持良好的关系。在行为特征上，表现为主动大胆，爱发号施令。

（4）被动控制型　这种类型的人受人支配，乐于追随他人，愿意与他人携手合作。

（5）主动感情型　这种类型的人希望在友情与爱情的基础上与他人建立并维持良好的关系。在行为上热情奔放，主动大胆地与人表示亲密、友善、同情等，并很善于向别人表达自己的情感。

（6）被动感情型　这种类型的人虽希望以友情或爱情为纽带建立和维持与他人的良好关系，但是却期待他人对自己表示亲密，在行为上不能主动、大胆地表露自己的感情。

一般来说,主动包容型和主动感情型的人是外向、宽厚、热情的人,不但喜欢与别人相处,同时关心、爱护别人。因此,在与人交往时更能左右逢源。

(二) 区分人际反应类型

如上所述人际反应倾向指的是人际反应的大致意向与趋势,与人的交往需要和性格密切相关。随着时间的推移,人际反应倾向可以发展成为与人的思想、信念、道德和世界观等密切联系的人际反应类型。人际反应类型是指人们在长期生活中形成的一种比较稳定的待人的基本态度和行为方式,通常可达到自动化程度。人际反应的类型可从不同的角度进行区分。常见的有两个角度:

1. 基于反应的外部表现的角度

就反应的外部表现而言,人际交往类型可分为以下四种。

其一,暴露型 这种反应类型的人性格外露,不善伪装。举手投足都能比较准确地反映其内心世界。他们对相容者满面春风,亲密无间。对相斥者横眉冷对,十分淡漠。他们愿意向别人表达自己的感情,透露自己的情况,也乐于打听别人的消息。但这种反应类型的人对别人进行反馈的能力较差,敏感度较低。

其二,克制型 这种反应类型的人喜怒哀乐不露声色,很少向人敞开心扉,表面上既对他人的信息无太大兴趣,也不善于对他人提供的信息进行反馈,人际反应似乎平静淡泊,但实际上内涵深沉。

其三,防守型 这种反应类型的人谨慎小心、戒备心强,与人交往时很注意保护自己。因此,他们通常不主动向别人提供有关自己的信息,给人一种莫测高深的感觉。

其四,伪装型 这种反应类型的人口是心非、表里不一、趋炎附势,待人处世以利益和情境为转移。他们对有用于己者,投其所好,极力奉迎;对无用于己者,不屑一顾,冷漠无情。当然,他们更不会真诚地向别人提供自己的情况。这是一种不稳定的人际反应类型。

2. 基于反应双方的关系的角度

从反应双方的关系的角度而论,人际交往的类型又可以分为以下三种。

其一,合作型 这种反应类型的人理解、体谅、尊重、关心他人,彼此谦让,互相帮助,团结共事。

其二,竞争型 这种反应类型的人争强斗胜,显示自己,凡事想超过他人,甚至不择手段贬低、压制、损害他人。

其三,分离型 这种反应类型的人性格孤僻,人际反应迟钝,对他人漠不关心,主张独善其身、与世无争。

应该指出,人际反应类型非常复杂,远远不止以上几种。因此,在处理学校人际关系问题时,要深入探索,注意把握多种人际反应类型。这样才有利于预测可能发生的种种人际反应和人际关系的发展前景,有可能因人而异地培育良好的人际反应类型,并采取有力措施,引导人际关系朝协调方向发展。

五、疏畅沟通渠道

人际沟通(communication,又称交流)是人际关系维持和发展的基本手段。人际沟通畅通无阻,对于学校成员间传播信息、加深情谊都极为有益。

(一) 人际沟通的模型

人际沟通主要由信源(或发送信息者)、信息、信道、信宿(或接收信息者)、反馈五个要素组成。它们之间的联系方式如图8-3。

图中信源即发送信息者;信息指传递的内容;信道指沟通所采取的途径与手段;信宿即信息接收者;反馈是接收信息者给发送信息者的回应。

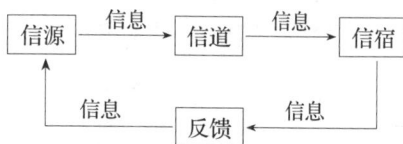

图 8-3 人际沟通模型

(二) 人际沟通的主要类型

1. 正式沟通与非正式沟通

正式沟通是通过组织明文规定的渠道进行的信息交流。如校务会议、课堂教学等。严格来说这种沟通是组织沟通,但它也有助于人际沟通。它的主要特点是:①组织性,即通常在组织范围内进行。②严肃性,无论是发送信息者还是接收信息者,都严肃认真。③可靠性,传递的信息一般是准确可靠的。但这种沟通的弊病是比较刻板,速度较慢。

非正式沟通是正式沟通渠道以外的信息交流,如私下交换意见,传播谣言,搬弄是非。其主要特点有:①自发性,随心所欲,自发进行。②灵活性,不受组织约束,交流形式灵活,信息传递速度快。③不可靠性,可根据自己的主观愿望取舍传递内容,因而信息容易失真。可见,非正式沟通有明显的弊病。不过,如果利用得好,非正式沟通可以作为正式沟通的补充,发挥一定的积极作用。例如它传递速度快,而且在私下里传播的某些信息,格外真实。

2. 上行沟通、下行沟通和平行沟通

上行沟通与下行沟通主要属于组织沟通。前者是下级向上级传递信息,如汇报工作情况。后者是上级向下级传递信息,如下达指示等。平行沟通既可是组织沟通,如平行单位之间沟通;又可是人际沟通,如学校领导之间、教师之间的沟通等。

3. 单向沟通与双向沟通

单向沟通是定向传递信息而没有反馈的沟通,如作报告、下命令等。这种沟通方式的特点是,信息传递有顺序、快捷。但它比较呆板,没有意见交流和反馈,易使接收信息者反感。

双向沟通是发送信息与反馈统一的沟通,即发送信息者与接收信息者对应变换身份的沟通。其优点是接收者有反馈意见的机会,沟通的信息易证实,准确性较高。另外,能使接收者产生信任感和参与感,有助于相互理解,建立感情。但是,对发送者来说容易受到接收者的质询、批评或挑剔,因而心理压力较大,信息传递速度较慢。

4. 语言沟通与非语言沟通

语言沟通可分为书面语言沟通与口头语言沟通。书面语言沟通是指用书面形式进行的信息交流,如书面的汇报,下发的文件等。其主要长处是信息可长期保存,可以反复查阅,有一定的规范性和准确性。其主要不足是速度较慢,应变能力差。口头语言沟通是口头传递信息的交流方式,如会谈、通电话等。其主要优点是比较灵活,可以及时进行,当面交谈时还可借助非语言沟通形式加强效果。其主要缺点是,信息难以保存,且有不甚准确的现象。因此,把书面语言沟通与口头语言沟通结合起来,交流效果会更好。

非语言沟通是借助表情、手势和体态等进行的信息交流。得体地运用非语言沟通,有时可收到胜过语言沟通的效果。

(三) 人际沟通的基本策略

与其他群体比较起来,学校中群体的人际沟通具有得天独厚的优势,但也有进一步扬长避短的问题。为此,提出下列策略:

1. 重正式沟通渠道

在人际沟通中,要充分发挥以课堂教学、课外活动为主的正式沟通的作用。在这方面,可尽量采用双向沟通、平行沟通方式,如与学生对话、讨论等,杜绝"满堂灌"、"一言堂"的单向沟通,以及下行沟通时教师居高临下的气势。

2. 增有效沟通机会

要实现沟通,就要实行民主管理,让广大学校成员多参与学校各项重大工作的讨论与决策。尽可能增加学校成员直接用口头语言交流的机会,让管理者能更多地察颜观色,洞悉人心,真诚地与群众联络感情。

3. 得语言沟通奥妙

为了增强沟通效果,要巧妙地运用语言沟通,让口头语言与书面语言互补其短,各展所长;同时把语言沟通与非语言沟通结合起来。在学校里,无论是管理信息还是教学信息,基本上是通过语言,尤其是口头语言表达的。因此在发挥口头语言沟通优势的同时,可通过适当的书面语言补其不足,使语言沟通保持良好的状态。例如课堂教学中,教师精辟的讲授与适当的板书相结合,学生认真听讲与必要的笔记相结合,才可能使语言沟通保持较佳状态。

这里简单介绍一下语言沟通与非语言沟通的技巧,以便实际运用。

(1) 在大庭广众场合讲话的基本技巧 一是精神饱满,给人一种胸有成竹、满怀信心的感觉,使人产生信任感。二是吐字清楚,声音宏亮。三是尽量不看讲稿,不时环顾听众,保持目光接触。四是适当运用手势、姿势等非语言表达方式。五是呼吸均匀,以利于发声,并能避免含混不清的声音,保持完整句子的表达。六是用音调表达意思,如用升调表疑问,降调表断定等。七是随内容变换语速、语调等,做到抑扬顿挫。八是结尾时适当总结,让人们明白讲话重点。

(2) 谈话的技巧 一是注意职位和身份的差别。和上级对话时,要特别注意礼仪;和下属谈话,态度要稳重、温和。二是注意性别差异。分别男女特有的心态,把握与异性说话的分寸。三是对不同个性的人采用不同的谈话方式。例如对性格外向的人,往往可直截了当地谈,而对内向的人,则常常采取迂回婉转地谈;对真诚实在的人,可开诚布公地谈,而对狡诈虚伪的人,则要见机行事地谈,等等。四是善于发现话题。话题的熟悉、新颖、有趣等属性往往影响人们谈话的投机与深入。一般来说,下列这几类话题人们较多选用:家常话题、热点话题(包括时事、政治、战争、衣着等当时流行的话题)、兴趣话题(即直接询问对方的兴趣与爱好)。五是合理转换话题。当谈话双方有一方表现出对话题无兴趣时,那么双方都要注意协同地转换话题。谈话话题转换的跨度不宜过大,因为跨度过大使人有东拉西扯、漫无边际的感觉,对方也难以适应,因此,要在原话题的邻近区域选择新话题,这样既使人有新鲜感,又不至于有较大的陌生感。六是尽量少用"我",而采用"我们",少用"我认为",多用"您觉得怎样",也就是多让别人发表见解,少自以为是,多想到别人,不搞"自我中心"。

(3)非语言沟通的技巧 一是用目光交流、沟通。目光在交流信息(特点是感情信息)方面有特殊的功能。因此,人们在语言交流时总是借助目光以增强表达效果。例如相互正视片刻,表示坦诚;相互瞪眼而视,表示敌意;斜着眼扫一下,表示鄙夷等。当然,这些目光所传达的感情,不是绝对的。它的准确意义有时还要根据情境来判断。二是用面部表情沟通。面部表情是内部情绪的外在表现,有时会透露真情实意,有时也会表里相悖。因此,在运用面部表情来沟通时,要尽量用单纯而不复杂、朴实而不诡秘的表情,否则会产生误解。若发现有误解时,应尽快用语言补救。对于对方的面部表情要尽量根据背景材料、具体情境加以判断,没有把握时可询问对方,并要求对方改用语言传递信息。三是姿态沟通。人的整体姿态虽然传递的信息相对少一些,但亦不可轻视,运用得好,会给沟通带来良好效果。人们与自己不大喜欢的人交往,其整体姿态或者显得比较紧张、拘谨,似乎提防发生意外。或者肌肉松弛,显得无精打采,满不在乎。还有一些整体姿态可以提供特殊的信息,如在胸前交叉双臂,有自我保护或防卫的意义,也表示不愿与人过分接近。双臂置于身后,双手相握表示个人意识到自己的权威性,或者是试图自我控制。四是手势沟通。手势因民族、国家的不同而有较大区别。因此用手势进行沟通时至少要注意两个方面:一方面要了解不同国度、不同民族的风俗习惯和礼仪,另一方面要针对不同的时间、地点、对象、内容运用手势,做到恰到好处。

4. 除沟通障碍

学校成员在沟通时,可以从如下几方面努力,以便排除障碍,顺利进行沟通:一是全面把握信息,做到情况不十分清楚不贸然判断、表态,以免造成沟通中的误解。二是准确传递信息,一方面要准确地理解对方的信息,尽量减少信息失真或误解,另一方面要准确地表达自己的看法和观点。三是善意地交换意见。即双方以真诚、友好、热情的态度交换意见,与人为善地沟通,最大限度地消除假、恶、丑的东西。这样可以避免一些由个性品质造成的沟通障碍。四是有准备地沟通。特别是在与交往较少、彼此不大熟悉的对象沟通或沟通的内容陌生时更须如此。准备的内容通常包括有关对方的和有关沟通内容的背景材料等。准备充分,会使双方有更多的共同语言,有利于在一定程度上避免交谈中的冷场、互不理解等尴尬局面,也可以减少由于记忆、语言表达障碍等引起的沟通不良。

沟通障碍有多种形态。这里择要作些介绍：

（1）心理障碍　常见的沟通方面的心理障碍有认知方面的障碍，如首因效应、晕轮效应、刻板效应、归因偏见、知觉选择偏见等。

（2）表达障碍　表达障碍的原因主要有这样两方面：一是语言方面，由于语法和方言等语言因素造成的表达不准确等障碍，例如措辞不当、言不及义等。二是记忆方面，由于颠三倒四，啰嗦重复，以及信息失真或肆意增减等造成的障碍。

（3）知识、经验障碍　例如孤陋寡闻、知识贫乏、谈吐无味的人，易使沟通对象产生厌烦、无聊之感，从而中断沟通。另外沟通双方知识结构悬殊太大，也易让一方产生"对牛弹琴"之感。

5. 择沟通空间

沟通场所对沟通效果有一定影响。直接的、面对面的沟通场所对沟通效果的影响似乎更大。因此，在沟通空间的选择与安排上，通常要考虑以下几方面：一是选择环境优美、风景宜人、恬静舒适的地方交谈，这有助于人们心情舒畅，吐露心声。二是沟通者保持适当的距离。人与人之间的空间距离标志相互了解的程度。近体学的奠基人赫尔把距离分成四个区：亲密区、个人区、社会区和公众区。沟通的理想距离：亲密区为 1 英尺以内；个人区为 1.5—4 英尺，朋友之间非正式接触时，美国人喜欢保持这个距离，如果相互之间的距离再缩小，就会感到不自在，除非两者的关系十分亲密；社会区最合适的距离为 4—12 英尺，熟人沟通和交际时适用这个距离；公众区的距离为 12 英尺左右，一般适用于正式演讲时演讲者与听众的距离。当然，沟通的理想距离与文化背景、性别、个人地位有关。因此，也要视具体情况而定。

本章小结

人际关系是人们为了满足某种需要通过交往形成的彼此之间比较稳定的心理关系。人际关系有多种形态，常见的形态有亲密形态、互利形态、勉强形态、冲突形态。

学校人际关系有自身的特性：教育性、纯洁性、阶段性。良好的学校人际关系的形成，有利于调动学校成员的工作和学习积极性，有利于学校成员心理的健康发展，可促进教育质量的提高，是巩固和发展学校组织的保证。

学校存在不同种类的人际关系。教师人际关系具有客观性。学生的人际关系处在发展中：小学生人际关系的主要特点是朴实、纯净、易变、重师；初中生人际关系的主要特点是初步分层、小群丛生、男女有别；高中生人际关系有"准"成人化、注意影响、哥们义气等特点。师生人际关系的特点是需要互补、交往规范、角色多重。这种人际关系的形成主要经历接触阶段、接近阶段、亲密阶段。

调节学校人际关系，首先要测量人际关系。测量人际关系的主要方法有群体成员关系分析法、群体成员相互作用分析法。第二，要利用人际吸引。人际吸引有接近吸引、相似吸引、互补吸引、才能吸引、仪表吸引、得失吸引。第三，磨练个性品质。第四，研究人际反应。第五，疏畅沟通渠道。

本章拓展

1. 问题思考

(1) 简述人际关系的含义及具体形态。

(2) 谈谈学校人际关系的特点及价值。

(3) 试述教师之间、学生之间、师生之间的人际关系。

(4) 怎样调节学校人际关系?

2. 情境分析

杀死校长家的狗之后

英国科学家麦克劳德,上小学的时候曾偷偷地杀死了校长家的狗,这在西方国家显然是难以原谅的错误。幸运的是麦克劳德遇到了一位高明的校长,校长的惩罚是要麦克劳德画两张解剖图:狗的血液循环图和骨骼结构图。正是这个包含理解、宽容和善待学生的"惩罚",使小麦克劳德爱上了生物学;并最终因他发现胰岛素在治疗糖尿病中的作用而走上了诺贝尔奖的领奖台。[①]

请运用本章知识分析上述情境对学校管理尤其是师生关系的启示。

3. 活动设计

建立丰富、和谐的人际关系是现代班集体建设中一项极为重要的工作。众所周知,班集体不是把几十个学生简单组织起来的结果,而是随着班集体人际关系系统不断丰富、优化和完善的产物。

请根据本章内容开展"如何塑造和睦和谐的班集体"主题演讲,征集大家对于班级人际关系的所感所想和有关建议,并反馈给班级成员以达成共同建设我们的班集体的共识。

---

① http://www.wwjx.org/bbs/viewthread.php.tid=993,题目为编者所加。

第九章 领 导 心 理

蒙在鼓里的张校长①

老张(由教育局机关转调)新到 A 校任校长。上任伊始,张校长就仔细查阅了所有教师的档案,以便对教师队伍状况心中有数。不久,A 校原教导主任退休,经党政班子讨论,决定在校内外物色一位新主任。作为特色工作的一部分,张校长分别找了一部分骨干教师谈话摸底。其中包括物理组的杨老师。在张校长与杨老师谈话结束时,张校长礼节性地讲了下面一段话:"杨教师呀,好好工作,像你这样的年龄(35 岁)已经有了很不错的工作能力与经验,今后是会有用武之地的。"杨老师并不知道张校长跟许多教师都讲过这样的话,也没想到张校长说过就忘了。但说者无心,听者有意。张校长的结束语,竟给杨老师留下了极深刻的印象,并由此产生许多联想。后来,经学校决定从校外引进一位教导主任。任命一宣布,群众中并无大的反响,但杨老师的反应却很反常,时常发"无名之火",甚至顶撞领导。当时,张校长并未意识到杨老师的变化与那次谈话之间有什么联系,更不了解杨老师是 A 校有名的"敏感者"。由于杨老师是物理组的骨干,过去一贯表现不错,所以,张校长再找杨老师谈话时只是很委婉地批评了他的过激反应,同时,也对他作了一番鼓励,结束是这样的:"……你过去的表现一直不错的,对于你的能力,领导和群众也是了解的。希望你不要为一些小事发火,以破坏别人对你的好印象。"这次谈话,果然见效。杨老师不仅改变了发无名之火的情况,而且积极性也比以前更高了。一个学期后,那位从校外引进的教导主任因故调到区里工作,照理,杨老师的机会来了,但张校长却又让杨老师失望了,新提拔的主任是原来的语文组组长。这一下,杨老师又一次大发雷霆,并向区教育局反映张校长在用人时包含私心。当区教育局领导询问此事时,张校长还蒙在鼓里。

本案例中的张校长经历了一次领导工作的"挫折"。虽然,杨老师的"过于敏感"是导致这一挫折的因素之一,但张校长作为学校领导则有更多值得反思之处。比如:一个领导者应该具备什么素质,有效领导的方法与路径是什么等等。本章将试图回答这些问题。

---

① http://blog.sina.com.cn/s/blog_4ef209f301007xqi.html.

第一节　领导心理概述

一、领导的定义

人们对于领导(Leadership)的理解,往往因侧重点不同而有差异。例如戴维斯(K. Davis)认为领导是一种说服他人热心于一定目标的能力。泰瑞(G. K. Terry)认为,领导是影响人们为达成群体目标而自觉努力的一种行为。施考特(W. Scotl)认为,领导是在某种情况下,影响个人或群体达到目标行动的过程。孔兹认为,领导是一门促使其部属充满信心,满怀热情来完成他们的任务的艺术。从这些定义可以看出,尽管它们的属概念分别是"能力"、"行为"、"过程"、"艺术",但内涵基本上是一致的。它们都把着眼点放在"影响"、"促进"、"引导"人们实现组织目标上。

可见,从心理学角度考虑,能为比较多的人接受的领导定义也许是:领导是对群体或个人施加心理影响,使之努力实现组织目标并与环境保持一致的过程。而施加心理影响的人是领导者。

(一) 领导是施加心理影响的过程

对被领导者而言,领导可施加的影响是多方面的。但就其深刻性来说,最能使人诚服的是心理影响。心理影响包括思想态度、情感意志、行为习惯等多方面。它能使人改变不良态度及行为,与组织目标保持一致;它能使人坚定信心,遭遇艰难险阻而不动摇。在一定意义上说,领导就是获得人心,驾驭人心的过程。

(二) 领导是努力实现组织目标的过程

组织目标是组织行为的预期结果,是组织成员需要的集中体现。因此,领导组织成员努力实现组织目标是领导者理性的反映,也是满足大多数成员需要必不可少的行为。为了使这个过程顺利进行,领导者必须对与组织目标相悖的个人目标、非正式群体目标等进行调节,使之与组织目标保持一致。同时要排除妨碍组织目标实现的其他障碍,变坎坷为坦途。

(三) 领导是人际关系与组织关系统一的过程

任何领导活动都表征着一定的人与人之间的关系,甚至可以认为主要是人与人之间的关系。美国管理学家小詹姆斯·H·唐纳德(James. H. Donald)认为,领导是由一个或更多的人来协调的人的活动,以便收到个人单独活动所不能收到的效果而进行的活动。但领导有时也发生在组织与组织,组织与个人之间,这时领导表现为一种组织关系。从人际关系的角度看,领导者与被领导者之间心理距离越近,关系越密切,就越有共同语言,越利于领导。从组织关系的角度看,坚持组织原则,下级服从上级是领导顺利进行的基本保证。只有把人际关系与组织关系统一起来,领导才会灵活、有效。因为仅借助人际关系的领导,有可能背离组织原则。而仅坚持组织关系的领导,会使人感到机械呆板,不近人情。

(四) 领导是使组织与环境保持一致的过程

任何领导都是特定环境之中的领导,其行为既要改变环境,也要适应环境的要求。对学校来说,所在社区民众的要求、上级主管部门的要求等都是环境要求的表现,领导行为一般不能违背这些要求。另外,领导行为又是构成被领导者心理环境的重要组成部分。把这些联系起来,可以看出领导是领导者、被领导者、环境相互作用的结果。换言之,领导效能随这些因素关系的变化而变化,用公式表示为:领导效能 = f(领导者×被领导者×环境)。而这些关系中最基本的是由领导者与被领导者形成的组织与环境的关系。在现代生活中,不能恰当处理与环境的关系的组织是难以正常运行的组织。可见,领导的重要功能之一是使组织与环境保持一致。

二、学校领导体制

学校领导体制是指学校领导权限划分、学校领导机构设置和学校领导关系确定的运行规则。它是领导和管理学校的根本制度,支配着学校的全部管理工作。要提高学校管理效率,必须认真研究学校领导体制。

(一) 学校领导体制具有伦理特性

学校是一个存在价值冲突的场所,教育中的每一个事实现象本身都包含它的价值前提。教育事实问题在这里包含了教育家以及他们所生活的时代对教育的主观需求的价值问题。事实的解释也因此包含着价值的批判,批判的立场引导着事实的解释。[①] 作为学校领导的组织者,学校行政领导者在解决学校问题、制订规章制度等过程中都或隐或显地彰显了一定的价值观念。诸如学校生活的教学优劣的标准、政策纪律的标准或者教师晋级的评定标准等等都需要选择和判断。

在纷杂的价值取向中,学校领导集体能否坚持伦理要求呢?目前我国中小学校普遍实行校长负责制,即校长负责、校务委员会审议、教代会民主管理与监督、党组织保证监督。在实际的学校领导中,学校行政领导者尤其是校长拥有一定的斟酌决定的自由权力。这种权力一部分合法地来自他们在等级制度中的地位,而之所以获得这种权力,大部分是因为,事实上他们的职位为他们提供了更多获得信息和接触人的机会。权力的获得方便了领导活动的开展,使校长天然具有学校领导的科层权威。另一方面校长掌握着学校的所有资源,教师需求的满足某种程度上依赖校长的赋予,使得校长又具有了心理权威。但是凡是两个人之间的权力分配不平等的时候,他们的关系就成为了一种道德的关系。倘若校长不能有效地发挥这一作用,独断专行、以权压人,那么就与道德的要求背道而驰了。因此,必须从伦理视角审视学校行政领导者的领导活动。

(二) 学校领导体制的发展阶段

与其他社会组织的领导体制一样,学校领导体制也在发展变化之中。从古到今,学校领导体制的发展总趋势是个人领导向集体领导转变,其转变的主要阶段有:

1. 家长制领导体制

其主要特点是领导者往往不懂科学技术,也缺乏必要的管理知识,凭个人经验和行政命令办事;唯我独尊,顺者昌,逆者亡;个人好恶是判断是非的标准。

---

① 温克勤等主编:《管理伦理学》,天津人民出版社 1988 年版。

2. 硬专家领导体制

其特点是以硬专家,即精通学校某项专业或技术的专家,如优秀的专业课教师充当领导人,发挥专业技术知识在管理中的作用。由于硬专家往往是教学科研骨干,在教师中有一定影响力,因此硬专家领导体制更便于号令大家。

3. 软专家领导体制

其特点是由懂得管理理论与实践的软专家充任领导者,以便较好地组织硬专家及其他学校成员发挥作用,求得更大的组织效能。因为管理本身是一门学问,不是任何硬专家都可以当好领导者的。

4. 集团式领导体制

其特点是组成以软专家为主体的专家集团进行领导,同时成立"参谋"、"顾问"机构,以便集思广益,群策群力,适应社会迅速发展的需要。

这些类型的领导体制,尤其是作为经济生产部门的领导体制,都有特定的历史背景和存在时期。例如在西方国家,家长制领导体制大约始于中世纪,止于1841年前后。硬专家领导体制紧接家长制,而于20世纪初消失。软专家领导体制,盛行于20世纪20年代之后。至于集团式领导体制则是第二次世界大战以后才出现的事情。虽然从全局上看经历了如此发展趋势,但从局部来看,未必都是如此演变。

就我国现实的学校领导体制而言,由于各地政治、经济、文化等发展的不平衡性,四种类型同时并存。而且这几种领导体制主要是就形式而言的,假如从实质上看,无论是哪种类型的领导体制,都有可能因为主要负责人的独断专行、飞扬跋扈,而蜕变为家长制领导体制,留下一个诱人的其他领导体制的躯壳。不过,就总的形势看,家长制早已受到极大冲击,相继被硬专家制、软专家制等代替。在现实比例上,我国中小学硬专家制居多。有一部分学校正在走向集团式领导体制。

第二节　领导理论的发展

领导有效性是近几十年来管理心理学非常重视的问题,因而形成了多种理论。这里介绍主要的几种,以便为学习、研究学校领导有效性提供参照。

一、经典领导理论

(一)领导素质理论(trait theories of Leadership)

这种理论的兴趣在于领导者的个人素质。也就是说,它关心有效的领导者应该具有何种素质。这种理论源远流长,因而可分为传统与现代两个派别。

1. 传统素质理论

这种理论认为,领导者的素质是与生俱来的,不具备天生领导素质的人不能当领导者。古希腊亚里士多德就持这种观点。循着这种思路进行研究的人有美国心理学家吉伯(C. A. Gibb)等人。吉伯于1869年提出天才的领导者应具备以下七项天生的素质:善言辞,外表英俊潇洒,智慧过人,具有自信心,心理健康,有支配他人的倾向,外向而敏感。另一位心理学家斯托格迪尔(R. M. Stogdill)认为领导者应有十个方面的素质:才智,强烈的责任心和完成任务的内驱力,坚持追求目标的性格,大胆主动的独创精神,自信心,合作性,乐意承担决策和行动的后果,能忍受挫折,社交能力和影响别人行为的能力,处理事务的能力。

　　这种理论虽然可以启发人们看到领导者确实有某些独特素质,但其缺陷也是明显的:一是强调素质的先天性,否定了后天环境等因素的作用。二是有些因素互相矛盾或与实际相抵触。如许多具有这样素质的人实际上并不是成功的领导者。相反,出色的领导人并非个个英俊潇洒,能言善辩。三是没有区分各种素质的相对重要程度和哪些素质是谋取领导地位所需要的,哪些素质是维护领导地位所必须的。

　　2. 现代素质理论

　　20世纪70年代以来,人们逐步认识到领导者的个性特征是在实践中形成的。因此,现代素质理论家的研究一般从两个方面着手:一是采用心理测量法对领导者的气质、性格、行为习惯进行测验,并通过心理咨询给以矫正或治疗。二是根据现代企业的要求提出评价领导者素质的标准,并通过专门的方法训练、培养有关素质。一般认为,前一种研究主要注意领导者素质与遗传因素的关系,因而比较注重领导者素质的测量和改善。后一种研究主要注意后天的环境因素等对领导者素质的作用,因而比较重视领导者素质的培养。

　　这方面研究比较突出的有美国心理学家吉色利(E. E. Chiselli)。吉色利采用语义差别量表测定领导者的素质,并对结果进行因子分析。吉色利得出的领导者素质可分为三大类,13个因子(见表9-1):

表9-1　领导者素质表

一类:能力	二类:个性品质	三类:激励
管理能力	自我督导	职业成就需要
智力	决策	自我实现需要
创造力	成熟性	行使权力需要
	工作班子的亲和力	高度金钱奖励需要
	男性的刚强	工作安全需要
	女性的温柔	

　　表中所列素质因子的重要性并非同一。其中保证领导有效性最强有力的六个因子的等级顺序为:管理能力、职业成就需要、智力、自我实现需要、自我督导、决策。不大重要或作用较小的因子的等级顺序为:安全需要、工作班子亲和力、创造性、高度金钱奖励需要、权力需要、成熟性、男女性别差异。

　　我国关于领导者素质的研究起步较晚,但也取得了一定的成果。例如1984年,有关研究者对北京、上海、甘肃、四川、山西等五省市中小学校长素质作了大量调查研究(调查对象多达万人以上),认为我国中小学校长的主要素质应该有25条,其中政治思想、道德品质、工作作风、工作能力、业务知识尤为重要。①

---

① 中小学校长素质研究协作组编著:《校长素质》,国防大学出版社1987年版,第56页。

以上都是从肯定方面研究领导者素质的。而霍根（Hogan）则别出心裁，采用逆向思维方式，从否定方面研究领导者素质，即探讨不成功的领导者的素质情况，并找出了与之相关的三个方面的原因：一是缺少训练。有些人直接从职员提升到领导岗位，没有进行必要的训练，因而他们上岗后颇不适应。二是认知缺失（cognitive deficiencies）。其主要表现是没有向经验学习的能力，不能富有策略性地思考。因此许多不成功的领导者经常犯不会未雨绸缪的错误。三是个性不良。个性不良的领导者通常摇摆不定，其动摇性往往通过妄想狂或被动攻击、高度可爱的和事佬、自恋者三种个性之一表现出来。在表面上，妄想狂或被动攻击的领导者经常赞扬自己的部属，因而颇能迷惑人。但实际上他们都在背后攻击部属。高度可爱的和事佬，对每一个人都很友好，从不向任何人挑战。因此他们在生活中只有朋友没有政敌。没有政敌的直接原因在于他们不干任何事，不向任何人挑战，不代表职工行使权力。这些领导者总是被提升。因为他们虽没有大的政绩，但总是惹人喜欢。自恋者型领导者由于过分自信而不会有动摇。他们喜欢成为注意的中心，努力实现自己的成就，使大多数成员相信他们自己群体的成功，而不对失败进行检讨。[1]

（二）领导行为理论（behavior theories of Leadership）

领导行为理论与领导素质理论初看起来似乎是相同的，其实，它们有微妙的而且是很重要的差别。举例来说，某领导人有羞怯的素质，而且并不真心想和别人沟通。但他知道，和别人对话是他工作的重要组成部分，所以他总是和职工打招呼，至少每天一次。可见，领导者尽管有羞怯的素质，但他的行为却表现出不害羞。这种行为与素质不符的现象往往成为领导行为理论的兴奋点。当然，领导行为理论是一个不小的家庭，包括许多子理论。

1. "关心人"与"抓组织（或工作）"的领导行为倾向理论

领导行为理论始于俄亥俄州立大学20世纪50年代早期的研究。该校的研究者首先拟出了一千多种领导行为特征，后经不断提炼概括，归纳为"关心人（consideration）"与"抓组织（initiating structure）"两大方面。由于每一方面都有高低之别，因而两方面联系起来便构成四种情况，即领导行为四分图（图9-1）：

	低成就 低人员调整 低埋怨情绪	高成就 低人员调整 低埋怨情绪
	低成就 高人员调整 高埋怨情绪	高成就 高人员调整 高埋怨情绪

高 ——— 关心人 ——— 低

低 ——— 抓组织 ——— 高

图9-1 领导行为四分图

---

[1] M. G. Aamodt, *Applied Industrial / Organizational Psychology*, 1991, p. 310.

图 9-1 说明,由于领导者在"关心人"与"抓组织"方面的投入不一样,因此在工作成就与协调人际关系,稳定人们的情绪方面效果也大不一样。[①]

领导者关心人或抓组织的行为都可以通过一定手段检测。例如用"领导意见问卷(Leadership Opinion Questionaire,LOQ)"和"领导行为描述问卷(Leadership Behavior Description Questionaire,LBDQ)"调查。前者由督导或愿意知道自己行为风格的领导者填写。后者由部属完成,以便勾勒他们所感知的领导行为的图画。

继俄亥俄州立大学之后,密执安大学的管理心理学家们也提出了领导行为的两大方面:面向职工与面向生产。面向职工的领导者,重视人与人之间的关系,重视下级的需要,并承认成员的个别差异。而面向生产的领导者,往往重视工作的技术,重视任务,他们主要关心的是完成任务,组织内的成员则被视为达到目标的工具。此外,面向职工的领导者倾向于较高程度的集体生产和给职工较大的满足,而面向生产的领导者则倾向于较低程度的集体生产和给职工较少的满足。

2. 管理方格理论

该理论是美国管理学者布莱克(R. R. Blake)和莫顿(J. S. Mouton)在俄亥俄州立大学领导行为四分图基础上,进一步研究后提出的。他们把领导行为四分图的纵、横坐标都分为九等分,纵横交错便形成有 81 种领导风格的"九·九图"(图 9-2)。

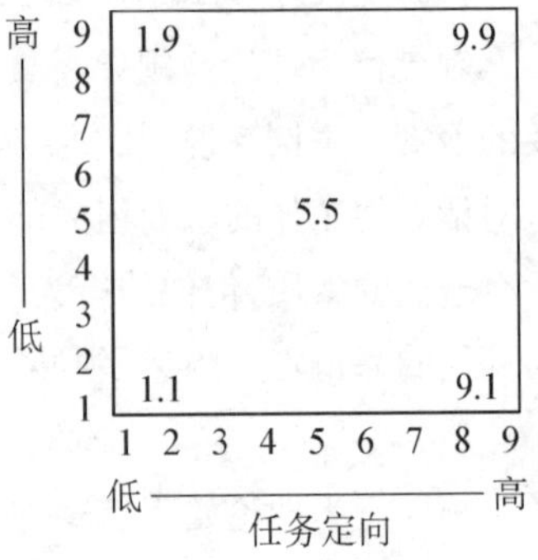

图 9-2 说明,人员定向(person orientation)的领导者主要关心人的问题,而任务定向(task orientation)的领导者主要关心工作或生产问题。当然这不是绝对的,因为工作与人是密切联系在一起的。领导者关心人员与关心生产的程度可以由低(1)到高(9)。把人员定向与任务定向统一起来,可以看到其中五种典型的形态:

图 9-2　管理方格图

(1)平庸型领导(impoverished leadership,即 1.1 型)　这种类型的领导者既不关心生产,又不关心人的情感与福利等,缺乏主见,逃避责任,与世无争,最低限度地完成任务。

(2)任务型领导(task - centered leadership,又译为任务中心型领导,即 9.1 型)　这种类型的领导者非常关心生产,但不大关心人。他们主要借助权力等组织人们完成任务,独断专行,压制不同意见。这种领导者在短期内可能提高生产效率。但由于不关心人,不注意提高职工的士气,因而生产效率不能持久。时间一长,人们会牢骚满腹,生产效率自会下降。

(3)俱乐部型领导(country club leadership,又译城郊俱乐部型领导,即 1.9 型)　这种类型的领导者只关心人,而不大管生产。他们高度估价温暖和友好的人际关系,尽量多结友少树敌,以多方面满足人们的需要来换取人们的支持和拥戴。但这种领导行为在竞争激烈的现代社会生活中很难立足。因为它不利于生产效率的提高。

---

① M. G. Aamodt, *Applied Industrial / Organizational Psychology*, 1991, p. 313.

（4）中间型领导（middle‐of‐the‐road leadership，又译中间道路型领导，即5.5型）　这种领导者推崇"折衷"，而不用恰当的方法解决问题。也就是在处理生产与人的需要的矛盾上，不是去寻求对生产和人都有利的优化策略，而是寻找两者可以妥协的地方，如将生产目标降到人们乐于接受的程度。因此，这种领导行为虽然既要求完成必要的任务，又要求保持必要的士气，但工作效率与人们的积极性都有较大的局限性。

（5）团队型领导（team leadership，即9.9型）　这种类型的领导者既十分关心生产，又十分关心人的因素。他们总是努力寻找解决问题的优化方法，使关心生产与关心人协调一致，统筹解决。他们的目标是使组织不断得到改善，组织中的人不断发展。这种领导行为是比较有效的，因为关心生产与关心人两个方面会相互影响，相互促进。

除了这五种典型的领导形态外，管理方格图还提供了大量的介于这些形态之间的形态，这里就不详述了。不过就这五种形态而言，也有优劣之分。布莱克与莫顿认为团队型最佳，其次是任务型，再次是中间型、俱乐部型，最差的是平庸型。[①]

3. PM 领导行为理论

日本学者三隅二不二在借鉴有关领导行为理论，进行大量调查、试验的基础上，提出了这一理论。认为相对单一的 P 型领导行为以执行任务为主，主要将每一个组织成员的注意力引向工作目标，按工作程序办事，运用专门的知识评定工作成果。而相对单一的 M 型领导行为以维持群体关系为主，主要维持和睦的人际关系，调解成员之间纠纷，增进成员的相互了解，促进成员的自觉性。这两个方面既相对独立又彼此联系。因此，三隅将 PM 领导行为区分为以下四类（图9‐3）：

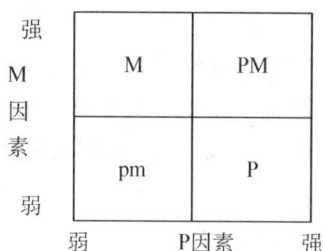

图9‐3　PM 领导类型图

从图9‐3可以看出，PM 领导行为类型主要有 PM 型、P 型、M 型、pm 型。

为了测量 PM 因素，三隅设计了有关部属情况的可反映领导 P、M 两种行为的问卷。其内容涉及八个方面：工作激励、对待遇的满意程度、企业保健、心理卫生、集体工作精神、会议成效、沟通、绩效规范。这每个方面都包含五个问题。调查对象的答卷都按特定标准计分，然后分别统计 P、M 两方面的总分，并在两个维度的坐标上表现出来。例如，如果某单位所有领导者的 P、M 平均值均为25，而其中某个领导者的 P、M 值为27，那他的 PM 领导行为类型落在 PM 区内，属于 PM 类型（图9‐4）：

① M. G. Aamodt, *Applied Industrial / Organizational Psychology*, 1991, pp. 314—315.

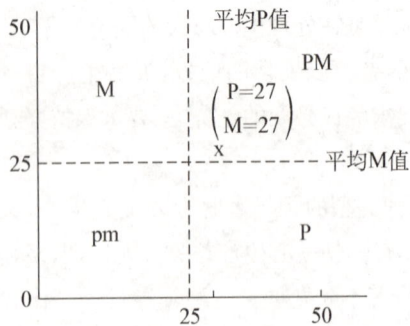

图9-4 某领导者PM领导行为类型图

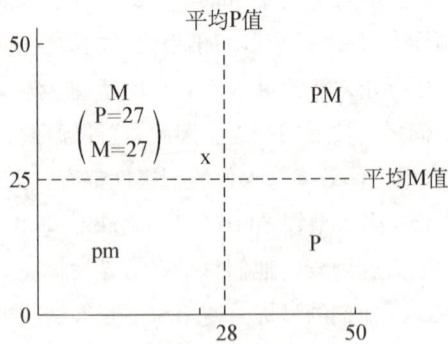

图9-5 某领导者PM领导行为类型变异图

假如该领导者得分不变,而该单位所有领导者的P值较高,为28,那么这位领导者的PM领导行为类型将落入M区内(图9-5):

研究证明,在PM领导行为类型中,PM型管理效率最高,员工对组织的信赖度也最高;P型和M型居中;pm管理效率最低,员工对组织的信赖度也最低。详情见表9-2。

表9-2 不同PM类型的领导行为和管理效果

不同PM类型领导行为	生产效率	员工对组织的信赖度	组织凝聚力
PM	最高	最高	最高
P	中间	第二位	第三位
M	中间	第三位	第二位
pm	最低	最低	最低

(三) 领导情境理论(situational theories of leadership)

这是20世纪60年代以来,在西方国家处于主导地位的领导理论。它认为领导的有效性既不完全取决于领导者个人的素质,也不完全取决于某种固定不变的领导行为,而在一定程度上取决于领导者所处的具体环境。换言之,领导效率的高低,受环境因素制约。这意味着,随着环境的改变而改变领导行为,也许是最有效的领导。在诸多情境理论中,以下几种是比较有影响的。

1. 菲德勒权变模型(contingency model)

菲德勒(F. Fiedler)认为个人的领导风格是一生经历的结晶,因而很难改变。所以,他的权变模型的基本思想是任何个人的领导风格都只在某种具体的情境中有效。因此增强领导有效性的方法是帮助领导者认识自己的领导风格,并使之与情境相适应。为此,菲德勒设计了LPC(least-preferred-coworker)量表。这种量表的使用方法是让领导者对"最不喜欢的同事"作"正反两面"的评价。这种评价分数用来测定一个人对其他人的态度。一个领导者如果对自己最不喜欢的同事给予很高或较高的评价,那他会被认为是关心人或宽容性的领导者,又叫关系型领导;而那些对其最不喜欢的同事给予很低或较低评价的人,则被认为是以工作为中心的领导者,又叫任务型领导。

情境的有利性取决于三个变量:一是任务的结构性(又叫任务结构化),包括任务已标准化、规格化,目标、程序、内容是明确的。任务越是结构化,情境就越有利。二是领导者的职权,也就是说,领导者的职位或法定权力越大,情境越有利。三是领导者与被领导者关系,部属越喜欢领导者,情境越有利。领导者与被领导者关系被看成是三种变量中最重要的。

如果以上三个条件均具备,便是最有利的领导条件。如果三者都不具备,便是最不利的领导条件。

假如将上述每一变量分成两种情况:上下关系好与差,任务结构性明确与不明确,职权强与弱,则可组合出八种主要的领导形态(图9-6)。

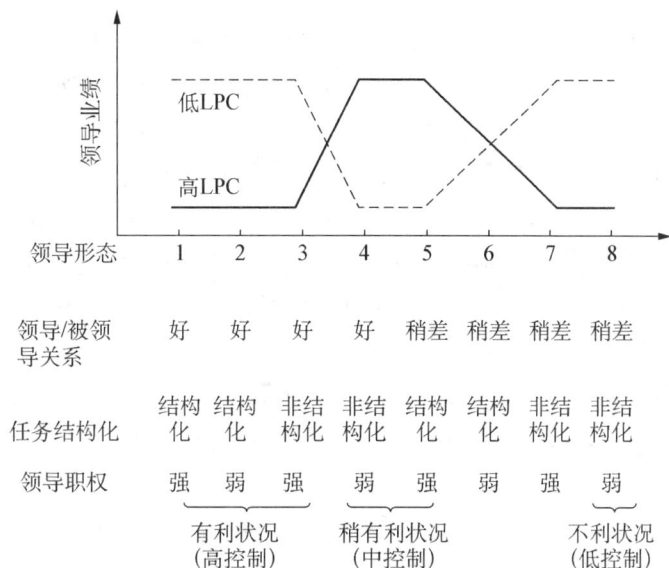

领导形态	1	2	3	4	5	6	7	8
领导/被领导关系	好	好	好	好	稍差	稍差	稍差	稍差
任务结构化	结构化	结构化	非结构化	非结构化	结构化	结构化	非结构化	非结构化
领导职权	强	弱	强	弱	强	弱	强	弱
	有利状况 (高控制)			稍有利状况 (中控制)			不利状况 (低控制)	

图9-6 领导条件适应模型

菲德勒通过对1200个小组的研究,得出如下结论:在组织情况极有利或极不利时,任务导向型是有效的领导形态;在组织情况一般时,人际关系型是有效的领导形态。[①]

2. 道路-目标理论(path-goal theory)

道路-目标理论又叫目标导向理论,由加拿大多伦多大学豪斯(R. J. House)创立。豪斯认为,领导者的行为只有在帮助部属实现他们的目标时才会被部属接受。因此,如果部属认为领导者正在为实现某种目标而和自己一道工作,而且那种目标能为自己提供利益,那么这种领导者就是成功的。

由于部属的需要是随着新情境变化的,领导者必须调整自己的行为以适应部属需要。也就是说,在某些情境中,部属要求领导者指导并设定目标。而在其他场合,他们已经知道做什么,因而只需要情感方面的支持。

在豪斯看来,领导者在应付每一种情境的时候,可以采用下列四种风格的领导行为中的一种:工具的、支持的、参与的和成就定向的。

---

① M. G. Aamodt, *Applied Industrial / Organizational Psychology*, 1991, p. 315.

工具风格(instrumental style)的领导者对员工的活动进行计划、组织和控制。支持风格(supportive－style)的领导者关心员工。参与风格(participative－style)的领导者与员工分享信息,并让他们参与决策。成就定向风格(achievement－oriented style)的领导者为员工设定挑战性目标,并加强对成就的奖励。

每一种领导风格都只能用于特定情境,而且有赖于部属的能力和任务的结构化程度。一般来说,部属能力水平越高,领导者的指导越少。同样,任务非结构性越强,领导者应有的指导越多。

有鉴于此,豪斯等认为,为了提高效率,领导者应该:认清部属的需要,并努力满足之;奖励达到目标的部属;帮助部属识别用于达到特定目标的最好道路;扫清道路以便员工达到目标。

总之,领导者的行为主要在于努力协助部属找到实现目标的最好途径。当工作任务不明确,员工无所适从时,他们希望领导者对他们的工作作出明确的规定和安排。对例行性的工作或内容已经明确时,员工只希望领导者给予生活等方面的关心,使个人需要得到满足。如果工作任务已经明确,领导者还在喋喋不休地发布指示,员工就会感到厌烦,甚至认为是侮辱。可见,领导者一方面要用抓好组织、关心生产的办法,帮助职工扫清通往目标的道路;另一方面要体贴关心人,满足员工的需要,使他们顺利实现自己的预定目标。

3. 情境领导理论(situational leadership theory)

这种理论是由赫西(Hersey)等人于1988年创立的。他们认为,领导者行为风格莫过于下列四种。这四种风格是授权、参与、宣传、说明。尽管这四种风格与前面所述风格没有太多差异,但这种理论确认领导者必须使自己的行为不仅适应于情境与氛围,而且适应于员工的个性特征。

赫西等人认为,员工最重要的个性特征是"成熟(readiness)",或者是从事特定工作的能力与意愿。员工的成熟度既可以通过管理者的评估形式测量,也可以通过他们自己的评估形式测量。测量分数标志着成熟的水平:

水平1:不能够并且不愿意或犹豫。

水平2:不能够但愿意或有信心。

水平3:能够但不愿意或犹豫。

水平4:能够并且愿意或有信心。

对于水平1的员工,最有效的领导行为是说明方法。也就是说,领导者要告诉员工做什么和怎么做。

对于水平2的员工应运用宣传方法。因为他们愿意做工作但不知道怎样做。领导者应讲清楚怎样做。

对水平3的员工宜给予大量的感情支持和双向交流的机会。因为这些员工知道做什么,但处于想做不想做的犹豫状态。

如果采用授权的风格,水平4的员工会表现出最有创造性,也最愉快。这些员工既愿意也能够从事工作,因此,领导者的工作是把具体任务分配给部属,然后让他们在最少的监督或指导下完成任务。

4. 参与决策领导理论

参与决策领导(leadership through decision making)理论(又称领导参与理论)是美国心理

学校管理心理学(第二版)

学家弗鲁姆与耶顿(P. W. Yetton)于 1973 年创立的。它把领导行为与参与决策联系起来,指出有效的领导应该根据不同的情况,让员工不同程度地参与决策。

综观各种决策形式后,参与决策领导理论认为,有五种领导行为常见于决策过程中:一是领导者利用自己现成的资料,解决问题,作出决策。二是领导者向下级索取必要的资料,然后自己决策;下级仅提供必要的资料,并不提供或评价解决问题的方案。三是领导者采用个别接触的方式让下级知道情况,并听取他们的意见,然后自行取舍,作出决策。四是领导者让集体知道有关情况,并提出意见,然后集思广益,作出决策。五是领导者与下级集体研究问题,一起提出和评价可供选择的方案,取得解决问题的一致意见。

为了有效地决策,必须注意下列影响决策的因素:

(1) 决策质量的重要性　决策质量的重要性越低,花在决策上的时间或努力就越少。

(2) 领导者的有关问题领域的知识　这主要指领导者单独决策所需要的信息的充分程度。此外,如果领导者想让部属获得参与的感受,那他在决策前与其他人商量一下是非常必要的。

(3) 问题的结构性　这主要是指领导者知道需要什么信息和怎样才能获得信息的程度。如果领导不知道怎样获得信息,那么决策过程就需要其他人参与,而且决策时间会延长。

(4) 接受决策的重要性　这主要涉及下级接受决策对贯彻执行决策的意义。

(5) 接受决策的可能性　任何领导者在决策时都要考虑决策是否为部属接受。如果领导者是受欢迎的并有权力,那么部属毫无疑问会接受并遵循决策。否则,领导者就要从部属和同事那里寻求决策方面的帮助,即使他有能力单独决策。这就是领导者为什么要经常征求部属和同事意见的原因。尽管有时领导者已经知道自己要做什么决定,但通过发表意见并予以评论消除其他人的"自我(egos)",会提高部属支持自己决策的概率。

(6) 部属的信任与激励　在某种程度上讲,领导者决策就是要激励部属实现组织目标,并相信他们会作出有助于组织的决策。

(7) 部属冲突的可能性　这是说在考虑各种解决问题的方案时,部属中可能出现大量的冲突。如果有许多可能的方案存在,而员工在哪个方案最好这一点上争执不休时,领导者最好先集中他们的意见,然后自己独立决策。

5. 领导"连续体"理论

在决策过程中,领导者常常面临这样的情况,即不知是自己决策好,还是让部属参与决策好。是集权好,还是民主好。为了解决这方面的问题,坦南鲍姆(R. Tannenbaum)和施密特(W. H. Schmidt)于 1958 年提出了连续体(continuum,又译"连续统"、"连续带")理论。他们认为在两种极端的领导行为之间,存在着许多中介性领导行为。它们与极端领导行为一起构成连续体(见图 9-7)。

在图 9-7 中,从左至右,领导者的职权"运用"逐渐变弱,而部属享有的自由则逐渐增强。偏向于独裁一端的领导者似乎较重视工作关系,并注意用权力去影响部属。而偏向于民主一

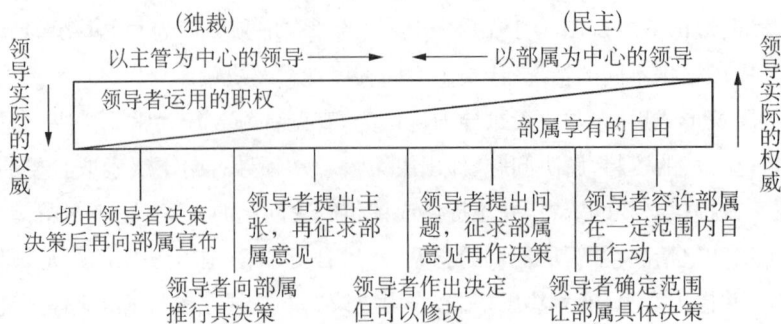

图9-7　领导行为连续体

端的领导者较重视群体关系,注意给部属一定的工作自由。

　　这一理论告诉人们,领导行为有效性的条件之一,是要根据具体情况决定"民主"程度,既不能固着在独裁一端,也不能沉湎于"绝对民主"一端。

　　6. 领导生命周期理论

　　这一理论由俄亥俄州立大学的卡曼(Karman)创立。卡曼认为,人们在考虑领导行为有效性的时候,应该把"工作行为"、"关系行为"与被领导者的成熟程度结合起来。所谓成熟程度,是指被领导者具有的知识技能和经验的多寡,以及独立工作能力,承担责任的态度和对成就的向往等,也就是心理成熟。卡曼赞同阿吉利斯的观点,认为每一个人都有一个从不成熟到成熟的发展过程,即不成熟——初步成熟——比较成熟——成熟四个阶段。面对分别处于这四个阶段的员工,领导行为不能一成不变,而应随他们成熟度的变化而变化,这就是领导生命周期理论的精髓,可以用图9-8来表示。

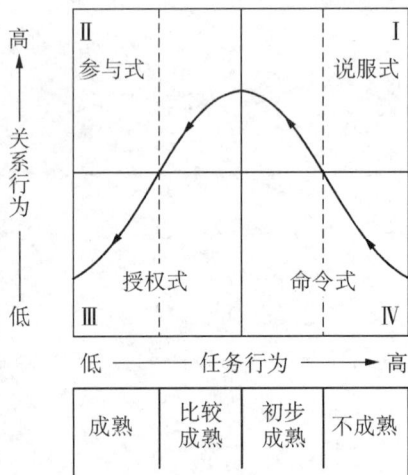

图9-8　领导生命周期图

　　图9-8表明,有效的领导行为要能适应特定环境的变化。当员工的平均成熟度处于不成熟阶段时,领导者应采取"高任务、低关系"的行为,即命令式。命令式即领导者以单向沟通方式向部属规定任务:干什么、怎样干。图中第Ⅳ象限表征的是命令式。

　　面对处于初步成熟阶段的员工,领导者应采取任务行为和关系行为均高的领导方式,即说服式。说服式即领导者与部属通过双向沟通,互通信息,达到彼此支持。图中第Ⅰ象限表征的就是说服式。

　　当员工进入比较成熟阶段时,领导者的任务行为要适当放松,关系行为要加强,即形成参与式。参与式与说服式有一定相似之处,一方面领导者与部属相互沟通,另一方面领导鼓励部属积极参与管理。图中第Ⅱ象限表征的是参与式。

　　当员工发展到成熟阶段时,领导者应采取低任务、低关系的领导方式,即授权式。授权式是领导者给部属以权力,让他们有一定自主权,"八仙过海,各显神通",而领导者本人只起检查监督作用。图中第Ⅲ象限表征的就是授权式。

7. 领导风格抉择理论

领导生命周期理论以及其他情境理论,都是从一个方面而不是从多个方面分析领导行为。为补此不足,有人提出了领导风格抉择理论。该理论认为,确定领导风格必须考虑五个因素:工作的性质;职工的成熟度;传统的领导方式;上级的领导风格;领导者本人的个性。[①] 将这五个因素综合地反映在一张四分图上(图9-9),便形成了领导风格抉择图。

图9-9表示一个将去新单位工作的领导者应采取的领导风格。A圈表示工作性质要求的领导风格。从A圈处于第Ⅳ象限,说明该单位工作比较简单。一般来说,工作难度越大,领导者的言行就不能过于生硬、呆板。B圈表示员工的成熟度要求的领导风格。B圈也处于第Ⅳ象限,说明员工的成熟度较低。C圈表示原领导者的领导方式,从C圈所处位置看,原领导者采用工作行为与关系行为都适中的风格。D圈表示上级领导者的风格。D圈位于第Ⅰ—Ⅳ象限中间略偏上,说明上级领导者喜欢采用工作行为高于关系行为的风格。E圈表示这位领导者以往的领导风格。从E圈的位置看,这位领导者习惯于采用关系行为略高于工作行为的风格。

这几种因素的圆圈连接在一起,其交叉点便是新任领导者应采取的领导风格。

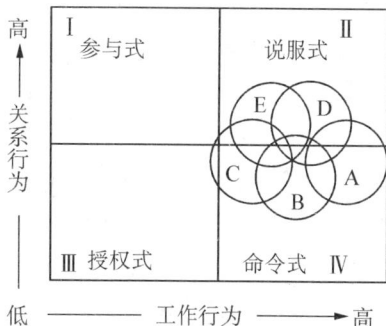

图9-9 领导风格抉择图

二、当代领导理论

随着社会的激变,很多传统的领导理论在新环境下被赋予了新的内容,同时,也有一些新的领导理论顺势而生。它们构成了当代领导理论。以下仅介绍几种主要的领导理论。

(一) 领导的归因模式[②]

归因是说明和推论人的活动的因果关系的理论。最早由海德提出。领导的归因模式是指领导者借助归因理论,来说明和推论人的活动的因果关系,并以此为据,采取相应的管理措施。

该模式认为,领导者对被领导者的看法和对其采取什么样的管理措施,常常取决于领导者对被领导者的绩效的原因的分析。如果一个领导者在观察中发现员工绩效差、能力低,他总会去思考原因。一般来说,原因可分为两类。一是内部的,如工作态度、感情、能力等;二是外部的如设备、资料、工作程序等。而领导者对被管理者的行为究竟如何归因将对员工和管理者自身都产生不同的影响。从对员工的影响来说,如果把成功归于员工内部的因素,则可诱发员工的积极体验,从而更积极地工作,反之则泄气。从对领导者的影响来说,如果把成功归于员工的内部原因,领导者会给予员工以奖励、支持;如果将失败的原因归于内部因素,领导者则较

---

① 俞文钊编著:《管理心理学》,甘肃人民出版社1989年版,第527页。

② 俞文钊著:《管理心理学》,东方出版中心2002年版,第578页。

少可能去支持员工,相反,可能会去责备员工,企图改变员工的行为。可见,领导者应该正确归因。

(二) 魅力型领导模式

魅力型领导指领导者主要通过培育追随者感情上对愿景与共同价值观的忠诚,来激励与领导他们。

该模式的建构与诸多学者的努力分不开。早在 20 世纪初,德国社会学家韦伯就提出"charisma",即"魅力"这一概念,意指领导者对下属的一种天然的吸引力、感染力和影响力。在此基础上,他进而认为魅力型领导就是"基于对一个个人的超凡神圣、英雄主义或者模范性品质的热爱以及由他揭示或者颁布的规范性形态或者命令"的权威。此后,豪斯于 1977 年也对魅力型领导者的特征进行了研究。他指出,魅力型领导者有三种个人特征,即高度自信、支配他人的倾向和对自己的信念坚定不移。至 20 世纪 80 年代,麦克基尔大学(McGill University)的康格(J. A. Conger)与卡纳果(R. N. Kanungo)对魅力型领导者进行了系统的研究,概括出魅力型领导者的特征。即努力改变现状,是改革创新的代表人物;设置远大的目标;对自己的判断力和能力充满自信;能深入浅出、言简意赅地向下级说明自己的理想和远大目标,并使之认同;采取一些新奇、违背常规的行为,当他们成功时,会引起下级的惊讶和赞叹;对环境的变化非常敏感,并采取果断措施改变现状;经常依靠特长权力和参照权力,而不仅只用合法权力;经常突破现有秩序的框架,采用异乎寻常的手段达到远大的目标。

正是有了诸多学者的努力,魅力型领导模式才有了今天的明晰的"要素",即建立愿景,鼓动精神,支持进取。换言之,魅力型领导模式要求领导者运用其号召力形成组织未来发展的愿景,设置高水平的工作期望,并且塑造积极工作的行为;通过个人的热情、信心和成功,鼓动下属奋发向上的精神;不断支持、鼓舞、信任下属实现组织目标。

(三) 变革型领导模式

该领导模式最早(1978 年)由伯恩斯(Bums)提出,后由贝斯(Bass)进一步完善。其主要内容如下。

变革型领导是领导者向员工灌输思想和道德价值观,并激励员工的过程。在这过程中,领导者不是借助金钱等物质利益去影响下属,而是借助个人魅力和价值引领,帮助下属形成符合组织文化诉求的工作态度、信念和价值观,使他们为了组织的利益而超越自身利益,从而更加热情地投身于工作中。

变革型领导是领导者与下属之间彼此互相提升成熟度和动机水平的过程。这种领导模式强调领导者和被领导者的共同发展,强调让组织中的每个人都成长为领导者或更好的领导者。为此,领导者要考虑如何表达组织的愿景和使命;如何创立与维护积极的人际关系,建立互相信任的氛围,增强自身的魅力;如何激发下属的高层次需要,使其维持较高的动机水平,甚至可以为了组织利益牺牲自己的利益,并达到超过原来期望的结果。

综上,领导理论的发展经历了从强权领导到超级领导、从领导他人到自我领导、从个体领导到领导群的变化过程,突破了经典领导理论的个体化倾向,把领导从单个人的垄断中解放出来,使领导成为 20 世纪的"通货"。

第三节　学校领导的有效性

如同其他组织领导的有效性一样,学校领导的有效性也从领导素质、领导行为和领导情境等方面表现出来。因此,前述领导有效性理论对增强学校领导有效性同样有重要指导意义。任何学校领导者在谋求有效的组织与指挥时,都不可遗忘了这些理论。

因此,这里阐述的学校领导有效性,不再重复有关领导有效性理论,仅从学校领导者的影响力、领导方式、集体领导等几方面展开。

一、学校领导者的影响力

(一) 学校领导者影响力概述

影响力是人们在交往过程中影响和改变他人心理的能力。这种能力人皆有之,但因其扮演的社会角色不同而有差异。学校领导者是特定的社会角色,其影响力主要从学校成员的反应上体现出来。也就是说,学校领导者的影响力主要是影响和改变学校成员心理的能力。这种能力只有表现出来,才能得到社会的承认。具体地说,只有学校成员按照学校领导者的指令、要求、示范等行事,学校领导者的影响(指令等)被学校成员接受,学校领导者才有影响力可言。

(二) 学校领导者影响力构成

学校领导者的影响力由两部分构成:

1. 权力性影响力

权力是权势与力量的合称。学校领导的权力就是组织赋予的在职责范围内使用的可强行控制学校成员的力量。可见,权力性影响力具有威严性、难以抗拒性。面对这种影响力,学校成员往往表现为服从。因而,这种影响力对人的激励作用比较有限。

据分析,学校领导者的权力性影响力包括三种因素:

一是传统因素。千百年来的社会生活使人逐步形成了有关领导者的传统观念,即领导者有权有势有才干,下级只能服从上级,等等。这些观念逐步成为某种形式的社会规范,使人们产生对领导者的服从感。服从感既可以存在于被领导者观念中,也可以存在于领导者观念中。领导者的服从感主要表现在两个方面:一是鞭策自己服从上级,二是要求部属服从自己。所以,员工的服从感不仅来源于传统观念,而且来源于受传统观念熏陶的领导者及其服从观念。当然,在现实的学校组织中,由于学术争鸣以及领导者大都来自教师,领导者有倾听学生或他人见解的习惯,因而无论是学校领导者还是被领导者,服从观念相对淡薄一些。不过,在民主气氛不浓、参与意识淡薄,尤其是"师道尊严"甚烈的学校里,服从观念也许更甚于其他社会组织。

二是职位因素。在组织中居于领导地位的人,可以凭借权力影响甚至左右被领导者的行为、处境、前途等,因而使被领导者产生敬畏感。领导者的地位越高,权力越大,别人对他的敬畏感越甚,他的权力影响力也就越大。在通常的情况下,校长比教导主任、总务主任更有影响力。职位因素造成的影响力是以合法权力为基础的,与领导者个人的素质关系不甚密切。无论谁当上校长,他都拥有校长应有的"职位"影响力。

三是资历因素。资历是历史的产物,反映一个人的生活阅历与经验。资历较深的领导者往往使被领导者产生敬重感。一个能得到人们敬重的领导者,其言行容易在人们心理上占有重要位置。反之,不能得到人们敬重的人,其言行难以引起人们的赞同和支持。这就是资历因素能构成影响力的原因。

总之,上述三因素作为权力性影响力的组成部分,各具功能。但对这些因素的功能的认识不能局限于积极方面。也就是说,不能将它们的影响力绝对化。例如有的人对资历较深而能力较差的领导者不仅不敬重,反而更愿意接受一个资历不深能力不强的领导者。因为后者的资历不深意味着有较大的发展可能。

2. 自然性影响力

自然性影响力又称非权力性影响力,其主要因素有以下几种:

其一,品格因素。领导者的品格因素主要指领导者的道德品行、人格特征、各种作风等,由领导者的言行表现出来。优良的品格使人产生敬爱感,能吸引人仿效,因而产生较大的影响力。学校领导者谦逊和善、平易近人、以身作则、廉洁奉公、吃苦耐劳、治学严谨等都会给师生员工留下美好的印象,以至自觉地去模仿。反之,学校领导者的权威与影响力则大打折扣。

其二,能力因素。有较强能力的领导者,不仅能给自己的事业带来成功,而且会使人产生安全感、敬佩感等。因为员工往往觉得跟着这样的领导者没有克服不了的困难,会取得更大的成就。因此,他们对这样的领导者由信服到敬佩。而敬佩感是一种心理磁力,它会吸引人们自觉地接受影响。当然,领导者的能力是多方面的。就学校领导者而言,至少这几方面的能力应比较突出:一是学校管理能力。学校管理能力的内涵非常丰富。将其分解开来,主要有决策能力、组织能力、控制能力等。而每一种能力又由若干更具体的能力组成。如决策能力就包括预测、计划等能力;组织能力包括知人善任、分工合作、协调沟通等能力。而上述各种能力又都以分析能力、判断能力、创造能力等为基础。如果就管理对象来分析学校领导者的管理能力,则主要有用人能力、理财能力等。可见,学校管理能力是一种高度综合的能力。如果学校领导者这方面能力较强,无疑会使一些正直的员工由敬佩到服从,积极支持其工作。二是处理人际关系的能力。任何学校领导者,除了要处理好各方面的组织关系外,还要处理好人际关系。因为融洽的人际关系可以消除隔阂,减少误解,能增强人们的相互理解与支持。三是指导教育、教学的能力。一般来说,学校领导者如有较强的指导教育、教学的能力,那就更容易受师生欢迎。因为这是师生区分领导者懂行还是不懂行的标志。事实上,这种能力较强的领导者,更可能深入教育、教学第一线,为师生出谋划策,排忧解难,乃至心心相印。尤其当领导者在教育、教学上表现出深邃的洞察力,准确的预见力,丰富的创造力时,他的影响力会骤然增长。当然,指导教育、教学的能力与教育、教学能力既有联系又有区别。联系无须赘述,仅就区别论,有的人本身教育、教学能力强,却不善于指导别人。而有的人本身教育、教学能力不甚强,却善于指导别人(如教育理论修养好的人)。为此,不能苛求每一位学校领导者都必须具有出类拔萃的教育、教学能力,但他们必须知道怎样的教师是优秀教师,并能指导别人优化教育与教学。

其三,知识因素。知识是财富,是力量。学校领导者如有丰富而且结构合理的知识,其影响力必然大增。因为知识多寡与水平高低,反映一个人对自身和客观世界认识的程度。它与人的能力往往联系在一起,成为人们解决问题必不可少的东西。当师生们有疑难求助时,学校领导者能用知识为其指点迷津；当师生们遇事自感无力解决时，学校领导者能巧施才华协助清除障碍，师生们一定会十分佩服。毋庸讳言，知识丰富的领导者更容易得到人们的信任。

其四，感情因素。领导者与部属的关系密切，部属便对领导者有亲切感。有亲切感的人之间，吸引力大，影响力也大。"感人心者，莫先乎情"。心理学认为，人的行为受感情支配，人与人之间若建立了良好的关系，便能产生亲切感。一旦有了亲切感，相互间的吸引力就加大，彼此之间的影响就增强。就学校领导者而言，如果待师生员工和蔼可亲，那他的影响力自然提高。反之，领导盛气凌人，与部属关系紧张，那他的影响力会相应下降。

以上自然性影响力的各个组成部分，其基础都是领导者的素质与行为，与权力没有直接的联系。也就是说，学校中任何一个成员，只要他具备了这些方面的素质并采取相应的行为方式，那他同样有较大的影响力。

这就引出了权力性影响力与自然性影响力的关系问题。对这个问题可作如下分析：一是两种影响力有相对独立性，有差异性。例如一个并无权力的教师在教职工中可以有相当大的影响力，而一个非权力性影响力很小的校长，凭借手中权力也可以使部属在一定程度上服从，表现出较大的权力性影响力。可见，权力性影响力与自然性影响力是相对独立的，有差异的。当然，其差异性还表现在各自在整体影响力中的不同地位。在领导者的整体影响力中，自然性影响力是决定性的，起主导作用的。二是两种影响力相互交织，密切联系。自然性影响力可以加强权力性影响力。因为自然性影响力大的领导者大多是聪明能干，体察民情的人，能合理使用权力，这就使人们更信服权力和运用权力的人。同样，权力性影响力也可以增强自然性影响力。因为有权力性影响力的参与，即合法权力的支持，自然性影响力会得到进一步加强。因此，学校管理者必须协调好这两个方面的影响力。

二、学校领导者的领导方式

领导方式的优劣，直接影响领导的有效性。学校领导者有必要注意自己的领导方式。这里介绍几种主要的领导方式理论。

（一）霍尔的学校领导方式理论

美国学者霍尔（G. Hall）在经过较长时间的探讨之后，提出了学校领导方式理论，认为学校领导方式大致有三种：

1. 反应式领导

采用这种方式的学校领导者往往认为领导者的责任在于维持学校稳定的秩序。因此他们注重学校的常规管理，与教职工保持密切的关系。至于教育质量的提高，他们不大关心。因为他们相信教师都有较强的专业能力和较高的自觉性，会按照学校的目标自觉地工作和进行必要的创新活动，会把教育质量提高。于是，他们放手让教师独立自主地工作。

2. 管理式领导

采用这种方式的领导者注重学校及其所在社区的利益，能协调学校与社区（相对小的环境）的关系，努力使学校工作满足学校成员和社区的需要。因此，他们总是热情洋溢地与教师一道进行创新活动，而不停滞在既有的成就上。

3. 倡导式领导

采用这种方式的领导者善于未雨绸缪，超前思考，有适应时代发展要求的办学价值观，因而能高屋建瓴地提出发展学校的要求，引导其他学校成员积极投入学校的各项活动，同时能身先士卒，主动承担教育教学改革的风险，执著地追求教育的价值。[①]

(二) 利思伍德的学校领导方式理论

利思伍德(K. A. Leithwood)等人研究了多种影响学校领导者工作效率的因素后，提出了几种学校领导方式：

1. 行政工作领导方式

采用这种方式的领导者认为领导的职责在于行政管理。因此，他们比较重视规章制度的作用和常规管理办法，用职权保证学校工作的正常运行。他们觉得教育、教学是教师的事，领导者只要对其进行行政调控，不必参与具体的活动。

2. 人文主义的领导方式

采用这种方式的领导者认为领导者的工作目标在于创造和谐的学校氛围，尤其要形成良好的人际关系。因此，他们以人际关系为重心谋划策略，充分发挥一切有利于改善人际关系的因素的作用，尽可能使教职工在和谐惬意的环境中顺利开展工作，并为他们提供参与学校组织目标与工作策略等方面的决策机会，使之更多地参与管理，切身体验到自我价值的实现。

3. 计划程序的领导方式

采用这种方式的领导者认为计划是非常重要的领导手段。因此，他们不仅非常重视学校整体计划的制订，如审慎地预测，严格控制整个决策过程等，而且要求教职工根据学校提出的目标制订各自的计划。在计划实施过程中，他们密切监控影响计划实施的各种因素，确保计划顺利地变成现实。

4. 系统解决问题的领导方式

采用这种方式的领导者认为学校的根本目标是形成一种能满足学生需要，加速学生发展的教育。这种目标异常复杂，需要分解出许多相对具体的目标，而且这些具体目标要为教职工接受，并成为他们工作计划的重要成分。也就是说，要让教职工的目标与学校的目标保持一定程度的一致性。在此基础上，再控制影响目标的各种因素，确保学校目标的顺利实现。

(三) 我国现行的主要学校领导方式

我国教育系统庞大，学校众多，学校领导方式多种多样。但就学校领导者运用权力的情况而言，可分为四大类型：

1. 集权式领导

其主要特征是权力相对集中，学校领导者中心地位突出，凡事须经领导者首肯，否则无效；主要领导者有权否定助手(包括副职等)或其他部属的决定；对领导者的决定，部属必须

---

① G. Hall, etal. , *Effects of Three Principal Style on School Improvement*, Educational Leadership, Feb. 1984.

学校管理心理学(第二版)

服从,坚决执行,不容打折扣。这种领导方式的具体表现是:在决策上领导说了算,决定有强制意义。其主要优势是决断迅速,执行较快,效率较高,可在一定程度上减少扯皮现象等。其主要弊端是容易形成一些部属的依赖性,养成无令不行的习惯;也容易引起一些期望有所作为的部属的反感,因为他们缺少自主权;还容易造成主要领导者的主观武断、决策失误等。在指挥上,学校领导者主要通过"指令"指挥,所有学校成员都必须严格执行指令,不容更改或擅作主张。其主要长处是有利于计划的统一实施,减少能力差的下级错误指挥的机会等。其主要短处是强制性大,容易弱化部下的责任心,也不易发挥广大教职工的创造性。在监控上,强调用奖惩强化规章制度的约束力,凡事照章办理,禁令多,惩处严。其主要长处是办事有章可循,易于形成纪律严明、秩序井然的局面。其主要问题是刻板机械,原则性有余,灵活性不足,难以适应迅速变化的环境,同时容易使教职工产生压迫感和受辱感,从而降低积极性和创造性。

2. 参与式领导

其主要特征是学校领导者大权独揽,小权分散,即在重大问题上,领导者有决策权、指挥权和对部属决定的否决权等,而将其余的权力按职责范围分授予部属,并支持部属在职责范围内自主行事,合理用权。这种领导方式的具体表现是:在决策时,吸引广大教职工参与,坚持"民主集中"原则。其主要优点是能集思广益,在一定程度上保证决策的周密性和可行性,减少或避免失误,同时能增强广大干部群众的主人翁责任感,激发积极性。此外有利于上下沟通,加强团结。其主要缺点是决策周期长,容易出现"议而不决"的现象,不大适应迅速变化的环境。在指挥上,学校领导者主要通过"指导"行事,诸如帮助部属出主意、想办法等,让部属更好地行使自己的权力,尽到责任。在监控上,充分肯定并不断激励广大教职工的积极性,同时也不忽略人事方面的消极因素。其主要表现是有必要的规章制度,这些规章制度不以束缚教职工的创造性为前提,而以保障教职工才能的充分发挥为旨趣。

3. 放权式领导

其主要特征是学校领导者有意将大部分权力下放,让部属拥有充分的自主权。在决策上,领导者提出目标与要求,让广大教职工自议自决,不予干涉。其主要长处是有利于事业心强、成就需要强烈的教职工在其职责范围内充分发挥聪明才智,把教育教学工作做得更好。其主要问题是容易出现各执己见、各自为政的混乱局面。在指挥上,学校领导者放手让下级指挥,在不偏离学校总目标的前提下,教职工都有对自己负责的工作自订计划自行作主的权力。这方面的利弊与决策方面的大同小异。在监控上,主要着眼于教职工的自觉性,不太强调规章制度的约束作用,而代之以说服教育。这样做的长处是有利于建立上下级之间的良好关系,利于调动成就意识强烈的人的积极性。但容易出现纪律涣散,步调不一,局面难以控制等现象。

4. 支持型领导

其主要特征是学校领导者注重情感上的亲密和谐,尊重和信任和关心部属。具体言之,学校领导者很尊重部属的观点,尤其在关涉学校发展的重大问题上,学校领导者会主动听取部属的意见。此外,学校领导者对部属十分信任,常常授权于部属。再有,学校领导者会关心部属，并借用沟通的方式，了解部属的各种需要，为部属的专业发展提供有效的条件。这种领导方式的主要长处是有利于增强部属的凝聚力和忠诚度；激发部属的自信心；改善组织成员的心理环境，提高工作效率，推进组织目标的实现。当然，这种领导方式的实施成本较高。

应当强调的是，以上四种领导方式的勾勒，线条甚粗，且相互有交叉之处，难以截然分离。因此在理解和把握它们各自的特征时，不宜过于刻板。

三、学校领导集体团结一致的心理基础

学校领导的有效性一方面取决于领导者所做的"正功"，另一方面取决于有力的控制或消除"负功"。领导者越能有效地控制或消除"负功"，就越有可能扩大"正功"。在学校领导集体中，引起负功的因素很多。但主要因素之一是心态。如果领导者都有良好的心态，彼此间能形成心理上的默契，误会、隔阂就不易形成，即使形成了也容易消除。因此，研究学校领导集体团结一致的心理基础，对提高领导者的自觉意识是颇有意义的。概括起来说，这方面的心理基础主要有：

(一) 认识基础

如同其他群体一样，学校领导集体的凝聚力首先来源于各个成员认识上的一致性。有关的认识至少有以下方面：

1. 对"人"的认识

这里的"人"是指领导集体成员。因此，对"人"的认识既包括领导集体成员对"自我"的认识，也包括对其他成员的认识。对自己，应有自知之明，既不过高也不过低估计自己，认准自己在领导集体中应有的位置，懂得与其他成员应有的关系。如果自己居于主要负责人地位，那么非常重要的一点就是要认识其他成员工作的重要性，懂得任何人离开他人都难以充分发挥作用的道理。消除唯我独尊、唯我独能的错误想法。如果自己居于辅助地位，一方面要看到自己在整个领导集体中的作用是支持主要负责人的工作，另一方面要懂得支持工作并不是被动听从指挥，而是积极地出谋划策，为主要负责人和领导集体排忧解难。既不"缺位"，也不"越位"。

2. 对"权"的认识

在这方面，学校领导者至少要懂得如下三点：第一，自己手中的权力是党和人民给的，只能为人民掌权、用权。否则，"权"迟早会被党和人民收回。第二，"权"的功能有双重性。它既可以支持自己工作，又可祸害自身。前者发生在领导者合理运用权力的时候，后者主要发生在领导者以权谋私的时候。第三，权与责相连。权力越大意味着责任越大，为人民服务的担子越重。因此拥有一份权力就必须履行一份职责。为官一任，造福一方。有了这样的认识，"权"与"责"上的矛盾就会相应减少。

3. 对"利"的认识

从本质上说，利即利益，是对合理用权、努力尽责行为的奖赏。因此，学校领导者应知道只有守其职，用其权，尽其责，才可得其利。反之，应少其利或夺其利。而且，职、权、责与利之间可以形成若干不等式。在提倡奉献精神的领导者看来，利可以小于职、权、责。而在权欲膨胀、

以为"有权不用、过期作废"的领导者看来,作权钱交易乃正常之举。因此利可以成倍地大于职、权、责。这种领导者的结局是可想而知的。因此,在"利"的问题上,学校领导者可选用的公式是利等于或小于职、权、责,而不是利大于职、权、责。有了这样的正确认识,领导者之间因分利不匀而剑拔弩张的现象将会减少。

（二）感情基础

领导者也是有感情的。其感情以认识为基础,又渗透到认识过程、意志过程等方面,调节领导者的思想与行为。积极的感情可以促进领导者之间的思想沟通,行动协调。即使遇到认识分歧,由于有良好的感情基础,领导者也能畅所欲言,各抒己见,形成共识。为了形成良好的感情基础,有经验的领导者往往乐意在这些方面花力气:

1. 真诚相待,以情感人

因为真挚待人,并予以亲切的关怀和照顾,往往能换取其他领导成员的信任、支持和友谊。反之,为人狡诈,隐而不露,并冷落轻视他人,不问他人痛痒,必遭致反感。所以,进行必要的感情投资是当代学校领导者必不可少的功夫。

2. 忍让克制,以身作则

在共事过程中,不愉快的事情总是难免的。但可以尽量不让它恶化成不可调和的冲突。因此,领导者(尤其是主要领导者)要胸怀宽广,克己忍让,不计恩怨。领导者能忍让,特别是主要领导者得理让人,更容易使其他领导者深受感动,并起而仿效。有了这样的感情基础,领导者之间的关系就会融洽起来。

3. 勇担责任,不揽功诿过

现行学校领导集体通常执行分工负责制。由于学校工作千头万绪,具体工作之间的条件、难度等差异大,所以,负责教学、后勤等方面的领导者通常面临着不同的困难。在解决困难过程中,有可能出现意想不到的偏差甚至铸成错误。因此,主要领导者不仅要及时为他们撑腰鼓劲,具体指导,而且当出现失误时,只要失误不是由于具体领导者玩忽职守、图谋私利等应该个人负责的原因造成的,主要领导者通常要以集体或个人名义承担责任,而不将过错推诿给分管具体工作的领导者。这样,会使各部门领导者感到无后顾之忧,感到主要领导者作风正派、品德高尚,应该支持他工作并且向他负责。与此相反,如果学校工作取得了成就,主要领导者应该先给一般领导成员(特别是具体分管那项工作的领导者)记功,不要揽功贪功。就主要领导者而言,不管学校工作的哪个方面有成效,党和人民都知道他的贡献的重要性,不会埋没他的功劳。在这种意义上,主要领导者不揽功而有功。反之,只要有功就往自己身上记,使部门领导者之间不和,反而使有功变无功。揽功与诿过往往是相辅相成的。有这种缺点的领导者特别容易丧失人心。

（三）个性基础

领导者的个性差异不仅客观存在,而且由于他们经常抛头露面,其个性差异表现得比较充分。他们有的稳重沉着,有的急躁冒进;有的温和顺从,有的刚强好胜;有的优柔寡断,有的立断即行;有的宽宏大量,有的心胸狭窄。这些截然不同的个性,会影响领导者对事物的看法和处理问题的方式,也不知不觉地造成领导成员之间的矛盾。因此,主要领导者一方面要加强自己个性修养,养成优良的个性心理品质;另一方面要了解其他领导者的个性特征,帮助他们加强个性修养,提高自我调节能力,使领导成员的个性刚柔并济,热(情)冷(漠)调和,严宽搭配,缓急兼容。这种互补性较强的领导集体个性结构的形成,无疑会增进领导集体的团结与组织行为的有效性。

第四节　学校领导培训心理

培训学校领导的基本着眼点是提高领导的有效性。而领导的有效性,如前所述,受多种因素的影响。为避免重复,这里仅就几个培训心理问题作些论述。

一、正确看待经验在领导有效性中的作用

人们往往看重管理经验在领导有效性中的作用,但如果不考虑其他因素的相关性,仅仅探求经验与领导业绩之间的关系,结果往往使人出乎意料。菲德勒曾就监督管理人员的经验与群体、组织业绩间的相关性展开研究,发现相关系数最高的也只有 + 0.33,最低的为 - 0.35,中值为 - 0.12。这就是说,监督、管理人员的经验与群体业绩间几乎不存在直接联系。后来,菲德勒引入另一个变量即 LPC 进行研究,发现组织的业绩是由领导者的 LPC 和经验两种因素决定的。就是说,在经验少时,低 LPC(任务型)领导者不如高 LPC(关系型)领导者的领导有效。但是经验多时恰好相反,高 LPC 领导者不如低 LPC 领导者更有成效。换言之,低 LPC 领导者随着经验的增加其业绩逐渐提高,而高 LPC 领导者的业绩反因经验的增加而下降。

这种情况是否适合于中小学校长呢？菲德勒 1927 年在加拿大的小学和中学做了调查,发现小学和中学的结果完全相反。即对小学校长来说,经验对低 LPC 校长具有正效应,但对高 LPC 校长有负效应。中学校长与小学校长恰好相反,经验对高 LPC 校长有正效应,而对低 LPC 校长有负效应。[①]

由此可见,经验对领导有效性起不起作用或起多大作用是受领导者 LPC 以及领导者的影响力等因素制约的。

需指出的是上述成果的研究背景是西方文化,其结果不一定适合我国情况,因而仅供参考。但值得注意的是将经验与管理业绩的关系纳入科学研究,对人们认识经验在管理中的作用大有裨益。不过,领导者的经验有正反两个方面,它们分别对领导有效性有何作用,值得深入研究。

二、培训学校领导的基本方法

(一) 成就动机培训方法

在现实学校管理中,人们可以发现造成领导有效性的重要原因之一是领导者的成就动

---

① (日)白樫三四郎著,苏昆、房纯刚译:《领导心理学——怎样有效地工作》,吉林教育出版社 1988 年版,第 187—194 页。

机。一般来说,缺乏成就动机的领导者不会千方百计地开拓创新,因而政绩不太显著。可见,从增强成就动机入手,培训学校领导者,也许会有显著成效。

这种方法是麦克莱兰创立的,其具体做法:一是向受培训者介绍高成就动机者的行为与成就,使之像高成就动机者一样思考问题,采取行动。二是促使受训者制订两年计划,计划中含有较高的经过努力能够实现的工作目标。然后在实际工作中每六个月检查一次计划执行情况。三是使用由受训者自己设计的新的培训方法,这些方法是不受旧的习惯、态度等束缚的。四是学习有关理论,帮助受训者提高理论修养。五是将受训者分成小组,让他们在小组中合作解决问题,彼此支持与同情,养成群体精神,并获得希望与担心,成功与失败的体验。采用这种方法的训练期一般为7至16天。

(二) 领导适应培训法

这种方法是菲德勒等人创立的,其主要内容有:一是管理监督人员测定自己的 LPC 得分。二是测定自己群体的任务状况,了解自己的影响力(高、中、低,这里影响力又叫情境控制力)。三是将上述两种因素组合起来,根据领导条件适应模型(参见前面的图 9-6)判断有没有可能提高业绩。四是如果具备提高业绩的条件,那就按现状继续进行。五是如果估计到 LPC 与影响力组合起来效果不佳,那就要考虑怎样改变影响力以增强效果。六是根据自己的现实处境考虑怎样改变各种情境因素。

这种方法的基本程序是:

第一步,用领导/被领导关系量表(见表 9-3)作自我评定,评定值越高,意味着领导/被领导关系越好。

表 9-3　领导/被领导关系量表

请把各项中认为恰当的数字用○标上				
	完全同意	同意	怎样都行	反对	完全反对
1. 我和部下不能和睦相处	1	2	3	4	5
2. 我的部下值得信任,也能够信赖	5	4	3	2	1
3. 我和部下之间似乎很亲密	5	4	3	2	1
⋮			⋮		
10. 我和部下的关系很好	5	4	3	2	1
领导/被领导关系得分					

第二步,用任务结构化量表(见表 9-4)评定任务结构化程度。这个得分越高,意味着领导者所认识的任务越是结构化了。但是,任务结构化程度可能受到领导者经验等的左右,因此对得分要加以调整。调整的方法是从"修正前"任务结构化得分中减去表 9-5 中(a)(b)两次的合计分。这样得到的就是"修正后"的任务结构化得分。不过当修正前任务结构化得分低于6分时,就不用修正。

表9-4 任务结构化量表(第一部分)

请把各项中认为恰当的数字用○标上

对任务有明确的描述与理解吗?

	通常有	有时有	很少有
1. 对最终产品、维修有蓝图、构图、模型或具体描述吗?	2	1	0
2. 对最终产品、维修或工作方法有人给出说明或建议吗?	2	1	0
……			
10. 领导和群体为了有助于今后改进工作,能了解该任务完成得怎样吗?	2	1	0

修正前　任务结构化得分 ☐

表9-5 任务结构化量表(第二部分)

请把各项中认为恰当的数字用○标上

(a) 你和居于这个地位或同样地位的人相比,受过何种程度的训练?

3	2	1	0
完全受过训练	略受训练	受过一般程度的训练	受过较多的训练

(b) 你和居于这个地位或同样地位的人相比,积累了何种程度的经验?

6	4	2	0
全无经验	略有经验	一般程度的经验	极丰富的经验

(a) 部分得分 ☐

(b) 部分得分 ☐

修正后　任务结构化得分 ☐

第三步,用职权量表(见表9-6)评定职权强弱。得分越高,领导的职权越强。

第四步,在得出上述三种分之后,便可计算出领导影响力分数。也就是说,领导影响力分数是领导/被领导关系得分加上任务结构化得分,再加上职权得分。而判断影响力大小一般依表9-7进行。

第五步,采取针对性措施,使影响力朝着自己的 LPC 最容易产生效果的方向转化。这里举出菲德勒等人研究的提高或降低领导影响力的一些策略,以供借鉴(表9-8,表9-9)。

表9-6 职权量表

请把各项中认为恰当的数据用○标上

1. 你能够直接或通过建议奖惩你的部下吗?

2	1	0
能直接奖惩,也能建议,影响力很大	能建议,但结果不一定兑现	不能

2. 你能够直接或通过建议对部下的晋级、提拔、录用、解雇等施加影响吗?

2	1	0
能直接,也能建议,影响力很大	能建议,但结果不一定兑现	不能

……

5. 组织给了你正式的头衔(部长、股长、现场监督、QC 小组长等)吗?

2	0
是	否

职权得分 ☐

表 9-7　领导影响力判定标准表

得分	51—70	31—50	10—30
影响力	影响力大(高控制)	影响力中(中控制)	影响力小(低控制)

表 9-8　提高领导影响力的策略举例

a. 领导/被领导关系
　(a) 做规划和部下一起搞业余活动(慰劳旅游等)。
　(b) 抽出时间和部下作私人磋商或听取牢骚、意见等。
　(c) 尽量把来自上级的信息传达给部下。

b. 任务结构化
　(a) 领导接受公司内外有关本职工作的培训,掌握专业技术。
　(b) 详细规定工作程序、指导方针、产品外形等。
　(c) 详细记载与工作有关的活动。
　(d) 请求配备熟练人员,使之能随时参与商量工作方面的事情。

c. 职权
　(a) 请求上级授权,使自己有单独批准部下休假等的权力。
　(b) 使组织内部的信息尽量能通过自己交流出去。
　(c) 在工作上,尽量不靠部下的帮助,自己一个人处理。

表 9-9　降低领导影响力的策略举例

a. 领导/被领导关系
　(a) 减少和部下在一起的非公事时间(午餐、娱乐等)。
　(b) 把一般认为难对付、不好管的人收做部下。

b. 任务结构化
　(a) 一再申请调动工作。
　(b) 请求上级让自己负责更大范围的工作。
　(c) 在以群体为单位工作时,尽量让意见、经验不同的人参加(工作内容变得复杂、模棱两可)。

c. 职权
　(a) 把权限委让给部下,同意他们参与决策。
　(b) 尽量抛弃领导的地位或随之而来的派头,和部下以伙伴的身份交往。
　(c) 同意部下可以不通过自己,直接接触自己的上级。

　　总体来说,菲德勒等人的领导适应培训法的特点在于:引导领导者自己创造出能最大限度地取得领导效果的人际关系与任务结构来。

(三) 敏感性训练法

　　这种方法主要用于培养管理人员的自我认识和与人相处的能力。其具体步骤是:让一至两位受训者充当"管理人员",管理由 10 至 15 名受训者组成的群体。这个群体事先没有组织起来,是一个缺乏内在结构的松散群体,因而群体成员有很大的自由度。他们可以无拘无束地表达自己的意见,分析自己的行为,同时接受他人对自己行为的分析和评价。面对这样的群体,管理人员通常会出现紧张、茫然、沮丧等情绪反应。这些反应意味着他们获得了有关的体验。同时管理人员还要能够感受他人的情绪,及时引导受训者进行合理的小群体活动。在这样的情境中,管理人员可以深切感受到人际关系和在管理压力下的小群体成员之间的互动关系,增强对一些问题的敏感性。

（四）交往风格类型鉴定法

这是近年来流行的借助交往风格类型方格图培训管理人员的方法。其具体步骤:培训部门先请熟悉受训者的人填写关于受训者交往情况的问卷表,然后根据问卷的答案进行评分与分析,初步确定每个受训者的交往风格类型。交往风格类型如图9-10所示。

从图中可以看出,支配欲弱,待人接物马虎随便的属于"支持型";支配欲弱,严肃认真的属于"分析型";支配欲强,马虎随便的属于"好事型";支配欲强,严肃认真的属于"控制型"。交往风格类型是个人在处理人际关系中的作风,并不意味着某种类型一定优于另一种类型。实际上,每一种类型一方面具有优点,另一方面又有缺点(见表9-10)。

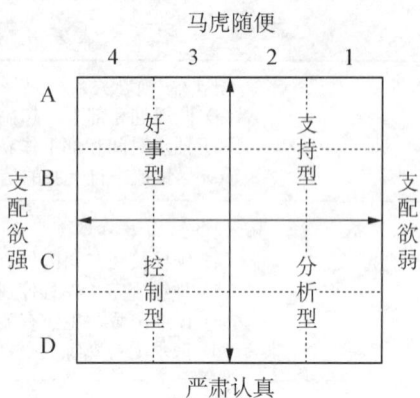

图9-10　交往风格类型方格图

表9-10　四种交往风格的优缺点

类型	优点	缺点
控制型	讲效率、大胆、果断	独断专行,对人要求过高
好事型	反应灵敏、有创见	华而不实、热心过头
分析型	细致、精确、耐心	固执、缓慢、吹毛求疵
支持型	友好、合作、和谐	无原则、老好人

初步确定的交往风格类型不一定可靠。因此,在训练过程中,一是培训者要组织受训者进行专题讨论等活动,并观察受训者的表现,分析他们的发言内容、语言习惯、动作姿态以及处理意见分歧的方法等,再次确定受训者的交往风格类型。二是组织受训者讨论并确定每个受训者的交往风格类型,同时要受训者作自我评定。在这些评定活动中,受训者可以平心静气地分析自己交往风格的优点与缺点,并在观察和评定他人的交往风格中进一步发现自己风格的利弊。三是促进受训者发扬优点,克服缺点,不断提高处理人际关系的能力。总之,交往风格类型鉴定法的精髓在于让受训者在"评定"中受教育,发现自己交往之长短,从而扬长避短。

（五）案例分析培训法

这是组织受训者分析具体的管理案例以提高其相应能力的培训方法。其具体作法:一是针对不同受训者的情况选择恰当的案例。例如,要提高受训者的计划能力,就要选择成功与失败的计划案例,让受训者以特定领导者的角色作类似计划。二是要求受训者深刻分析各种案例,发现其利弊,并提出改进办法。可以说,案例分析培训法是一种情境性较强,使受训者积极参与活动并通过分析结果达到自我知觉的方法,效果比较明显。

（六）情感模拟测评法

这种方法也叫角色扮演法。是由培训教师设计一种环境或情节,让学员模拟环境中的角色,从事指定的活动,真实地再现管理过程。其具体做法是:培训教师设置场景,进行必要的策划,但不能干预受训人员的"演出"。目的在于锻炼受训人员在复杂的环境下处理问题的能力,即管理能力。受训人员扮演的角色往往是实际工作中的角色,遇到的人也是经常碰到的人,如上级、同事等。处理的事情也是实际工作中可能遇到的具体问题。表演结束后,其他人员对扮演者扮演任务的情况进行分析、评价,指出其中的不当之处,提高扮演者的管理能力。

本章小结

领导是对群体或个人施加心理影响使之努力实现组织目标并与环境保持一致的过程。而施加心理影响的人是领导者。

古往今来,学校领导体制的发展总趋势是个人领导向集体领导转变,由家长制、硬专家制、软专家制到集团制。

领导行为的有效性是非常重要的理论与实践问题。与之相关的理论包括经典领导理论和当代领导理论。经典领导理论包括领导素质理论、领导行为理论、领导情境理论,而当代领导理论包括领导的归因模式、魅力型领导模式、变革型领导模式。学校领导的有效性主要涉及领导者的影响力、学校领导者的领导方式、学校领导集体的团结一致。

提高学校领导有效性的途径之一是培训学校领导者。常用的培训方法有成就动机培训法、领导适应培训法、敏感性训练法、交往风格类型鉴定法、案例分析培训法、情景模拟测评法。

本章拓展

1. 问题思考

(1) 比较各种领导体制,分析其异同。

(2) 论述领导有效性理论。

(3) 简述当代领导理论。

(4) 论述学校领导有效性的条件。

(5) 简述培训学校领导者的方法,并比较其优缺点。

2. 情境分析[①]

新校长的"自我定位"

某校新来了一位安校长,他的做法和前任校长形成极大的反差。前任校长比较专断,大事小事都一人说了算。而安校长到校后就和四位副校长开会。他说:论教学,我不如老赵;论后勤,我不如老钱;论小学部,我不如老李;论初中部,我不如老孙。今后你们要各司其职,大胆工作,干好了是你们的成绩,出了问题,大家研究。这时,大家面露疑

---

① http://blog.zjol.com.cn/152166/viewspace96177,略有改动。

色,心里都在问:那你校长干什么? 三个月后,安校长在细致调查研究的基础上,启动改革措施,学校发生了很大的变化,安校长受到教师的尊敬和好评。

试用领导风格理论分析安校长为什么"安乐"而有成绩。

3. 活动设计

"弱校"如何发展

某校是一所相对薄弱的初中,教学质量一直上不去,学校领导想方设法,寻找突破口,改变状况,经过一段时间的讨论、研究后,学校决定以提高学生考入市重点高中的比例为突破口,提振师生的信心,提升学校的知名度和影响力,从而推动学校的发展。因此,老师们经常加班加点,组织学生补课,但是,苦干了几年,学生负担沉重,教师也疲惫不堪,教学质量却没有起色,升学率并没有提高。到底怎样才能使学校科学地发展呢?领导和老师们有点茫然,但是他们不甘落后,于是学校请来了专家蹲点调研,大家共同研究,找到的原因有:学校发展目标定位不准,偏离了学生学习基础;采取的加班措施,不但没有提高教学质量,反而加重了师生的负担。

假设你是该校的校长,请针对上述问题拟定一份学校的发展计划。

第十章　教师心理

【案例导入】

一位判若两人的语文老师①

在教育改革日益深入的今天,教师的压力越来越大,关注教师的心理健康问题刻不容缓。C校长就有这样的困惑。

这天,C校长走进办公室,校医给他一张B老师的医院诊断书——"交际障碍性分裂症"。顿时,C校长的心一阵绞痛……

B老师是刚工作两年的青年教师,当初面试时,推荐材料、面试、试讲,B凭借优异的学习成绩、丰富的语文知识、富有新意的教学理念,从众多竞争者中脱颖而出。C校长满心欢喜,感觉找到了一棵好苗子,还特地叮嘱主管教学的副校长要好好培养B。

两个月后,C校长找来语文组长和其他老师询问B的情况。结果大吃一惊:大家反映,B喜欢独来独往,不太与其他老师说话,几乎不参与组内活动。而且据B任教的班级同学反映B说话伤人,常打击学生,大家一致要求换老师。于是,C校长找来B询问。可是B说得最多的是学生基础太差,课堂纪律不好,不能很好地配合她之类抱怨的话。C校长耐心听她把两个月来的牢骚发泄完,然后在充分肯定她扎实的功底和教学上的努力之后,教她如何与学生交流互动。B听了点着头走了,C校长总算舒了一口气。

然而,接下来的事情却是C校长始料不及的。B一回到办公室就大发雷霆,说组内老师打小报告,都合起来整她。第二天上课,一上讲台就大骂学生。学生们义愤填膺,最终集体起哄,将她赶出了教室。随后,学生们联名写信,要求换老师,甚至有学生拨打了市长公开电话。学校马上进行处理,与B沟通后经过校务会议讨论,决定按其要求调换班级,也希望平息B与学生之间的紧张关系。

但是,事情并没有就此结束。在新班级,B仍是老样子,学生稍不随其意,就发脾气、谩骂学生,很快新班级的学生也联名写信要求换老师。这时的B连起码的责任心也没有了,想来上课就上课,不想上课就让学生自修。教务主任多次与她沟通无效。她却认为有人别有用心,想整治她,旁人简直无法和她沟通。C校长多次和她谈话,结果总是很快就

---

① 周俊主编:《学校管理案例教程》,浙江大学出版社2006年版,第108—110页。

故态复萌。校长痛心地感觉到 B 可能出现了心理问题,万般无奈地通知了她的父母带她去心理治疗。

于是就有了前面那张医院的"交际障碍性分裂症"的诊断书。

众所周知,作为学校中最基本的教育者群体,教师在学校工作中发挥着举足轻重的作用。其心理是学校管理者必须认真研究和把握的。而如上例所指的教师心理问题近年来更是得到了广泛关注。鉴于前面几章已涉及教师的需要、动机、感情、态度以及教师群体特征、人际关系等内容,本章仅就教师素质与教育效能、教师培训与工作考核以及职务升迁等方面的心理现象以及日益凸显的教师职业倦怠问题作些探讨。

第一节 教师素质与教育效能

所谓教师素质,是指教师从事教育活动所必需的心理品质和有关素养。而教育效能即教师从事教育活动的效果。教师需要多种专业素质,这些专业素质都是为教学效果服务的。教师综合素质的提高是创造高质量高效益教育的迫切要求。正像有学者所说的,胜任的教师不仅表现出以大量知识为基础的专业技能,更应拥有一种渗透于行动且指导行动的专业特性,如由信念、价值观等聚合而成的人格素质和情感素质。可以说教师素质与教育效能的相关是直接并强有力的。教师素质是一个多维度的综合概念,各个维度既相互独立,又相互依赖(见表 10-1)。下面仅从教师知识素养、人格素养和情感素养三方面来阐述教师素质与教育效能的密切关系。

表 10-1 关于教师素质结构的分类

研究者	教师素质结构
叶 澜	①专业理念;②知识结构;③能力结构
艾 伦	①学科知识;②行为技能;③人格技能
林端钦	①所教学科的知识;②教育专业知能;③教育专业精神
饶见维	①教师通用知能;②学科知能;③教育专业知能;④教育专业精神
姚志章	①认知系统;②情意系统;③操作系统
唐松林	①认知结构;②专业精神;③教育能力

一、教师知识与教育效能

众所周知,教师必须具备其职业所需的专业化的诸多素养,而知识素养无疑是其中最重要的硬件元素。教师良好的知识素养是学生直接的学习内容,是有效的教育工具和手段,是保障教学效果的第一道防线。在对教师知识的研究中,由于各研究者对教师知识性质理解和研究侧重点的不同,产生多种类别的知识(参见表 10-2)。我们拟将教师知识分为以下三类,并分别探讨其与教育效能的关系。

表 10 - 2　教师知识分类①

研究者	教师知识分类
舒尔曼	① 学科内容知识　② 一般教学法知识　③ 课程知识　④ 学科教学法知识　⑤ 有关学生的知识　⑥ 有关教育情境的知识　⑦ 其他课程知识
斯滕伯格	① 内容知识　② 教学法的知识(具体的,非具体的)　③ 实践的知识(外显的,缄默的)
申继亮等	① 本体性知识(教师所具有的特定的学科知识)　② 实践性知识(教师在面临实现有目的的行为中所具有的课程情境知识和相关的知识)　③ 条件性知识(教师所具有的教育学、心理学知识)

(一)特定的学科知识

又称"本体性知识",即学科的内容知识,如数学教师掌握的数学知识,外语教师掌握的外语知识等。这是教学活动的基础。学科知识丰富的老师不仅不再严格套用教科书的结构,还能根据学生的实际,采取其他有效的组织安排,用恰当适宜的多样化表征,帮助学生建立概念间的联系,从而达到预期的教学目的。格罗斯曼(Grossman)等人进行的相关研究,充分肯定了教师的学科知识对其教学过程、教学内容和教学质量所起的决定性作用。② 这表明,在一定限度内,教学的有效性与教师所掌握的学科知识呈递增关系。而且教师丰富的知识不仅表现在对学生当时学习成就的影响,更重要的是表现在对学生的视野、思维的未来影响上。不过,需要说明的是,具有丰富的学科知识仅仅是个体成为一个好教师的必要条件。

(二)教育学与心理学知识

又称条件性知识,即学生身心发展的知识、教与学的知识和学生成绩评价的知识,这是教师成功教学的重要保障。从某种意义上说,教学的中心任务就是对学科做出教育学的解释。这种解释要依据学生对该学科的掌握情况,要考虑到学生对该学科已有知识的掌握和可能产生的错误性的理解。正如杜威(Dewey)指出的那样,科学家的学科知识与教师的学科知识是不一样的,教师必须把学科知识"心理学化",把学科知识转化为学生可以理解的知识。这就要求教师运用教育学和心理学规律来思考学科知识,对学科知识进行重组,以便能依据学生的学习心理来有效地进行教学。因此,教师职前要系统学习教育学、心理学等专业知识,现代教师还要充分学习运用现代化教学手段,通过学术研讨、校际交流,及时地获取最新的科研信息和教学信息,实现教学教研的良性循环,从而不断提升教育效能。

(三)实践知识

又称情境性知识,即教师在实现有目的的行为中所具有的课堂情景知识以及与之相关的知识,这是教师教学经验的积累。国外相关研究表明,教师的知识如果超过某一水平,则其教学效果就不再随着教师知识水平的提高而上升,这时实践知识成为影响教学效果的重要因素。有着丰富实践经验的教师,能够驾轻就熟地应对课程教学和学生学习中出现的种种问题,并能迅速有效地帮助其解决问题,从而形成和谐的教育教学气氛,取得良好的教育教学效果。对教师而言,丰富的实践知识是其驾驭教育教学最有力的法宝,是学校教育效能和质量的坚

① 教育部师范教育司组织编写:《教师专业化的理论与实践》,人民教育出版社 2001 年版,第 35—36 页。
② 文萍主编:《高等教育心理学实用教程》,广西师范大学出版社 2009 年版,第 31 页。

实保障。因而,有经验的教师总是各个学校争先抢夺的资源。

总之,教师完备丰富的知识,有助于其在教育过程中利用最佳的教学手段,设计最佳的教学方案,选择最佳的教学信息,营造最佳的教学气氛,帮助学生发挥最大的潜能以获得全面健康的发展,从而使良好教育效果的获得变得顺理成章。尤其在倡导研究性教与学的今天,提升教师专业素养,造就学者型教师更成为提升教育效能的最有效途径。相反,教师缺乏相关的知识素养,缺乏对学生和教材的研究,对教学规律、教学方法无知,对新的教育思想知之不多或一知半解都是难以驾驭教学的,教育效能更无从谈起。

二、教师人格素质与教育效能

长期的教育实践证明:同样的教育内容和要求,出自不同教师之口,学生会以不同的态度对待之,学生获得的教育效果也不相同。这其中的奥秘就在于教师的人格魅力。只有人格才能影响人格的形成和发展。教师不仅仅是将知识传授给学生,而更应以自己的学识、智慧人品、人格魅力去感染学生。"学高为师,身正为范",这是对教师职业特征和专业特质的概括,也是对现代教师人格素养的要求。在身教重于言教的真理下,放弃自身作为一个鲜活的生命个体对学生的影响,无疑会使教育的作用大打折扣。可以说,人格本身就具有一种学习、管理和教育的力量。

然而人格素质自身内涵丰富,我们仅从教师的人格特征(性格、认知风格)和人格倾向性(兴趣、价值观)两个方面探讨其与教育效能的关系。

(一) 教师的性格与教育效能

教师性格对教育效能有重要影响。英国政府在其白皮书《教学质量》中,把"适宜的个性品质"列于鉴别合格教师的三条标准之首。[1] 国内学者总结认为,情绪稳定、有恒、负责、敢想、敢为、热情、外向、善于交际,是有成就教师最突出的个性特征。[2] 教师的性格影响其对教学内容的理解和教学方法的选择。同样的教学内容,性格不同的教师采用的教学方法和途径会不相同。这样,学生接受的效果会大不一样,教学效果自然不尽相同。性格乐观热情、宽容耐心的教师可以创造一种舒适、宽松、活跃的气氛,吸引学生产生积极的情感体验,从而获得最佳的教学效果。著名的"皮格马利翁效应"的实验就说明了由于教师对学生抱有良好的期待而表现出更多的注意、关心、亲近等对学生学习成绩的积极影响。相反,性格严肃刻板或不善沟通的老师则可能造成学生对学习的排斥,从而产生消极的教学效果。

(二) 教师的认知风格与教育效能

认知风格是人们进行知觉、整理与贮存信息的独特而稳定的方式,主要包括感觉形态、场依赖/场独立、冲动/审慎、认知复杂/认知简单、注意幅度、反应模式、思维模式、冒险/谨慎等。教师的认知风格直接影响其教育行为,从而影响教育效能。杨多(Yando)与卡根(Kagan)的研究发现,一年级学生认知风格冲动性的改变总是教师冲动性的函数。换言之,教师的认知风格

---

① 张文新主编:《高等教育心理学》,山东大学出版社 2008 年版,第 101 页。
② 郭成等:《中国近二十年来教师人格研究述评》,《心理科学》2005 年,第 4 期。

学校管理心理学(第二版)

可以改变学生的某些认知风格。还有研究发现,教师的场依赖性/场独立性与学生的对应相似,会影响教学效能和学生的学业成绩。

(三) 教师的价值观与教育效能

正确的价值观是教师提高教育效能的必要前提,尤其是教育价值观。因为只有当教师认为教育工作有较大的价值,能满足自己的需求时,才会为教育工作尽自己所能,努力进取。有鉴于此,诸多国家的教育机构都提出一些核心价值观,要求教师认同并作为教师献身教育事业的保证。美国曾对教师提出 10 项核心价值:人类的个性——基本价值,道德责任,社会机构是人的公仆,和谐共处,追求真理,尊重优秀者,平等,友爱,追求快乐,精神生活丰满。学者皮克(Pickey)等人在作了大量研究后提出,应从以下 7 个方面考察教师的价值观:智(慧)(胆)识的价值,身体及个人的价值,职业的价值,适应的价值,社交的价值,美学的价值,娱乐的价值。当然,更为普遍的看法是,教师的价值观应与当时社会的核心价值观相和谐。否则,教师不仅不能很好地完成教育任务,反而会影响教育工作,把学生引向歧途。

另外,教师的各种心理品质与素养能否在教学情境中转化为教育效果,有赖于行为这个中介环节。如果这个环节出现偏差,即使素质优良,也难以取得好的教育效果。因此,有经验的教师往往对自己的行为比较注意,从而使其教育效能提高。赖斯(Ryans)曾在大规模研究的基础上,排列出教师的有效行为与无效行为(表 10-3),给人以启迪。

表 10-3 教师两种行为分辨表

有 效 行 为	无 效 行 为
1. 机敏、热心	1. 呆滞、烦恼
2. 关心学生及班活动	2. 对学生及班活动不感兴趣
3. 愉快、乐观	3. 不快、悲观
4. 能自我控制	4. 易发脾气
5. 有幽默感	5. 过分严肃
6. 认识和承认自己的错误	6. 不自觉或不承认错误
7. 公平、客观地对待学生	7. 不公平、偏爱
8. 忍耐	8. 不耐烦
9. 与学生一道工作时表现出理解和同情	9. 对学生冷淡、讽刺
10. 与学生关系和谐、有礼	10. 与学生关系疏远、逃避
11. 帮助学生解决个人及学习的难题	11. 察觉不了学生个人的需要和困难
12. 赞扬努力的学生、鼓励表现好的学生	12. 不赞扬学生,过分挑剔
13. 真诚认可学生之努力	13. 怀疑学生的动机
14. 在社交中,考虑别人的反应	14. 在社交中,不考虑别人的反应
15. 鼓励学生尽其所能	15. 不鼓励学生尽其所能
16. 妥善计划及组织课堂步骤	16. 步骤没有计划和组织
17. 在教学计划内,课堂步骤有弹性	17. 步骤过分死板,不能脱离计划的限制
18. 预期别人的需要	18. 不能照顾个别差异的需要
19. 教学技术新颖有趣,能刺激学生	19. 教学枯燥呆板,没有趣味
20. 示范与解释清楚、实用	20. 示范与解释不清楚、无引导性

教育实践已经一再证明,教师本人就是教育手段,以身作则、为人师表,所释放的教育效能是巨大的。在现实的教育实践活动中,不少教师成功地运用其人格魅力的影响,在教学的同时

关注学生的内心世界，珍视学生人格，尊重学生人权，培养学生完善的人性，获得了良好的教育效能，真正实现了"教书育人"的崇高目的。毋庸置疑，学校要重视教师人格素质的培养，从而提升教育效能。

三、教师情感素质与教育效能

教师不仅仅是一种专业性人才，更是传递和创造社会精神文明成果的社会工作者。从本质上说，教师职业是一个以人类文化成果塑造心灵、培育新人的神圣事业。在教师的文凭、学历等硬性的能力指标已经解决的情境下，影响教师教学水平的核心变量便是"教师的爱心、责任心、教育信念"等软能力指标。良好的情感素质，是教师从业的内驱力，有助于其取得良好的教育效能。正如伦敦大学教育学院首任院长沛西·能所说，如此众多的教育努力的相对无效性，主要是由于忽视了作为人的能量的最近来源的情感，它是教育发展的真正动力。哲人说过：师道难传，只有情深处。教师真实有效的教学活动必须是在"书本世界"与"生活世界"之间搭起一座情感的桥梁。这座桥梁由爱、责任心、信任和尊重等情感素养所组成。

（一）爱学生

这是教师首要的和核心的情感素质，是一种力量，是教育成功的秘诀。《学记》上说"亲其师而信其道"，一句话道破了情感与教育的关系，揭示了学生的"亲师"情感对于教育效果的积极影响。在人本主义代表人物罗杰斯看来，有情感参与的认知活动，"能够达到单凭认知能力本身所不能达到的高水平"。[①] 爱生的情感不仅是个人的一种心理属性，而且是一种重要的教育资源。师爱，进而催生理解、信任、宽容、尊重、期望等积极情感，有助于师生缩小心理距离，形成良好的师生关系，诱发学生积极主动学习的兴趣，从而取得良好的教育效果。

（二）责任心

好教师的有效行为特征固然很多，但根本的一条是"责任心强"。教师责任感是教师内化积淀形成的巩固而稳定的一种道德义务的认同，是对承担培养下一代重任的使命的认同，是对影响人、造就人、改变人的职业角色的认同。责任心强的老师会用最认真的态度，自觉地按照教育程序即教育规律来进行教育活动，会有强大的内驱力，促使自己不断提高自身的专业能力水平，从而更加胜任教师角色。相反，责任心不强的老师即使能力强，也难以有效地指导学生学习。那么教育效能的获得自然遥不可及。同时，教师对学生的影响是细微而又巨大的，责任心差的老师不仅难以有效胜任教师工作，还会对学生人格的形成造成恶劣影响。我们很难想象，一个没有责任感的教师会教出有责任心的学生。

（三）信任和尊重学生

这是教师胜任本职工作必须具备的素养。一方面，信任学生，相信学生是学习的真正主体，教师才能真正走进学生心中，倾听学生呼声，以心灵感受心灵，使教学双方感情畅通无阻，从而产生和谐的心理效应。另一方面，对学生来说，老师的信任和尊重可以产生无法估量的激

---

① 张其志：《罗杰斯的创造性教育思想简述》，《外国教育研究》2000 年，第 4 期。

励效应。当学生感受到老师对自己的期望和信任时,会自觉积极地和老师配合,从而使教学效果真正落在实处。

总之,教师劳动面对着的对象——学生,都是有着丰富精神内涵和独立人格的人。对学生来说,情是教育的根,爱是教育成功的种子。对教师来说,积极的情感是推动教师工作的内在动力,也是强化教育影响的触媒。感情最能感染人,影响人。情感素质与教育效能的相关可见一斑。

综上所述,教师必须具备其职业所需的专业知识,这是取得良好教育效能的基础。在具备一定的教育能力的情况下,教师的人格素质和情感素质对教育效能的影响则更为深远。

第二节　教师培训心理

要充分发挥教师群体的教育作用,就必须通过培训等途径不断提高教师的素质。对教师培训的实质在于使教师更加成熟,更好地胜任教师工作。

一、成熟理论[①]

人的成长过程是生理与心理不断成熟的过程,研究这些成熟过程及其规律的理论,称为成熟理论。这种理论认为,一个人从不成熟到成熟,除了生理变化外,个性特征方面将会出现如下变化(见表 10 - 4)。

表 10 - 4　人的成熟变化表

不　成　熟　——————→　　成　熟	
1. 被动	主动
2. 依赖	独立
3. 简单的活动	多方面表现
4. 单调而肤浅的兴趣	较强而有深度的兴趣
5. 只关心眼前	能考虑长远(过去与未来)
6. 安于附属地位	争取平等或优越的地位
7. 不明白自我	明白自我,控制自我

从表中可看出,首先,不成熟的人表现在"主体性"不充分上。如行为被动、依赖、安于附属地位等。而成熟的人行为主动,能独立自主,努力争取平等或优越的地位,上进心强。其次,不成熟的人思维方式简单,活动单调,目光短浅,只关心眼前。成熟的人思考问题全面,能考虑长远,并可能从多方面表现自己的聪明才智,具有完成比较复杂工作的经验和能力。第三,不成熟的人反审认知(metacognition)能力差,遇事不会反思,没有自知之明。而成熟的人能经常反求诸己,既明白自我也能控制自我。第四,不成熟的人兴趣单调,干任何事情会浅尝辄止。成熟的人兴趣集中而深沉,事业心强。

---

① 成熟理论是美国管理学家和行为科学家克里斯·阿吉里斯提出的。阿吉里斯对企业中人的特性和组织的关系等问题作过较多研究,提出了一种有关人的特性和管理的"不成熟—成熟理论",又叫做"个性和组织的假设"。

二、教师成熟观

(一) 教师成熟的构成要素

教师的成熟是在一般意义的成熟的基础上实现的职业成熟，是指教师在知识、经验、能力和个性品质方面所达到的对教育工作的适应程度。其构成要素有以下三个方面。

1. 职业意识

职业意识的内涵相当丰富，主要包括职业认识、职业理想、职业信念和职业意志四个方面。教师的职业认识是指教师对教育事业的意义的理解。理解是热爱的基础。当一个教师能正确回答教师的职业性质、历史使命，以及与民族、祖国未来的关系时，说明他对教师职业有了较高的认识，理解其伟大与神圣之处，进而产生荣誉感、责任感。教师的职业理想是教师从事教育工作应有的志向和抱负，是一种内在的动力。有了它，教师才会勤奋工作，努力探索。要把职业理想变成现实，需要经过艰苦奋斗的过程，需要职业信念的支持。人们知道，信念是自以为可确信并愿意以之为行动指南的认识，它可以振奋人们的献身精神。就教师的职业意志来说，主要表现为在繁重复杂的工作中任劳任怨，沉着、冷静、耐心、果断、坚定等。

2. 职业感情

教师的职业感情是教师在职业意识的基础上形成的对自己职业的体验。它包括两个方面：

第一，较强的责任感。有责任感的人不仅认为在工作上自己有义不容辞的责任，而且当自己不负责任时会产生不得安宁的感情。教师的责任感在于把教育好下一代当成神圣的天职。在教育工作中如果不尽到最大努力，就会感到于心有愧。当这种感情达到比较强烈的程度时，教师就会形成较强的工作自觉性。

第二，热爱教育事业与教育对象。热爱是一种与责任感密切相关相互促进的感情。但两者又有一定的区别。责任感毕竟有一些被动的成分，而热爱则是较纯的主动性表现。热爱教育事业有多种多样的形式，但珍视它，为它倾注自己的心血也许是主要的形式之一。热爱教育事业与热爱教育对象有内在联系，热爱教育对象是热爱教育事业的具体化。换言之，不爱学生的教师决不可能热爱教育事业。而热爱教育事业又是热爱教育对象的前提条件。这两者可以相互促进。热爱教育事业的教师必然热爱教育对象，热爱教育对象才能搞好教育事业。就热爱教育对象来说，主要是尊重、信任、关心、严格要求学生，使之尽快成长。

3. 职业行为

教师的职业行为水准是衡量教师成熟度的重要指标之一，主要包括两大方面：一是忠于职守，二是以身作则。

先说忠于职守。在这方面，可以用循循善诱、诲人不倦、因材施教、勇于创新等来概括。缺乏耐心、态度粗暴、作风蛮横等都是与循循善诱格格不入的。而态度和善，动之以情，晓之以理，导之以行，平心静气地讲解、剖析、讨论，直到学生心领神会，举一反三，才称得上循循善诱。至于诲人不倦，则表现为勤勉、认真，其意殷殷，其言谆谆，乐此不疲。因材施教是对前两者的重要补充。也就是说，真正的循循善诱、诲人不倦，还必须根据学生的特点有针对性地施教。勇于创新是忠于职守的另一重要表现。因为教育的对象是人，不能机械地对待，而应不断地探索新的方法与技巧,创造性地教育。

再说以身作则。教师应成为学生的表率。这主要表现在:政治思想方面,教师应做到具有正确的世界观、坚定的信仰、崇高的生活目标,相当程度的马列主义修养,对祖国对人民高度热爱等。在个人品格方面,教师应具有无私、善良、言行一致、诚实、正直、宽容、谦虚、谨慎、守秩序、胸怀坦荡等美德。在治学方面,教师应具有勤奋、刻苦、勇于探索的精神,顽强的意志和坚忍不拔的毅力等。在文明习惯方面,教师应做到谈吐文雅、庄重含蓄、幽默风雅、穿着整洁、朴素大方、仪表端庄、举止得体、彬彬有礼、讲究卫生、遵守秩序等。

上述职业意识、职业感情与职业行为是密切联系、不可分割的整体。职业意识决定职业感情,指导职业行为。职业感情强化职业意识并促进职业行为。而职业行为检验和端正职业意识,深化职业感情。一般来说,心理成熟的教师的职业意识、职业感情与职业行为是统一的。当然,也有三者不和谐的情况。例如在观念上觉得教师职业是崇高的,但对教师不甚优厚的待遇不大满意,因而影响其工作情绪甚至弃教改行。

(二) 教师成熟的类型

根据教师成熟度的现实情况,可将教师成熟的类型分为以下三种。

1. 成熟

达到这种水平的教师能把自己的职业与祖国、人类的发展联系起来,有强烈的责任感、荣誉感,热爱教育事业与教育对象,忠于职守,以身作则,吃苦耐劳地工作,整个身心扑在教育工作上。如同春蚕、红烛,贡献自己的智慧和力量。这样的教师不仅有满腔的热情、强烈的成就期望,而且有较强的教育能力。

2. 欠熟

处于这种水平的教师离成熟有一定距离,但距离不是很大。他们说不上献身教育,但不甘落后。有较强的自尊心和荣誉感,力求使自己的工作符合学校的要求。其工作积极性与学校激励行为密切相关。也就是说,在工作顺利,得到学校领导和他人鼓励的时候,这类教师的工作积极性较高。否则,工作积极性一般。其职业感情与行为处于不甚稳定的状态,业务能力大体处于能适应工作的程度。

3. 幼稚

处于这种水平的教师离成熟有很大距离。他们把从教视为迫不得已的维持生计的手段,看不到教师职业的重要意义,对教育事业与教育对象缺乏应有的感情,没有荣誉感和责任心,缺乏成就需要,日常工作马虎了事,敷衍塞责,得过且过。偶然会出现一些积极举动,但不能持久,意志薄弱,害怕困难。遇到障碍,怨天尤人。对教师业务缺乏钻研精神,能力较差,难以胜任工作。

应该指出,以上是对教师成熟状况的大致概述,未必达到精确的程度。而且,三种状态之间没有不可逾越的鸿沟,尤其在相邻的两种状态之间。如果提供适当的条件,幼稚可以变为欠熟,而欠熟可以达到成熟。这也就是要培训教师的原因之一。

三、教师培训的心理意义

教师培训从管理学意义上属于激励。从这个意义上讲,教师培训正是实施教师激励过程的生动体现。由此我们认为教师培训的心理意义亦是激励效应的展现。

(一) 满足教师的发展需要

管理学界有句名言:根据人的需要进行管理是最好的管理。由此引申出:根据教师的需要进行激励是最好的激励。教师培训正是从教师需要出发进行的有效激励。前面讲过,教师尤其是青年教师有强烈的发展需要。而且随着科学技术的进步和社会的变革,特别是以计算机为中心的信息技术在教学中的广泛应用,使得新老教师都面临知识更新的压力。加之,教师角色多元化,使得众多教师有强烈的自我学习的压力和需求。"终身学习"、"持续发展"几乎成为所有教师的共识。可以说,现代教师的发展需要空前强烈。而这种需要的满足,除了在实际工作过程中不知不觉地获得一些外,主要通过接受培训获得。因为教师培训无论是离职的还是在职的,都可直接弥补教师所学的某些不足,为教师的政治、思想、业务等方面的素养"充电"、"加油"。实际上,对于一些渴望通过学习提高自己素养的教师来说,无法得到培训机会会使他们感到不安甚至焦虑,因此,及时提供进修机会,是稳定教师情绪、满足其发展需要不可缺少的举措。

(二) 激发教师的成就动机

学校给予教师进修机会,特别是离职的、可获得更高学历的进修机会,在一定意义上意味着学校对该教师的信任和奖赏。因此,那些获得进修机会的教师,在自己的个性、才能得到进一步完善和成熟时,大多会更加坚定自己的事业心,增强责任感、胜任感,成就动机也相应强烈起来。因为发展与自我实现是密切相关的。教师发展越充分,就越有信心全面实现自身的价值。

(三) 提高教师的工作效率

为了说明这一点,有必要先明确一种管理心理现象,即效率循环。所谓效率循环即人们的工作表现与他人寄予的期望(也包括当事人自己的期望)以及给予的强化之间的相互作用。若三者的相互作用是肯定性质的,即为有效率循环。若三者的相互作用是否定性质的,则为无效率循环(见图 10-1)。

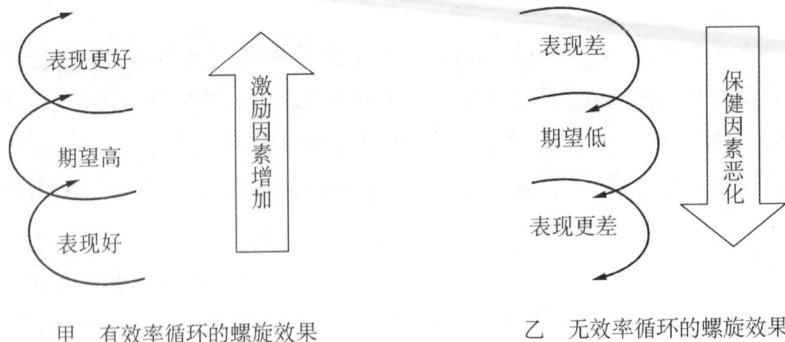

甲　有效率循环的螺旋效果　　　　　　乙　无效率循环的螺旋效果

图 10-1　效率循环示意图

效率循环情况在学校中是存在的:越是教学水平高,工作表现好,有较强自尊和成就需要的教师,就越爱钻研,越要求学习和提高。因而他们也更容易获得进修机会,因为领导者和其

学校管理心理学(第二版)

208

他学校成员对他们寄予极高的期望,希望他们成为业务骨干和学术带头人。而这些教师不辜负领导的期望,努力提高自己,更好地工作,自己的期望值也越来越高,表现更好。相反,越是教学水平低的教师,相当一部分人反而不爱学习,得过且过,工作表现较差,领导者和其他学校成员对他们往往不抱较大的期望,给予他们进修学习的机会也少(这些教师有的即使获得了进修机会也不珍惜)。这些人往往放松对自己的要求,工作效率越来越低。可见,在诸多影响教师工作效率的因素中,培训是不可忽视的因素之一。

(四)帮助教师协调人际关系

在师资培训的价值取向上,以往大多趋向于提高教师的业务能力。其实有些教师教育效率不高的症结往往不是其掌握的知识、技能等不够,而是如本章开始所述的一些人格因素及其引起的师生之间、教师之间等的矛盾。这一点在新教师不适应教育工作上表现得尤为充分。比利时的学者在研究新教师职业活动后,按效率高低排列出新教师职业活动的主要困难(见表 10 - 5)。

表 10 - 5　新教师职业活动困难表

维持纪律	对有关规定了解不够
学生的学习动机	对学生进步的评估
学生的能力差异	对学生了解不够
学业评估	行政工作负担
与家长联系	与校长、管理部门的关系
课堂活动的组织	工作地点不合适
缺乏设备	困难学生
学生的个人问题	少数民族及处境不利阶层的学生
备课时间不足引起的教学问题	教材和课程计划的使用
与同事的关系	时间不够
制订教学计划	缺乏咨询和帮助
使用不同的教学方法	学生人数超员

仔细推敲这些困难,大多与教师处理人际关系的能力不强有关。因此,这些年来许多国家培训教师已不是仅仅注意教师的业务能力,还注意发展教师人际关系能力等方面。例如开设人际关系与交往等方面的课程,组织情境训练活动,让教师在真情实境中学会为人处世。经过培训,教师不仅懂得了一些处理人际关系的理论知识,而且能获得一些切身感受。

(五)提升教师效能感

教师效能感(teacher-efficacy)是指"教师对其影响学生发展的能力的信任程度"。在前人研究的基础上,我国学者俞国良、罗晓路(2000)等人把教师教学效能感定义为,教师在教学活动中对其能有效地完成教学工作、实现教学目标的一种能力的知觉与信念。教师经过有重点、有层次的培训,能够获得良好的业务素质,逐步提高解决教学中实际问题的能力,逐渐成为有独到专长的教学专家,自然就能有效驾驭教学工作,进而体验到教育工作的成就感和乐趣。因此,培训是教师获得进而提升效能感的主要途径。

通过培训教师可以学习并吸收先进的教育思想,借鉴优秀的教学经验,并不断反思自己的教学行为,从而增强自己进行教学研究的自信心,甚至形成自己独到的教学思想,这些必然会坚定教师对自我能力的认可和信心。通过培训还可以强化教师对教育本质、责任及特点的深刻理解，这些都助推着教师更加胜任教学工作，进而内化对教师角色的认同，勤于教育工作，热爱教育工作，自觉积极地投入到工作中去，将自身才能在教育工作中表现出来并由此获得成就感和满足感。而高效能感的获得会反过来促使教师更加热爱自己的职业，更加努力推动自我不断成长为成熟教师，实现效能感和角色行为的良性循环。

可见教师培训在提高教师专业素养，促进其专业成长的同时，还有助于教师获得责任感、使命感和成就感，这些必然提升教师的效能感。

第三节 教师工作考核与工作变迁心理

教师工作考核是对教师工作绩效的检查和评定，是激励教师努力工作的重要手段。进行工作考核常常会引起教师心理波动，有时也会引起教师抵制考核的情况。因此，对教师工作考核心理进行分析，有助于使考核和教师发展以及教育质量之间实现良性循环。

一、工作考核的心理分析

（一）教师面对考核的心理

教师工作考核常与教师的两种心理相伴随。

1. 服从考核的心理

考核教师工作绩效，是一种常规的管理行为，是领导者的责任与权力的具体表现，通常起指挥棒的作用。换言之，考核的标准往往成为引导教师努力的方向。用全面的标准考核教师的工作，教师就会注意政治表现，加强品德修养，同时认真提高业务水平。用素质教育的标准考核教师工作，教师就会对学生德、智、体等全面关心。用应试教育的标准考核教师工作，教师就会将全部精力倾注于提高升学率。如此种种，都表明教师有服从考核的心理。这种心理主要受如下因素的影响：一是考核行为本身的科学性与合理性。如果考核的标准客观，考核方式公正，考核所提供的信息确实能反映教师工作绩效，那么服从或支持考核的人较多。二是教师的成熟程度。越是成熟的教师，越能理解正常的考核工作，并予以支持。三是学校组织的凝聚力和学校领导者的影响力，这些力量越大，教师服从考核的态度就越明显。

服从考核的价值往往取决于考核本身的性质。服从正确而全面的考核，价值较大。这主要表现在考核可以使教师原有的合理的需要与动机得到肯定，而不合理的需要与动机可能被引导到合理方向上来。相反，服从错误的或偏颇的考核，可能使原本正确的努力变得没有价值，相应的需要也不能满足。

2. 抵制考核的心理

教师有支持和服从考核的一面，也有抵制考核的一面。这种双重性与考核的双重性有时有对应关系。也就是说，当考核标准不当，方法不妥时，教师们就可能抵制考核。当然，抵制考核心理的产生，远不止这些原因。有些正常的合理的考核也会遭到个别或少数教师的抵制，其原因有时是主观的而不是客观的。例如，考核结果不合格会使被考核者痛苦难堪。一些自尊心较强又对考核缺乏正确认识的人往往认为考核有不信任甚至侮辱教师的性质。而对大多数人来说,考核总是带来紧张,使人感到压抑。还有一些资深者期望保持按资历定奖酬的传统,不想按考核所得之绩效论功行赏。这些都是引起抵制考核心理的重要原因。当然这中间最直接的原因还是前面所述的考核标准与方法的合理性。

（二）消除抵制考核心理的举措

要克服抵制考核的心理,除了做好其他工作外,在考核标准与方法上可下这样的功夫:

1. 在考核标准方面

一是消除考核标准中的矛盾因素。由于有些学校的考核标准并没有经过严格的论证,因而存在一些不完善,特别是自相矛盾之处,使被考核者无所适从,从而产生抵制情绪。如要求一个教师深入钻研业务,成为学术带头人,同时又要他承担大量社会工作,广泛联系群众,八方应酬,使之根本无法坐下来研究业务。尽管有时这两者并不是相互排斥的,但就许多教师来说要同时做好这两者是不切实际的。因此用这两方面的标准考核一个教师,难免使其内心产生抵制情绪。因此,注意消除自相矛盾的、使教师左右为难的考核标准是必要的。

二是尽量杜绝考核的偏颇因素。考核教师工作的基本点之一是考核其积极性发挥的程度。如果忘记了这一点就会出现考核偏颇。例如,考核学生素质十分悬殊的两个班的教师的工作绩效,以同样的升学率为标准。又如,不给物理、化学等学科的教师提供起码的实验条件,却将学生的实验能力强弱作为考核教师工作绩效的重要指标。这些都不是考核教师自主精神和积极性的发挥程度,而是考核客观条件造成的教师本人无法克服的差距。因此,教师们往往对这样的考核嗤之以鼻。可见,尽量减少考核标准中的偏颇之处是消除教师抵制考核心理不可忽视的方面。

三是保持考核标准的相对稳定。考核标准变化不定,使得教师无所适从,是教师们极为反感的。例如,平时教师们被告知,课堂教学质量是衡量绩效的最重要指标,但在评职称时,发表论文的多少才是硬指标。类似的现象,都必须加以改变。

四是让考核标准切合实际。保持考核标准的统一性是保证考核公正性的前提。但统一性的标准往往反映考核对象的平均水平。达到这种平均水平,对于本身素质与客观条件好的教师来说,轻而易举,而对本身素质差,客观条件不好的教师来说,即使费九牛二虎之力,也难以达标。因此,使用单一的、统一的考核标准虽然看起来很公正,但很容易挫伤那些尽了最大努力却因客观条件不佳而不能达标的人的积极性。所以,可以制订一套反映现实工作水平的一般标准,同时制订一套反映绩效提高幅度的特殊标准,在两套标准考核结果的统一上认定教师工作绩效。这既能反映努力程度,又能反映达标情况。

2. 在考核方法方面

考核的方法直接影响考核计划的成效和考核结果的正确与否。考核方法应有代表性,必须具备信度和效度,并能被人所接受。信度,是指考核结果必须可靠;效度,是指考核达到所期望目标的程度。因此,应将多种方法结合起来使用,尽量减少使用单一方法的误差。这里介绍几种常用的考核方法:

（1）配对比较法　由考核人员对被考核教师的工作质量配对比较以决定其优劣。具体作法是先将每个教师的姓名用配对组合的方法写在卡片上。然后比较卡片上两个教师的工作质量,并决定其优劣。有几位教师,就有$\frac{n(n-1)}{2}$次比较。得胜次数多的人为最优者(参看图10-2)。图10-2中相同字母代表同一教师。纵列与横行比较,纵列优则记1,劣则记0,平则记0.5。不过,配对比较法用的是模糊数学的概念,与普通数学的意义是不一样的。例如,图中B=D,B<F,而D>F,同时成立,并不违背逻辑要求。这与体育竞技中甲胜乙,乙胜丙,而丙又胜甲的道理是一样的。

	A	B	C	D	E	F	总分数	名次
A		1	0	1	1	1	4	2
B	0		0	0.5	1	1	1.5	5
C	1	1		1	1	1	5	1
D	0	0.5	0		1	1	2.5	3
E	0	0	0	0		0	0	6
F	0	1	0	0	1		2	4

图 10-2　配对比较示意图

配对比较法的优点是能在一定意义上评出工作最优秀的教师来。但它作为考核方法,有许多不足之处。例如不能反映出教师差距的大小,也不能体现教师的工作能力与个性品质的具体特点,同时它难以全面地反映教师的工作情况,等等。

(2) 行为参照法　这种方法的大致步骤是:首先设计包括一系列描写教师工作行为(质量)句子的调查表,然后将每一个教师的工作行为与表中句子所描述的质量作对比,并找到能比较准确地描述该教师工作行为的句子,并记下该句子的赋值(即权重,一般用分数表示),最后统计出该教师所得总分。例如,可用下表10-6考核教师的教学行为。[①]

表 10-6　教师教学工作质量考核表

对新事物的感受	5	尽力使工作合理化,努力寻找解决教学和教育任务的新方法,系统地了解教育著作中的新思想,并将其应用于实际活动
	4	积极支持以改进教学和教育过程为目的的新思想
	3	基本上能积极对待新的教育思想,但缺乏足够的积极性去体现这一思想
	2	对新事物持怀疑、消极的态度,不能投身到体现新思想、完成新任务的过程中去
教育分寸	5	善于以正确方式对待学生,信任学生,公正、正直,在与学生的交往中平易近人,坦诚相见,避免不必要的冲突
	4	基本上能遵守上述要求,偶有脱离要求的地方但尚未影响和学生的关系
	3	在与学生的关系中,过分拘泥于细节
	2	在与学生的关系中,失去应有的分寸;态度粗暴、嘲笑学生,态度不公正等

---

① 瞿葆奎主编:《教育学文集·第 12 卷,教师》,人民教育出版社 1991 年版,第 361 页。

本学科的知识	5	本学科的专业知识具有一定的深度和广度,系统地阅读与学科有关的专业和科普著作,以及教学法参考资料,善于在新的科学信息的激流中辨明方向,对新事物表现出经常性的兴趣
	4	大致掌握学科知识,能阅读专业的和教学法方面的著作
	3	根据教学大纲的要求,基本上掌握本学科的知识,有时在回答超出大纲范围的问题时感到困难
	2	本学科的知识中有严重缺陷,讲授中有错误,不常阅读专业著作
发展学生的思维	5	保证教学内容、形式和方法的发展性影响,教会学生区分教材重点的技能,积极地运用问题教学和其他发展学生思维的方式,能以个别方式对待学生
	4	基本上完成现行大纲有关加强教学发展性影响的建议,在教学中引进问题教学的因素,采取专门措施发展思维
	3	形式上完成现行大纲有关加强教学发展性影响的建议,几乎不采用问题教学和发展思维的专门措施
	2	讲授的目的局限于记忆事实,不引进任何问题因素
培养学生的一般学习技能	5	有目的地、坚持不懈地形成学生的一般学习技能和技巧(自我检查、合理组织学习、读写算的速度)
	4	基本上形成学生上述合理组织学习的技巧
	3	在形成学生的技巧时,不能保证以个别方式对待学生
	2	不能胜任形成学生一般学习技巧的任务,不了解这一工作的形式和方法
培养学生对学科的兴趣	5	采取专门措施发展学生的兴趣,如:内容的新颖性、现实意义、引人入胜等,运用各种教学方法,组织课外活动,在形成认识兴趣时,注意个别对待学生
	4	基本上能保证形成学生对学科的兴趣
	3	在形成学生对学科的兴趣方面做得不够,不能以个别方式对待学生
	2	不能保证形成学生对学科的兴趣(讲授的形式主义,课堂教学方法、结构单一化等)
以个别方式对待学生	5	系统地研究学生,力求发现在教学与教育中正确对待每个学生的正确方法
	4	基本上能保证在教学与教育中以个别方式对待学生
	3	能采取个别方式对待学生,但不能深入研究学生的个别特征
	2	实际上没有采用个别对待学生的方式,不组织对学生的系统研究
学科课外活动的组织	5	系统地开展学科的课外活动(群众性的活动、小组活动或个别形式的活动),注意吸引差生参加课外活动
	4	系统地开展学科的课外小组活动
	3	只开展群众性的课外活动
	2	实际上不开展必要的学科课外活动

在表 10-6 中,阿拉伯数字表示该项目在所有项目中的权重。运用这种方法考核教学工作,其长处是能反映出相对具体的状况,考核也比较全面。但它不可避免地带有考核者的主观看法。因此,为了比较公正地说明教师的工作状况,在由考核者运用这种表进行考核的同时,往往还让被考核的教师和他的学生填写价值相等的考核表,然后将这几方面的结果综合起

来,得出结论。

（3）成果考核法　这是考核教师工作成果的方法。教师工作成果主要有教学成果与科研成果。教学成果如教学计划、教学心得、仿制的教具、学生成长情况等。科研成果主要是撰写的论文、著作、教学方法以及教具、学具发明创造的情况等。这种方法的优点是比较客观，能避免考核者的主观因素对考核准确性的影响。但也有局限性，这主要是因为有些成果并不具体，难以衡量。另外，教师的工作成果往往不完全是教师一个人的劳动结晶，而是集体劳动的结果。因此，不能把成果考核法的价值绝对化。

（4）关键事件法　这是考核者将教师在完成某一项任务时所表现出来的特别有效的行为与特别无效的行为记录下来，作为评价依据，从而对教师工作绩效进行评价的方法。这种方法的一般表现形式是观察教师上课和组织课外活动。这种方法注重的是教师的工作行为，而不是他的个人品质。其优点是具有现实性，缺点是其结论容易受考核者主观因素的影响。

上述四种方法，各有长短。如能结合使用，扬长避短，尽量让考核结论接近真实，教师们抵制考核的心理自会弱化。

此外，将考核结论反馈给教师亦有许多值得注意的心理现象。对考核结论好的教师来说，将结论直截了当地告诉他们，甚至在大庭广众之中宣布，往往有奖赏鼓励的价值，会使他们感到欣慰。但对于考核结论较差的教师来说，如果不讲究反馈方式，不仅不能收到应有的反馈效果，反而会使他们增加顾虑和反感。

心理学家们提出的一些可因人而异选用的反馈方法：

通知—说服法　学校领导者把考核结果告诉教师，先说优点，后说缺点，鼓励他们改正缺点，发扬优点，争取今后取得更好的绩效。这主要适用于心胸开阔，乐于倾听意见，能正视自己的弱点的人。

通知—倾听法　学校领导者先说优点，然后委婉地将缺点告诉教师，并倾听他对考核工作的意见，双方进行讨论，给对方一种并非定论或也许考核不准确的印象，使之既意识到自己的问题，又不形成思想顾虑。这主要适用于有一定资历且心胸相对狭窄的人。

解决问题法　学校领导不直接把考核结果告诉教师，而是引导教师自我考评，既发现自己的不足又寻找解决问题的途径，使教师自我提高。这主要适用于自尊心强，自觉性也很强的教师。

二、工作变迁的心理分析

工作变迁泛指人们的责、权、利的变更。因此，它往往给当事人和其他人的心理带来一定的影响。像其他社会成员一样，教师的责、权、利等的变迁有上升相也有下降相，还有平行相。上升相是通称的提拔，即由教师变为学校领导人或其他方面的负责人等，也包括教学工作层次上的上升，如由教低年级变为教高年级。下降相包括职位的降低，如由校长变为教研室主任，教学工作层次的下降等。平行相变迁主要指工作岗位在同一水平线上发生变化，如由管教学的副校长变为管后勤的副校长,由教物理课变为教化学课,由学校平调往其他社会部门任职等。这些都是作为组织行为出现的工作变迁(简称"依组变迁"),亦即教师工作的变换是学校的要求。

此外,个人要求的工作变迁(简称"依己变迁")也是普遍存在的。依己变迁有异常型与正常型之分。异常型依己变迁指变迁手续不健全的变迁,如突然离岗,户口工资关系一概放弃等。正常型依己变迁是通过正常组织手续实现的变迁。这种变迁与依组变迁的区别在于实现的是个人的愿望而不是组织的愿望。但它与依组变迁有密切的联系,因为它只有被组织认可才能实现。以下描述的依己变迁是立足正常型而言的。

(一) 依组变迁的心理影响

学校变迁教师的工作,往往给人们的心理带来一定的影响。其影响是积极的还是消极的,主要取决于变迁的合理性。合理的变迁通常具有积极的心理作用。例如任人唯贤的升迁,升者光荣,旁人佩服;降者诚服,旁人引以为戒;替者高兴,旁人平服。相反,不合理的变迁往往有消极的心理作用。例如任人唯亲的变迁,即使当事人开心,但其他人会义愤填膺。

在分析依组变迁的时候,还应看到另一种影响变迁者个人、心理的情形,即当变迁与个人需要不一致的时候,个人为了服从组织,不得不奔赴新岗位,但实际上心存不悦。这种不悦也许会随着对新工作的认识与适应消失,也许会随着时间的推移而加重。

(二) 依己变迁的心理效应

与依组变迁不同,依己变迁有比较独特的心理效应。这主要表现在:

1. 激励效应

教师自己要求变换工作岗位,一旦如愿以偿,通常比较珍视,往往以更饱满的热情投入工作,提高绩效。

2. 发展效应

由于我国职业双向选择的机制并不完善,所以对教师的工作安排,学校通常根据专业和工作需要进行,没有较多地考虑就业者是否有适应教育工作的个性心理特征等。因此,难免存在人与职(教师工作)搭配不当的情况,以致有的教师的才能不能充分发挥出来。所以,当教师从实际出发,按照自己的才能与意愿提出更换自己的工作并获得成功时,工作变迁非常有利于他们才能的发挥与发展。这一方面是因为他们会珍视新的工作,另一方面因为与他们的愿望、需要相一致的工作往往是他们更擅长的工作。在这样的岗位上工作他们不仅心情更舒畅,而且更能得心应手,其聪明才智会更好地发挥作用,因而他们本身会得到更好的发展。

当然,这是从积极的意义上描述依己变迁的心理效应。假如从消极方面看依己变迁,其不良心理影响也是存在的。特别是依己变迁者的动机不良,采用不正当手段进行变迁时,往往给其他教师以负面心理影响。

第四节 教师职业倦怠

教师作为精神文明的开拓者,在传递科学文化知识,促进整个人类生存与延续方面始终起着十分重要的作用。中国古代曾将"天,地,君,亲,师"供奉一堂,使为师者成为"无所不知"

的人之楷模,备受尊崇。很少有人怀疑教师有心理适应问题。然而,现代社会生活的重负、工作的压力使得越来越多的人深受心理问题困扰和折磨。正如联合国心理学专家所预言:21世纪,没有一种灾难能像心理危机那样给人们持续而深刻的痛苦。而且,这种痛苦已经在教师群体中体现出来了。本节对近年来日益引起人们关注的教师典型心理问题——职业倦怠进行探讨。

一、教师职业倦怠

教师职业倦怠是职业倦怠研究在教育领域的延伸。国外学者把职业倦怠定义为在以人为服务对象的职业领域中,个体出现一种情感衰竭、人格解体和个人成就感降低的症状。教师在处于职业倦怠状态时,会有三种典型的表现。一是长期的情绪上的倦怠感。教师会变得性急易怒,容忍度低,情绪上缺乏激情和活力,有一种衰竭、无助感,对生活冷漠悲观。二是人格解体。教师会较少接触学生或拒绝接纳学生,将学生视为没有情感的事物,用蔑视性的称谓称呼学生,用标签式的语言藐视学生,并且对同事也常持多疑妄想的态度。三是较低的成就感。教师会觉得自己的工作中不再有什么值得去做。当教师觉得自己无法给学生的生活带来更多变化,而教师职业所带来的金钱、社会认可等回报又少时,就会产生强烈的自卑感。上述感受结合在一起,就会大大削减教师的工作驱动力。[1] 职业倦怠是危险而可怕的,而教师职业倦怠的消极影响尤甚。因此,我们必须警惕和消除职业倦怠这剂教师职业生涯的"毒药"[2]。

二、教师职业倦怠的成因分析

个体对压力的应对是外界压力和自身人格特性的函数。教师职业倦怠是在外界压力和自身心理素质共同作用下形成的。当教师无法对来自社会、职业的压力做出有效应对时,就容易出现心理问题,导致职业倦怠。这里我们从社会、职业、个人三方面来分析造成教师职业倦怠的原因。

(一)社会因素

随着时代进步,教师的地位有所提高。然而,伴随社会发展出现的一些事实使得教师的压力也前所未有地增多:(1)现代信息技术的普及和大众传媒的飞速发展,使知识、信息的普及化程度大大提高,教师已不是学生唯一的信息源了,这使得教师的权威意识日渐失落,教师的社会地位和社会作用受到了严峻的挑战。可以说,现代社会对教师的高期望和高要求强烈地冲击着教师的心理。(2)教师劳动的复杂度、繁重度、紧张度比一般职业劳动者大,但教师的待遇提高一直比较缓慢,尤其是一些农村、山区学校更是如此。当教师因为职业特殊性付出更多努力和辛苦的同时,其生活的压力仍然高于其他职业,难免会使教师产生不满、焦虑等情绪,从而会导致职业倦怠。(3)教师的社会地位依然较低。尽管国家和社会在提高教师地位上做了很多努力,但社会对教师的看法与教师的神圣职责是不成比例的。很多不尊重老师、谩骂老师的

① 杨秀玉、杨秀梅:《教师职业倦怠解析》,《外国教育研究》2002年,第2期。
② 吴志宏主编:《教育管理学》,人民教育出版社2006年版,第161页。

现象时有所闻。凡此种种，都有可能成为教师心理压力的来源。

（二）职业因素

大量的研究表明，教师是最具压力的职业之一。学校中一些特殊因素，给教师造成了高强的心理压力：

1. 教师角色的多元

教师劳动的特殊性使得现代教师必须承担多元角色，由此造成的角色模糊、角色冲突、角色过度负荷是很多教师感到压力和紧张的根源。社会期望老师教好每个学生，但是学生具有差异性，影响学生成就的因素是多种多样的，很多是教师无法控制的。而且社会对教师评价往往还是根据学生成绩，而教师对学生兴趣、行为、态度和价值观等方面的影响缓慢且难以评价，往往与教师的付出不成比例，大部分教师难以证明自己到底取得了什么成就，难免导致教师的角色模糊。人们期望教师提供给学生高质量的教育，但教师又缺乏选择自己认为最好的教学方法和教材的自主权，角色冲突常常被教师体验到。此外，教师要最大限度地满足学生、家长及学校的需要，但又不能表现出烦躁、沮丧等情绪，这就不能不造成角色过度负荷。

2. 教师交流的缺失

与其他劳动者相比，教师属于一个比较孤立、封闭的群体，与社会的联系较少，参与种种决策的机会也很少。大部分教师生活在学生的世界里，教师90％的工作时间是专门与学生在一起的，他们进行反思和与亲朋好友交流的时间很少。因此，教师的合群需要和获得支持的需要经常得不到满足。国外有些研究曾发现教师职业倦怠与教师缺乏社会支持的知觉有很高的相关（Burke，Greenglass，1989）。由于缺乏与同龄和其他社会角色的沟通，教师人际关系上存在障碍的现象较为普遍。医学心理学认为，人类的心理适应，主要是对人际关系的适应。大量的心理问题、心理危机，都与缺乏正常的人际交往相联系。

可见，由于职业特征，教师通常承受着高强度的心理压力，进而会导致教师对教学工作的不满，同时还会使教师出现心理上的焦虑、沮丧、抑郁等，甚至引发身体的不适和消极怠工的行为，最终形成职业倦怠。因此，职业压力是导致教师产生职业倦怠最直接的原因。

（三）个人因素

在相同压力下，有些教师可能会出现心理问题，有些则能维持健康的心理状态。造成这些差别的个人因素主要有：

1. 人格因素

研究发现，不能客观认识自我和现实，目标不切实际，理想和现实差距太大的教师或有过于强烈的自我实现和自尊需要的教师更容易出现心理问题。

2. 个人生活的变化

人的一生中，经常会有生活的变化，无论这些改变是积极的（如结婚、升迁）或是消极的（如亲人死亡、离婚），都需要个体做出种种心理调整以适应新的生活模式。在这种调整时期，心理问题容易发生。当教师面临人生中的重大变故时，若不能有效调节，往往会成为其职业倦怠的引爆点。

三、教师职业倦怠的危害

教师职业倦怠的危害是多方面的,一是对教师身心的影响。实践证明,教师职业倦怠首先困扰的是教师的情绪,进而发展为一种消极、感伤的心境,严重损害和威胁教师的身心健康,使个体的生活质量受到严重影响。二是对教学的影响。教师职业倦怠使教师身心俱疲,这必然影响其教学水平的发挥,造成教学工作的低效化和学校资源的浪费,进而影响教育质量的提高。三是对学生的影响,身处职业倦怠的教师对学生态度冷漠,对部分后进生歧视,对班集体采用强制手段进行管理,而这将极大地挫伤他们的学习积极性和创造性,并对其个性发展带来伤害,从而影响学生的心理健康和人格成长。更为可怕的是,那些适应不良的学生走向社会后又将在个人社会适应、发展方面带来一系列问题,其影响可谓极其恶劣。

四、解决教师职业倦怠的对策

(一)社会支持

社会支持主要体现在两个方面。一是社会各界要努力提高教师的社会地位和经济地位,防止教师因横向比较产生的心理失衡而导致职业倦怠。二是社会各方应减少对教师的过多要求,降低对教师脱离实际的高期望。要不断改善教育的大环境,对教师职业角色建立合理的期望,以减少教师职业压力。另外改革高等师范教育,严格教师任职许可制度,可以从源头上对教师质量进行把关,从而减少职业倦怠现象。

(二)学校配合

学校作为对教师影响最大的机构,其管理机制和氛围对教师的职业心理具有重要影响。学校要在精神面貌上给予教师积极影响,努力促进教师专业成长。通过对教师进行定期培训,帮助教师更新教学理论,提高教学技能,提升职业效能感。实践证明,良好的学校氛围能为教师发展提供有力支持,激发教师的成就动机,从而有效预防职业倦怠的发生。

信念和理想可谓职业倦怠的最好解毒剂。教师的信念和职业理想是教师在压力下维持心理健康的重要保证。学校应为教师创设一个民主和谐宽松的工作、学习、生活环境,主动关心教师的生活,帮助教师解决实际生活中的问题,构建良好的人际关系,从而坚定并强化教师的职业信念,激发教师的职业情感,最终化解职业倦怠。

(三)自我调节

教师自身应培养健康的心理素质,完善自我人格,这是减少心理挫折和职业倦怠感的根本途径。面对客观压力,教师还应学习积极的应对策略,如进行归因分析,明确自身职业倦怠感的缘由。同时,教师应掌握一些自我疏导的技巧,学会品味生活和放松自己。在出现倦怠感后,应积极寻求社会支持,如将问题讲给校长、亲友、同事听,有效化解消极情绪。同时,通过与他人的交谈,对自己和他人将会有更多的了解,以有利于教师端正生活态度,避免脱离实际的错误认知,根除职业倦怠心理的消极影响。

总之,从自身出发应对职业倦怠,教师应增强心理保健意识,掌握心理调适方法、正确认识自己,保持心理平衡。

本章小结

教师素质是指教师从事教育活动必需的心理品质和有关的素养。教育效能即教师从事教育活动的效果。教师素质与教育效能有一定关系。教师知识是直接影响教育效能的"硬件"元素。由性格、认知风格和兴趣、价值观等构成的教师人格素质亦对教育效能发挥重要影响。同时,以师爱为核心的教师情感素质对教育效能的影响更不容忽视。

对教师进行培训的实质在于使教师更加成熟。教师的成熟是在一般成熟意义的基础上实现的职业成熟,其成熟的构成要素主要包括职业意识、职业感情和职业行为。现实教师的成熟度可大致分为成熟、欠熟、幼稚三大类。

培训教师的心理意义在于:满足教师的发展需要,激发教师的成就动机,提高教师的工作效率,帮助教师协调人际关系,提升教师职业效能感,从而内化教师的职业认同感,提升幸福感。

教师对工作考核有不同的心理。教师既可能服从也可能抵制组织对自己的工作进行考核。这主要取决于考核标准与方法的合理与否。考核教师工作的方法通常有配对比较法、行为参照法、成果考核法、关键事件法。此外,用何种方法将考核结果通知被考核教师也可引起教师不同的心态。

工作变迁是教师很敏感的问题。教师工作变迁可分为依组变迁和依己变迁。合理的依组变迁具有积极心理作用,不合理的依组变迁则相反。

教师压力和职业倦怠是近年来日益凸现和引起人们关注的问题。教师职业倦怠从成因上讲,是社会、职业和个人等综合作用的结果。由于教育教学的互动性,解决教师职业倦怠迫在眉睫,需要社会支持、学校配合和自我调节的综合作用。

本章拓展

1. 问题思考

(1)试论教师素养与教育效能的关系。

(2)简述教师的职业成熟。

(3)举例说明考核标准与方法的合理性对教师心理的影响。

(4)试论工作变迁对教师心理的双重作用。

2. 情境分析

"下海"的无奈

一位曾经游离了教师队伍的校长感慨地说,"和学生在一起的时光是单纯的、快乐的,我的心灵是纯净的。但是,面临成家的经济压力与家族经商传统,教师职业渐渐失去了原有的魅力。我开始下海拼搏,体会另一片天空下的新挑战。虽然,它不再是一片净土,需要考虑风险与收益的平衡,使自身的利益最大化,但我至今仍不想上岸……"

该案例反映了教师通常面临的矛盾,请运用教师职业倦怠的相关知识分析在当前时代背景中如何预防和缓解教师职业倦怠问题

3. 活动设计

假如由你负责来开展一项对教师心理健康的培训课程,那么你会制订哪些课程内容? 还有其他的途径来丰富教师培训的形式吗?

请单独或合作设计"教师心中最喜欢的培训方式"调查问卷,到几个学校进行调查,并进行统计和数据分析,最后得出你的研究结果。

第十一章 学生心理

【案例导入】

我是不是快"疯"了[1]

A同学在咨询室坐下时,B老师并没把她的问题想得很严重,以为也是一例学习压力引起的焦虑症。

在老师鼓励下,A说:"我今年高三,已被保送上了大学,好多同学羡慕我,觉得我可以轻松了。但不知道为什么,我反而就是轻松不下来,更开心不起来。每天就觉得头胀胀的,老是有一些莫名其妙的想法,而且特别害怕看到一些特殊的字眼或图片,比方说'死'啊什么的。半年多了,我真的害怕,每次都觉得人很难受,好像血液一下子全往头上涌似的,胃也难受极了。而且,我每天都睡不好觉,躺在床上就胡思乱想:我是谁? 我为什么活着? 人为什么活着? 照镜子时又想:是的,我占据着这个肉体。跟别人说话,我也怀疑说话的是不是我……以前我总是开朗乐观,而现在情绪总是很差,提不起精神,感觉生活很无聊,常常有无名的压抑和痛苦,甚至有时会突然想到自杀……我现在很怕一个人呆着,怕自己会控制不住做些什么……"A同学泪光闪闪,声音颤抖:"老师,您说我是不是疯了?"B老师笑了笑:"今天你来咨询,还流利地讲述自己的情况,说明你是一个聪明理智的女孩,怎么会'疯'了呢? 我可以肯定地告诉你,你很正常。"

A同学半信半疑地望着老师。老师接着解释:"像正常人会感冒发烧一样,正常人的心理也会因为某些'病菌'入侵而生病,显出不正常来,这些'病菌'可能是生活里突然发生的事,或是我们心里早就携带但没有发作过的一些细枝末节,或是我们性格组成的某些特殊成分。那你觉得人在什么状态下最容易感染病毒而生病呢?"

A认真想了想说:"应该是体质较弱、抵抗力差的时候吧?"

"对呀,心理也是一样,当它受的呵护不够,承受过多,太累太虚弱时,里里外外的'病菌'中的某个就会像定时炸弹那样'爆炸',使我们不舒服,好像突然间做什么都不对劲了。"

"对,老师,我就是这种感觉!"A说到。

"以后你要学会'排弹',找出那些使你难受的事情来,一件一件消灭它,或者给它们换个安全的环境,然后在你的心里重新'洒水''种花',让它再变得阳光明媚,好吗?"

---

[1] 周俊主编:《学校管理案例教程》,浙江大学出版社2006年版,第244—245页。

A 同学被 B 老师说得破涕为笑了,从眼神里可以看得出来,她已经对 B 老师产生了完全的信任,而先前那个关于"疯"的念头,已经被这份信任彻底消灭了。

生活中像案例中的事件不在少数。伴随社会发展,学生问题行为和心理问题不仅频频发生,而且形式也更加多样。毋庸置疑,帮助学生调适和解决心理问题,对其自身、家庭和整个社会都具有重大意义。因此,我们应当对学生心理投入更多的关注和研究。有鉴于此,本章对学生心理异常和行为问题以及调节策略进行探讨。

第一节 学生心理异常与调节

一、心理异常概述

(一) 心理异常的定义

人们常使用一些近似的概念描述心理是否正常,如肯定的概念有心理健康、心理卫生等,与此相反的概念有心理疾病、心理障碍、心理变态、心理异常、心理卫生问题等。这些肯定的与否定的概念都是相对的。它们的相对性主要在于现实生活中心理健康的人与有心理疾病的人几乎没有确定的界限。有位心理学家曾挑选了 100 名身体极为健康的青年进行心理测验,结果是严格意义上的心理健康的人一个也未发现,多少都有些异常现象。此外,这些概念都是相对于常模(norm)而言的。也就是说,任何有别于常模的心理现象都可能被判断为异常现象。不过到底是消极异常还是积极异常(如创造性思维现象)要通过具体分析而定(积极异常通常称超常,一般不被划入心理异常范畴)。还应注意的是,这些否定概念之间,似乎没有本质的区别,因此许多人将之换用。不过,从程度上看,它们有深浅之分。如心理疾病、心理障碍、心理变态要比心理异常、心理卫生问题等更重一些。因此,这里采用心理异常这一概念来说明问题。

所谓心理异常是指偏离常模的稳定的消极的心理现象。具体来说,心理异常的主要特征是:

1. 失常性

即偏离常模的特征。所谓常模通常指心理测验中被测质的标准值,也是一个平均数。[①]在严格的意义上,判断某人的心理是否异常,主要是通过心理测量看其心理是否偏离常模。在现实生活中,尽管人的许多心理现象没有建立常模,但有被人们公认为正常(常态)的范围。因此,如果某人出现了人们普遍感到超出正常范围的心理现象,那么这种现象可能是心理异常的表现。

2. 稳定性

即稳定地偏离常模的特性。偏离常模只是心理异常的必要条件,而不是充分条件。特别是人们偶尔出现的偏离常模的心理现象,一般不会被别人视为心理异常。只有当偏离常模的心理现象是稳定的,遇到相应的刺激就出现时,这种心理现象才有可能是心理异常的表现。

---

① (英)朗特里著,赵宝恒等译:《英汉双解教育辞典》,教育科学出版社 1992 年版,第 313 页。

3. 消极性

即心理异常不仅稳定地偏离常模,而且有消极的作用。如前所述,有些偏离常模的心理现象是有积极意义的,如超常的智慧水平。因此,不是所有偏离常模的心理现象都是心理异常的表现,只有偏离常模且有稳定性和消极性时,那种心理现象才是心理异常的标志。

(二)心理异常的判断

判断学生心理是否异常是一件十分慎重的事情。因此要将科学判断与经验判断结合起来。

1. 科学判断

科学判断即运用具有一定效度、信度的心理量表或仪器等对学生的智力、感情、个性等进行测查,从而作出判断的方法。用于这方面的主要量表有 YG 性格量表、SCL—90 症状量表等。用这些量表测量学生的心理时,要注意几个问题:一是要用多种量表多次测量,在对比各种测量结果的基础上作判断。换言之,不要以一次或很少几次测量的结果为判断根据。二是要注意量表的文化背景差异,尽可能把用国际通用量表测量与用经我国心理学工作者修订过的量表测量结合起来,减少文化等因素对测量效果的影响。应该说,人的心理是非常复杂的现象,对它的许多方面,迄今为止的科学检测手段仍然有些无能为力,因此对科学判断既不可不信,也不可迷信。

2. 经验判断

经验判断是在正常的学习和生活中对学生的言行进行仔细的观察和深入了解之后作出的判断。由于这种判断是以学生的正常学习和生活为条件的,而正常学习和生活中的学生言行是自然的,因此,这种判断可以避免量表检测中因学生文化背景差异和因学生情绪紧张等造成的偏差。但是,由于这种判断是根据人们的经验作出的。因此,含有较大的主观性。

一般来说,经验判断主要以下列三个指标为根据:一是心理活动与客观环境的统一性。如果学生的言行与他所处的学习和生活环境的要求一致,没有被大多数人不理解的地方,那么他的心理是正常的。否则,可能有心理异常现象。这种异常现象主要表现在:心境灰暗或持续的消极情绪(这种情绪不能随环境的变化而变化),包括悲观、抑郁、过度焦虑、烦躁、恐怖等;对环境刺激反应不当,如不该笑的事大笑不止,不值得悲伤的事过度悲伤等;人际关系极不协调,主要表现在不愿甚至厌恶与同学和其他人交往、沟通等。二是各种心理活动的一致性。如果学生的认识、感情、意志活动是一致的,那么他的心理是正常的。否则,可能有心理异常现象。这方面的异常现象主要表现在:明显的自知力低下,自我认识过度失真;行为方式与年龄、性别、社会角色等不相符,如青少年表现出老年人或幼儿的行为方式,或性别行为方式错乱等;过度的敏感、猜忌与疑心等。三是个性心理特征的稳定性。如果学生的需要、动机、性格等是相对稳定的,那么他的心理是正常的。否则,可能有心理异常现象。这方面的主要表现有:怪异的不切实际的需要,超乎寻常的动机冲动等。当然,需要强调的是,这三方面的指标是从理论的角度侧重不同方面划分的,就其实质而言,它们有紧密的内在联系。因此,当一个学生在某方面表现出心理异常时,他在其他方面也必然表现出某种程度的异常。例如一个心理活动与环境不一致的学生,实际上也存在着各种心理活动之间的不一致现象。因为人们对环境的反应是受人们的认知、感情、意志及其个性品质等统一调节的。只有当这些心理活动及个性品质本身不一致时，才会出现心理活动与环境的不一致。这说明，当人们从经验的角度判断学生心理是否异常时，既要注意某方面的独特性，又要考虑这三个方面的一致性。

（三）心理异常现象举例

1. 常见的心理异常现象

这里"常见的"是指有相对普遍意义的，也就是不管什么年龄、性别、文化背景的人都可能出现的。这方面的心理异常现象主要有：

（1）感知异常　例如错觉、幻觉（幻听、幻视、本体幻觉、幻嗅、幻味、触幻觉和性幻觉）等。

（2）记忆异常　例如记忆力锐减、记忆错构、记忆虚构等。

（3）思维异常　这从思维形式、内容两方面表现出来。在思维形式方面主要有思想奔逸、思维迟缓、思维贫乏、病理性赘述、言语中断、逻辑倒错、思维不连贯、强制性思维、刻板言语、模仿言语和新创语词等。在思维内容方面主要有各种妄想，如被害妄想、嫉妒妄想、关系妄想、罪恶妄想、疑病妄想和钟情妄想等。

（4）感情异常　例如感情剧烈高涨、感情抑郁、焦虑恐惧、惊恐反应、感情反复无常、病理性激情、激惹性增高等。

（5）意志异常　例如意志力锐减、意志缺乏等。

（6）行为异常　例如运动性亢奋、运动性抑制、紧张性症状（僵硬、刻板、抗拒、作态）、强迫动作等。

2. 青春期学生的主要心理异常现象

青春期的学生主要是指中学生。他们的心理异常与少年、壮年和老年的心理异常既有相同之处，又有不同之处，而且，中学生正处于充满独立性与依赖性，自觉性与幼稚性的错综复杂的矛盾时期，其心理异常现象比较多见，因此，要格外重视。青春期学生的主要心理异常现象有：

（1）神经衰弱　神经衰弱是由心因性障碍等引起的高级神经活动过度紧张造成的抑制过程和兴奋过程的弱化。一般来说，学习负担过重，与教师、同学的关系紧张，家庭矛盾，思想冲突等都可以引起神经衰弱。特别是那些在性格上有自卑、胆怯、敏感、多疑特点的学生，或者争强好胜、急躁、任性、自制力差的学生，更容易发病。神经衰弱的一般特点是：入睡困难、多梦易醒、睡眠不稳；身体疲劳无力、头疼头晕；性情烦躁、好发怒、易冲动；注意力不集中、记忆力不强；胆量极小，白天害怕声音和强光，对响声常常发生心慌、神经过敏，等等。

（2）强迫性神经症　强迫性神经症往往是一些性格特别内向的人在强烈精神刺激下表现出的以强迫性观念和行为为主的心理异常现象。这种特别内向性格的主要标志是好思虑、犹豫不决、谨小慎微、多疑、生活习惯死板、被动性反应较强等。中学生强迫性神经症主要表现在"认真过头"上，具体表现有三类：一是强迫性愿望。例如强迫自己做没有意义的事，像数路旁电杆、树木等，若数不清，则苦恼。二是强迫性怀疑。如怀疑自己有病，外出时怀疑门未锁而多次往返检查。三是强迫性思维。总是把事情朝坏的方面想，如看到生火做饭，就担心家里失火，等等。

（3）抑郁性神经病　抑郁性神经病往往是由心理创伤、过度紧张、身体疾病等引起的心理异常现象。其主要特征是：食欲不振，体重下降；睡眠障碍；容易激动，行为变得迟钝；情绪低落，感到孤独；对事物丧失兴趣，缺乏愉快感，疲惫，活动减少；注意力、思考力减弱；自卑、自责，严重时还会出现幻觉，甚至出现绝望感。抑郁性神经症是中学生中比较多见的心理异常现象，女性患者通常多于男性。

（4）社交恐惧症　社交恐惧症是对社交场合及其刺激作出极不适当的反应的心理异常现象。其主要特点是学生一进入社交场合（有的甚至只要听说要进入社交场合），就有强烈的恐惧感，不能自控。有的学生甚至完全不能与人交往。他们在社交场合中非常痛苦，局促不安、面红耳赤、大汗淋漓，有的会出现严重的躯体症状。

（5）人格异常　青春期学生的人格异常主要表现为以下四个方面：一是性格有严重缺陷。人格异常的学生大都以自我为中心，极端自私。有的孤独、乖僻、好吵架；有的虚伪、浮夸、造谣、欺骗；有的胆怯、害羞、敏感、多疑，等等。二是感情异常。感情异常的学生大多感情极不稳定，节制能力低下，急躁易怒，富于爆发性，或感情脆弱，易于悲伤；有的常抑郁，夸大自身缺点，对前途灰心丧气，感到一切都没有希望，等等。三是意志异常。意志异常的学生行动的目的和动机短浅，行为缺乏节制，从而出现具有极端意义的不良行为。例如只顾眼前欲望，不计后果，本能和嗜好十分强烈，行动被突发性动机或本能支配，自制力差，易发生冲动和不正常的意向活动。四是对个性缺陷缺乏自制力。有这类心理异常表现的学生，一旦个性出现偏差，不会自我矫正，因而其个性显得十分顽固。

需要指出的是，在上列情况中，有些人偶尔有上面的症状，也不必过于担心。只有经常出现症状，并且持续比较长的一段时间，比如一个月以上，才可以确定为异常。但这并不是说，只有达到严重程度才去看心理医生。从理想的角度考虑，只要产生了心理异常，越早接受专门的心理咨询与治疗越好。此外，心理异常是涵盖甚广的范畴。严重的心理异常表现为精神分裂症等。鉴于有这些严重心理异常的人往往不能正常完成学业，而只能住院治疗或回家休养（康复后可继续学习），因此这里对这类严重的心理异常不予叙述。

二、心理异常的成因

心理异常的形成，有多方面的原因。学生心理异常的产生亦是如此。

（一）学生方面

从学生方面来说，主要是身心发展过程中各种矛盾的困扰，以致心理异常。这些矛盾大致有：

1. 自主与服从的矛盾

当学生成长到一定年龄阶段时，他们的成人感与独立意向就强烈起来，希望独立地进行各种活动，处理各种问题。但事实上，中小学生的心理并未成熟，他们无法从社会那里得到他们所期待的完全的自主权，因而产生困惑与迷茫，甚至不满。这些带有消极色彩的体验如果达到一定程度，并且稳定下来时，就可能出现心理异常现象。

2. 生理与心理的矛盾

学生进入中学时代,生理上逐步发生变化,性器官的发育和性意识的萌动,往往使他们陷入生理与心理的矛盾之中。这主要表现在学生对性成熟现象,如遗精、月经来潮等的不适应。性兴趣的形成使有些学生感到世界似乎一下子充满了性的神秘与诱惑,在得不到成人指导的情况下,性心理的困惑使一些学生失眠、头痛、体力不支,不能自我解脱,形成对性心理现象的恐怖与困惑的心理异常现象。

3. 心理诸要素的矛盾

学生心理诸要素矛盾的原因之一在于各种心理要素发展的不平衡性,尤其是感情与意志发展的不平衡。而在中学生的身上,这两种心理因素的动力作用很不协调。他们在感情上表现为活泼、热情,但容易急躁、激动,感情用事,不善于用意志控制自己的感情。中学生的意志力在发展,但由于感情的波动,他们的意志力往往不稳定。他们自尊心很强,对于别人给自己的评价极为敏感。他们好与别人比高强,有强烈的争强好胜之心,容易为一时的胜利而骄傲自大,产生较强的虚荣心,也容易为一时失败而灰心丧气,形成较强的自卑感。他们崇拜意志坚强的人,但由于认识能力跟不上,容易把执拗当顽强,把冒险当勇敢,把轻率当果断,把亡命之徒当英雄。如此种种,以一种稳定的且有消极意义的行为出现时,就是心理异常的现象。

上述心理异常的主观原因,是从理论上简单地加以描述,旨在给予一些揭示。至于在分析特定学生心理异常的成因时,人们应根据具体情况仔细分析,不可简单从事。

(二) 环境方面

从环境方面说,尽管影响心理异常的因素甚为复杂,但主要因素来自社会。

1. 心理异常的社会成因理论

(1) 压迫理论(The Oppression Theory) 该理论的主要创立者之一是美国精神病教授托马斯·萨兹(Thomas Szasz)。他认为,现代西方精神病专家所说的各种心理疾病(即心理异常),并不是像生理疾病那样的严格意义上的疾病。就心理疾病而言,人们既无法指出心理正常时心理器官的工作情形,也无法指出心理异常时心理器官的异常表现,因此,人们所说的心理疾病是没有生理和解剖根据的,不过是人们所作的一种价值判断而已。在萨兹看来,有些人不愿遵守社会准则,其行为背离了社会公认的标准,他们的做法激怒了社会,于是社会就采取行动,把这些违背社会准则的人关起来,隔离开来,对其进行强迫治疗,直到他们按社会准则行事。他和同事一道进行了一项调查,调查对象是11户家中有一个精神分裂症患者的家庭,调查结果是:家庭是促使个人成为精神分裂者的原动力。因为在某些家庭里,孩子处于一种相互矛盾的不可能达到的要求之中。矛盾的要求可能来自父母中的一方,也可能来自双方。如母亲在同一时间既支持又反对孩子做某一事情,这是来自一方的矛盾要求。有时,父母双方同时提出孩子不可能同时做到的矛盾要求。在这种两难环境里长大的孩子,从小不知道什么是正确的,什么是必要的,什么是合理的,也就无法形成理智感。其行为紊乱,出现精神分裂症就不难理解。总之,在压迫理论看来,人们的心理异常是社会,特别是家庭的压迫造成的。

(2) 标签理论(The Labelling Theory) 该理论的主要创立者之一是美国社会学家托马斯·斯凯弗(Thomas Scheff)。他认为心理异常是人们对某种行为的反应造成的。例如取得重大比赛胜利后在大街上唱歌是正常的。但醉汉深夜在居民区高唱就有所不同了,社会会把这种夜半歌声看作异常行为,即贴上异常的标签。这就是斯凯弗等人的标签理论的核心。斯氏等运用标签理论分析心理异常,认为心理异常者表现出来的行为可以看成是一种犯规行为。这里所说的犯规,是指对社会公认的行为准则的一种侵犯。犯规行为的范围很广,除了包括不礼貌这样的轻度犯规行为外,还包括犯罪这样的重度犯规行为,此外还有中度犯规行为。斯凯弗指出,社会对大多数中度犯规行为能够忽略不计,但对少数中度犯规行为则加以夸张,放大其范围和程度,对这些中度犯规行为的人,其家庭、医生及其他社会成员会给他们贴上心理疾病的标签。而一旦某人被贴上了心理疾病的标签,人们就以为他应该而且会表现出犯规行为,他本人也会产生类似的想法,从而继续表现出中度犯规行为。而这种行为经不断重复稳定下来以后,反过来又证实了人们所贴标签的正确性。这就是说,人最初是否表现出中度犯规行为不是最重要的,最重要的是被贴上心理标签的过程。很多人都表现出中度犯规行为,但只有那些被贴上心理疾病标签的犯规者才被称作心理疾病患者。

以上两种理论把造成心理异常的非常复杂的原因如此简单化,曾引起一些人的质疑就不足为奇了。但这两种理论对研究心理异常的贡献是不可抹煞的。例如压迫理论对纠正本世纪以来对心理疾病的夸大化和神秘化倾向很有助益。而标签理论至少揭示了心理异常形成的一个方面原因。

2. 心理异常的现实社会原因的分析

心理异常现象与现代文明有不解之缘。随着科学技术的迅速发展,社会各方面现代化水平的逐步提高,学生心理异常的现象呈上升趋势。这主要因为:

(1)升学竞争使学生神经系统经常处于高度紧张状态,以致部分学生严重焦虑。在我国,中小学生,尤其是中学生,为了升学,不仅长期背负沉重的学习包袱,而且要频繁地经受考试的刺激。特别是考试失败的挫伤体验使他们的心灵屡受煎熬,以至于整日忧心忡忡,心神难宁,大脑很少休息。

(2)环境中噪声、噪光等不断增强,使学生整日感到烦躁不安 随着城市人口的增多,交通的发展,工业、商业等的繁荣,学校(尤其是城市学校)大部分处于噪声与噪光的包围之中。所谓噪光是指由各种强烈灯光、反光材料等形成的光污染。长期处于噪光中的人,身心都会受到损害,尤以神经系统损害为甚,如感到烦躁、恶心、心悸、耳鸣、失眠,进而注意力分散,思维能力下降,健忘症加重。

(3)大众传播媒介的导向,特别是低俗的媒体文化成为学生心理异常的“催化剂” 电视机的普及、广播电视节目播放时间的延长、报纸杂志的增多、信息高速公路和互联网的开通,对学生心理健康的影响愈来愈大。尤其是一些格调低下的杂志、作品及充斥错误观念的书籍和报刊的严重泛滥,对学生的思想及行为带来了很大的负面效应,阻碍了他们的健康成长。

(4)价值观念的变化,使一些不适应的学生甚为惶惑 在一定意义上说,价值观念是群体与个人判断是非、美丑及爱憎的标准。它随时间和环境而发生变化。在当前我国经济转型时期,人们的价值观念正在发生巨变。例如对学生的评价,昔日只要政治上积极要求进步、生活上艰苦朴素、学习上刻苦努力,便是被人称道的好学生。而今则不同。在一些学生看来,优秀的学生似乎既要思想觉悟高,学习成绩好,有才能,还要善交往、会打扮、懂玩乐,即所谓多色调的人。太艰苦反遭人非议。大多数学生现实的学习、生活状况与一些时髦价值观念的要求有很大差距,或者说有些价值观念的要求是某些学生无法通过自己的努力达到的,这就使他们产生了惶惑之感,因为他们担心被人歧视,被群体抛弃。

此外,生活节奏的加快,食物中各种添加剂等的增加,社会暴力事件和各种恶性事故的增多,以及家庭和睦、稳定系数的下降等都是直接或间接影响学生心理健康的因素。

三、心理异常的调节

心理异常的调节是指通过心理学工作者或有心理学素养的教师的心理指导帮助学生消除心理异常现象的过程。这里的心理指导是指针对心理异常现象对学生予以启发、劝告和教导。通过心理指导,使学生的认识、感情、态度、行为有所变化,解决其在学习、生活、交友等方面出现的心理异常,以便其更好地适应环境,保持身心健康。

(一) 心理指导的主要任务

1. 学习的点拨

在学习方面,应帮助学生克服注意力涣散、记忆力下降、思维迟钝、想像力贫乏等心理异常现象。导致这些心理异常的主要原因之一是有的学生不会科学地学习,以至不必要的紧张,自己设置心理障碍。例如,不会合理地安排学习时间。有的学生以为学习时间越长,学习效果越好,结果睡眠时间严重不足,导致神经衰弱。因此,在心理指导过程中,指导者应在学习时间与方法等方面给予点拨,使学生学会学习,保持良好的心理状态。

2. 人际关系的引导

在人际关系方面,应告诚学生排除交往中的害羞、孤僻、自卑、封闭等异常心理。这方面主要是引导学生正确估计自己,了解他人,主动与人交往,赢得他人的理解、信任。应该说,交往是青少年学生的最大需要之一,在满足这种需要的过程中,学生的思想会更加开朗,胸怀会更加豁达。因此,指导学生恰到好处地交往,是引导他们克服上述心理异常现象的有效手段。

3. 生活的提示

在生活方面,应指导学生合理作息,注意适度的饮食与各种营养的科学搭配,坚持体育锻炼,以及适应新的生活环境。

4. 恋爱的指导

在恋爱方面,应晓以早恋有害的道理,启发学生集中精力学习。对已具备恋爱的身心条件的学生,要指导他们树立正确的婚恋观,处理好恋爱过程中的挫伤,防止越轨行为的发生。

5. 康复的支持

在疾病与康复方面,应说服学生正确对待疾病与生理缺陷,做到既来之,则安之,既成事实,镇定对待,积极治疗与休养,尽量消除压力与烦恼,保持乐观的情绪。

(二) 心理指导的主要原则

1. 教育原则

心理指导应该遵循教育与心理的规律,鼓励学生最大限度地发挥自己的潜能和应变能力,在使心理活动更加正常的同时,不断增长知识,提高智慧水平。

2. 平等原则

心理指导者与学生是平等的关系,应该相互信任,彼此尊重。只有这样,才能引导学生走出困境。本章引例中的心理指导老师正是遵循平等原则,赢得了学生的信任,进而帮助"快疯了"的学生恢复了正常心态。

3. 保密原则

心理指导者应向学生负责,不向任何人泄露其反映的心理现象与隐私,为其保守秘密。

上述原则,不仅是心理指导者的工作原则,而且是心理指导者的职业道德准则。因此,心理指导者不遵循这些原则,不仅不利于工作成效,而且会违背职业道德要求。

(三)心理指导的基本步骤

首先,听取学生倾诉,密切与学生的关系,鼓励学生宣泄内心痛苦,缓解心理压力。

其次,认真观察学生的行为,并运用心理量表和仪器等检测学生的心理,在此基础上分析、综合、诊断其心理异常的类型,再查出原因。

再次,针对原因进行启发、暗示,提高学生的认识水平、心理平衡能力和自我调节各种关系的能力。

指导应经常化,使学生长期保持稳定情绪,巩固良好的行为习惯,不断提高心理健康水平。

以上是从心理学工作者或有心理素养的教师角度来谈学生心理异常的调节策略的。其实,要使学生心理健康水平有所改进和提高,还必须改变家庭"重养育轻教育,重生理轻心理"、"智育中心论"等错误的家教观念,努力为学生成长创造良好的生活环境和社会氛围;同时,学校教育要改变只追求升学率,以分数高低论学生优劣,忽视对学生心理素质的培养等错误做法,必须在教育和教学当中更多地关注学生自信心的培养、学习方法的指导,通过以自信、自强和自律为主线的心理健康教育,不断提高学生的心理健康水平。

第二节 学生问题行为与矫正

一、问题行为界说

问题行为的定义甚多。如:问题行为"即违反道德规范的行为";[1]问题行为"指那些阻碍学生身心健康发展,或是给家庭、学校、社会带来不良后果和麻烦的行为";[2]问题行为"是某些青少年在成长过程中经常出现的违反学生守则的错误行为"。[3] 这几种定义反映着不同消极程度的问题行为。消极性最小的是"违反学生守则"的问题行为,而消极性最大的是给社会带来不良后果的问题行为,后者实际上包括犯罪行为。

这些关于问题行为的认识的差异,主要是由于人们认识的角度和目的不同造成的,这里不予展开。但有两点必须明确:一是本书认为的问题行为是指有较轻的消极意义的相对稳定

---

① 陈利:《对儿童不良行为的理解》,《教育科学》1988 年第 3 期。
② 王洪斌等主编:《学生越轨行为管理学》,大连理工大学出版社 1991 年版,第 17 页。
③ 陈沛霖主编:《学校管理心理学》,武汉工业大学出版社 1992 年版,第 147 页。

的行为。所谓"较轻的消极意义",是说学生的问题行为不包括犯罪等严重破坏性行为。所谓"稳定的",是说问题行为不仅有较轻的消极性,而且有习惯化特点,需要特定的技术才可矫正。而虽有较轻的消极性,但如果是偶发的行为不算问题行为,例如学生偶尔争吵,甚至打架等,因为这类偶发性行为几乎每个学生都有,是一种普遍现象。二是问题行为往往与心理异常有一定关系。一般来说,某种程度的心理异常是问题行为的基础。也许正是在这种意义上,矫正问题行为属于心理治疗的范畴。不过,并不是所有问题行为都是由心理异常引起的,也许是在这种意义上,有人认为问题行为与心理异常无关。

二、问题行为举例

学生问题行为有许多表现形式,当下最令人揪心的问题行为也许就是学生染上的"网瘾"。学生一旦染上网瘾,对其自身及家庭都是致命性的灾难。因此,本处特以网瘾为例,揭示学生的问题行为。

(一) 网络成瘾的界定

美国心理学家首先涉入互联网心理学这一研究领域,并将这种无限制的网络使用现象命名为"网络成瘾(internet addiction)"或"网络成瘾障碍(internet addiction disorder)"或"病理性互联网使用(pathological internet)"。最早界定网络成瘾这一概念的是纽约精神病学家高登伯格(Golderbg)。他将网络成瘾定义为:由重复地使用网络所导致的一种慢性或同期性的着迷状态,并产生难以抗拒的再度使用的愿望。同时会产生想要增加使用时间的张力与耐受性、克制、退瘾现象,对于上网所带来的快感会一直有心理与生理上的依赖。[①]

(二) 青少年网络成瘾的危害

互联网这新兴媒体暴露在青少年面前有着很大的隐患,有研究表明,那些使用互联网络上瘾的青少年中抑郁和社会孤立的个体占了很高的比率。因为网络中充斥着各种涉及色情、暴力、鼓励烟酒以及毒品滥用等等的内容,对缺乏是非分辨能力、好奇心强的青少年而言是极为不利的。由于缺少现实社会中以教师、家长为核心的人际关系对他们行为的监督,他们在网上的行为自由任性,容易导致其自我约束力的下降,从而导致自我人格的丧失。由于缺少道德自律,容易在网络游戏、黄色网站中放纵自己的欲望,不利于树立健康的人生观、价值观,并容易在现实生活中产生心理受损。[②] 若过度沉溺于网络中的虚拟角色,青少年容易迷失真实的自我,从而易将网络上的规则带到现实生活中,造成自我角色混乱。更有中、大学生因陷得太深而不能自拔,最终走上自杀或杀害他人的道路。比如:2004 年 12 月 27 日天津市塘沽区,痴迷于"魔兽争霸"游戏的天津网游少年张潇艺在网吧连续上网 36 个小时后,从 24 层高楼顶部跳楼自杀。2006 年 6 月 15 日,《潇湘晨报》报道,一位清华大学二年级的学生,深深迷恋网络世界,三国、魔兽争霸等网络游戏几乎成为他生活的全部。心急如焚又无能为力的父亲不远千里,四次来京劝慰未果。在极度绝望中,父亲不得不在饮料中下了安眠药,乘儿子昏迷时将他

① 陈侠、黄希庭、白纲:《关于网络成瘾的心理学研究》,《心理科学进展》2003 年,第 3 期。
② 杨玲、赵国军编:《学校心理学——学校心理辅导与咨询》,甘肃教育出版社 2006 年版,第 271 页。

送到网络成瘾中心"戒毒",医生诊断其为"重度网络成瘾患者"。就在入院当晚,该学生打碎了屋顶灯管,用玻璃碎片割破了手腕⋯⋯①

(三)学生网络成瘾的成因

网瘾问题表面上来自虚拟世界,根源却在于现实生活,在于现实生活和网络世界的巨大反差。

1. 家庭环境因素

学生正处于其人格培养的关键时期,他们比任何一个人生阶段都需要沟通、尊重、关怀、理解、赏识。然而,很多青少年在此时期得到的却是父母们简单且粗暴的填鸭式教育。由于在网络里的虚拟的角色之间不存在教育和被教育的关系,加之虚拟性还淡化了现实生活中交往的局限,使交往更加自由、平等,因此,他们常常在网络世界中流连忘返。此外,随着离婚率的上升,"问题家庭"不断增多,这些孩子在家庭中通常得不到温暖,但在网络中,他们却得到了"关怀",现实生活和虚拟社会在人文关怀方面的反差,让"问题家庭"的孩子更易深陷网络无法自拔。

2. 自身因素

从内部原因来看,学生是人成长过程中的"心理断乳期",随着自主性的增加,自我认同也越来越明确,他们求新求异的特点也促使他们去探索由互联网络联系起来的新鲜而丰富多彩的社会环境。此外,他们性格中的某些特点,使其更容易沉迷于网络。调查发现,网络成瘾的学生绝大多数存在内向孤僻敏感的性格。

3. 其他因素

当前由于信息化的全面推动,各级教育系统都鼓励学习者掌握使用计算机、互联网络的技能,这就使学生接触计算机、互联网的机会大大增加,而青少年分辨是非的能力又有限,加之有的青少年已经离开家庭外出求学,较少受父母的约束,因而他们个人的自由空间很大。在缺乏适当管束、适时和必要引导的情况之下,必然使自控力较差的青少年增加了深陷网络泥潭的机会。

三、问题行为的矫正

(一)问题行为矫正的基本程序

第一,客观地准确地判断问题行为,注意问题行为发生的情境。

第二,测量问题行为的速率或频率,建立问题行为的基线(baseline)模型。

第三,用可操作的行为术语限定问题行为矫正的目标或目的,并得到有问题行为的学生和有关协助者的认可。

第四,制订增加良好行为、减少问题行为的矫正方案,并与有问题行为的学生签订合同,使其自觉协助实施矫正方案。

第五,矫正方案实施以后,继续记录问题行为,不断监视方案的执行情况。如果矫正方案不能成功地改变问题行为,那就要修正方案,如变更某些参数,然后实施新方案,直至良好行为完全取代问题行为为止。

---

① 徐光兴主编:《学校心理学——教育与辅导的心理》,华东师范大学出版社 2009 年版,第 194 页。

第六，一旦问题行为彻底改变，并形成了某种新的良好行为，而且这种新行为能在自然的、社会的环境内通过相倚条件可无限地保持下去，那就逐步结束矫正过程。

第七，矫正过程结束后，注意检查问题行为的复发情况，时间可以是数月或数年。要是旧病复发的话，那就要进行辅助性处理。[①]

在矫正某个问题行为时，也许只要用这些步骤中的几步。但原则上要求所有步子都用到。这样更有程序性和可靠性。不过，这些程序还是一个粗的框架，要让它切实发挥作用，还应针对性地使用一些矫正技术。

（二）常用的矫正问题行为的技术

1. 塑造

所谓塑造是指诱导学生的目标行为，并通过逐步提高奖励标准等措施使之巩固下来的技术。这里的目标行为，即取代问题行为的新行为，通常与问题行为有性质上的差异。具体办法是将目标行为分解为许多有逻辑联系的具体行为，然后训练学生逐个掌握，直到最后能准确、连贯地外显整个目标行为。

2. 消退

消退是指废除可以使问题行为维持下去的一切奖励从而减少出现这类行为的频率的矫正技术。具体办法是安排相倚条件，以致停止奖励问题行为，并开始强化目标行为。因为学生的问题行为往往是在他周围的人不知不觉地强化下形成并变得根深蒂固的。无论是在家里还是在学校，大部分人都习惯于对别人的有些异常的行为给予过分的注意。这种注意客观上是一种奖励，使得异常行为得到了强化。例如，有的倔强的小孩感到不满意时（如某种要求没有满足）就在地上打滚。当他这样做时，其父母赶紧跑过去把他抱住，并答应满足他的要求。于是这个孩子的打滚的行为就巩固下来。消退技术与此相反，当孩子打滚时，人们应不予理睬，而且佯作毫无所知。而当他不打滚时，却给他必要的注意和关怀，如抚摸、逗乐等。那么打滚的频率就可能逐渐降到零。

3. 强化不相容的反应

这是将不强化不合社会要求的反应与强化符合社会要求的反应相结合借以消除顺应问题行为反应的技术。也就是说，这是一种否定－肯定统一，消除－强化统一的技术。具体办法是对顺应问题行为的反应（表面上）无动于衷，而公开赞扬相反的、正确的反应。例如在小组学习活动中，有的学生总是故意捣乱，并得到一些学生的喝彩（顺应问题行为的反应），而另一些学生对这种学生的捣乱不予理睬（不顺应问题行为的反应），并且相互帮助，友好合作，共同解决学习问题。面对这样的情况，教师不必批评捣乱者（在可以继续进行活动的前提下），亦不必责备那些顺应问题行为的反应，而要大力表扬认真合作的同学，使抑与扬形成鲜明对照，使问题行为及其顺应者的反应逐步消除。可见，强化不相容的反应与消退有明显的区别，它把注意力放在与问题行为相反的反应上，而且强化它。

---

① （美）G·H·鲍尔、（美）E·R·希尔加德著，邵瑞珍等译：《学习论——学习活动的规律探索》，上海教育出版社1987年版，第464页。

4. 模仿

模仿的实质在群体心理中已作交代。作为一种行为矫正技术,模仿通常用来训练那些因不知如何作出良好行为反应而形成问题行为的学生。具体办法是要求学生观察榜样的行为,然后尝试性仿做,再将自己的行为与榜样行为比较,找出差距,进行矫正,直至与榜样采取同样行为。

5. 惩罚

惩罚是通过剥夺某种权利或其他途径使对象获得痛苦体验,从而放弃问题行为的矫正技术。例如,学生在课堂上捣蛋,那就减少其参与课外活动的机会。应该指出,这种惩罚行为有的是心理学专家或教师采取的,有的是有问题的学生自己根据矫正方案采取的自我惩罚。

6. 刺激控制

刺激控制是通过控制刺激或诱因而控制问题行为的矫正技术。一般来说,学生问题行为的出现,大多由相应的刺激引起。这类刺激往往与问题行为有紧密联系,以致于有的问题行为似乎有条件反射的性质。因此,有效地控制刺激或诱因,通常可以使问题行为的频率下降。控制刺激的措施主要有:消除刺激,即将学生所处环境中诱发问题行为的刺激铲除;回避刺激,即让学生脱离有关的环境,不与有关的刺激接触;替代刺激,即用一种更具诱惑力的可诱发积极行为的刺激代替诱发问题行为的刺激,逐步使问题行为刺激的力量弱化。

(三) 问题行为自我矫正

问题行为自我矫正又称问题行为自我管理,是通过启发学生的自觉性,增强其自制力,让其管理自己的行为,从而减少问题行为的矫正技术。尽管它也是行为矫正技术之一,但由于它与心理学专家等采取的行为矫正技术有一定区别,故单独加以叙述。一般来说,自我矫正问题行为主要有五个步骤:[①]

1. 画出靶子行为图

要矫正问题行为就要先确定问题行为。所谓确定即对问题行为的认识不能是朦胧的,而应是精确的(用数量表征)。确定后的问题行为成为"进攻"的对象,因而又称靶子行为。例如,某学生有经常欺侮年幼学生的问题行为,要矫正这种行为,就要弄清楚其经常的程度(如每周、每天、每节课多少次)和欺侮的质量(打或骂或讥笑等)。为了弄清靶子行为,有必要绘出靶子行为基线图,又称基线模型。所谓基线图,即表征问题行为的基础水平的图。这种图是根据矫正前记录下的特定时间里(至少要有一周时间)问题行为的次数(也可以是其他指标)绘制成的。例如某中学生吸烟这一问题行为的基线图(图 11-1)。

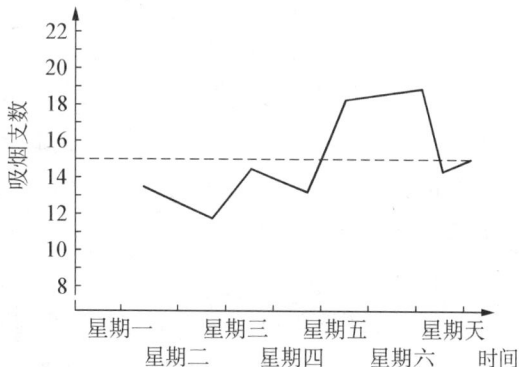

图 11-1 吸烟行为基线模型

---

① L. N. Jewell, *Psychology and Effective Behavior*, 1989, pp. 431—437.

2. 画出情境图

在画出基线图之后，下一步就是分析靶子行为发生的情境。这种情境包括时间、地点、在场的人员以及自己的感受。表 11-1 是一个吸烟者一天吸烟的部分记录。

表 11-1　吸烟刺激的分析

时间	地点与活动	其他在场者	感觉如何/为什么要吸
9:30 上午	厨房/吃饭	无他人	总是在早晨喝咖啡时抽烟
10:30 上午	办公桌/学习	无他人	以为吸烟可帮助集中注意力
12:00 中午	餐馆/喝了一杯酒	王伟等人	他们都在吸烟，所以我也吸了，为了应酬
12:45 下午	餐馆/美餐一顿	王伟等人	饭后总是要吸烟
1:00 下午	汽车/在交通繁忙时开车	无他人	紧张，下午有一个大型考试
1:45 下午	办公桌/复习听课笔记	无他人	认为可以帮助自己学习

从表 11-1 中，人们可以看到，当事人在脑力劳动、吃饭或饮酒，以及看到其他人吸烟时，就情不自禁了。吸烟有时是一种目的，"觉得它有助于学习"，而其他时候只是一种习惯，如"总是吃饭之后吸"。

3. 砸碎链环

要戒烟就要砸碎靶子行为和影响它高频率发生的情境之间的链环。这也称环境管理（environmental management，或前面所说的刺激控制）。假如吸烟学生想利用外部条件帮助自己戒烟，矫正问题行为，那么下列内容值得一读：

公开宣布自己的打算。要求家庭成员、朋友、老师、同学等只要看到自己吸烟就提醒自己，以便帮助自己戒烟，并且要感谢提醒者，当场将烟灭掉，而不要为自己的行为辩护。如果能坚持这样做，那就容易建立戒烟与其他人在场之间的条件联系。

把时间尽可能花在禁烟的场所。例如在禁烟的图书馆看书，去电影院，或拜访不准在其家中吸烟的朋友。

如果喝某种饮料时一定要吸烟，那就变换一下。用茶代咖啡，饮水代替喝饮料。而在喝这些新东西时反复告诫自己不要吸烟，不给链条找替代物。

形成竞争反应。这就是采取一些不与靶子行为一致的行为。例如当学生写论文、信函要吸烟时，那就改为打印。或去那些不能吸烟的地方从事这些事情，如去洗澡。因为水是戒烟者最大的盟友之一。

4. 设立中介目标

许多戒掉烟的人都说，他们是运用环境管理原理达到目的的。不过，有的人要依靠中介目标。中介目标是处于基线模型与最终目标之间的目标。例如，如果吸烟的基线模型是每天吸烟 20 支，那么每天吸 15 支、10 支、5 支等都可视为中介目标。经过中介目标，达到戒烟的最终目标，使戒烟者心理上有缓冲阶段，可减少因突然改变习惯带来的痛苦，因而更容易戒掉。

5. 自我奖赏

在自我矫正问题行为的过程中，人们需努力做到的事情之一是要逐步将奖励从一种行为范型转移到另一种合理的行为范型上去。

自我奖赏有时也存在"讨价还价"。不过是自我奖赏者自己跟自己讨价还价罢了。自我奖赏的办法是只要自我奖赏者实现了现行的中介目标，他就可以得到东西或做自己想做的事情。例如一个学生为了矫正作业马虎的问题行为，使自己的作业做得好一些，就将电视节目与每一天的作业结合起来。如果他真的认真做作业，没有错误，晚上就可以看电视，否则不行。

为了帮助人们自我检测，更自觉地矫正自己的问题行为。下面提供一个自测表，以说明问题行为自我矫正的步骤(表 11－2)：

表 11－2　自我检测：自我矫正问题行为的步骤

1. 明确靶子行为。我的靶子行为是＿＿＿＿＿＿＿＿＿＿。
2. 描绘出对靶子行为的现实反应频率。我每天/每周/每月(循环使用)采取或没采取(循环使用)这种行为的平均次数是＿＿＿＿＿＿＿＿＿。
3. 描绘靶子行为赖以发生的条件：就这种行为而言，最重要的刺激和奖励是：＿＿＿＿＿＿＿＿＿＿＿。
   ＿＿＿＿＿＿＿＿＿＿　＿＿＿＿＿＿＿＿＿＿
   ＿＿＿＿＿＿＿＿＿＿　＿＿＿＿＿＿＿＿＿＿
   ＿＿＿＿＿＿＿＿＿＿＿＿＿＿＿＿＿＿＿＿＿＿＿＿＿
4. 描述为帮助改变自己的问题行为而改变自己环境的方式(从上述第3点开始)
   a＿＿＿＿＿＿＿＿＿＿＿＿＿＿＿＿＿＿＿＿＿＿＿＿＿＿＿＿＿＿＿＿＿
   b＿＿＿＿＿＿＿＿＿＿＿＿＿＿＿＿＿＿＿＿＿＿＿＿＿＿＿＿＿＿＿＿＿
   c＿＿＿＿＿＿＿＿＿＿＿＿＿＿＿＿＿＿＿＿＿＿＿＿＿＿＿＿＿＿＿＿＿
   d＿＿＿＿＿＿＿＿＿＿＿＿＿＿＿＿＿＿＿＿＿＿＿＿＿＿＿＿＿＿＿＿＿
   (要多少行就用多少行)支持你想改变的而且能消除的行为的刺激越多，你将进步越快。
5. 设立中介目标，每一天，每隔一天，或者＿＿＿＿＿＿＿＿＿，
   我将＿＿＿＿＿＿＿＿＿＿＿＿＿＿＿＿＿＿＿＿＿＿＿＿＿＿＿＿＿＿
   时间：＿＿＿＿＿＿＿＿＿　目标1：＿＿＿＿＿＿＿＿
   时间：＿＿＿＿＿＿＿＿＿　目标2：＿＿＿＿＿＿＿＿
   时间：＿＿＿＿＿＿＿＿＿　目标3：＿＿＿＿＿＿＿＿
   时间：＿＿＿＿＿＿＿＿＿　目标4：＿＿＿＿＿＿＿＿
   (设立必要的中介目标以达到最终目标)
6. 设立自我奖赏。为了达到每一个中介目标，我将＿＿＿＿＿＿＿＿＿＿＿＿＿＿＿＿
   ＿＿＿＿＿＿＿＿＿＿＿＿＿＿＿＿＿＿＿＿＿＿＿＿＿＿＿＿＿＿＿＿＿＿
   ＿＿＿＿＿＿＿＿＿＿＿＿＿＿＿＿＿＿＿＿＿＿＿＿＿＿＿＿＿＿＿＿＿。
   (可以说明每一阶段的不同奖赏)
7. 记录下自己的进步。制作显示每一个目标和阶段的图表，并以某种方式标记自己所做的事。这是一个非常有用的提醒者，将使自我矫正者越来越多地把行为置于控制之中，而且实现一个中介目标的体验将充当另一行为的奖赏。[1]

本章小结

学生心理健康与否是学习积极性涨落甚至是学生能否成长为有用人才的直接原因之一。

---

[1] L. N. Jewell, *Psychology and Effective Behavior*, 1989, pp. 431—437.

描述心理是否健康的概念很多,这里用心理异常指代心理不甚健康的现象。心理异常的主要特征有失常性、稳定性和消极性。判断学生心理是否异常是件十分慎重的事情,因此要将科学判断和经验判断结合起来。

一般人常见的心理异常现象有感知异常、记忆异常、思维异常、感情异常、意志异常、行为异常等。青春期学生的主要心理异常现象有神经衰弱、强迫性神经症、抑郁性神经症、社交恐惧症,此外还有人格异常等。

心理异常有多方面的原因。从学生方面看,主要是身心发展过程中各种矛盾的困扰,使其心理异常。这些矛盾大致有自主与服从的矛盾、生理与心理的矛盾、心理诸要素的矛盾等。从环境方面说,影响学生心理异常的主要因素来自社会。对此,压迫理论、标签理论给了某种程度的说明。从现实性上分析,影响我国学生心理异常的主要社会原因有升学竞争、噪声与噪光、大众传播媒介的影响、价值观念骤变等。

心理异常的调节主要依靠心理指导进行。心理指导可从学习、人际关系、生活、恋爱、疾病与康复等方面着手。心理指导要坚持基本的原则和步骤。

学生问题行为有多种形式,"网瘾"是伴随经济发展而出现的新型学生问题行为中的一种,其对学生自身及其家庭乃至社会都有巨大危害。其产生的原因主要有家庭环境因素、自身因素和其他社会因素。

应该指出的是,问题行为有的与心理异常相关,有的不然。矫正问题行为有特定的程序和技术,主要技术有塑造、消退、强化不相容的反应、模仿、惩罚、刺激控制。

问题行为也可自我矫正,自我矫正的主要步骤是:画出靶子行为图、画出情境图、砸碎链环、设立中介目标、自我奖赏。

本章拓展

1. 问题思考

(1)分析心理异常与问题行为的异同。

(2)试述青春期学生心理异常现象

2. 情境分析

想起要去学校就很烦

广州某中学的一名高三毕业班女生给某心理咨询中心写信说,随着开学日期的逼近,她开始"觉得梦想遥不可及,一想到如果高考失败,就会很心慌"。她的乐观和自信发生了动摇,取而代之的是一种恐慌感和窒息感,想起要去学校就很烦,"我告诫自己尽量让心境保持平静,但根本做不到,自己脖子上就像有一个绳套,逐渐被不知道什么人收紧,已经喘不过气来。"

请用相关理论分析该女生的心态变化及其原因。

3. 活动设计

是不是上网行为都要阻止

李伟(化名)在考上重点初中后,获得了父母的奖励———一台电脑。然而李伟对电脑的喜爱引起了父母的不安。父母由于害怕儿子染上"网络成瘾",只要一看到孩子坐在电脑前就开始紧张不已,想方设法阻止他"玩电脑"。由于意见不合,李伟和父母多次发生冲突。后来父亲干脆在电脑上设置了密码,甚至拔掉了网线。李伟非常气愤,于是省下零用钱,偷偷到外面的网吧去上网。

请您以"是不是上网行为都要阻止"为题设计并举行一场辩论赛,使人们能够合理运用预防网络成瘾的方法。

第四编　学校管理组织心理

作为组织,学校与自己怀抱的各种群体(即便是正式群体)有一定的差异。这种差异既表现在形式上,又表现在内容上。这就决定了学校组织有不同于群体的心理。而探讨学校组织的心理并发现其规律,对调动学校成员工作和学习的积极性,减少人为的挫伤甚为有益。因此,研究学校组织心理的特殊性,以及营造学校组织的良好氛围等便成了本编的任务。

第十二章　学校组织心理

【案例导入】

某民办校的管理运行网络①

　　某民办学校建立了条块结合的管理运行网络。执行校长主持学校的日常工作,下设两室四部——校长办公室、教科室;小学部、初中部、高中部、后勤部。校办协助执行校长处理日常事务,协调各部室工作;教科室负责学校的教育教学科研工作,为执行校长实施教学管理提供依据和建议;小学部、初中部和高中部协助执行校长主持本部日常教育教学工作;后勤部负责全校的后勤服务工作。各部下设若干相应的处和室。他们认为这种管理方式职责明确、功能具体。

　　学校自 1996 年创办至今,制订了 80 多项规章制度,其中涉及教职工管理和学生管理的各 40 余项。该校认为,这些规章制度可以发挥职责到人、管理到位、层层监督的作用。

　　然而,在管理实践中,该校常常出现学校内部信息沟通慢而复杂,人际关系淡漠等现象。很多教师在教研活动中提出了一些教学改革的想法和措施,但总被教研组"吃"掉了;大部分教师一个学期中很少在教室中见到校长,更不要说与校长进行交流了。

　　上例所述的学校管理体系属于典型的科层制管理体系。该管理体系的运行照理应该给学校带来明显的管理效能,但为什么事不如此呢? 本章将从学校组织心理的角度探索答案。

第一节　学校组织概述

一、组织的定义

　　组织既有名词意义的,又有动词意义的。作为名词的组织是指以权、责、利维系的社会成员实体。作为动词的组织是协调组织成员之间,组织成员与财、物、时空等之间关系的过程。组织的这两种意义有内在联系。没有作为实体的组织的存在,就没有协调工作过程的组织。相反,没有协调工作过程的组织,任何实体性组织都会逐步丧失实质意义,名存实亡。因此,在没有特殊要求的情况下,人们往往将两种意义的组织混用。

---

① http://www.nctvu.cn/111/kong2008/2008zzxwxjy/3main16.html,题目为编者所加。

学校是按照社会的要求有目的、有计划、有组织地向受教育者实施德育、智育、体育的教育实体,有不同于其他社会组织的一面。但它又有与其他社会组织共同的特点。其共同特点主要包括:一是有确定的目标。任何学校组织都有自己的目标。这种目标通常是在国家教育目的的指导下确定的培养目标。二是有明确的分工。学校组织的成员有确定的社会责任,扮演不同的角色。三是有一定的权力与权威。社会赋予学校一定的权力,学校通过合理运用权力实现自己(组织)的职能,同时借助其他影响形成权威。四是通过必要的法规调节组织成员的行为。

二、几种主要的组织观

组织观即对组织的看法,也是关于组织的理论。组织是不断发展的,人类对组织的认识也不断深化。不同历史时期的不同研究者在组织问题上各抒己见,遂成几大流派。

(一) 传统组织理论

传统组织理论的代表人物是德国社会学家韦伯。他于1910年创立古典组织理论,认为组织是一个层峰结构:①有明确规定的职权等级制度;②分工明确,专业化强;③规章制度严明;④不受个人情感因素的影响;⑤选择和提升组织成员的主要根据是才能。

这种组织观的特点是:审视静态组织,主张集权,明确职责,严格管理,不大考虑人的心理因素。其实践结果往往是组织成员难以参加管理,组织内部沟通渠道不畅,组织的各单位冲突迭起;人情淡薄,成员工作积极性不高,创造性无法充分发挥;组织变通性小,不大适应环境变化。

(二) 现代组织理论

现代组织理论流派较多。这里主要介绍行为组织理论与系统权变组织理论。

1. 行为组织理论

主要代表人物是斯科特(Scott)。他在汲取心理学、社会心理学、行为科学等关于组织、群体的研究成果的基础上,修改传统组织理论,形成自己的组织见解。其主要特点有:①重视组织内的个体与群体的心理对组织的影响,以及组织成员与组织之间的需要平衡。②注意组织成员间的相互作用。③视组织为沟通网络,认为组织成员间的沟通,不仅通过权、责系统,而且通过人际关系途径。④认为组织是一个协调系统,一方面协调人与人之间的关系,另一方面协调人与财、物、时空等的关系。

由此可见,行为组织理论重视组织中人的因素,特别是组织内个体和群体的心理对组织的影响,动态地看待组织的行为,有不同于传统组织理论的个性。但它忽视组织中权、责及规章制度的作用,不重视组织与社会的相互关系,这些都是不得不由别人去解决的问题。

2. 系统权变组织理论

主要代表人物是卡斯特(F. E. Kast)等人。该理论以为:①组织是社会系统的一部分。组织与环境(主要指社会环境)有相互依赖、相互影响的关系。组织接受环境中输入的信息、物质、能量,并进行加工,形成产品后再输送给环境。可见,没有环境的输入,组织就无法存在。因此组织要根据环境的变化作出适当调整,以保持与环境的平衡。②组织本身也是一个系统,它的各个组成部分是它的子系统。③组织不仅要与环境保持一致,而且要协调各子系统,使之保持动态平衡。

系统权变组织理论主要回答作为整体的组织与环境、与自己的各组成部分的关系,以及怎样灵活地、动态地处理这种关系,以保持这种关系之和谐。在这一点上,它填补了行为组织理论留下的组织与社会的关系的空白。但它过多地强调组织内部的,以及组织与环境的协调一致,似乎没有足够地注意协调一致与矛盾冲突的对立统一性,也留下了缺口。

3. 学习型组织理论

学习型组织是美国学者彼得·圣吉(Peter M. Senge)在《第五项修炼》一书中提出的管理观念。他认为组织应努力建成学习型组织,每个人都要参与识别和解决问题,使组织能够进行不断的尝试,改善和提高它的能力。该理论认为学习型组织应包括五项要素:①自我超越。自我超越是自我不断认识自己,认识外界的变化,不断地赋予自己新的奋斗目标,并由此超越过去,超越自己,迎接未来。②改善心智模式。组织的发展瓶颈多来自组织的传统的固有的思维,通过团队学习,才能改变团队的心智模式,有所创新。③建立共同愿景。共同愿景是在客观分析现实情况的基础上勾画出的远景规划,它来源于成员的愿景又高于个人愿景。共同愿景使不同个性的人凝聚在一起,朝着共同目标奋进。④团队学习。学习是学习型组织的基本特征。学习型组织正是通过学习能力的保持,及时解决发展道路上的问题,不断突破组织发展的极限,进而实现可持续发展。⑤系统思考。组织像人类其他活动一样是一个系统,受周围环境的制约。系统思考是要让人形成系统观察、系统思考的能力,并以此观察世界,进而决定组织成员正确的行动。

关于学习型组织这一概念,不同的学者给出了不同的定义。详见下表。

表 12 - 1　学习型组织的不同定义 [①]

作　者	学习型组织定义
M. Pedlar	学习型组织是能够促进所有成员的学习并不断改变自身的组织
Overmeer	学习型组织是一种能促进个人学习的组织环境,它可以被组织控制并鼓励新行为和实践的不断发展。
Drew and Smith	学习型组织是一个社会系统,其成员有意识地共同学习如何持续地创造、保持和改善个人和集体的学习,从而导致组织系统绩效的改善。
Reynold and Albert	学习型组织是一个变革行动能在其中自动发生的组织,在其中组织学习达到这样一种境界,即能够通过建立新的解决方案成功地适应变化和不确定性。
Calvert	学习型组织是试图通过一系列学习而改变其自身有意识行为的组织,学习是一种改革的过程,所有的学习都朝向想要的结果,包括鼓励思考和团体学习。
Prter Y. T. Sun et al.	学习型组织是一种能使学习发生并将其引向理想状态的组织,学习必须实现从个人→集体→组织→组织间的转移,反之亦然,且必须导致行为的改变。

由此可见,学习型组织是一个通过培养弥漫于整个组织的学习气氛、充分发挥员工的创造性思维能力而建立起来的一种有机的、高度柔性的、扁平的、符合人性的、能持续发展的组

① 云绍辉:《学习型组织结构模型与评价体系的研究》,《天津大学博士论文》2007 年。

织。但是学习型组织理论也有一定的弊端,它只研究学习方法,未研究学习目的;只研究知识的学习,未研究知识的创造和学习的创造;它未弄清楚个人学习、团队学习和组织学习的关系;此外,组织学习缺乏可操作性。[①]

从传统组织理论到现代诸流派组织理论,逐步深入地揭示着组织的本性,使人们更加清楚了组织与群体的"同"与"异"。从相同方面看,组织与群体都是由特定成员组成的,存在一定的人际关系,等等。从不同方面看,组织与群体的主要区别有四:一是性质不同。组织是社会的部门或机构,通常有法人代表,而群体只是特定人群,没有法人代表。二是结构不同。组织是以职、责、权、利维系的系统,因此上级组织可以支配下级组织,组织的领导可以指挥自己的部属。而群体不然。群体虽然可分为成员较多的大群体或成员较少的小群体,但它们没有隶属关系,更没有指挥与服从的关系。三是组织负有协调自己内部各种群体的关系,调节其行为的责任,而群体一般不能左右组织的行为。四是组织通过规章制度等调节成员的言行,保证自己行为的一致性。而群体靠群体规范与舆论等调节成员行为。

三、学校组织的结构、特点与心理功能

(一) 学校组织结构

学校组织结构是指学校各部门之间的联系方式。联系方式不同,形成不同的结构。由于联系方式有纵横两个方向,所以考察学校组织结构一般要立足于纵横交汇点。这里主要考察学校组织的管理结构、职权结构与角色结构。

1. 学校组织的管理结构

这种结构主要由三个层次组成:

(1)决策层 由学校领导人组成,主要决定学校大政方针。处于这一层次的人员一般是精明能干,有较强决策能力和管理水平的人。

(2)协调层(又称职能层) 由学校各职能部门(教务处、总务处等)负责人组成。处于这一层次的人员一方面给决策层提供各种信息和资料,以便他们顺利而有效地决策。另一方面认真贯彻学校决策层的意图,协调学校部门之间、师生员工之间、人员与财力物力之间的关系。这一层次的人员要有较强的专业能力,扎实的作风。

(3)操作层(也称执行层) 由教师、员工等组成。处于这一层次的人员主要是把决策层的意图变为教书育人的具体行动,完成各项具体的工作任务,并经过协调层向决策层反馈决策正确与否的信息。这一层次的人员要有实干精神与娴熟的技巧等。

可见,从决策层到操作层,是学校领导意图逐步具体化,最终变为现实的过程,不同层次间具有领导与被领导的关系。反过来,从操作层到决策层,是信息逐步反馈的过程,体现出基层对高层的反作用关系。

2. 学校组织的职权结构

职权即职责和权力。学校组织的职权结构与管理结构有密切联系,主要由三种职权组成:

---

① 曹仓:《学习型组织理论研究中的缺陷——对学习型组织理论研究的一种评述》,《科技管理研究》2002年第6期。

（1）直线职权　即有直接决策并发布指令的职责和权力。在学校组织中，拥有这种职权的主要是学校负责人。由于学校中直线职权的作用对象是教师、学生等人，这些人通常是通过细腻的教学活动，诚恳的思想交流实现教育与受教育的，因而不大习惯简单的命令式指挥。所以与其他社会组织比较起来，学校直线职权作用的范围相对有限。

（2）参谋职权　是一种不含有指挥权的辅助性职权。在学校中，拥有参谋职权的人员主要对负主要责任的领导的工作起协助、咨询、建议等作用。学校组织中有不同的参谋职权。学校师生员工，尤其是教师是接受过多年教育的知识分子，思想开放，参与意识强，所以有些教师能积极为学校领导出谋划策。因此，学校管理者通常应适当控制直线职权，扩大参谋职权，以集思广益。这是学校组织职权结构不同于社会其他组织的方面。

（3）职能职权　是指组织中各职能部门的职权。在学校中，拥有这种职权的部门有人事处（部）、教务处、后勤处等。这些部门主要通过接受直线职权的作用、处理日常事务、管理对口业务工作、与下级职能部门发生职能关系等行使这种职权。

总的来说，学校组织的职权结构层次少，职权等级距离短，不同职权者地位不太悬殊。因此，学校组织中领导者颐指气使，干群间等级森严等现象较少。

3. 学校组织的角色结构

（1）角色的意义　角色（role）是一种身份（地位或职务等）。社会角色表示在社会中的身份，学校角色表示在学校中的身份。这两种角色虽有区别，但有联系。学校角色是具体的社会角色，能得到社会的承认。同样，社会角色总是具体化为特定角色而被人们认识。学校角色通常有校长、处长、教师、学生、员工等。他们都有由社会或学校规定的特定的权利、义务和行为规范。按照这些权利、义务和行为规范行事，他们才可能成为受学校欢迎的、社会认可的角色。

角色的意义比较丰富。就学校教师而言（其他人同样），他们总是扮演着由多种角色形成的复合角色。分析起来，其复合角色的成分有：

指定角色，即学校安排的角色，由工作岗位、职责、权利等表征。一般来说，组织指定某人扮演某种角色，就规定了他应做什么事，不应做什么事。指定角色所体现的往往只是学校角色的基本要求，而且在一定程度上含有不可违背的性质。

理想角色，即人们向往和期待的指定角色，比起现实的指定角色来，理想角色无疑更加丰满。在一个充满活力的学校组织中，人们通常不满足于扮演指定角色，而是以理想角色的要求鞭策自己。

主观角色，即学校成员主观上对自己扮演角色的规定。指定角色反映学校的要求，理想角色体现社会的期望，而个人能否正确理解并接受这些要求与期望，直接影响主观角色的形象。由于受人们的思想觉悟、知识经验以及价值观念等的影响，主观角色千差万别，有的会与指定角色、理想角色等发生冲突。其冲突结果大致有二：一是主观角色的主观色彩逐步淡化，与指定角色、理想角色基本一致。二是主观角色意识甚强，个体无法进入指定角色，终以被学校取消扮演角色的资格告终。

实际角色，即行为上表现出来的角色。前述三种角色都是观念形态的角色。唯实际角色是学校成员角色的现实形态。这种角色或者与三种观念角色一致，或者与部分观念角色一致，或者完全不一致。如果背离了指定角色，那么实际角色往往要作出必要的调整和矫正。

学校角色是社会关系、人际关系的反映。当一个人扮演某种角色时，他一方面获得了相应的权利、义务，另一方面他要受到他人的期望、角色规范的约束。人们对角色的期望是人们之间存在各种关系的必然结果。也就是说，当人们获得某种权利（扮演某种角色）时，他人会期待他（实际上是社会期待他）尽某种义务。同样，扮演某种角色，就有相应的责任，他人就会期望角色扮演者有相应的实实在在的行动。没有相应的行动，就是没尽责任，人们就会失望。然而，人们之所以期待特定角色，往往是因为他与特定角色有特定关系，而且是具有对偶意义的关系。学生期望老师，以及老师期望学生，都因为他们之间具有由权利与义务、责任与行为统一表征的密切关系。换言之，没有这种关系，人们往往不会对某种角色寄予期望。

一般来说，社会角色、学校角色的内涵是确定的、比较稳定的，而个人充任的具体角色往往有多变性。每一次角色变换，都是一次新的角色学习。如果不熟悉新角色的内涵和外延，人们就不能进入角色，与相应情境融为一体，受到学校与社会的欢迎。为了顺利完成角色的变换，以下几点值得注意：一是熟悉新角色的社会规定（权利、义务、行为等）。二是了解角色期待，即别人对自己扮演这一角色所寄予的希望，从而更加明确角色的责任。三是运用情境逻辑，即根据情境灵活变通所扮演的角色，力避角色呆板。任何学校成员都集社会角色、家庭角色、学校角色于一身。而且学校角色也是多种多样的，如既当校长，又当教师。因此，如果不能在什么场合扮演什么角色，而是处处以固定不变的某种角色自居，必然会出现不合时宜的行为。

（2）角色结构　学校组织的角色结构比较复杂。前面所述的管理结构、职权结构等在一定意义上都是角色结构。这里主要研究学校角色结构的另外两个方面的问题：

一是学校角色组。所谓角色组（roleset）即以一个中心人物为凝聚点的角色群体。在学校组织中，各个角色之间的交往频率、关系疏密是不一致的。这与每个人在学校中的指定角色不一定有关。有的指定角色处于承上启下、纵横联络的位置上，必然同较多的人联系，协同工作。与之协同工作的人包括上级、同事、下级以及学校之外的人，他们以指定角色为中心，形成角色组。相应地，这些人自然成了角色组的成员，而扮演指定角色的人便成了角色组的中心人物。中心人物既要按他的指定角色的权利和义务行事，又要按角色组成员的期待活动；既要满足学校组织的要求，又要满足角色组成员的要求。

学校组织中的角色组并不是处于同一平面的。也就是说，角色组往往交错重叠，形成立体的网络结构。例如，在决策层次上，校长是决策角色组的中心人物，他同时还是一个化学教师，在化学教学角色组中他则可能是一个普通的角色组成员。由于跨角色组成员的存在，以及角色组之间的其他关系，常使各个角色组连成一体。

二是学校角色结构的变化。如同其他事物一样，角色组也存在矛盾与冲突。这些矛盾冲突正是学校角色结构变化的重要动力。角色组的矛盾与冲突主要有两方面：第一，由期待冲突引起的角色冲突,角色组中的成员对中心人物有不同的期待。这些期待往往大异其趣,有的甚至完全对立。这就使得中心人物无所适从,在心理上形成角色冲突。这种情况既可能出现在中心人物身上,也可能出现在角色组的其他成员身上。第二,角色不明,即角色组成员不能把中心人物所需的信息、情报资料传达给他,致使中心人物不能及时地作出应有的反应。研究表明,角色冲突、角色不明会引起个人心理上的紧张和焦虑。为了消除这种焦虑,中心人物往往作出"要么斗争,要么逃避"的反应,这客观上给角色组带来动荡。动荡的结果也许是角色组成员达成共识,步调统一起来;也许是原角色组解体,形成新的角色组。无论前者还是后者,都表明组织角色结构发生了变化。前者变化是内涵性的,后者变化是内涵与外延统一的。

(二) 学校组织结构的特点

与一般的其他社会组织相比,学校的组织结构有其特性,主要表现在:

1. 教育性

首先,学校里有两个特殊的主体——教师和学生。从教师来说,教师法规定:"教师是履行教育教学职责的专业人员,承担教书育人,培养社会主义事业建设者和接班人、提高民族素质的使命。教师应当忠诚于人民的教育事业。"可见,教师工作是直接教育人的特殊职业。从学生来说,义务教育法规定:学生应该"遵守学生守则、校规和校训,刻苦学习,增强体质,树立爱国主义、集体主义和社会主义思想,具有良好的思想品德和行为习惯;努力学习,完成规定的学习任务。"这说明,学生是一个接受教育的特殊群体。

其次,学校是教师、学生发展的场所。学校通过自身的组织结构细化和实现国家的教育目标,促进师生的发展。可见,学校这个组织也有其不同于其他组织的特殊教育性。

2. 多权威性

学校在权威性方面也不同于其他的一般性组织,其他组织一般呈单一权威性,而学校属于多权威性。学校成员的权威一般有两个来源渠道:一是源自学校的制度权力,另一是来自学校教师的学术水平。后一种来源是明显区分于其他组织的。学校的多权威性通常会导致如下两种现象:①学校容易成为"封闭型社会群体"。②教师群体较难出现公认的"权威结构"。

3. 松散—结合性

科恩(M. Cohen)、韦克(K. E. Weick)等人认为学校是一个"松散结合系统"(Loosely Coupled Systems)。[①] 因为:①学校的目标不是具体明确的,而是模糊抽象的,它一般不会对学校成员的具体行为作出规定,其成员的行为深受成员自身因素的制约。②学校所运用的技术也是不清楚的,"何谓教学?学习过程何时发生?什么对此负责?不论在哪一个层次上,大多数教师都是在一种试验和错误的基础上行动的,行得通,就干下去,如果不行,再换别的。"[②] ③学校成员的流动性大,尤其是学校的学生。一个学校的存在往往能产生数量极大的学生,其学生的数量随着学校的历史不断延伸而逐渐增加。④学校的决策过程异常复杂,受政府、社区、教师、学生等各种因素的制约。⑤学校有很大的自主权和自由,尤其是学校的成员。教师

---

① 吴志宏等主编:《新编教育管理学》,华东师范大学出版社 2000 年版。
② 同上注。

在课堂上的教学几乎完全由自己支配,学生的学习状况也几乎完全依赖于学生自身。所以,学校虽然有自己严谨的组织构架和完善的管理系统,但是也具有很多松散的特征。

(三) 学校组织的心理功能

学校组织的心理功能是指学校组织对所属成员的心理作用,主要有几个方面:

1. 凝聚作用

良好的学校组织往往注意统一成员的认识,协调成员的步调,使之关系密切,感到安全、和谐,主动认同组织的目标与行为,并为之努力。

2. 激励作用

良好的学校组织往往注意诱发成员的需要,激发成员的动机,使之有成就感和自信心。事实上,一所师生员工满意的学校,本身是师生员工的靠山,它往往给其成员以战胜困难的力量。

3. 启迪作用

良好的学校组织能比较充分地发挥启发心智、弘扬美德等作用,是师生心灵净化的最佳场所。

4. 除弊作用

良好的学校组织往往能注意合理分配角色,加强人际沟通等,能有效地消除人际隔阂,降低内耗。

5. 供需作用

良好的学校组织不仅能满足学生学习新知识的要求,给学生的发展提供广阔的空间和环境。而且,良好的学校组织也能满足教职员工的物质需求和精神需求。更重要的是,良好的学校能提供满足社会需求的人才。

学校组织的心理作用是多方面的。学校组织的正面心理作用的发挥,主要取决于学校组织结构的合理性。也就是说,如果学校组织结构不合理,其反面的心理作用也是不言而喻的。

第二节 学校组织的氛围

一、学校组织氛围理论

学校组织氛围(the organizational climate of schools)的说法不一。在这里它是指一所学校区别于另一所学校的一系列心理特征[①],主要包括学校组成成员共同的价值观念、社会信念和社会标准等。在一定意义上,共同的价值观念是对可取事物的一种认同,例如善良、成功、务实和工作等。社会信念是对人及其社会生活性质的看法,例如学生、教师和管理人员相互间的态度。社会标准是关于社会生活中合适举止的一种认同,例如有关穿着的规范和反对偷窃的准则。

学校组织氛围对师生员工的心境和工作积极性等有直接的影响。因此,许多管理心理学家对此做过研究,提出了一些见解。

(一) 哈尔平、克罗夫特理论

哈尔平(A. Halpin)与克罗夫特(D. Croft)是较早研究学校组织氛围的人。他们编制了一套"组织氛围描述性问卷(the organizational climate descriptive questionaire,简称 OCDQ)",用

① R. Tagiuri & G. H. Litwin, *Organizational Climate*, 1968, p. 26.

以展开调查研究。

1. 校长行为特征

哈尔平与克罗夫特认为,校长行为的四个特征对学校氛围有重要作用。这四个特征是:

(1)冷淡 指校长照章办事,与下属保持心理、物理上的距离。冷淡行为是一般的而不是具体的。校长们的这种行为可有较大的变化,从高度冷淡到几乎没有冷淡。

(2)注重工作 指校长主动监督教职员工的程度,也意味着监督角色的武断程度,包括给教师排工作日程、纠正教师言行的错误以及监视教师努力工作的情形等。

(3)推进力 指校长为教职员工树立榜样,推动组织的动力性行为。早到校晚离校,通过努力工作树立好的榜样,以及关心新的教育进展等都是高推进力的例证。被称为高推进力的领导者并不期望教师比他做得更多,而是对每一个人都确定一个高标准。校长可以处于高推进力至毫无推进力的任何一点上。

(4)体贴关心 指校长亲切友好的行为。校长乐于助人,尽力为教师排忧解难。校长的这种行为可以有很大变化,其幅度在高度体贴与毫不关心之间。

校长行为方式的这四个维度——冷淡、注重工作、推进力、体贴关心,作为概念是相互独立的。了解某个维度并不有助于人们知道其他维度。也就是说,要勾勒校长行为方式的轮廓,人们不得不分别了解这四个方面。

2. 教师行为特征

与校长行为相仿,教师的行为(指群体行为)对学校组织的氛围也有很大影响,而且教师的行为也有四个特征:

(1)敷衍了事 指教师对工作并无真正的责任感,只想"快点完事"的倾向。敷衍了事的教师在教育过程中常犯毛病。尤其那些高度敷衍了事的教师,相互争吵、埋怨、形成派系等。可见,敷衍了事是同组织凝聚力对立的。

(2)障碍 指教师疲于行政事务和其他毫无必要的"麻烦事"。在以大量的障碍为特征的学校里,教师超负荷地干教学之外的工作,而教学工作反而给耽误了。不过,这种障碍并不是普遍存在的。在有些学校里,它是压倒一切的,而在其他学校里,它不一定存在。

(3)精神状态 指教师群体的道德、精神和士气。在以高昂的精神状态为特征的学校里,教师情绪高涨并全身心投入教育,他们彼此赞赏,互相尊重、帮助,全力以赴地工作并忠诚于自己的学校。正如哈尔平指出的,这种学校里的教师在满足他们个人社会性需要的同时,切身体验到职业成就的意义。不同学校的教师,有不同的精神状态,有的高昂,有的则几乎没有团体精神。

(4)亲密 指教师之间分享温暖和相互信赖的程度。在不管工作角色的情况下,亲密可以发挥满足个人的社会性需要的作用。以高度亲密为特征的学校里的教师,在校外一道进行社会性活动,相互评价,深入讨论私事。那些教师的生活就像一本摊开的书。而在其他学校里,教师们很少向别人展现他们的自我。

应该指出,教师行为的四个方面——敷衍了事、障碍、精神状态和亲密,作为概念,也是相互独立的。这每一个方面的信息都不能为人们获得其他三方面的信息提供线索。

3. 校长行为特征与教师行为特征的结合

校长行为的四个维度与教师行为的四个维度可以对应起来,如表 12 - 2。[①]

表 12 - 2　学校组织氛围的两种主要成分的平行结构

校长的行为	教师的行为
1. 冷淡:与下属保持心理上与物理上的距离。	1. 敷衍了事:对工作不负责任,相互之间以及与学校保持心理上和物理上的距离。
2. 注重工作:监督教师工作,密切关注任务。	2. 障碍:过重的非教学负担。
3. 推进力:充当角色样板应有的精力、朝气和动力,以适应任务和社会性需要。	3. 精神状态:合作群体应有的精力、朝气和动力,以适应群体的任务和社会性需要。
4. 体贴关心:关心作为个体的教职工。	4. 亲密:个人之间的相互关心。

表 12 - 2 说明,校长的行为的每个特征都分别与教师行为的某个特征对应。但这并不意味着每一对应特征都同时出现,更不意味着两者必然对抗。例如在一个校长很冷淡的学校里,教师们可能通过相互间密切交往补偿校长行为引起的疏远感,而在另一个有类似校长的学校里,教师们则可能敷衍了事对付校长。不过,从理论框架上看,这些描述校长与教师行为的概念不无耦合之处。

将校长行为特征与教师行为特征联系起来后,哈尔平与克罗夫特发现了六种学校氛围:

(1)开放氛围　指以高昂的精神和由教师表现出来的低度的敷衍了事为特征的氛围。教师没有过多的非教学性工作,教师之间也不是高度亲密。但他们配合默契,共同维护学校的利益。校长精力充沛而且体贴人,无丝毫冷淡。他并不太注重工作,却能与教职工协调地工作,促使学校前进。开放氛围如图 12 - 1 中 A 部分。其突出之处是高昂的精神状态,低度的敷衍

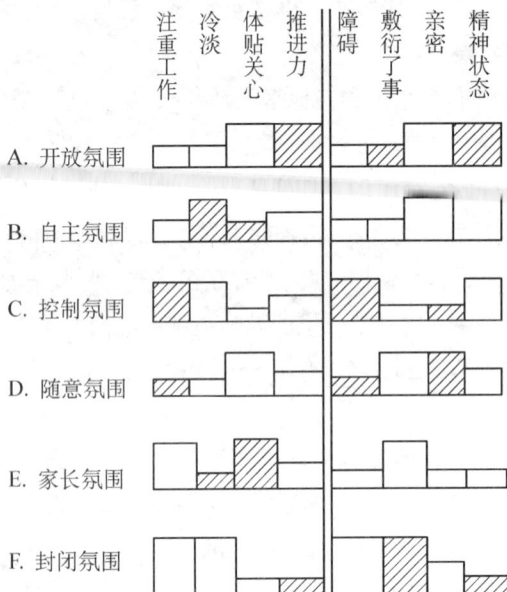

图 12 - 1　六种学校氛围

[①] P. Silver，*Educational Administration*，*Theoretical Perspectives on practice and Research*，1983. p. 184.

了事与高度的推进力。

（2）**自主氛围**　指教师按照自己的愿望工作并满足自己的社会性需要的近乎完全自由的氛围。"精神状态"与"亲密"比较高，而且"敷衍了事"或"障碍"少。另一方面，校长相对冷淡，在监督方面也较宽松，对教师的体贴关心程度较低。这种氛围大体如图 12 - 1 中 B 部分，其最重要因素是高度冷淡与低度体贴关心。

（3）**控制氛围**　指以牺牲社会生活为代价的努力工作的氛围。教师们有许多非教学性工作，而人际交往甚少。校长起支配作用且冷淡，对部属不体贴关心。校长本人努力工作，并要求各种事情顺利进行，但他自己不是奉献的样板。这种氛围如图 12 - 1 中 C 部分所示，其主要特征是高度注重工作，高度障碍和低度亲密。

（4）**随意氛围**　指以牺牲任务的完成为代价的惬意的联谊会氛围。教师们疏远了工作，但对个人生活非常关心。校长高度体贴别人，对部属热情，但不强调生产性，也不监督工作。简言之，氛围是友好的，但成就甚微。这样的氛围如图 12 - 1 中 D 部分，其主要特征是低度注重工作、低度障碍，以及高度亲密。

（5）**家长氛围**　指校长非常努力而效果极差的氛围。教师并没有过多的其他负担，但他们不能很好相处，而趋于形成竞争派系。校长一点也不冷淡，但在强调生产性方面有些唐突与过分。校长是体贴的、热情的，与其说有一些职业角色风格，不如说有更多仁慈的独裁者的风格。这种氛围如图 12 - 1 中的 E 部分，其主要特征是低冷淡与高体贴。

（6）**封闭氛围**　指既不完成任务又缺乏社会满意的氛围。行政人员四分五裂，逃避工作；教师没有太多的负担，道德水平较低（尽管教师之间建立了一定的友谊）。校长高度冷淡，毫无体贴可言，而且有军事命令作风。这样的氛围如图 12 - 1 中 F，其主要特征是精神状态差，高敷衍了事，低推进力。将这六种氛围由开放至封闭连接起来，便形成了一个氛围连续体（图12 -2）。

校长行为

低注重工作	低注重工作	高注重工作	低注重工作	高注重工作	高注重工作
低冷淡	高冷淡	高冷淡	低冷淡	低冷淡	高冷淡
高体贴关心	低体贴关心	低体贴关心	高体贴关心	高体贴关心	低体贴关心
高推进力	一般推进力	一般推进力	一般推进力	一般推进力	低推进力
开放	自主	控制	随意	家长	封闭
低障碍	低障碍	高障碍	低障碍	低障碍	高障碍
低敷衍了事	低敷衍了事	低敷衍了事	高敷衍了事	高敷衍了事	高敷衍了事
高亲密	高亲密	低亲密	高亲密	低亲密	一般亲密
高精神状态	高精神状态	高精神状态	一般精神状态	低精神状态	低精神状态

教师行为

图 12 - 2　从开放到封闭的学校氛围连续体

这个连续体说明,开放意味着人们相互作用的真实性与可靠性,还意味着满足个人需要与完成学校工作有效地结合。而封闭意味着虚假性与非可靠性,并意味着既不能满足个人需要,也不能达到职业角色要求。这个连续体的两端是互补的。例如无论是校长行为还是教师行为,开放氛围中高的维度对应于封闭氛围中低的维度,反之亦然。自主与家长氛围,除推进力与障碍外,亦是如此。控制氛围与随意氛围也不例外。

(二) 利克特的理论

利克特(R. Likert)在其著作《管理的新形式(New Patterns of Management)》和《人的组织(Human Organization)》中,发展了分析组织氛围的理论。他的研究大致是这样展开的:首先根据组织中上下级关系,设计可以将各种组织排列起来的连续体。他把组织类型即管理系统分为四类:利用权威性系统、友善权威性系统、协商性系统、参与性系统。然后,对这些系统的内涵进行反复提炼,从而得出对管理系统分类的度量方法[1],并转化成量表。他的量表包括领导过程、动机力量、信息沟通过程、交互影响过程、决策过程、目标制定、控制过程、执行目标和训练八个变量。用这些变量表征组织氛围,可以把各种组织"串联"起来,排列在从利用权威性系统到参与性系统的连续体上(见表12-3)。

表 12-3　组织特征与系统类型的连续体

组织特征	第一类系统 利用权威性	第二类系统 友善权威性	第三类系统 协商性	第四类系统 参与性
1. 领导过程	权威的 相互不支持的			参与的 相互支持的
2. 动机力量	低			高
3. 信息交往过程	弱 歪曲的			强 精确的
4. 交互影响过程	冷淡的 疏远的			温暖的 亲近的
5. 决策过程	单方面的			共同的
6. 目标制订	单方面的			共同的
7. 控制过程	等级制的			共同的
8. 执行目标与训练	一般的			极高的

表12-3中的各类系统,除了含有如表所示的简单信息外,还有较复杂的内涵:

---

[1] R. Likert, *New Patterns of Management*, 1961, p. 4. R. Likert, *the Human Organization: Its Management and Value*, 1967, pp. 197—210.

在利用权威性系统中,上下级之间互不或很少信赖,缺乏相互支持;组织中充满敌意与不满;组织成员多为威胁或制裁所驱使;上级单独决策;组织成员之间,尤其是不同层次之间的交往很有限,信息由上而下传达;非正式群体倾向于反对组织的目标;组织成员的工作目的性不强。简而言之,管理受 X 理论中关于人、权威和组织假说的指导。

在友善权威性系统中,利用权威性系统的特征仍然存在,只是程度低一些而已。

在协商性系统中,大部分特征接近参与性系统。

在参与性系统中,组织的领导与教师共同决策;信息沟通是上行、下行、平行多方向的,且上行沟通没有障碍;人际关系密切;总之参与性系统的成员彼此配合、协作,他们对团体有忠诚感、对个人行为有责任感、工作目的性强。简言之,Y 理论中关于人、权威和组织的假设在这种系统中得到了体现。

利克特和他的同事还根据表 12－3 中组织特征的八个变量设计了组织特征质量框架(POC —profile of organizational characteristics measure),以研究组织氛围的变化与目标达成情况之间的联系。他们的研究表明,氛围特征越是接近参与型(第四类系统),组织达到好成绩的可能性也越大。[①]

后来,利克特根据同样的思路设计了调查学校氛围的问卷(简称 POS,如表 12－4),并开展了较大规模的调查活动。调查结果表明,在参与性系统得分高的部门,教师出勤率和工作成效都高,并对校长更有好感。

表 12－4　POS 问卷项目示例

	第一系统	第二系统	第三系统	第四系统
教师问卷项目:				
校长经常帮助你解决问题吗?	几乎不	有时	经常	总是
校长的管理作风怎样?	高度集权	有些专权	协商	群体参与
学生问卷项目:				
老师是否友好并支持你?	很少	有时	经常	总是
校长知道你面临的学习困难吗?	不知道	有些知道	大部分知道	很清楚

总之,利克特根据利用权威性到参与性的管理系统连续体区分组织,并对组织氛围加以度量,这为测量学校氛围提供了又一理论和研究工具,尤其在验证学校人际关系方面具有价值。不过,这种理论并没有普遍地运用于学校组织的研究,因而还有进一步应用与检验的必要。

(三) 社会系统理论

从社会系统的角度研究学校组织氛围的学者甚多,并形成了多种理论观点。这里为了用一个概念将诸家统一起来,权称社会系统理论。这种理论的主要代表有沃勒(W. Waller)、威洛厄(D. J. Willower)和琼斯(R. G. Jones)等人。他们把学生控制(pupilcontrol)作为学校社会系统的关键因素之一,从分析学生控制入手,说明教师与教师、教师与校长等多方面的关系。

① 瞿葆奎主编:《教育学文集·第 13 卷,学校管理》,人民教育出版社 1988 年版,第 306 页。

所谓学生控制,简言之就是学校领导对学生的看法以及相应的管理方式。由于看法的不同,因而出现了不同的学生控制定向,以及由之形成的学校组织氛围。这里主要介绍两种比较典型的学生控制定向:一是监管型定向。坚持这种定向的学校较重视维持秩序,有一种刻板的和相当拘束的氛围。信奉监管定向的教师,把学校看作专制组织,与学生保持泾渭分明的界限,要求学生绝对服从自己的命令,与学生的信息沟通是下行的、单向的。这种教师认为学生没有责任、自由散漫,因而要通过惩戒控制学生的行为。总之,在监管型定向的学校里,冷酷、挖苦、戒备与不信任等无所不在。二是人本主义定向。坚持这种定向的学校倡导学生自我约束,并以自我约束代替教师的控制。因此,师生交往频繁,信息双向沟通,学生自己的决策能力也有所提高,整个学校充满民主和谐的气氛。

由于学校的氛围不同,学生往往有不同的感受。其主要感受之一是疏离感(sense of alienation)。要给疏离感一个准确的定义比较困难。好在西曼(M. Seeman)给出了疏离感的五个因素或维度,为人们提供了一个参照系统。这五个因素是:无能为力感、无意义感、无准则感、孤独感、自我隔离感。无能为力感是个体对自己的行为和生活结局几乎无影响的一种预料。有此感受的学生觉得无力控制自己在学校的行为,因为他受教师和管理者的操纵。无意义感是对未来不抱什么期望的感受,有这种感受的学生尤其不能肯定学校教育对他们的未来有何助益,甚至不知道对未来应抱何种信念。无准则感是一种认同社会所不认同的而有价值的行为的感受。有这种感受的学生往往不愿采取学校规定的行为方式,也不管合法与否,只管用他们认为有利于达到目的的做法,即使违反学校规章制度也在所不惜。

为了证实学校氛围与中学生疏离感的关系,霍伊(W. K. Hoy)等人调查了45所中学的所有教师和8600名学生,研究结果表明[1]:在开放性学校里,教师与校长关系的真诚性也会影响到师生的交互作用,结果促进的是积极的认同而不是与封闭性氛围相联系的疏离感。由此可以推想,以开放氛围为特征的人本主义定向的学校,与学生疏离感的三个方面——无准则感、无能为力感和无意义感不仅无缘,甚至有背道而驰的倾向。相反,在监管型定向的学校里,由于教师敷衍了事,往往助长学生讽刺挖苦学校、不尊敬师长的氛围,出现普遍的无准则感。此外,校长的行为在激发学生的责任感等方面有很大的作用。在校长的推进力很强而障碍少的学校里,学生的无能为力感明显减少。

当然,学校氛围与学生疏离感的关系很复杂。因为学校规模、学校类型(城市的、郊区的等)、少数民族学生比例、学校所在地的富裕程度等都会影响这种关系。研究表明,教师敷衍了事、监管型定向等与学生的无准则感有较大关系($R = 0.63$)。监管型定向、学校的郊区位置以及低推进力等与学生的无能为力感有较大联系($R = 0.63$)。而无意义感更多地与学校类型和少数民族学生比例相联系,郊区的学校和少数民族学生比例低的学校,学生具有更强的无意义感($R = 0.68$)。[2]

(四) 社会压力理论

斯特恩(G.G. Stern)等人采用一种非常有趣的方法研究学校组织氛围,并形成了自己的

---

① 瞿葆奎主编:《教育学文集·第13卷,学校管理》,人民教育出版社1988年版,第316—318页。
② 同上注。

社会压力理论体系。他们以勒温、默里的理论为根据,运用需要压力模式解释行为,编制了检测学校氛围的指标。由于勒温一贯主张行为是个性与环境相互作用的函数,而个性是内在力量,环境是外在方面,所以默里把这种内在力量与外在力量分别解释为需要与压力,于是需要—压力变量就成了影响人们行为,进而影响组织氛围的因素。斯特恩等人按照默里提出的30种需要,拟定了30个决定或影响组织氛围的需要—压力变量:①谦卑—自大:自我贬低与自信。②成就:力争通过个人努力取得成功。③适应性—防御性:接受批评与拒绝建议。④接纳—拒绝:友好与不友好。⑤侵犯—责备回避:敌意与抑制敌意。⑥变革—守旧:随机应变与墨守成规。⑦联合—分离:有计划性与杂乱无章。⑧锲而不舍—自卑感的回避:失败后再努力与退缩。⑨服从—桀骜不训:尊重权威与反抗。⑩统治—忍受:支配与克制。⑪自我成就:通过社会变革取得权力。⑫激动—温和:富于表情与拘谨。⑬活力—钝性:努力与惰性。⑭表现—自卑感的回避:寻求别人注意与害羞。⑮幻想出来的成就:对成功地实现公众认可想入非非。⑯伤害回避—冒险:畏惧与寻求刺激。⑰人文学科—社会科学:对人文学科和社会科学的兴趣。⑱易冲动性—审慎:鲁莽与沉思。⑲自我陶醉:虚荣。⑳教养—抛弃:帮助别人与漠不关心。㉑客观—推测:超然与怀疑。㉒秩序—紊乱:对细节的强有力的组织与粗心。㉓玩耍—工作:寻求快乐与有目的性。㉔务实—好高骛远:对实际活动感兴趣与漠不关心。㉕思考:内省冥思。㉖科学:对自然科学的兴趣。㉗纵欲—清教主义:对感觉的兴趣与美感体验。㉘性欲—过分拘谨:对异性的兴趣与对这种兴趣的禁止。㉙祈求—自主:依赖与自我依赖。㉚理解:理智。[1]

经过一段时间的调查研究,斯特恩等人发现这30个变量可以概括为六个同一层次的因素——理智氛围、成就标准、务实精神、支持性、有条理性和冲动控制。这些因素再进一步概括,可以得出两大因素:发展性压力(development press)与控制性压力(control press)。所谓发展性压力,是指强调理智活动、成就、务实精神、尊重个性完整、关心程序的条理性等这样一些组织氛围。控制性压力是指具有强烈的压抑和限制特征的组织氛围。用这两种压力衡量学校组织氛围,从理论上说,大体可以组成四种形态(如图12-3)。

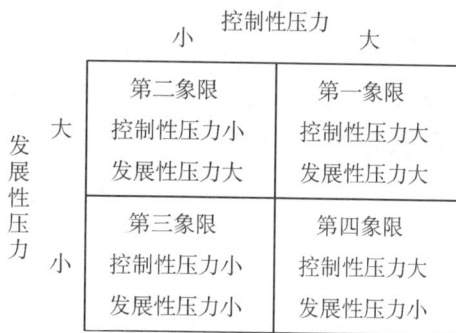

	控制性压力	
	小	大
大	第二象限 控制性压力小 发展性压力大	第一象限 控制性压力大 发展性压力大
小	第三象限 控制性压力小 发展性压力小	第四象限 控制性压力大 发展性压力小

(左侧纵轴标注:发展性压力,上为"大",下为"小")

图12-3 发展—控制压力组成的象限

斯特恩等人的研究表明,大多数公立学校都在第二和第四象限内。这两个象限的氛围相反。第二象限是理智氛围,而第四象限是非理智氛围。第三象限趋向于给教师提供一种较多发挥主动性的氛围。但是这种自由是指向理智的目标,而不是反映在成就中的。第一象限学校发展性压力大,控制性压力也大,两者性质又相反,故而少见。

应该说,运用斯特恩等人的方法研究学校组织氛围的还不多。这也许是其量表项目太多的缘故。不过,他们的方法在区分不同学校氛围上还是有价值的。

---

[1] P. Silver, *Educational Administration*, Theorotical Perspectives on Practice and Research, 1983, p. 207.

二、学校组织氛围的建设

学校组织氛围的建设可以从两方面思考：

(一) 建设步骤

建设步骤主要包括：了解，即对学校现有的氛围进行仔细的观察、分析和研究。诊断，即以不同的学校组织氛围理论为根据，确定学校氛围中潜在的问题，如低精神状态，高敷衍了事，监管型定向，发展性压力低，等等。预后，即根据诊断的结果，提出解决问题的要点。处方，即采取具体的改进或建设措施。评价，即对处方的落实与取得成功的程度作出评价。

(二) 建设内容

建设内容从广义上理解，学校组织氛围建设的内容非常丰富，几乎可以包括所有学校工作。从狭义上看，学校组织氛围建设主要是校风建设。校风的定义颇多，但人们一般把它看成是教风、学风和学校领导作风的函数。教风是教师职业道德、工作态度、专业知识、教学能力和教学方式等的综合表现。学风是学生学习动机、兴趣爱好、学习方式和价值观念等的综合表现。学校领导作风是学校领导者的工作态度、工作方式等的综合表现。而这三种风气相互影响形成校风。良好校风的形成非朝夕之功，需要学校领导者有目的地长期地组织学校师生员工进行建设。这种建设要卓有成效地进行，至少有赖于下列条件：一是学校成员有远大理想。因为师生员工越是有远大理想，就越有事业心和责任感，也就越关心并乐于投身校风建设。因为他们大都知道没有好的校风，要在工作和学习上有所成就会有多么艰难。二是形成有效的建设机制。校风的建设有特定的机制：在初始阶段，对校风内涵进行宣传与倡导，让师生员工明确具体校风的意义，并受其感染，从而形成校风意识。在中间阶段，主要是引导大家按校风内涵行动，并进行强化。在目标阶段，让师生员工将与校风内涵相应的行为升华为个性特征，从而形成学校的精神风貌。三是学校领导者与教师身体力行，既做校风建设的倡导者又做垂范者。学校领导者与教师在这方面的价值，是不言而喻的。

第三节　学校组织变革与发展

组织变革(organization remoulding)也称组织发展(organization development)，是指组织按照客观规律调整自身结构与行为，增强活力与效率，以适应环境变化的过程。由于任何事物都有兴盛与衰败的过程，因此，经过一定时间，组织也可能出现萎缩、疲乏等现象，因循守旧，不思进取，不能适应日新月异的环境变化。故组织要有自我更新的意识与能力，并通过自我变革保持青春与活力。

一、组织变革理论

(一) 组织变革的目的

人们做出的任何事情都具有目的性，学校变革也不例外。其主要的目的如下：

1. 改变困境

为了改革困境而采用的变革，是最基础的变革，也是外界环境推动而产生的变革。这种变革不是学校自动发动的，是学校处于危险的境地而进行的变革。这种变革往往有三种结果：一是改革失败组织趋于消亡,二是改革成功组织继续生存下去,最后一种是改革极其成功,组织趋于更好的发展态势。一般来说处于困境的组织,面临的问题很大,需要很大的改革力度,对领导变革的成员要求比较高。随着社会的剧烈变化,为改变困境而进行变革的组织可能会逐渐增多。

2. 适应变化

适应变化的改革有可能是组织自动发起的,也有可能是外界环境推动的。这种变革较之改变困境的变革较为缓和,这种变革的结果一般有两种:一是变革失败组织回到初始位置,二是改革成功组织进一步发展。一般来说,组织在发展的过程中都会进行一系列这样的变革来适应周围环境的变化,所以从某种程度来说这种为了适应变化而进行的变革是经常存在的,也是组织存在的一种常态。

3. 寻求发展

为了寻求发展的变革是组织自动发起的,也是一种积极的改革方式。组织的存在不应该只是被动地改变困境和使用变化,应该是主动地利用环境求得发展,甚至可以运用自己的影响力创造更适合组织的新环境。这种改革对组织的要求最高。那些最优秀的组织、历史悠久的组织都具有这样的变革精神,即不断地为寻求发展而进行变革。

(二) 组织变革的条件

组织变革只有在具备相应的条件时才有可能实现。其条件可分内外两个方面:

1. 内部条件

从内部来看,组织要有变革的要求。变革要求可以从成员对组织的不满程度上反映或部分反映出来。美国利特尔咨询公司曾提出一个组织变革可行性公式:$c = (abd) > x$。c 表示变革,a 指成员对组织现状不满程度,b 指变革可能达到目标的概率,d 指目前起步的变革措施,x 指变革所花的代价。这个公式说明,只有当变革需要的各种条件的乘积大于变革所花的代价时,才能进行组织的变革。其中成员的不满程度是第一位的。不满虽是主观的,但它有一定的客观基础,即诱发不满情绪的组织原因。在西斯克(N. L. Sisk)看来,组织如果出现下面的情况,其成员的抱怨可能达到较高值,组织变革也就势在必行。这些情况是:①组织决策过于缓慢。②组织成员沟通不良,协调不好,矛盾重重。③组织功能不能正常发挥。④组织缺乏活力,不能创新。这些方面是相互联系的,因此,如果一个方面非常突出,实际上其他方面也相应存在。

2. 外部条件

从外部来看,要有支持组织变革的环境。这种环境主要是精神环境,包括公众的价值观念、变革意识,上级部门的变革态度,国家方针政策,以及社会的开放氛围等。因为组织变革将改变组织与环境的交换模式,涉及环境中政府、公众诸方面的利益。如果损害了这些方面的原有利益,就可能引起环境的报复行为,即改变对组织的输入,造成组织信息、物质、能量的不足,最终使变革陷入困境。联系学校组织来说,学校任何一个方面的变革,都可能影响社区民众子女的学习机会或学习质量等,因此,学生家长对学校组织的变革甚为关注。

就学校组织来说,外部的支持组织变革的条件主要有以下几方面。一是新的教育政策法规的出台。由于我国的教育管理体制偏于中央集权制,从某些程度上来讲,大规模的学校变革都是由政府主导的。新的教育政策法规的出台,往往伴随着相应的物力、人力、财力的投入和支持。在这种情况下,学校变革就处于很有利的境地。比如我们从前几年一直到现在实施的素质教育就是一个例子,伴随着素质教育的实施,许多学校进行了变革。二是高素质新成员的加入。高素质新成员的加入能给学校带来新的行为方式、新思想,防止组织僵化,尤其是高素质领导者的加入。很多人都赞同"一个好校长就是一所好学校",认为一个好校长能带出一所好学校。这种论断虽然有些片面,但是从某种角度上说明了高素质组织成员对组织发展的重要性,尤其是高素质的领导者。故而,为了学校的不断的发展变革,学校有必要适时引进人才。三是先进教学方法和教育理念的引入。思想决定行动,行动决定未来。如果学校长期处于一种状态,使用一种教学方法,运用一种教学理念,那么学校必然会落后于时代的步伐。而将先进教学方法和教育理念引入学校,则会对学校的现行运行方式提出新见解,带来新改进,会对学校的变革起到很重要的引领和指导作用。

以上可以说明,只有当组织变革的内外条件都具备,而且变革的目标明确,实现的可能性较大时,组织的变革才能启动,也才会比较顺利。

(三)组织变革的模型

在变革过程中,组织内部的各种因素之间以及组织与环境的各种因素之间相互作用,形成各种变革模型。

1. 黎维特模型

黎维特提出了由四个变量构成的组织变革的模型(图12-4):

图12-4的主要意思是:组织变革以结构为重点,主要有职权、角色、沟通、管理幅度及责任制等方面的变化和改革。组织任务的变革包括组织目标、任务重心等根据社会要求不断发展。组织技术的变革是指组织技术结构、物质设备等方面的变革。组织人员的变革是指成员的认识、知识、动机和行为作风等方面的变革。

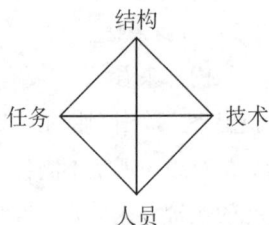

图12-4 组织变革的模型

2. 勒温的模型

勒温认为组织变革包括三个步骤:即解冻、改变、再冻结。

(1)解冻 主要激励员工形成变革动机。因此,不再对员工原有的态度和行为进行强化,使之逐步认识到照老路走下去不可能达到预期的目标,并萌生变革的要求。为了确保顺利解冻,还要克服害怕变革的情绪,创造变革的主要氛围,以便员工感到有能力进行变革。可见,解冻就是解除习惯心理、害怕变革的心理,形成变革的动机。

(2)改变 主要是转变职工的行为,实施特定的变革。为此,首先要提高职工的认识(确立新的观点),端正态度,向确认的模范角色学习新的态度和行为。其次从实际出发,引导职工对多种信息加以选择,并找到自己所需的特殊信息,而且与模范角色的信息结合起来指导自己的行为。

(3)再冻结 使已经实现的变革稳定化。也就是利用必要的强化手段使新形成的态度和行为固定下来。在变革中,人们经常发现,新形成的态度与行为往往在开始一段时期能坚持,但时间一久就会衰变。因此,要在组织中创造一种良好的群体气氛,使每个群体成员能彼此强化新的态度和行为,直至新的态度和行为形成动力定型。

3. 卡斯特的模型

卡斯特认为组织变革主要有六个阶段：

（1）回顾与反省　回顾与反省组织的过去，并对现实进行调查研究。

（2）发现问题　以前一阶段工作为基础，找出问题，并认识到组织变革的必要性。

（3）分析问题　不仅要找出组织现存的问题，而且要看到现实与未来（变革后的状态）之间的差距。

（4）提出解决问题的办法　对解决问题的各种可能方法与方案进行论证，并挑选出最佳方法与方案。

（5）实施变革方案　把选择出的方法与方案付诸实施。

（6）进行反馈　检查效果与计划有无差异。如有较大差异，要修改计划。修改后的计划再根据上述步骤付诸实施。

4. 沙因的模型

美国心理学家沙因（E. H. Schein）认为组织变革大致有六个步骤：

第一，洞察内外环境变化。外部环境变化包括政治、经济、社会状态等的变化。内部环境变化主要有组织的运行过程、员工的态度和技能等方面的变化。

第二，向有关单位引进确切的情报资料，分析研究变革的必要程度。

第三，根据输入的情报资料，改变组织内部的生产过程。

第四，减少或控制因变革而产生的副作用。

第五，输出变革的新产品或革新成果。

第六，经过反馈，进一步观察外部环境和内部环境的一致程度，评定变革的结果，注意是否出现某种不良结果。

分析和归纳上述各种观点，组织变革的基本步骤是：发现需要变革的问题，按计划进行变革，通过反馈再进行新的变革。

这些观点，表面看来似乎没有直接说明学校组织变革，但实际上学校组织变革应遵循同样的程序，真所谓事不同理同。

5. 科特的模型

美国领导研究与变革管理专家科特（John. Kotter）认为，组织变革失败往往是由于高层管理部门犯了以下错误：未能形成变革需求的急迫感；没有建立领导和管理变革的核心小组；未确立变革应该达到的愿景，并开展有效的沟通；没有战略计划，目光短浅；组织文化变革模糊不清，不能有效凝聚成员等。科特为此提出了指导组织变革规范发展的八个步骤：形成急迫感；创设领导小组、确立愿景与战略；有效沟通；有效授权、明晰组织文化、巩固已有成绩。科特的研究表明，成功的组织变革有70%—90%由于变革领导成效，还有10%—30%是由于管理部门的努力。

6. 本尼斯的模型

本尼斯（Warren G. Bennis）提出，组织效能的判断标准应该是组织对变革的适应能力。当今组织面临的主要挑战，是能否对变化中的环境条件作出迅速反应以及积极适应外界的竞争压力。组织成功的关键是能在变革环境中生存和适应，而要做到这一点，必须有一种科学的精神和态度。这样,适应能力、问题分析能力和实践检验能力,是反映组织效能的主要内容。

本尼斯进一步提出有效与健康组织的标准[①]:①环境适应能力:解决问题和灵活应付环境变化的能力;②自我识别能力:组织真正了解自身的能力,包括组织性质、组织目标、组织成员对目标理解和拥护程度、目标程序等;③现实检验能力:准确觉察和解释现实环境的能力,尤其是敏锐而正确地掌握与组织功能密切相关因素的能力;④协调整合能力:协调组织内各部门工作和解决部门冲突的能力,以及整合组织目标与个人需求的能力。

二、学校组织变革的内容

不同的学校组织状况有不同的变革要求和内容。但总体来说,学校组织变革的内容大致有如下几方面:

(一) 变革学校组织结构

变革学校组织结构主要是改变学校组织原有的职权结构、角色结构等,主要包括调整管理层次与管理幅度,增设或减少部门,改变各部门之间的联系方式,重新分权和授权。变革学校组织结构必然引起职权关系、角色关系、人际关系、人的心理等方面的变化。

(二) 变革学校的技术行为

学校的技术行为包括利用物质与精神条件对学生进行政治思想教育、文化科学技术知识教学等方面的行为。这种行为的变革包括教育思想更新、教学内容改造、教学方法的改革,以及与之有关的物质、精神条件的改进。由于技术行为直接影响教育质量,是学校组织功能的本质表现,因此,学校技术行为的变革是组织变革的重要环节或方面。

(三) 变革学校成员的素质

学校组织的变革,从根本上说是学校成员素质的革命。这些素质主要包括思想作风、行为方式、适应能力等。因为学校组织缺乏活力、行为疲沓、成员关系失调等,说到底都是人及其素质问题。只有提高人的思想觉悟,改进各种作风,优化行为方式,增强适应能力,才能使组织充满生机。否则,仅变革组织结构,可能仍然无济于事。

(四) 变革学校组织文化

学校文化是指由学校成员在教育、教学、科研、组织和生活的长期活动与发展演变过程中共同创造的、对外具有个性的精神和物质共同体。按照由内到外、由深到浅的变化过程,学校组织文化的内容包括四个方面:学校精神文化、学校制度文化、学校行为文化、学校物质文化。[②] 学校的变革归根结底是学校文化的变革,这种变革包括校风的转变、管理方式的改进、学习工作方式的创新、校容校貌的改造等。由于学校文化潜移默化地影响着学校的方方面面,学校文化的变革是最根本的变革。

总之,学校组织的变革,不是简单的有形结构的变化,而是包括思想观念、行为方式等在内的变革;既是责、权、利等关系的改变,又是人际关系的调整。因此,它是触及人心灵的。

---

① 王重鸣著:《管理心理学》,人民教育出版社 2000 年版。
② 陈文海:《学校组织文化的探索与实践》,《华中师范大学硕士论文》2008 年。

三、妨碍学校组织变革的心理及矫正措施

彻底的学校组织变革往往是伤筋动骨的。因此,它可能引起学校成员的不同反应。简单析之,大体有三:一是积极反应,表现在认识上,能感受到变革的必要性与迫切性,觉得变革是发展,是希望;表现在感情上,对变革有较强的认同感;表现在行动上,不怕困难,积极促进变革的进行。二是观望的反映,主要表现是消极等待,观望势头,不采取切实有效的举措。万不得已时,做些表面文章,应付了事。三是对抗反应,表现为以种种借口抵制或公开反对变革,或对变革中的挫折幸灾乐祸,或制造事端、诬陷变革者,阻碍变革进行。

当然,阻碍学校组织变革的人毕竟是少数。尽管如此,亦不可掉以轻心。应认真分析其心态,做好转化工作。

(一)妨碍学校组织变革的心理

1. 在认识上,囿于经验的保守心理

学校成员一般都有关于学校组织及其运行机制的一定认识。但他们往往对已有认识持不同的态度。有的能看到已有认识的局限性,因而尽量不让已有认识停滞、凝固起来,而不断使之丰富和升华。有的则不然,他们的认识并不能随着教育实践的发展而变化,而是抱着旧的认识不放。在变革学校组织的过程中,这样的落后认识往往演变成妨碍变革的保守心理。

2. 在胆识上,由陌生引起的畏惧心理

学校组织变革是推陈出新,是以新的联系方式组合组织的各个要素,因而在许多方面具有不确定性和风险性。有些学校成员,特别是负有领导责任的人由于对变革感到陌生,加之风险压力,从而产生畏惧心理。他们一方面期望变革,另一方面又害怕变革失败,株连自己,担心得不到有关方面的支持和遭到不必要的非议,如此种种,往往会弱化他们的变革信心。

3. 在行为上,驾轻就熟的习惯心理

常规思维方式占支配地位的人,往往会在多次重复实践的情况下形成固定的解决问题的方式和习惯心理。习惯心理在一定程度上表现出心理惰性,总是引导人们驾轻就熟,用习惯的、固定的行为方式解决问题,而避开新颖、创造的道路。遇上变革的新情况,这样的人往往会陷入举步维艰的困境。

4. 在利益上,私欲支撑的抵制心理

在一定意义上,学校组织变革是调整责、权、利的关系。这必然使一些不称职的既得利益者减少利益,削弱权力,等等。这些人如果对变革缺乏正确的认识,就可能形成消极抵制的心理。其主要表现是,对变革不冷不热,对变革措施的执行,能拖则拖,能缓则缓,实在无法拖延下去的,则搪塞一番,敷衍了事。

(二)矫正妨碍学校组织变革心理的措施

在这方面,先参考一下美国学者威尔顿的排除组织变革阻力的见解也许是有益的。他认为:①如能使有关人员参与制订变革的方案,使他们认为实施方案是自己的事,则可减少阻力。②如变革方案得到组织高层管理者的支持,则减少阻力。③如能使参与变革者感到,此种变革能减少或不增加他们的负担,则可减少阻力。④如变革方案所依据的价值与理想为参与者所熟悉,则可减少阻力。⑤如变革方案所提供的新思想为参与者感兴趣,则可减少阻力。⑥如变

革方案能使参与变革者感到,他们的自主权和安全没有受到威胁时,则可减少阻力。⑦如参与者能共同参与诊断,并同意变革的基本对象,而且感到问题重要,则可减少阻力。⑧如变革方案能为参与者一致决定实施,则可减少阻力。⑨如能使变革的赞成者与反对者之间很好地沟通,相互了解对方的理由,并设法减轻不必要的恐惧,则可减少阻力。⑩如能估计到可能被误解,做好变革方案的认知反馈与澄清准备,则可减少阻力。⑪如能使参与者之间互相接受、信任与自信,则可减少阻力。⑫如变革方案能公开讨论,并以经验为依据,指出变革可望达到,则可减少阻力。

威尔顿所述的 12 条,突出了组织成员对变革的参与,同时兼顾领导支持、与反对者沟通、变革情况的反馈等方面,就矫正上述妨碍学校组织变革的心理而言,有一定的针对性。这里,我们联系学校组织的实际和其他有关理论,提出以下措施,以矫正妨碍学校组织变革的心理。

1. 积极组织学校成员参与变革,在参与中提高认识,端正态度,消除不良心理

让学校成员最大限度地参与变革,并赋予其责任,他们的责任感可能逐步增强。而责任感会促使他们进一步思考变革的必要性、可行性等,认识也就会相应提高。学校成员参与变革的范围主要有:诊断学校组织的问题,拟定变革方案,讨论方案,熟悉变革的目标与价值,实施变革(包括自身变革,即学校成员在组织变革中自我提高),等等。

2. 争取领导支持,加强与反对者之间的沟通,提高相互信任程度,形成一致心态

领导支持在一定程度上是权力与权威的支持,往往可以使那些对变革怀有恐惧心理的人获得安全感,消除畏惧心理。而且,领导的支持对某些从个人利益出发抵制变革的人来说,是一种压力。在这种压力面前,他们也许会作出某些让步,这客观上会使变革的阻力变小。但从心理上看,这些人的内心可能更加沉重或不满。因此,在争取领导支持的同时,要加强与反对者之间的沟通,了解他们的内心世界,同时作出必要的解释与说明,让他们消除顾虑。

3. 运用力场分析方法强化支持因素,削弱反对因素,使反对者逐步理解变革,并达到心理平衡

力场分析(forcefield analysis)是勒温提出的,其原理大致是先找出推动(动力)和阻碍(阻力)变革的因素,再计算出动力与阻力的大小(如图 12 - 5),最后把阻力变成动力。

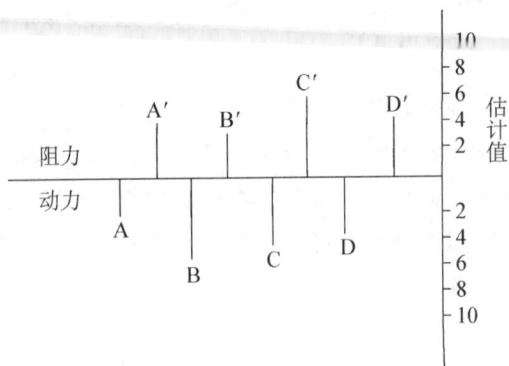

图 12 - 5 力场分析估计值图

从图 12 - 5 看,变革的动力与阻力相等。动力值为 26(4 + 10 + 7 + 5),阻力值亦为 26(6 + 4 + 10 + 6)。那怎样使动力大于阻力呢? 这里用勒温在第二次世界大战期间,帮助某厂解决要求全体女工带防护眼镜而遭抵制的问题予以说明。这个例子虽是关于企业变革的,但它蕴含

的意义具有普遍性,可以启迪学校组织变革。

勒温经过调查研究,分析了动力与阻力两方面的因素并绘制出图 12-6。

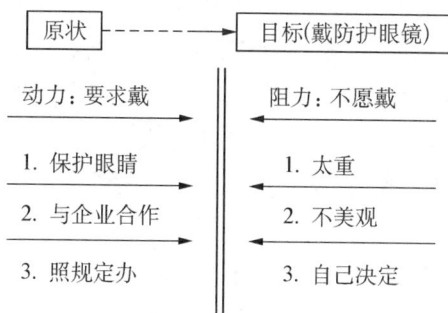

图 12-6 力场分析实例

后来,勒温逐个解决图中的反对因素,具体办法是:对于第一个反对因素(眼镜太重),采用调换一种较轻而又舒适且花钱不多的镜架的办法消除,企业主同意出钱,于是问题解决了。对于第二个因素(不美观),让每个女工自己设计美观而合适的眼镜式样,并开展设计竞赛,激发大家的兴趣,有了新式样,第二个因素消除了。至于第三个因素,则随着第一、二个因素的消除而消除。

4. 合理安排变革进程,使变革速度、幅度与学校成员的身心承受力大体一致

对于学校组织的变革,即使学校成员没有任何抵制,但在身心上总有一个逐渐适应和习惯的过程。因此,要合理安排变革进程。变革进程包括速度和幅度两个方面。从速度方面看,不要操之过急,以免学校成员产生受压迫的感觉和抵触情绪。从幅度方面看,革除的与倡立的事物之间距离不能太大。如教学工作量的变化幅度,教学内容更新程度,等等。当然,这是以满足变革要求为前提的。学校组织的变革以及其他变革,都是促进事物按客观规律发展的过程,而不是某个人随心所欲的行为。因此,这里讲的变革速度与幅度的控制,是在满足变革自身需要前提下的合理控制。

5. 运用群体动力学原理,消除抵制心理

群体对其成员有不可忽视的影响。利用其影响可以有效地消除一些人抵制变革的心理。在这方面,可以采取如下办法:一是激发学校成员的主人翁感、集体荣誉感。二是利用集体中信息的传播以及由此形成的集体舆论。三是增强集体的压力与吸引力。前述让学校成员参与变革,公开讨论变革方案等,都是这些办法的具体化。

6. 进行必要的心理训练

使学校成员增强创新意识,掌握创造性思维方式,摆脱保守心理的羁绊和一成不变的行为方式。

本章小结

组织有名词和动词两种含义。作为名词的组织是指以权、责、利维系的社会成员实体。作为动词的组织是协调组织成员之间,组织成员与财、物、时空等之间关系的过程。在没有特殊

要求的情况下,两种意义的组织混用。

对组织特征的理性思考形成组织理论,迄今为止的主要组织理论有:传统组织理论、现代组织理论(行为组织理论、系统权变组织理论、学习型组织理论)。

学校组织有一定的结构和特点,其主要结构有管理结构、职权结构、角色结构。如果这些结构是合理的,那么与之相应,学校组织具有凝聚、激励、启迪、除弊、供需等作用。

学校组织的氛围是一所学校区别于另一所学校的一系列心理特征。阐述学校组织氛围的理论主要有哈尔平、克罗夫特理论,利克特的理论,社会系统理论,社会压力理论。学校组织氛围的建设一是要考虑步骤,二是要注意内容。

学校组织变革是非常复杂的事情,这为组织变革的理论所描绘。学校组织变革的主要内容有变革学校组织结构、变革学校的技术行为、变革学校成员的素质、变革学校组织文化。不同学校成员对学校组织变革持不同态度,有的人甚至怀有妨碍学校组织变革的心理。矫正这种心理的措施主要有:积极组织学校成员参与变革,在参与中提高认识;争取领导支持,加强与反对者之间的沟通;动用"力场分析"方法强化支持因素,削弱反对因素;合理安排变革进程,使变革速度等与学校成员的身心承受力大体一致;运用群体动力学原理,消除抵制心理;进行必要的心理训练,使学校成员摆脱保守心理的羁绊。

本章拓展

1. 问题思考

(1) 简述组织的定义和结构。

(2) 简述主要的组织观,并比较其异同。

(3) 分析各种学校组织氛围理论并概括其特点。

(4) 简述学校组织变革的条件和目的。

(5) 分析组织变革的各种模型。

(6) 简述学校组织变革的阻力和动力。

2. 情境分析

巴特菲尔德学校的变革[①]

美国巴特菲尔德学校位于芝加哥郊外一个名叫自由谷的地方,是一所典型的郊区学校。学监拉丁在 1971 年拟定了新计划:巴特菲尔德将接纳 1—8 年级选择性"开放学校"学生,开放学校将允许儿童和他们的家长选择课程和教师;计划具有高度弹性,强调学生自我激励、学会学习,也强调个性化教学;强调成功对儿童的重要性,作出一切努力去消除失败;课程的所有领域都向所有儿童开放;没有我们所熟知的正式课堂。学校推翻了所有的

---

① 杨小微:《社会转型时期学校变革的方法论初探》,《华东师范大学博士论文》2002 年,题目为编者所加。

戒律,它抛弃了桌子和椅子,教师和学生坐在地板上。学校宽恕学生"在墙上乱涂乱画"。

　　1972 年初,巴特菲尔德的入学率还是挺不错的,仅有很少的学生转出选择计划。但是,一些自由谷居民已经明显地不喜欢新计划。意外的是,一大群家长在二月的教育董事会会议上对巴特菲尔德计划提出了批评。作为对批评的回应,校长对巴特菲尔德的家长进行了一次调查,结果是颠覆性的:"它(计划)显示出许多'怎么都行'的规则,却很少有跟学生行为相关的规则",家长们也"感到他们不知道孩子们对教师和课程的选择……"整个 1972 年春,巴特菲尔德计划的反对者继续增加。到 1981 年,自由谷校董会因入学率下降,被迫关闭了一些巴特菲尔德学校大楼,决定结束它的开放教育实验并将巴特菲尔德并入邻近的小学。

　　请尝试分析巴特菲尔德学校变革失败的原因,它对今天学校的变革有何借鉴意义?

3. 活动设计

　　登录你所感兴趣的学校的校园网站,查找学校的组织结构(或管理机构)的设计,画出学校组织结构图。学校组织结构图要能显示各个机构的相互关系以及整体的运作情况。此外,查阅相关文献资料,了解学校的文化以及学校的发展历史(着重关注对学校发展影响较大的事件)。最后,运用本章所学的理论对你的查找结果进行分析,并尝试写出一个分析报告。

第十三章　学校组织冲突管理

【案例导入】

职称推评后遗症[1]

一年一度的职称申报工作又开始了,冲突也由此开始。根据市劳动人事局职改办下达的指标数,王校长所在的学校可推荐高级教师 2 人。可符合基本条件的有 5 位教师,一位是 47 岁的教导处的张老师;一位是刚符合申报年限的负责学生工作的李老师;一位是高三年级组长王老师;一位是高一数学教研组长孙老师;一位是来自外地的教学经验丰富的钱老师。

王校长这几天心里一直在打鼓,从个人感情而言,王校长与李老师最好,可王老师的家属是当地某局的副局长,孙老师的丈夫是王校长的朋友,张老师与王校长是同乡,只有钱老师跟他个人没有关系。可名额只有 2 个,退一步说从四人中选 2 个也非易事,无论如何,他觉得这四人他都不好得罪,更不想得罪。最后,王校长决定将决定权下放到全体教职员工,采取民主投票表决方式,将压力释放。

职称推评工作结束了,张、李二位老师推荐上去了。没推上的三位老师也没有一个到校长室吵闹,表面上似乎王校长已将冲突化解于无形中,可没想到的事却接连发生了,在市组织的外籍教师座谈会上,钱老师向市组织部门反映了其他候选老师各显神通,到处游说、拉票等现象,认为学校这样的推评方法不公平;另外几位没推评上的教师也到局里反映,认为职称评定工作是一项专业性较强的工作,需要由专门的学术委员会进行,觉得校长的方法不妥。到了新学期,孙老师以身体健康原因向学校提出要辞去班主任一职;王老师则在教研组中叹苦、发牢骚。更要命的是过几年即可评职称的教师纷纷说再也不想评职称了,没奔头。

该案例只是学校组织冲突的一角。在现实情况中,学校组织存在诸多的冲突,比如学生和学生的冲突、教师和教师的冲突、师生冲突、学校行政与教师的冲突、学校和外界的冲突等。学校就是在不断地解决冲突中前进发展。发现冲突,了解冲突,把握冲突,转化冲突,这是学校管理的不可或缺的方面。本章着重介绍冲突的相关理论以及转化冲突解决之道,也许能为学校成员和谐共事提供参考。

---

[1] 袁为民:《中学校长处理组织冲突风格的研究》,《华东师范大学硕士论文》2006 年,有改动,题目为编者所加。

第一节　组织冲突概述

一、冲突的定义

冲突是一种广泛存在的社会现象，也是组织生活的一部分。关于冲突的定义，不同的研究视角给出的诠释是不同的。在语义学中，冲突是指"争执"或"争斗"；在心理学中，冲突是指人们在活动中同时具有两个或多个起作用的动机而又不能同时满足时在心理上呈现出的紧张不安和徬徨不定的状态；在管理学中，冲突常常是指"一方（个体或团体）感觉自己的利益受到另一方的反对或消极影响的过程"①。综合上述界定，冲突可理解为：处在互动中的个体或群体意识到自己的利益被他人制约时在认识、感情和行为上呈现的失衡反应。

从冲突的定义中，我们认识到，冲突是产生在特定的互动中；互动的双方因为利益的限制与反限制而产生了认知、感情和行为上的对立；这种对立因程度的不同将呈现隐性或显性的特点。

二、冲突的分类

冲突是组织的"常客"，它常常以不同的形式出现在组织中，因此，了解冲突的分类，对于管理冲突是尤为必要的。

（一）基于冲突主体的分类

冲突是对立双方的交互活动。其中任何一方都是冲突的主体。根据冲突主体的不同，冲突可以分为以下四类。

1. 个体内部的冲突

在这种冲突中，构成冲突的双方是理想自我与现实自我。当个体采取某种行动获得一定结果并要对其进行取舍时，冲突就产生了。理想自我将从理性角度进行选择，现实自我将从感性角度进行选择。无论作出何种选择，个体的内心通常是处于紧张状态的。因为，个体将在下面三种情境中作出选择：当每个选择项都会有一个积极的结果（如高薪酬和高成长性）时，个体将要"忍痛割爱"；当每个选择项都有一个消极的结果（如较低的报酬或较差的环境）时，个体要"被接受"；当每个选择项都同时具有积极和消极的结果（如离家较远的轻松工作）时，个体要"兼收并蓄"。

2. 人际冲突

它通常产生于两种情境中。首先是一般的人际交往情境。在人际交往的过程中，交往的双方常常会因价值取向的差异而对某一事物产生认知、感情和行为上的分歧，当这种分歧被双方感受到并不断扩展的时候，冲突就产生了。其次是工作情境。在工作情境中，每个人都扮演着职责规定的角色。当个体感到对方不能按自己所期待的角色规范去履职或自己的角色扮演不能被对方认同时，冲突就出现了。

---

① （美）D. 赫尔雷格尔等著，俞文钊、丁彪等译：《组织行为学（下册）》，华东师范大学出版社 2001 年版，第 461 页。

3. 组织内的冲突

它是指在同一组织内的成员之间出现的争执。由于组织具有纵横交织的结构,因此,组织内的成员之间的冲突也表现出纵横相间的特点。其纵向冲突主要通过组织中不同层次员工之间的争端表现出来,比如管理者与被管理者之间的控制与反控制;其横向冲突则体现在组织中同一层次员工之间的争执上,比如为了提高升学率主科教师与副科教师抢占学生的自习时间等。

4. 组织间的冲突

这是发生在不同组织之间的争执与对立。如在学校中,德育处提倡学生的自主发展;教导处强调教师的主导作用。这样的冲突往往使学生无所适从。

(二) 基于冲突形式的分类

冲突的绝对性决定了冲突形式的多样性。而冲突的不相容的本质又使得冲突形式可以从以下维度进行分类[1]。

1. 目标冲突

目标冲突是指个体或组织意识到所选择的目标与预期的不一致时所产生的紧张不安的状态。产生这种冲突的原因主要有:个体或组织对所选择的目标可能一开始就不清楚;他们的价值观和行为规范与所择目标不一致(如信奉质性敬业的教师被要求对学生进行大题量的强化训练);所择目标与他们实现目标的能力不一致(如一教师定下了在即将开始的学期中修完学历培训的课程和为升职称写一篇教育论文,但开学后的诸多活动的安排使他意识到自己没有那么多的精力来实现这两个目标)等。

2. 认知冲突

认知冲突是一种个体或者个体之间在观念和思想不一致时产生的冲突。前者如个体对认知对象的认识前后完全不一样,以致个体本身都无法接受;后者如不同个体之间对同一认知对象的认识出现分歧,并由此产生争执。这种现象在生活中非常普遍。

3. 情感冲突

情感冲突是一种个体或者个体之间在情感体验不一致时产生的冲突。对于同一对象,个体在不同时间和场合所产生的体验是不同的;而不同的个体即使是在相同的时空中对同一对象也可能产生不同的体验。当不同的体验互相纠缠并形成对立时,个体的情感冲突就产生了。

第二节　学校组织冲突

一、学校组织冲突的特征

组织冲突具有多元性、对立性、客观性、过程性等特点。学校组织冲突除了具有其他一般组织冲突的特点外,还具有区别于其他组织的冲突特征,主要如下:

1. 学校组织冲突具有隐蔽性

显性冲突指的是冲突以显性形式出现,如言语辱骂、人身攻击等;隐性冲突指的是冲突通

---

[1] (美)D. 赫尔雷格尔等著,俞文钊、丁彪等译:《组织行为学(下册)》,华东师范大学出版社 2001 年版,第 462 页。

过隐性形式或非对抗性形式出现,如沉默、曲解指令等。学校领导对于教职员工、教师对于学生都是具有权威意味的对象,因此,在他们之间即便存在冲突因素,处于弱势的一方也会把不满隐藏在心里而不予以表露,偶有所外显也较为隐蔽。比如师生发生冲突,学生一般不会正面对抗教师,而是通过沉默、背后的谩骂等来排除由冲突而引起的心理压力。故而,学校里这些以隐性方式存在着的冲突是不容忽视的。

2. 学校组织冲突具有文化性

学校是一个教育场所,学校里的教职员工一般都是知识分子,正在接受知识的学生也具有一定的知识水平。学校及其成员性质决定了学校的冲突带有一定文化性。另外,学校冲突发生的环境、场合以及冲突的内容都具有一定程度的文化性。这决定了学校冲突也应该与一般冲突有所区别。同时,社会的主流和非主流文化也会渗透到学校中,经过学校的加工形成具有一定文化性的冲突。

3. 学校组织冲突具有影响的双重性

学校组织冲突对学生、教师等成员所产生的影响既有消极性,又有积极性。就其积极性而言,一来冲突的产生或解决可能有助于问题的积极变化;二来解决冲突的需求将激励人们从多方面去思考如何改变自己的处事方法等。当然,冲突也有严重的消极作用。比如它会使行为偏离目标,耗费人、财、物、时间等各种资源,对员工的心理产生消极影响等。

二、学校组织冲突的态势

学校组织冲突的态势主要表现在以下两方面。

(一) 潜势冲突

潜势冲突即冲突的潜在形态。当组织暗含一定的矛盾与摩擦趋势,而且缺乏有效的缓解手段和行为时,冲突的潜在形态就形成了。当然,潜在形态的冲突不一定成为现实的冲突。潜势冲突转变成现实冲突往往有一个爆发机制,即常说的导火索。

潜势冲突的形成有多种多样的原因。但基本的原因在于责、权、利的关系处理不当。在学校里,各个部门为实现学校目标共同努力,职责分明,权力分配合理,利益基本一致,潜势冲突相对少。如果各部门表面上目标是一致的,实际上各有与学校目标相悖的目标,而且不择手段地实现之,那么冲突就在所难免了。特别是利用竞争机制,经常开展各项竞赛活动的学校,如果竞赛、竞争的界限把握不好,进程出现偏差,那就可能直接导致冲突。这里,将学校组织中竞赛、竞争、冲突的目标指向与行为方式罗列出来,以便区别异同(见表 13 - 1)。

表 13 - 1 竞赛、竞争、冲突的区别

竞　赛	竞　争	冲　突
彼此目标一致 努力实现共同目标 ↓ 相互促进的行动	彼此目标不一致 极欲实现自己的目标 ↓ 彼此并行的行动	彼此目标不一致或对象同一极欲实现自己的目标 ↓ 彼此不合作,相互干扰、妨碍对方行动

应该说,这里所描述的潜势冲突,主要是就消极意义的潜势冲突而言的。及早识别它,防

患于未然,把握主动,有益于学校组织建设。

(二) 现实冲突

现实冲突是已成为事实的冲突。要解决这类冲突,先要分清冲突的性质。一般来说,学校中的冲突主要有:

1. 职责冲突

职责冲突是指从职位与责任方面表现出来的冲突。这种情况主要可分为二:一是职责变化冲突,即职位、职称升降,责任变化等引起的冲突。在现实生活中,人的社会地位有高低之别,这是无法否认的。在学校里,教师的地位也是不一样的。教师地位是通过政治、经济、学术等地位以及他所负的责任表征的,因此,当人们认为职位升降得不合理时,大家会非常反感,通常会出现一些冲突。如拒绝升降,迟迟不赴任,不负责任等。二是职责不清冲突。从理论上说,职位(职务、岗位)和责任是联系在一起的,但由于职与责的联系既有客观的一面又有主观的一面,很难做到绝对清楚(当然有的是没有努力去弄清楚),因此,工作中往往出现职责不清、推诿扯皮或表面上大家负责,实际上无人负责的情况。推诿扯皮就是冲突。表面上大家负责而实际上无人负责的事情,无人查问则可相安无事,一旦追究起责任来,便会引发冲突。

2. 利益冲突

利益冲突是指由经费、设备、工作条件和生活待遇等分配不公引起的冲突。公与不公,是主客观统一的概念,在前面的激励理论中讨论过,这里不再重复。事实上,一旦人们形成了利益分配不公的印象,心理往往失去平衡,冲突便容易发生。

3. 心理冲突

心理冲突是指由认识、感情、个性等方面的差异产生的冲突。应该说,前两种冲突都伴随着心理冲突。尽管如此,从冲突产生的原因上看,单独列出心理冲突是有道理的。如前所述,需要、动机等方面的冲突,都是由个性差异引起的心理冲突,还有角色组中角色期待等引起的冲突也是心理冲突,均不重复。主要有沟通冲突与压力冲突。

沟通冲突,即由沟通渠道不畅、信息交流不够等造成的冲突。普遍的表现形式是,由于信息少,以偏概全,形成对特定人或事物的歪曲看法,形成冲突;由于交流机会少,人与人之间由淡漠至误解,形成冲突;由于人际矛盾,故意造谣中伤,形成冲突,等等。

压力冲突,即由于管理压力过大,学校成员难以承受而形成的冲突。这主要有工作负担过重、要求过高、采用威胁性管理手段,管理者没有宽容态度、故意打击报复等引起的冲突。

第三节　学校组织冲突管理

学校组织存在矛盾与冲突,这是不以人们意志为转移的客观事实。学校冲突并不一定是坏事。只要人们正确认识组织冲突,合理利用有积极意义的冲突,转化和消除有消极意义的冲突,不仅学校组织不会受冲击之累,反而得冲突之益,加快发展速度。

(一) 了解人们对待冲突的态度

面对冲突,人们常持如下态度。

1. 回避

回避反映了个体对紧张和挫折的反感，或企图保持中立。持有这一态度的人，往往将自己置身事外，任凭事态自然发展，以"退避三舍"、"划清界限"的方式对待冲突问题，结果是双方都输。当然，回避在某些时候也可能是适当的。比如引起冲突的事件很细琐，且只有短暂的重要性时，个体无需花时间和精力去面对它。又比如，当其他人可以更有效地解决冲突的时候，个体也可以持回避态度。

2. 缓解

持有缓解态度的人没有忽视冲突的存在，但是也不会积极地采取各种办法解决冲突。持有这一态度的人，往往只是利用现有的条件，使冲突事件和人员缓和下来或者把冲突延后。也就是说只是把现有的冲突问题淡化下来，使冲突变得不那么尖锐。从根本上来说，并没有解决冲突问题。随着时间的推移，冲突可能会消亡，也可能会变得更尖锐或者爆发出来，而出现后一种情况的可能性较大。

3. 正视

持有正视态度的人会积极地寻找冲突的原因，以及冲突的解决方法。他们不仅能积极有效地利用现有的条件，还会创造新的条件来解决冲突，很有可能把冲突彻底解决，即使解决不了也会使冲突消解掉。

当然，实际中对冲突持正视态度是最好的。但是可能由于时间、精力、资源的有限性，以及冲突本身的严重程度，要对不同的冲突采取不同的态度。对于那些关系到全局以及破坏性强的冲突应该持正视态度，并尽快解决。而对组织影响甚小的冲突则可以放在一边，置之不理。介于两者中间的冲突，或利用现有条件缓解，或使之延后。

（二）解决学校组织冲突的策略

从策略上说，无论面对何种冲突，人们都应本着实事求是的态度，用具体问题具体分析、具体对待的办法予以解决，但这并不排斥运用一般意义上的解决冲突的策略。实际上，具体对待的方法与一般策略是辩证统一的。熟悉和掌握一般策略对正确地处理冲突大有裨益。这里介绍三种解决冲突的策略：

1. 协商策略

在学校组织冲突中，各方进行协商，从而解决冲突。在协商中，提倡各方服从大局，互相体谅、让步，反对自私本位和以邻为壑的观念。

2. 仲裁策略

协商无法解决冲突，可请上级领导或有一定权威的人出面仲裁调解。仲裁者主要做双方的疏通、劝导等工作，找出双方均能同意的解决办法。从本质上说，这是有第三者参与的协商解决。

3. 裁定策略

协商、仲裁均不能解决的冲突，则请上级部门按政策裁决。这是带有一定强制性的解决办法。裁决之后，有关部门会监督执行有关决定。同时注意做好双方的思想工作，以便冲突不仅形消，而且神散。不过，这种策略总是不得已而为之，并不普遍采用。

冲突是处在互动中的个体或群体意识到自己的利益被他人制约时在认知、感情和行为上呈现的失衡反应。

冲突可以从不同的角度进行分类。基于冲突主体的角度,冲突可分为个体内部冲突、人际冲突、组织内的冲突和组织间的冲突。基于冲突形式的角度,冲突可分为目标冲突、认识冲突和情感冲突。

学校组织冲突具有自己的特征,即隐蔽性、文化性以及双重性。

对待冲突的态度主要有三种:回避、缓解、正视。实际中对冲突持正视态度是最好的,但由于时间、精力、资源的有限性,以及冲突本身的严重程度,要对不同的冲突采取不同的态度。

解决学校组织冲突的策略主要有:协商策略,调解策略,裁定策略。应依据学校冲突的具体情况,采取适当的策略。

本章拓展

1. 问题思考

(1) 简述冲突及其分类。

(2) 谈谈你对学校组织冲突的看法。

(3) 学校组织冲突管理的主要策略。

2. 情境分析

你还像一个男子汉呀①

王老师正在上课的时候,有一个张同学举手汇报"老师,林××用粉笔砸我"。坐在这个女同学身后的林××恰好是一个小调皮,喜欢在课堂上做一些小动作。林××听到告状马上就大声狡辩起来"我没有砸,是石××砸的"。王老师说:"你做了错事还不承认,还像一个男子汉呀!"这句话引来了其他同学对他的讥笑,林××此时非常气愤,他气呼呼地看看石××又愤愤不平地看看王老师,在那又是拍书又是砸笔。课后王老师很快了解到,林××当时确实不是去砸人家的。但由于前面说的那些话使王老师陷入了尴尬的境地,也使王老师和林××之间产生了一丝不愉快。

你怎样看待案例中王老师的行为的?你有没有经历过类似的事情?你周围的环境中是否有类似的小冲突发生?你对这类冲突有何看法?

---

① 胡秋艳:《高等学校教师与行政人员之间的冲突研究》,《首都师范大学硕士论文》2007 年,有改动。

3. 活动设计

在新生开学之初,某学院的学生会准备策划一次针对大一新生的本地"红色之旅"活动,新生自愿报名参加,由学生会组织成员带领参观。时间定在"十一"长假期间,即新生开学后一月内。学生会已经做好策划和前期准备工作,包括海报宣传、费用的预算、组织相关人员等。但是,据了解学院主管学生活动的王老师并不太同意开展这项活动。王老师的主要顾虑有三点:一是开学之初各种迎新生活动已经很多,二是此次活动的费用比一般的学生活动费用要多,三是大规模的出行活动难保学生安全。

假设你是此次活动的负责人,请设计一个解决冲突的方案。然后,以 4—5 人为单位组成小组,并进行角色扮演活动,一人扮演王老师的角色,一人扮演活动负责人的角色,进行协商,其他人对协商过程进行观察分析,协商结束后,请与角色扮演者进行沟通,分析协商的成败原因。

后　记

　　白驹过隙，志忐犹在。虽多次案边沉思拙著，却始终未下笔裁剪，因心在别处使然。今受"书友"之邀，应编辑之约，笔者续上了修改拙著的思路。

　　一是在保持"书卷气"的同时，增加"实践味"：每章由生动的案例导入，由联系实际的"情境分析"和"活动设计"予以拓展，使读者感到学校管理心理学的原理与生活世界紧密相连，可读性也随之而增。

　　二是在控制"容量"大体不变的同时，增加新的内容。如教师的感情管理、学生行为问题的新的表现形式、当代领导理论的新发展以及组织冲突的化解等等。

　　在对本书进行修订的过程中，华东师范大学教育管理学系的几位参加研修"学校管理心理学"课程的研究生做了诸多资料的收集整理工作。他们是王丹、邱佳佳（第三、四章），张亚男（第六章），张亚南（第七、八章），邱佳佳（第十、十一章），常春燕（第九、十二、十三章）。其中，常春燕、邱佳佳和张亚男或多或少地增补了新的内容。此外，常春燕在前期承担了联络工作，邱佳佳在后期承担了部分校对工作。在此，对她们的工作表示最诚挚的感谢！

　　本书即将付梓，问题仍会形影相随。我们定会"将问题跟踪到底"，同时也期待"书友"们一如既往地"跟踪"它。

作者记于温暖的冬天

2010 年 12 月